Nur wenige tausend von rund einer halben Million Menschen überlebten das Warschauer Ghetto, davon nur wenige Kinder. Senek Rosenblum ist eines von ihnen. Die schrecklichen Erinnerungen an seine Kindheit im Krieg und das Wunder seines Überlebens haben ihn bis heute nicht losgelassen. Jetzt, mit über siebzig, hat er die Worte gefunden, das Unbeschreibliche zu erzählen – als Zeitzeuge, mit dem Blick eines Kindes und dem Talent eines großartigen Erzählers. Ein tief berührendes Zeitzeugnis über eine verlorene Kindheit im Krieg, das trotz der drastischen Schilderungen durch seinen typisch jüdischen Humor besticht.

SENEK ROSENBLUM, 1935 im polnischen Zychlin geboren, hat zusammen mit seinem Vater den Holocaust überlebt. Nach dem Krieg hat er in München seine zweite Heimat gefunden.

Senek Rosenblum

Der Junge im Schrank

Eine Kindheit im Krieg

Unter Mitarbeit von
Monika Köpfer

btb

Mix
Produktgruppe aus vorbildlich bewirtschafteten
Wäldern und anderen kontrollierten Herkünften
www.fsc.org Zert.-Nr. GFA-COC-001223
© 1996 Forest Stewardship Council

Verlagsgruppe Random House FSC-DEU-0100
Das für dieses Buch verwendete
FSC-zertifizierte Papier *Munken Pocket* liefert
Arctic Paper Munkedals AB, Schweden

1. Auflage
Genehmigte Taschenbuchausgabe November 2010,
btb Verlag in der Verlagsgruppe Random House GmbH, München
Copyright © der Originalausgabe 2008 by
RM Buch und Medien Vertrieb GmbH
Umschlaggestaltung: semper smile, München
Umschlagfoto und Fotos im Innenteil: aus dem Privatbesitz
des Autors
Druck und Einband: CPI – Clausen & Bosse, Leck
UB · Herstellung: SK
Printed in Germany
ISBN 978-3-442-74175-5

www.btb-verlag.de

*Ich widme dieses Buch
meiner Frau Marta,
meinen Kindern Sabine und Mark
und meinen Enkelkindern
Larissa, Avner und Shaul.*

Prolog

VATER WIRKT SEHR angespannt, zieht mich von einem Gemüsestand zum nächsten, tut, als würde er sich für die ausgelegten Waren interessieren. Mit meinen sieben Jahren habe ich genug Erfahrung, um zu wissen, dass wir uns wieder einmal in einer entscheidenden und gefährlichen Situation befinden. Seit Monaten sind wir auf der Flucht mit all den Unwägbarkeiten, entdeckt, denunziert oder aufgegriffen zu werden. Die eben geglückte Flucht aus dem Warschauer Ghetto ist eine solche Situation. Der Gemüsemarkt, auf dem wir stehen, wimmelt von Spitzeln und Denunzianten, die mit geübtem Auge nach flüchtigen Juden Ausschau halten.

Und dann die bange Frage: Kommt die Dame, mit der Vater verabredet ist, um mich abzuholen? Denn ein Zurück – ins Ghetto – gibt es nicht mehr. Ein paar Tage zuvor hat Vater begonnen, mich auf dieses Treffen vorzubereiten. Immer wieder hat er mich wiederholen lassen, was ich zu tun habe: Ich muss dieser Dame unbedingt folgen und mit ihr gehen, wohin sie mich auch mitnimmt. Ich heiße nicht mehr Senek Rosenblum, sondern Senek Rurzycki. Auch muss ich die Dame Tante nennen. Vater hat mich einer regelrechten Gehirnwäsche unterzogen, denn bei dem bis ins kleinste Detail einstudierten Rollenspiel bin ich der Unsicherheitsfaktor schlechthin. Wir beide – er, ein Erwachsener, und ich, ein siebenjähriger Junge – haben eine vollkommen unterschiedliche Wahrnehmung der Umwelt. Dieser Gemüsemarkt zum Beispiel. Für mich eine ganz andere Welt als das Ghetto, keine gehetzten und abgemagerten Menschen, keine mit Zeitungspapier zugedeckten Leichen in den Straßen, und auch nicht dieser entsetzliche Gestank. Der Markt erweckt in mir Neugier und Spieltrieb, zumal fliegende Händler Spielzeug anbieten. Ich vergesse die Gefahr, vergesse, warum wir auf diesem Markt sind. Ich bin in meiner Welt angekommen. Ganz anders als mein Vater, der sich bewusst ist, auch in dieser Welt in ständiger Lebensgefahr zu schweben. Armer Vater! Er hat seine heile Welt schon vor langer Zeit verlassen.

Die junge Frau, die zwischen den Verkaufsständen lächelnd auf uns zukommt, entspricht nicht meiner Vorstellung von einer »Dame«. Sie trägt keinen Hut und keine Tasche, lediglich ein leichtes geblümtes Sommerkleid, das ihr beim Gehen um die Beine weht, sowie Schuhe mit hohen Absätzen und unterm Arm etwas, was sie in Zeitungspapier gewickelt hat. Sie erinnert mich irgendwie an mein polnisches Kindermädchen, das ich in Zychlin bis zu dem Zeitpunkt hatte, da wir ins Ghetto gesperrt wurden. Vater und die junge Frau begrüßen sich herzlich, und ich weiß bis heute nicht, ob sie sich tatsächlich schon einmal gesehen hatten oder die Wiedersehensfreude nur gespielt war. Sie beugt sich zu mir herab und fragt nach meinem Namen. Als ich nicht sofort antworte, drückt Vater meine Hand und fordert mich auf, der Dame – »wie ich gesagt habe« – meinen Namen zu nennen. Ich sage: »Ich heiße Senek.« Darauf erwidert sie, ich solle sie Tante Irka nennen oder besser nur Tante.

Vater übergibt ihr ein Kuvert mit meiner gefälschten Geburtsurkunde und wohl auch Geld. Instinktiv spüre ich, dass mich Vater jetzt verlassen wird. Ich beginne wieder zu weinen. Vater meint, er werde mich bald wieder abholen, und im Übrigen hätte ich doch versprochen, nicht zu weinen. Wieder fühle ich mich an den Abschied von meiner Mutter erinnert, als sie mich das letzte Mal unter Tränen küsste. Damals hat Vater auch gesagt, dass Mutter und Oma bald nachkommen würden. Ich traue Vater nicht mehr, denn Mutter und Oma habe ich seither nicht wieder gesehen. Seine Haltung gibt mir unmissverständlich zu verstehen, dass er keine Widerrede mehr dulden wird. Verängstigt und widerwillig gehe ich ein paar Schritte an der Hand der jungen Frau, um mich nach ein paar Metern rasch umzudrehen, in der vagen Hoffnung, dass Vater es sich anders überlegt hat, aber er ist wie vom Erdboden verschluckt.

Irkas Art ist weder autoritär noch drohend, so wie ich es von anderen Erwachsenen kenne, wenn ich unfolgsam bin. Sie wirkt sanft und lenkt mich in diesen ersten Stunden unseres Zusammenseins immer wieder geschickt ab. Ob ich schon Straßenbahn gefahren sei, fragt sie mich. »Nein, ich bin noch nie mit einer Straßenbahn gefahren, aber im Ghetto habe ich öfter eine gesehen«, sage ich.

Sie bleibt ruckartig stehen, beugt sich zu mir herab, und mit ihrer eher besorgten als strengen Miene sagt sie, ich dürfe niemals wieder vom Ghetto sprechen. »Dein Vater hat es dir mit Sicherheit erklärt«, fügt sie mit Nachdruck hinzu. Für einen Augenblick spüre ich, dass auch sie Angst hat und zweifelt, ob ich richtig auf diese Situation vorbereitet worden sei. Denn jetzt hängt alles davon ab, ob ich tatsächlich in meine neue Identität schlüpfen kann, sollten wir kontrolliert werden, und kontrolliert wird oft. Mein neuer Name ist Senek Rurzycki, hat mir mein Vater eingebläut, und ich komme aus einem Dorf namens Piontki; ich bin Vollwaise, und Irka ist meine Tante, die sich jetzt um mich kümmert.

Wir besteigen eine Straßenbahn, eine bessere Ablenkung könnte es für mich nicht geben. Ich bin noch nie in einem sich schnell bewegenden Fahrzeug gefahren, in dem man nach allen Seiten schauen kann. Wo Telefonmasten und andere Gegenstände am Straßenrand in einem irrwitzigen Tempo vorbeihuschen und es scheint, als würden Fabrikschornsteine und Bäume in der Ferne mitfahren. Als ich noch ganz klein war, bin ich fast täglich mit einem Pferdefuhrwerk oder einer Kutsche gefahren, und vor wenigen Monaten mit einem geschlossenen und mit Menschen vollgestopften Lkw ins Warschauer Ghetto, aber da konnte ich nichts sehen. Mit der Straßenbahn ist es etwas anderes. Es gibt keine Pferde, die das Gefährt ziehen, sondern nur einen Mann in Uniform, der vorn an einer Kurbel dreht, und dennoch bewegt sich das Fahrzeug mühelos vorwärts. Im Moment der größten Gefahr ein beglückendes Gefühl. Unbewusst bin ich in einem neuen Zeitalter angekommen.

Quietschend fährt die Straßenbahn eine große Schleife und bleibt in der Richtung, aus der wir kommen, stehen. Es ist die Endstation. Wir steigen aus und finden uns auf einer Straße wieder, gesäumt von Häusern, die nicht so gedrängt stehen wie in der Innenstadt und von denen die wenigsten höher als zwei Stockwerke sind. Eine Gegend in der Peripherie Warschaus, wie mir später bewusst wird. Irka nimmt mich bei der Hand, geht mit mir auf ein Eckhaus mit einem Laden zu und bleibt ein paar Meter davon entfernt stehen. Sie fordert mich auf, ich solle hier auf sie warten und so tun, als würde ich mit etwas spielen. Sie muss erst schauen, ob sich im Treppenhaus jemand aufhält. Nach einer Weile kommt sie zurück und sagt: »Jetzt aber schnell!« Mit eiligen Schritten gelangen wir in das Treppenhaus. Hastig steigen wir die abgewetzten Steintreppen hinauf und biegen in einen dunklen Seitenflur im zweiten Stock. Nach ein paar Metern hält sie vor einer Tür inne. Mit geübtem Griff, als sei sie an die Dunkelheit gewöhnt, öffnet sie die Tür, und wir stehen in einem Zimmer.

Dem Zimmer, in dem sich mein Schicksal entscheiden soll. In dem die unendlichen Tage mit den immergleichen Abläufen für mich zur Hölle werden sollen. Nächte voller Angst und Einsamkeit, das Gefühl des totalen Verlassenseins, aber auch der Hoffnung, die gewisse Glücksmomente heraufbeschwört. Szenen einer andauernden Ausnahmesituation von großer Intensität, die sich mir bis ans Ende meiner Tage ins Bewusstsein gemeißelt haben. Ich kann mich kaum erinnern, ob das Zimmer groß oder klein war. Jedenfalls war es Schlafzimmer, Wohnzimmer und Küche in einem. Ziemlich normal für junge Paare im Warschau jener Tage.

In der linken Ecke gegenüber der Tür steht ein frisch überzogenes Bett mit einem großen Frauenporträt über dem Kopfende. Die Frau trägt ein Kopftuch, das ihr bis zu den Schultern reicht. In den Armen hält sie ein Kind, auf das sie mit traurigem Blick hinabschaut. Ein goldener Schein umgibt ihren Kopf. Ähnliche Bilder habe ich schon während unserer wochenlangen Flucht bei polnischen Bauern gesehen. An der Längswand über dem Bett hängt der gekreuzigte Jesus, das Wahrzeichen der Christen, das mir von Überlandfahrten mit der Kutsche oder dem Fuhrwerk vertraut ist. Wann immer wir an solch einem Jesuskreuz vorbeikamen, deutete Großvater mit seinem Gehstock darauf und sagte: »Das ist Jesus, er hatte ein schreckliches Ende.« Unser Pferdeknecht bekreuzigte sich dann.

Rechts vom Bett ein großer Schrank, dazwischen ein Nachtkästchen, darauf eine Lampe und ein Hochzeitsfoto von Irka und Lutek, ihrem Mann, den ich später kennenlernen werde. Neben dem Schrank zwischen zwei kleinen Fenstern eine Couch mit zahlreichen Decken und darüber ein großer Spiegel. An der kurzen Wand rechter Hand von der Eingangstür ein einfaches, aus Brettern gezimmertes Holzregal mit einem Vorhang. In der rechten Ecke ein mächtiger Eisenofen mit Kochtöpfen darauf. Der Ofen wird im Sommer gelegentlich, im Winter immer nur in der Früh eingeheizt. Daneben ist eine halbrunde Spüle mit einem Wasserhahn, aus dem, wenn überhaupt, nur kaltes Wasser kommt. Die Toilette befindet sich draußen im dunklen Flur. Irkas Augenmerk indessen gilt – wie ich in den nächsten Monaten meines Eingesperrtseins noch ausreichend mitbekommen werde – dem rötlichen Holzboden, den sie alle paar Wochen kniend mit einer roten Paste bohnert. Diese Arbeit dauert Stunden, und der Geruch der Paste hängt anschließend noch tagelang in der Luft. In der Mitte des Zimmers ein länglicher Tisch, der etwa acht Personen Platz bietet.

Irka beeilt sich, die Tür hinter uns zuzusperren, legt den Zeigefinger auf die Lippen und bedeutet mir, vollkommen still zu sein. Flüsternd erklärt sie mir, ich müsse vor allem ruhig sein, wenn jemand klopft. Dann zieht sie ihre hohen Schuhe aus und wirkt auf einmal viel kleiner. Schließlich dreht sie sich um, geht auf den Schrank zu, öffnet ihn und winkt mich wortlos zu sich. Der Schrank, in dem vorwiegend Kleider und lange Mäntel hängen, ist tief und dunkel. Im rechten Teil sind bis zur halben Höhe Schubladen angebracht, und darauf stehen etliche Kartons. Sie sucht etwas hinter den Schubladen und hält plötzlich ein längliches und breites Brett in der Hand. Es ist das herausnehmbare Teil meines Verschlags.

In letzter Zeit hat Vater immer wieder vom »Versteck« oder von »zeitweise verstecken« gesprochen, ohne dass ich mir weiter Gedanken darüber gemacht hätte. Ohne viel Umschweife macht mir Irka klar, was damit gemeint ist. Das ist jetzt mein Versteck, ich werde viel Zeit darin verbringen und nur rauskommen, wenn sie mich dazu auffordert. Nachts werde ich auf der Couch unter den vielen Decken schlafen, und zum lächerlichen Trost meint sie, ich bräuchte keine Angst zu haben. Dann erklärt sie mir, wie ich es mit der Notdurft halten soll. Zum Pinkeln könne ich mich auf den kleinen Schemel stellen und in die Spüle urinieren. Wenn ich »groß« müsse, werde sie mit mir auf die Toilette draußen auf dem dunklen Flur gehen, aber nur sehr früh am Morgen oder sehr spät am Abend.

Ich glaube nicht, dass ich damals den Ernst der Lage richtig begriff – dass ich von nun an wie ein gefangenes Tier für unzählige Stunden in diesem Holzverschlag im Schrank verschwinden würde. Dass für mich das Martyrium eines Kindes begann, dessen Bewegungsdrang gewaltsam unterdrückt wurde, dass diese schmerzhafte und dunkle Enge Halluzinationen und Albträume in mir hervorrufen würde.

ERSTER TEIL

1

Die Sonnenblumenwiese

DORT, IN JENEM grausamen Versteck – im Nachhinein betrachtet war es meine Rettung vor den Fängen der Nazis –, begebe ich mich auf die Reise in die Vergangenheit. Schöne Erinnerungen werden zu Albträumen. Ich sehe meine Mutter auf der großen Sonnenblumenwiese hinter unserem Haus stehen und winken. Ich laufe ihr entgegen, aber etwas hindert mich am Weiterkommen, dabei will ich mich bei ihr bitter beschweren, was mir jetzt alles Schlechtes widerfährt. So wie früher, wenn ich im Streit mit anderen Kindern den Kürzeren zog. Sie wusste immer eine Lösung, so bestimmt auch jetzt, sage ich mir. Auch wenn sie aus irgendeinem Grund nicht selber kommen kann, um mich abzuholen, so wird sie gewiss Vater bitten, es zu tun.

Mein Vater wird in meinen Augen immer mehr zum Urheber meiner qualvollen Lage. Er war es, der mich Irka übergeben hat. Auf unserer Flucht hatten wir uns in Scheunen oder Erdkellern der Bauern versteckt, aber wenigstens waren wir immer zusammen. Wir konnten uns bewegen, miteinander reden, auch wenn Vaters Angst auf mich übersprang. Das verstand ich unter »verstecken«, als er mich auf dem Gemüsemarkt Irkas Obhut anvertraute. Mit den Begriffen Verfolgung und Vernichtung kann ich noch nichts anfangen. Da sind auf der einen Seite wir, die Juden, auf der anderen Seite

Männer mit schwarzen oder gelben Uniformen, die schrien und auf uns einprügelten. Warum, weiß ich nicht.

Nun, alleingelassen in meinem Versteck in Warschau, wird jene Wiese zum Sinnbild meiner aus der Qual geborenen Träume, und immer ist sie sonnenüberflutet und mit gelben Blumen übersät. Hierhin fliehe ich, wenn ich stundenlang im Schrank eingesperrt bin und die Angst schier unerträglich ist.

Die Wiese meiner frühen Kindheit ist der Schauplatz, auf dem ich die Welt in Gut und Böse einteile. Da ist die heile Welt des Herumtollens mit anderen Kindern, da ist die Mutter, die mich nach Hause holen will, wenn es spät wird, und ich ihr mühelos davonrenne, weil sie von ihrem langen Rock behindert wird. Es ist eine Welt des Überflusses, in der ich keinen Hunger kenne, in der sie mir – liebenswürdige Unsitte der jüdischen Mütter – mit dem Essen hinterherläuft. Unbewusste Momente der Freiheit und des Glücks.

Da sind auf dieser Wiese auch kurze Momente des Schreckens, als ich einen angebundenen Ziegenbock so lange necke, bis er sich losreißt und mich auf die Hörner nimmt. Wann immer ich die Momente des Glücks auf dieser Wiese in Gedanken Revue passieren lasse, schieben sich auch dunkle Schatten darüber, die Vorboten des Unheils, eben jener anderen Welt. Zunächst kommen sie in Gestalt von zwei deutschen Offizieren in unser Haus. Großmutter, die aus Breslau stammt und Deutsch spricht, betrachtet sie als Landsleute und lädt sie zum Essen ein. Harmlose Militärs, mit denen sie sich eines Abends lange unterhält, ja sogar scherzt. Sie wirkt glücklich und aufgekratzt. Eine Cousine spielt Klavier, es ist ein schöner Abend. Die Herren bedanken sich artig und gehen. Als die Deutschen nach Zychlin, in unser Städtchen, kommen, verhalten sie sich uns gegenüber anfangs noch neutral, wenn nicht gar freundlich. Die meisten Männer tragen graue Uniformen, manche tätscheln mir den Lockenkopf und stecken mir etwas Süßes zu. Insgeheim sind wir froh, dass sie gekommen sind. Denn seit sie da sind, hören die Explosionen und das mörderische Geheule ihrer Flugzeuge auf.

Unter Großmutters Vermittlung entsteht zwischen den grau Uniformierten und uns jüdischen Familien so etwas wie ein praktisches Miteinander. Mutter, das Dienstmädchen und die Nachbarsfrauen waschen und flicken ihre Wäsche und Uniformen, dafür versorgen sie unsere Pferde, denn Vater und die Stallburschen sind mit der polnischen Armee in den Krieg gezogen. Großvater ist alt und hat ein kaputtes Knie. Unsere große Sorge gilt Vater, von dem wir lange kein Lebenszeichen mehr erhalten haben. Mit meinen knapp vier Jahren empfinde ich zum ersten Mal bewusst Schmerz und Trauer, weil er nicht da ist.

Auf der Sonnenblumenwiese sehe ich zum ersten Mal auch bei einem Fußballspiel zu. Die Soldaten bauen zwei provisorische Tore auf, ziehen ihre grauen Uniformröcke aus, teilen sich in zwei Gruppen und laufen einem Ball nach. Obwohl oder weil ich die Spielregeln nicht kenne, ist es für mich ein Riesenspaß, und wenn der Ball in dem kleinen Weiher landet, bin ich glücklich, ihn mit einer langen Stange herauszufischen zu können.

Etwas später, wie aus dem Nichts, kommen andere, die schwarz und gelb Uniformierten. Sie schreien im Haus herum, nehmen uns Pferde und Radio weg, dreschen mit einer Peitsche auf Großvater ein, der sich ihnen verzweifelt in den Weg stellt. Großmutter fleht sie an, uns wenigstens eines der Pferde zu lassen. Die Pferde sind unsere Lebensgrundlage, sagt sie, etwas, was ich mit meinen vier Jahren noch nicht verstehe. In schnellen Schritten und erbarmungslos kommt die andere Welt, die böse, auf uns zu, zertrampelt unser Leben. Mit dem Verlust der Pferde legt sich eine lähmende Untätigkeit über uns. Keine Arbeiter für die Getreide- und Kornspeicher mehr, die morgens kamen und abends gingen, kein Einspannen der Pferde, um über die Dörfer zu fahren und mit den Bauern Handel zu treiben und Korn und Getreide einzufahren. Stattdessen einen gelben Stern tragen zu müssen, das Trottoir des eigenen Städtchens nicht betreten zu dürfen. Schließung des Kindergartens, Schließung der Synagoge. Die erste Rationierung der Lebensmittel. Verhöhnung durch polnische Nachbarn. Und immer wieder die verzweifelte Frage der Erwachsenen: »Was haben wir denen nur getan?«

Eines Nachts Klopfen an der Tür. Freudiges Schreien und Kreischen weckt mich auf. Vater ist wieder da, nachdem er ein halbes Jahr verschollen war. Mit Fahrrad und Rucksack steht er mitten im Wohnzimmer. Kerzen werden angezündet, der Ofen wird eingeschürt. Verschlafen, aber glücklich sitze ich auf seinem Schoß. Mit verstohlenen Blicken und kaum merklichem Kopfschütteln verständigen sich die Erwachsenen, die schlechten Nachrichten bis morgen von ihm fernzuhalten. Ich schlafe glücklich ein, Vater ist zurück. Am nächsten Tag ist unser Haus voller Menschen. Bekannte und Verwandte feiern Vaters wundersame Heimkehr. Er ist bekannt und beliebt in unserem Städtchen – ein Siegertyp.

Alle hören gespannt zu, was Vater zu erzählen hat. Seine Einheit wurde aufgerieben. Um der Gefangenschaft zu entgehen, »besorgte« er sich ein Fahrrad und floh damit bis nach Rumänien, unglaubliche tausend Kilometer. Er ist mein, er ist unser Held. Aber bald haben die traurigen Umstände uns wieder. Die Erwachsenen berichten ihm, was uns in seiner Abwesenheit alles Schreckliches widerfahren ist. Er scheint nicht überrascht, durch seine wochenlange Fahrradtour durch das besetzte Polen hat er vieles mitbekommen. Die Lage falsch einschätzend, meint er, das seien vorübergehende Maßnahmen der Deutschen. Einige sagen, er spreche doch Deutsch, also solle er zur Kommandantur gehen und mit den Deutschen reden, sie davon überzeugen, diese »Maßnahmen« zu beenden. Aber wochenlang geht er nicht aus dem Haus, aus Angst als Deserteur aufgegriffen zu werden. Er versteckt sich.

Die Deutschen haben jedoch kein Interesse an entflohenen polnischen Soldaten. Sie organisieren den Terror gegen die Juden. Die Evakuierung beginnt. Wir müssen unsere Häuser und Wohnungen verlassen, wir werden in einen anderen Stadtteil umgesiedelt und willkürlich mit fremden Menschen zusammengepfercht. Ein wochenlanges Chaos, begleitet von Gewalt, ist die Folge. Der Stadtteil, in dem wir dicht an dicht in überfüllten Räumen leben, wird mit Stacheldraht umzäunt, ein Ghetto ist entstanden.

Unseren Peinigern geht es nicht schnell genug. Sie suchen nach Deutsch sprechenden Juden. Das ist die Stunde meines Vaters. Schnell findet er Anerkennung auf beiden Seiten, bei Opfern und Tätern. Er kann größere Gruppen von Menschen leiten, das hat er beim Militär gelernt. Zu manchen, auch den größten Sadisten unter den Nazis, entwickelt er einen persönlichen Draht und bewahrt damit viele der unsrigen vor noch bittererem Leid. Manchem der Hakenkreuzträger geht das zu weit. Sie fürchten um ihre Autorität. Einer von ihnen stellt ihn zur Rede, er muss vor ihm strammstehen und wird vor meinen Augen geohrfeigt. Mein Vater, mein Held, wird geschlagen und ist machtlos, in mir bricht eine Welt zusammen.

Wir sind jetzt von Oma, Opa und anderen Familienmitgliedern getrennt. Trotz der öffentlichen Maßregelung meines Vaters wird er gebraucht. Er und ein paar andere Männer bekommen die Genehmigung, das Ghetto zu bestimmten Zeiten zu verlassen. Unter anderem, um ein Nahrungsprogramm zu organisieren, aber meistens, um einen Verstorbenen auf dem Friedhof zu beerdigen. Oder um übel zugerichtete Menschen, die das Ghetto unerlaubt verlassen haben und aufgegriffen wurden, von der Kommandantur abzuholen. Es wird viel gestorben, gehungert und gelitten im Ghetto. Krankheiten breiten sich aus, und kein Arzt weit und breit. Trotz der privilegierten Stellung Vaters, der immer wieder etwas Essbares organisiert, bringt Mutter nicht viel auf den Tisch, aber die anderen haben gar nichts. Die Folgen sind verheerend. Bis zum Ende des Ghettos 1942 ist jeder vierte gestorben. Auch wir Kinder werden immer weniger. Und das Schlimmste steht uns noch bevor.

Im Nachhinein weiß ich nicht mehr, wie die Bewohner unseres Ghettos das tägliche Grauen über eine Zeitspanne von zweieinhalb Jahren ertrugen. In meine Erinnerung haben sich vor allem außergewöhnliche, extreme Situationen eingeprägt, wie das Heulen der Stukas und die explodierenden Bomben zu Beginn des Kriegs, die mich mit meinen damals vier Jahren sozusagen ins Bewusstsein des Lebens bombten. Da sind aber auch die Gewalttaten gegen uns. Da ist der latente Hunger, und um dem zu begegnen, wird jedes Risiko auf sich genommen, Nahrung außerhalb des Ghettos zu besorgen. Kleingärten haben Konjunktur, und glücklich der, der einen Obstbaum in der Nähe hat. Und da ist die Liebe meiner Eltern, die mich unter allen Umständen am Leben zu erhalten versuchen.

Die Erwachsenen stellen sich nicht mehr die Frage: »Was

haben wir ihnen getan?«, sondern: »Was denken sie sich als Nächstes aus?«

Anfangs wohnen wir in einem Flachbau. Unmittelbar dahinter verläuft der Stacheldrahtzaun, dann eine Straße, die zum polnischen Friedhof führt. Am Straßenrand steht eine große Ziegelei mit einem mächtigen Schornstein. Eines Tages kommen SS-Leute vorbei und erklären Vater, dass die Ziegelei samt Schornstein gesprengt wird. Während der Sprengung dürfen wir und andere Bewohner nicht das Haus verlassen. Vater meint, dass unser Haus viel zu nahe an der Ziegelei steht und der Schornstein in die eine oder andere Richtung stürzen kann, also auch auf uns. Lachend erklären die SS-Leute, dann hätten wir eben Pech gehabt. Es folgen Wochen der lähmenden Angst und der Hoffnung, dass sie sich nur einen Spaß erlaubt haben.

Doch das ist nicht der Fall. Am Tag der Sprengung gibt es am Zaun ein Volksfest, niemand will sich das Spektakel entgehen lassen. Deutsche Soldaten sind da, Offiziere mit Fotoapparaten und jede Menge Polen, alle im gehörigen Abstand zur Ziegelei. Stunden vor der Sprengung dürfen wir uns noch am Zaun aufhalten. Die Polen bedeuten uns lachend, dass wir jetzt plattgemacht würden. Wir glauben ihnen, denn wir trauen den Nazis alles zu. Die Offiziere fotografieren unsere entsetzten Gesichter. Wir sind unmündige Opfer ihrer sadistischen Lust. Kurz bevor die Sprengung erfolgt, müssen wir alle wieder ins Haus. Alle Bewohner versammeln sich in einem einzigen Raum. Die Männer sind ruhig und halten sich an den Händen. Ihre blassen, mit Bartstoppeln übersäten Wangen sind eingefallen. Nur die Augen, weit aufgerissen, zeugen von ihrer enormen Anspannung. Die Frauen sitzen in einer Ecke aneinandergeschmiegt, die Kopftücher tief ins Gesicht gezogen, die meisten weinen.

Ein kurzes Sirenengeheul, ehe es losgeht. Ich sitze am Boden. Mutter kniet hinter mir, umschlingt mich und erdrückt mich fast. Die Männer fangen an zu beten, das Weinen der Frauen geht in ein hysterisches Kreischen über. Einer der Männer betet nicht – er schreit »Schma Israel«, die Anfangsworte des jüdischen Glaubensbekenntnisses. Dann erfolgen kurz aufeinander Explosionen, harmlos im Vergleich zu den Stuka-Detonationen. Ein Grollen, als die Fabrikmauern einstürzen, und ein dumpfer langer Schlag. Ein mächtiger Luftzug erfasst das Haus. Steine prasseln auf das Dach, und eine riesige Staublawine hüllt uns ein. Das ist das Ende, denken die meisten. Es herrscht Totenstille, doch nichts geschieht. Nach einer Weile, die eine Ewigkeit dauert, wieder Sirenengeheul. Vater springt auf: »Das ist die Entwarnung!« Seine Stimme überschlägt sich. Die anderen sehen ihn verständnislos an. Er wiederholt seine Worte und meint, alles wird wieder gut. Er packt mich und wirbelt mich in die Luft, fängt mich wieder auf und tanzt mit mir. »Wir leben!«

Es dauert eine Weile, bis sich die Staubwolke legt. Die Ersten wagen sich ins Freie. Der in den Himmel ragende Schornstein ist nicht mehr da. Die Ziegelei ein in sich zusammengefallener Haufen Steine. Soldaten stehen auf der Ruine und bespritzen mit Schläuchen den Schutt. Sie versuchen, auch uns nass zu machen. Sie lachen und winken. Wir lachen auch und winken ebenfalls. Die Polen sind verschwunden. Die Offiziere fotografieren immer noch.

Am nächsten Tag wird ein Räumungskommando, bestehend aus männlichen Ghettobewohnern, aufgestellt. Vater wird mit der Aufgabe betraut, etliche Dutzend Männer aus dem Ghetto heraus und zur gesprengten Ziegelei zu führen. Er bemüht sich, zum Gaudium der Umstehenden und Wachen, mit militärischer Ordnung eine Marschkolonne zustande zu bringen. Die jungen Männer mit hochgekrempelten Ärmeln vorn, die Alten und Religiösen mit Käppi und Schläfenlocken hinten. Es entbehrt nicht einer gewissen Komik, als sie losmarschieren. Vater schafft es tatsächlich, diese bunte Truppe um das Ghetto herum bis an die ehemalige Ziegelei zu führen. Dort bekommen sie Hacken und Schaufeln ausgehändigt und beginnen damit, die Trümmer ihres Albtraums der letzten Wochen wegzuräumen. Einen Orden kriegt Vater dafür nicht, aber den Spitznamen »Kapitan« oder »Henrik der Kommandant«.

Mutter erkrankt an einem Nierenleiden und verbringt die meiste Zeit im Bett. Sie ist schwach und kann kaum gehen. Nachbarsfrauen kümmern sich um sie und versorgen auch mich. Als Gegenleistung teilen wir das bisschen Essbare, das Vater heimbringt. Ich sehe jetzt täglich den Leichenkarren im Ghetto, der die Toten wegschafft. Mir ist bewusst, dass meine Mutter eine der Nächsten sein kann. Wenn ich nicht gerade im Spiel mit anderen Kindern abgelenkt bin, verspüre ich eine tiefe Bedrückung. Wann immer sie mich ansieht, muss sie weinen. Die Atmosphäre in unserem überfüllten Zimmer riecht förmlich nach Unheil. Jeder weiß etwas über die Krankheit zu berichten, kennt jemanden, der ebenfalls an dieser oder einer ähnlichen Krankheit gelitten hat, und steuert ein Heilrezept bei. Vater ist genervt. Er weiß, es ist alles nur unnützes Geschwätz. Ein Arzt muss her, aber wie? Jetzt zahlt sich sein guter Draht zu einem der Schwarzuniformierten aus. Er bekommt die Genehmigung, einen Arzt ins Ghetto zu holen.

Um nicht viel Aufsehen zu erregen, bringt er ihn mitten in der Nacht. Draußen ist es stockfinster, beide haben eine Taschenlampe in der Hand. Der Arzt ist Dr. Krukovski, der schon vor dem Krieg unser Hausarzt war. Verschwommen kann ich mich an ihn erinnern. Von großer Statur, mit weißem Kragen, Fliege und Monokel, ist er eine imposante Erscheinung. Er hat eine Glatze und einen Kranz weißer, bauschiger Haare. Früher fuhr er mit einem Einspänner bei seinen Patienten vor, gezogen von einem edlen Rappen und gelenkt von einem Kutscher. Es heißt, dass seine Erscheinung bei manchen Patienten, vor allem den weiblichen, mehr gewirkt habe als die Medizin, die er verabreichte. Mutter und er begrüßen sich herzlich. Bis auf Vater und mich müssen alle das Zimmer verlassen. In einer gespenstischen Atmosphäre, bei Kerzen- und Taschenlampenschein, untersucht er Mutter. Ja, das alte Leiden ist, bedingt durch unsere Lebensumstände, wieder da. Ihre Nieren funktionieren nicht mehr richtig. Man vermutet, dass Mutter sich als junges Mädchen beim Baden erkältet hat, hervorgerufen durch den nassen Ganzkörperbadeanzug, wie man ihn damals trug. Er sagt, sie muss unbedingt die Nierengegend warm halten, am besten durch gewärmte Stoffstreifen um den Bauch herum. Er lässt ihr auch eine Medizin in Pulverform da. Anschließend unterhalten sich die beiden Männer leise. Ich glaube, es geht um das Honorar. Ich verstehe nur ein paar Wortfetzen – »Kein Problem«, sagt Dr. Krukovski. Vater will ihm etwas zustecken, wohl ein Schmuckstück von Mutter. Der Arzt lehnt ab. Beide gehen mit ihren Taschenlampen in die Nacht hinaus. Tatsächlich sinkt in den nächsten Tagen das Fieber bei meiner Mutter, allmählich erholt sie sich. Sie ist schwach, kann aber wieder aufstehen. Unsere Stimmung hebt sich. Vater pfeift sogar ein melancholisches Lied.

Irgendwo im Ghetto entsteht ein Heider, ein Raum, in dem wir Buben Religionsunterricht bekommen und Jiddisch schreiben und lesen lernen sollen. Die meisten Juden unseres Ghettos sprechen ein Jiddisch, das mit polnischen Sprachfetzen vermischt ist – und ein schlechtes Polnisch mit jüdischem Akzent. Später soll das manchem auf der Flucht zum Verhängnis werden. Nur eine gewisse Schicht von besser Gestellten, die sich eine Ausbildung auf polnischen Schulen leisten konnte, spricht ein gepflegtes Polnisch. Vor unserer Verbannung ins Ghetto hatten wir ausschließlich polnische Nachbarn. Unser Haus, die Stallungen und die Speicher stehen am Rande der Stadt. Daher spielte ich meistens mit polnischen Kindern und sprach Polnisch. Auch im Kindergarten.

Im Ghetto ist auf einen Schlag alles anders. Der Unterricht findet im selben Raum statt, in dem der Lehrer, ein religiöser Eiferer, mit seiner Frau und den drei Kindern lebt. Die Voraussetzungen für den Unterricht sind miserabel. Ein verrußtes und verrauchtes, nie gelüftetes Zimmer, durchdrungen von Kochdunst, dem Geruch nach Urin und Schweiß. Als Toilette dient ein Eimer auf dem Gang. Die meisten Kinder husten und haben Schnupfen. Dieser Raum ist ein einziger Ansteckungsherd. Niemand erkennt, niemanden stört es. Allmählich übernehme ich von den anderen Kindern das jiddisch-polnische Sprachgemisch. Dem Lehrer bin ich zu polnisch. Ich bin mit dem jiddischen Alphabet nicht so weit wie andere Kinder. Es geht ihm viel zu langsam. Der Lehrer, der stark nach Schweiß riecht, erweist mir die besondere Ehre und sitzt zu meiner Linken. Mit der rechten Hand hält er meinen Nacken umklammert, mit der Linken stützt er seinen Kopf. Ich muss mit dem Zeigefinger die Buchstabenreihen in dem aufgeschlagenen Buch entlangfahren, während ich ihm nachspreche. Ist er unzufrieden, drückt er kräftig zu oder zieht mich so fest am Ohrläppchen, dass ich weine. Rohe Gewalt ist im Unterricht an der Tagesordnung, so war das damals. Er, der uns die Güte und Barmherzigkeit Gottes vermitteln soll, ist selbst unbarmherzig. Als Vater sich bei ihm erkundigt, wie ich mich so mache, meint er, ich hätte einen engen Kopf, dem müsse etwas nachgeholfen werden. Vater hat verstanden, ihm ist es in seiner Kindheit wahrscheinlich auch so ergangen. Und ich sehne mich nach den unbeschwerten Tagen, nach der grünen Wiese hinter unserem Haus.

Mit der Vermittlung der Herrlichkeit Gottes hat es ein jähes Ende. An einem schönen Sommertag, früh am Morgen, kommen SS und SD, verstärkt durch Hakenkreuzbinden tragende Zivilisten und Hunde, in das Ghetto. Mit Hundepeitschen treiben sie uns vor die Häuser und selektieren alle unverheirateten Männer zwischen vierzehn und dreißig. Die Aktion verläuft äußerst gewaltsam. Das Grauen hat eine neue Dimension bekommen. Eine Steigerung der Grausamkeiten, die uns völlig unvorbereitet trifft. Man entreißt die Halbwüchsigen den verzweifelten Müttern. Als der fünfzehnjährige Sohn des Rabbiners abgeführt wird, springt seine Mutter auf einen Karren und schreit für alle hör- und sichtbar, die Hände zum Himmel gereckt: *»Gott-i-nu, wie bist di jetzt?«* Ein verzweifelter und alles durchdringender Schrei einer gepeinigten Kreatur, der mir noch heute in den Ohren gellt. Aus dem Munde einer Frau, die, wenn man ihr in normalen Zeiten begegnete, ein Gespräch stets mit »Gepriesen sei sein Name!« eröffnete. Die bei jeder sich bietenden Gelegenheit Gottes Herrlichkeit beschwor, meinte, alles liege in seiner Hand, und lächelnd mit dem Zeigefinger gen Himmel zeigte. Die in seinem Sinne die Kinder erzog. Jetzt, in der Stunde der höchsten Not, da man ihr das Kind entreißt, fordert sie im Gegenzug seine Hilfe. Aber es scheint, dass die Deutschen und ihre Hunde über unser Schicksal entscheiden, und keine Macht der Welt kann oder will sie daran hindern.

Wir, die Verbliebenen, die Alten, Kranken, kleinen Kinder

und Todgeweihten, stellen eine eigene Zeitrechnung auf — vor und nach dieser Aktion. Obwohl wir schutzlos, hoffnungslos und apathisch der weiteren Ereignisse harren, kommt ein winziger Hoffnungsschimmer auf. Ein Gerücht macht hinter vorgehaltener Hand im Ghetto die Runde. Für die Deutschen läuft es in Russland nicht rund. Ihre Offensive ist vor Moskau zum Stillstand gekommen. Der russische Winter setzt ihnen zu. Ihre Soldaten sterben wie die Fliegen. Wenn die Erwachsenen die Köpfe zusammenstecken und reden, schnappe ich einzelne Wortfetzen wie »Napoleon« auf, ein mir völlig fremdes Wort. Erst viel später in Warschau, bei einer ähnlich verschwiegenen Diskussion, finde ich heraus, dass es ein Name ist. Das Gerücht bekommt Nahrung durch eine neue Aktion im Ghetto, die im Vergleich zur vorangegangenen eher harmlos ist. Wir müssen Pelzkleidung aller Art und gefütterte Handschuhe abgeben. So mancher, der seinen Mantel abliefern muss, friert erbärmlich oder überlebt den Winter gar nicht.

Bis zum Sommer 1942 wird die Zahl der Ghettobewohner stark dezimiert sein, doch erst einmal steigt sie durch Neuankömmlinge an. Es lohnt sich nicht, in kleineren Ortschaften mit jüdischem Anteil ein Ghetto mit Stacheldraht und Bewachung zu errichten. Man pfercht die Leute einfach ins nächste vorhandene Ghetto. Und so geschieht es auch bei uns. Die Enge wird unerträglich. Vater, der nach wie vor die Belange der Ghettobewohner bei den Deutschen vertritt, schlägt vor, zwei Häuser, die außerhalb des Zaunes leer stehen, mit Alten und Schwachen zu besetzen, die keine Probleme machen und gewiss nicht fliehen werden. Ein kleines Wunder geschieht, dem Vorschlag wird zugestimmt. Eine Umzugsaktion wird gestartet. Wir sind auch Nutznießer dieses Vorgangs. Mutter, Vater und ich bekommen ein winziges Zimmer für uns. Die beiden Häuser werden nicht umzäunt, wir nennen es das kleine Ghetto. Vater muss auf der Kommandantur einen Protektor haben: Der Arztbesuch bei Mutter, immer scheint er gut unterrichtet, er weiß über den Feldzug in Russland Bescheid und sät ab und zu etwas Hoffnung, indem er gewisse Informationen an Vertraute streut. Und nun das kleine Zimmer allein für uns. Dass andere jüdische Gemeinden aufgelöst werden, hat für uns etwas Gutes. Großmutter mütterlicherseits kommt zu uns und kümmert sich um Mutter und mich. Wir sind jetzt zu viert im kleinen Zimmer.

Durch den Umzug bin ich von anderen Kindern abgeschnitten. Im Haus wohnen vorwiegend Alte. Nur ein Mädchen namens Rachel lebt bei ihren Großeltern. Ein, zwei Jahre älter als ich, hat sie ein schönes blasses Gesicht, blaue Augen und schwarze Haare. Sie ist von Entbehrungen gezeichnet. Ihre Großeltern sind nicht in der Lage, auch nur ein Minimum an Nahrung zu beschaffen. Sie hat nie Lust, zu spielen, vielleicht bin ich ihr zu kindisch oder zu wild, oder aber sie ist zu schwach. Nie gibt sie zu, dass sie Hunger hat. Wenn Großmutter ihr etwas anbietet, nimmt sie es zaghaft und entschuldigend entgegen. Oder sie isst nur etwas, wenn auch ich was bekomme – offensichtlich hat sie Angst, mir etwas wegzunehmen. Mit der Zeit bestimmt sie, was wir tun, sie ist mir überlegen, auch wenn mir das damals nicht bewusst ist. Ein Höhepunkt in unserem tristen Dasein ist, wenn Mutter uns aus einem alten Märchenbuch vorliest. Mein Lieblingsmärchen ist *Der gestiefelte Kater*. Sie starrt gebannt auf Mutter, besonders wenn die Königstochter ins Spiel kommt. Wir wohnen im zweiten Stock, und eine unserer Lieblingsbeschäftigungen ist es, aus dem Fenster zu gucken. Wir haben einen freien Blick bis zum Horizont. Die Landschaft ist nur unterbrochen von der Straße, die zum polnischen Friedhof führt. Und ich denke: »Eines Tages, wenn wir frei sind, laufe ich über das Feld bis zu der Linie, wo der Himmel und die Erde zusammenfallen.«

Am Anfang der Straße stehen ein paar Häuser. Da wohnen mehrere Deutsche und SS-Leute mit ihren Familien. An manchen Tagen hängen an den Häusern riesige Hakenkreuzfahnen, und man hört erst Marschmusik und später auch andere Musik und Gelächter herüberschallen. Einen großen Unterhaltungswert haben für Rachel und mich polnische Beerdigungen, die mehrmals in der Woche stattfinden. Vorbei an den Nazihäusern zieht sich die Prozession auf der geraden Straße bis zum Friedhof. Handelt es sich bei dem Verstorbenen um einen wohlhabenden Bürger, liegt der Sarg auf einem großen, verzierten schwarzen Leichenwagen, gezogen von zwei Rappen, und eine große Gruppe folgt ihm. War der Verstorbene von niedrigem Rang, liegt der Sarg auf einem kleinen Pritschenwagen, gezogen von einem Pferd. Aber immer geht der Prozession ein Mann mit einem großen Kreuz voraus, flankiert von zwei Fahnenträgern. Hinter dem Gefährt mit dem Sarg schreitet ein Priester mit langem weißem Gewand. Die schwarz gekleideten Trauergäste wirken ruhig und andächtig, die Pferde werden zu einem gemessenen Schritt gezügelt. Ein wenig ähnelt der Trauerzug einer militärischen Einheit, nur dass die Menschen nicht im Gleichschritt gehen.

Was für ein Unterschied zum Sterben in unseren Reihen! Wenn an unserem Haus der Leichenkarren anhält, gezogen und geschoben von mehreren Männern, kommt es vor, dass bereits ein Toter darauf liegt, dürftig in Lumpen gewickelt. Särge kennen wir schon lange nicht mehr. Das Sterben geschieht so häufig, dass es jede Würde verloren hat. Es wird zur Sitte, den Sterbenden nicht mehr im Bett sterben zu lassen, da man keine Bettwäsche zum Wechseln hat und die Ansteckungsgefahr zu groß ist. Um ihn jedoch nicht auf dem nackten Boden liegen zu lassen, wird eine Tür ausgehängt, auf die man ihn bettet. Ist er gestorben, wird er auf der Tür liegend hinausgetragen und auf den Leichenkarren gehoben. Wenn Erwachsene oder Alte sterben, werden sie von den Frauen beweint, bei Kindern wird auch hysterisch geschrien. Niemand außer dem Rabbiner und dem Vertreter des Judenrats folgt dem Leichenkarren. Unter den Toten sind Strenggläubige und Talmud-Gelehrte, doch auch sie werden ohne Statussymbole der Erde übergeben. Bei uns gibt es keine Zweiklassenbeerdigungen mit ihren mal kleinen, mal großen Trauerzügen. Wir, eine spezifische Gruppe von Menschen, sind im Tod vor Gott alle ausnahmslos gleich. Im Grunde ist es keine Beerdigung, sondern eine schnelle Entsorgung.

Kurz bevor Rachel sterben wird, darf ich nicht mehr mit ihr spielen. Sie hat einen schlimmen Ausschlag am Körper und im Gesicht. Das Ende kommt recht schnell. Ich bemerke nicht, wie sie abgeholt wird. Sie ist einfach nicht mehr da. Ich bin daran gewöhnt, dass viele vertraute Gesichter aus meiner Umgebung plötzlich nicht mehr da sind, es ist ein Umstand, der zu unserem Leben dazugehört. Mit Rachels Tod jedoch entsteht eine Leere, die ich absolut nicht verstehe. Was heißt: »Sie ist jetzt im Himmel, und dort hat sie es gut«, wie es Mutter oder Oma mir zu erklären versuchen, wieso kann sie im Himmel weiterleben, wo ich doch gesehen habe, dass sich die Verstorbenen nicht mehr rühren, dass sie keinen Mucks mehr von sich geben? Und wie ist sie denn in den Himmel gekommen? Ein Gefühl der Einsamkeit beschleicht mich, wenn ich jetzt allein am Fenster stehe und die Vorgänge auf der Straße und auf dem Feld plötzlich mit ganz anderen Augen betrachte. Niemand ist mehr da, dem ich imponieren kann mit meinem einzig verbliebenen Spielzeug, meinem geliebten Schaukelpferd. Einer fohlengroßen Attrappe mit echtem Fell. Als Rachel noch da war, schaukelte ich so wild darauf, dass sie mich erschrocken zur Ordnung rief. Oder ich band dem Schaukelpferd eine Schnur um den Kopf, die als Zügel diente, und stellte zwei Stühle dahinter, die eine Kutsche darstellten. Wir nahmen darauf Platz, sie mit einer Puppe im Arm und ich die Zügel haltend. Wir spielten Mann und Frau, die ihr krankes Kind zum Arzt bringen. Rachel, meine erste Freundin, ist nicht mehr. Die grausame Wirklichkeit hat nun auch mich erreicht.

Die Tage werden immer kürzer, und fast übergangslos setzt ein strenger Frost ein. Nie zuvor hat der kommende Winter die Menschen meiner Umgebung so in seinen Bann gezogen, nicht nur dass ihnen die kalte Jahreszeit zusetzt, da sie kaum Vorräte haben, nein, der eisige Wind scheint auch jene ungeschriebene Botschaft zu überbringen, dass in diesem Winter etwas Entscheidendes passiert. Instinktiv spürt jeder, dass der Status quo nicht aufrechtzuerhalten ist. Wie die Tiere halten wir die Nase in den Wind, um die Zeichen der Zeit zu wittern. Wenn ich jetzt zum Fenster hinausschaue, liegt ein ödes, ungepflügtes Feld vor mir, und kein Bauer mit Pflug und Pferd dient mir mehr als Ankerpunkt für die Weite des Horizonts. Nur die Raben zeugen von Leben auf dieser eintönigen Fläche. Die monotonen Tagesabläufe werden an klaren Wintertagen unterbrochen von dem Naturschauspiel der untergehenden Sonne. Einer der wenigen Augenblicke, die auch Vater, wenn er da ist, mit mir teilt.

»Als würde sie in die Erde einsinken, eine riesige glutrote Feuerscheibe, die ihr eine Botschaft übermittelt«, sagt Großmutter eines Abends völlig unerwartet. Mit bewegungslosem Gesichtsausdruck starrt sie in die Ferne. »Blut wird fließen, ein Meer von Blut.« Diese kleine, alte Frau, die nie das Haus verlässt, die sich ausschließlich um ihre kranke Tochter und mich kümmert, die sich nie an einer Diskussion mit Nachbarn beteiligt, ist die Verkünderin jenes Unheils, das uns alle bald ereilen wird.

Trotz dieser aussichtslosen Situation setzt Mutter unbeirrt auf meine Zukunft und bringt mir mithilfe des alten Märchenbuchs das ABC bei. Meine Lernunwilligkeit überwindet sie, indem sie einzelne Wörter mit den mich faszinierenden bunten Bildern in Verbindung bringt. Mit dem Einbruch des Winters bekommt der Schicksalsfluss jener Tage eine denkwürdige Pause, die niemand von uns erwartet hätte. Der Beginn einer Reihe von glücklichen Umständen, die beinahe unheimlich anmutet und mir heute, im Herbst meines Lebens, erlaubt, diese Zeilen zu schreiben.

Und wenn mich heute die Frage umtreibt, ob ich aus der für mich so glücklichen Fügung etwas gemacht habe oder mein Lebensweg vielmehr mit jenem Spieler zu vergleichen ist, der sein Lottoglück verzockt hat, dann ist es nicht Geltungssucht, die mich peinigt, und nicht der Umstand, mich nie durch Reichtum oder außergewöhnliche Taten hervorgetan zu haben. Eine einzige Frage nährt meine Schlaflosigkeit: »Warum gerade ich?« Warum bin ich als Einziger davongekommen und Hunderte anderer Kinder unseres Städtchens nicht? Warum bin ich dem Warschauer Ghetto entronnen und fast hunderttausend Jugendliche und Kinder nicht? Ich weiß es nicht. Keine höhere Macht hat sich je bei mir gemeldet, um meine Schuld einzulösen.

2

Schlittenpartie

DER KÜNSTLICH ANGELEGTE Weiher, ehemals gehörte er wohl zur Ziegelei, ist zugefroren und mit einer leichten Schneeschicht bedeckt. Ich kann es kaum erwarten, von Vater die Erlaubnis zu erhalten, eine Eisbahn anzulegen oder den Hügel zu erklimmen, um auf dem Hosenboden hinunterzurutschen. Zum Leidwesen meiner Eltern, denn Kleidung und Schuhe für Kinder gibt es kaum, und wenn, dann nur im Tausch. Die ersten beiden Tage bin ich mit meiner Rutschpartie allein, am dritten Tag bekomme ich ungewöhnliche Gesellschaft. Eine junge, gut gekleidete Frau mit modischer Pelzmütze und dazu passendem Mantel nähert sich mir. Sie wird begleitet von drei Buben verschiedenen Alters, die ich anhand ihrer Mützen auf Anhieb als Deutsche identifiziere. Sie haben zwei Schlitten dabei, und zwar nicht Marke Eigenbau, wie sie unsere Väter aus Brettern zusammennageln und die nicht besonders gut gleiten. Nein, es sind fabrikmäßig gefertigte hohe Schlitten auf mit Eisen beschlagenen Kufen.

Die Frau inspiziert das Eis, dann fragt sie mich etwas. Ich verstehe nicht und zucke die Schultern. Die Buben steuern die von Schnee befreite Rutschbahn an. Ich stehe abseits, beobachte sie und wage nicht, mich zu rühren. Im Gegensatz zu mir sind sie wintergerecht gekleidet und strotzen nur so vor Energie. Sie tragen schwarze Blousons mit aufgesetzten Taschen, schwarze lange Hosen, die keilförmig in den hohen Schnürschuhen münden. Alle haben Ohrschützer und Handschuhe. Zweifelsohne handelt es sich um Kinder unserer Besatzer, die mit ihrer Familie in einem der mit Hakenkreuz geschmückten Häuser wohnen. Sie vergnügen sich ausgelassen, auch die junge Frau macht mit. Wenn sie hinfallen, bleiben sie lachend liegen und wälzen sich im Schnee. Sie beachten mich kaum. Ich muss auf sie einen erbärmlichen oder komischen Eindruck machen, vielleicht auch beides.

Wann haben Mutter oder Vater je so mit mir gespielt? Ihre Ausgelassenheit ist für mich der Ausdruck einer längst verlorenen Lebensfreude. Abgesehen davon taugt meine Kleidung ohnehin nicht für solche Späße. Ich trage eine vorn zugeknöpfte Jacke, darunter Hemd und Pullunder, eine gestopfte Strumpfhose und kurze Hosen, Halbschuhe. Diese Sachen habe ich sommers wie winters an. Nur dass ich im Sommer den Pullunder weglassen darf. Die Mütze ziehe ich tief über die Ohren, um sie vor der Kälte zu schützen. Handschuhe habe ich keine. Ich besaß einmal einen Schal, aber der wurde mir gestohlen, und stets ermahnt mich Großmutter, mich nicht nass zu machen. In unserem meist unbeheizten Zimmer dauert es eine Ewigkeit, bis die Sachen trocknen.

Wenn die Kinder und die Frau lachen, schreien und durcheinanderreden, verstehe ich nichts. Konzentriere ich mich auf eine Person, vor allem auf die Frau, kommen mir ihre Worte irgendwie bekannt vor. Es sind dem Jiddischen, das ich inzwischen halbwegs spreche, verwandte Worte. Anders als bei Polnisch oder Jiddisch kommen sie aus der Kehle. Die Sprache hat keine schwankende Betonung – im Gegensatz zu unserem Singsang klingt sie geradeaus. Diese Menschen beschränken beim Sprechen Gestik und Mimik auf ein Minimum dessen, was ich gewohnt bin. Die Frau ruft einem der Buben zu: »Komm her«, und das verstehe ich sofort. Kein Wunder, im Jiddischen heißt es: »Kim a her.« Ich bin vollkommen verwirrt. Die Deutschen, die ich schon eine geraume Zeit aus der Ferne beobachte, die Herren über Leben und Tod, die Verursacher unseres Elends, sprechen eine ähnliche Sprache wie wir. Mir dämmert es, ich kann mich mit ihnen verständigen.

Jetzt haben sie von der Eisbahn und dem Herumtollen im Schnee genug. Sie nehmen ihre Schlitten, klettern den Hügel hinauf und sausen wieder hinunter. Unten angekommen, steht die Frau auf – sie hat den jüngsten Buben bei sich auf dem Schlitten – und spricht mich zum zweiten Mal an. »Willst du mitfahren?« Die Gestik und das letzte Wort sind eindeutig. Sie lädt mich zum Mitfahren ein. Ich bin steif gefroren und habe Angst vor ihnen. Aber die Aussicht, mit so einem Schlitten den Hügel hinunterzugleiten, ist zu verlockend. Ich sage auf Jiddisch: »Jo.« Oben auf dem Hügel platziert sie mich zwischen sich und dem kleinen Jungen. Wir fahren hinab, donnern auf das Eis, und beim Auslaufen sind wir schneller als die anderen beiden. Trotz der Kälte taue ich innerlich auf, vergesse meine gefrorenen Finger, die steifen Zehen und mit wem ich spiele. Die anderen beiden, vor allem der Größere, wollen es jetzt wissen. Wer ist schneller? Wir steigen noch ein paar Mal den Hügel hinauf und sausen hinunter. Wegen des Gewichts der Frau und meines bescheidenen Zusatzgewichts haben die anderen keine Chance. Dieses Schlittenfahren macht einen Heidenspaß, wie ich ihn lange nicht mehr erlebt habe – zuletzt, als ich mit den anderen Kindern auf der Sonnenblumenwiese herumtollte. Irgendwann hat die Frau genug. Sie ruft die Buben zu sich und wendet sich zum Gehen. Einen kritischen Blick auf mich werfend meint sie: »Du solltest auch heimgehen.« Ich verstehe das Wort »heim«, verstehe, was sie meint, und laufe nach Hause.

Zu Hause angekommen, muss ich mir was anhören: Wo ich so lange war, ich sehe aus wie ein Eiszapfen, ich könnte mir eine Lungenentzündung geholt haben. Das mag schon sein, aber seit langer Zeit bin ich wieder einmal glücklich. Mühsam gelingt es mir, Mutter und Großmutter zu erzählen, mit wem ich gespielt habe. Ich schaue in ungläubige und verstummte Gesichter. Ich erwarte, dass sie mir verbieten, mit den Deutschen zu spielen. Welche Gedanken geistern den beiden Frauen durch den Kopf? Einerseits ist das Kind unterernährt und setzt sich mit seiner windigen Kleidung stundenlang der Kälte aus. Außerdem ist es eine Sünde, den Jungen mit den verhassten Deutschen spielen zu lassen. Andererseits schwingt in ihren Überlegungen womöglich die Hoffnung mit, durch den Kontakt zu dieser deutschen Frau im entscheidenden Augenblick einen lebensrettenden Hinweis oder eine Vergünstigung zu bekommen. Ich meine, diese Hoffnung in ihren Augen aufflammen zu sehen. Großmutter zieht mich schnell aus, reibt mich mit kaltem Wasser ab, um meine Durchblutung wieder in Gang zu bringen. Finger und Zehen kribbeln schmerzhaft, und es dauert eine Weile, bis sie wieder warm sind. Sie zieht mir ein Nachthemd an, macht mir ein Marmeladenbrot und ein Glas dünnen Tee. Ich könnte einen ganzen Berg Brote verschlingen, aber es gibt nicht mehr. Sie drückt mir einen Kuss auf die Wange und steckt mich zu der kranken Mutter ins Bett. Erschöpft schlafe ich ein. Ich höre nicht mehr, wie Vater am Abend nach Hause kommt.

Am nächsten Tag fragt er mich nach meinem Erlebnis. Er ist weder erstaunt noch ungläubig, noch will er mir das Spielen mit den deutschen Buben verbieten. Er weiß, wer die

Frau ist, er kennt sie. Er erwähnt die Namen von zwei stadt-
bekannten Häschern und meint, die Mutter der zwei kleineren Jungen heißt Gertrud und ist die Frau des jüngeren der
beiden, während der größere Bub der Sohn des anderen ist.
Beide Männer sind Polizei- und SS-Angehörige. Mit einem
Unterschied — Gertruds Mann ist der Stadtkommandant.
Er ist auch der Mann, zu dem Vater einen Draht hat. Sein
Name fällt am häufigsten, wenn es um die Angelegenheiten
des Ghettos geht, aber auch um persönliche Gefälligkeiten
für ihn und seine Familie, etwa die Anfertigung neuer Stiefel
für ihn oder seine Söhne. Der Mächtige und der Ohnmäch-
tige brauchen einander. Der eine, um die Ordnung und das
Leben im Ghetto in seinem Sinn zu gestalten. Der andere,
um die schlimmste Not abzuwenden und eine minimale Le-
benschance für sich und andere zu wahren. Das, was im Bewusstsein von Mutter und Großmutter als vage Hoffnung
aufgekeimt ist, ist längst Bestandteil von Vaters Denken. Er
spricht mit niemandem darüber, denn was er tut, ist gefährlich. Nicht nur hat der Stadtkommandant in den eigenen Reihen Feinde, der SS-Mann, der Vater öffentlich geohrfeigt hat,
schielt nach Vaters nächstem Fehltritt. Wahrscheinlich sieht
Vater in dem Umstand, dass ich mit Gertrud und den Buben Bekanntschaft geschlossen habe, einen Glücksfall: Die
Väter kennen sich, wenn jetzt die Kinder miteinander spielen, sinkt die Hemmschwelle für weitere Gefälligkeiten — ja
sogar Hilfe im entscheidenden Moment ist möglich.

Vater sagt, ich könne wieder auf das Eis zum Spielen gehen. Er ermuntert mich geradezu dazu. Großmutter soll mir
die für den im Notfall zurückgehaltene lange Unterhose
anziehen. Am Nachmittag stehe ich wieder auf dem Eis —
der Zeitpunkt ist nicht zufällig. Vater weiß, dass die deutschen Kinder am Vormittag Unterricht haben. Am Nach-

mittag kommen sie möglicherweise zum Teich. Ohne mir darüber im Klaren zu sein, bin ich sein Lockvogel. Und tatsächlich, der erste Teil seines Plans scheint aufzugehen, des Plans, seinen Sohn durchzubringen, komme, was wolle. Die beiden Buben tauchen allein auf, ohne Mutter und ohne den Dritten im Bund. Sie haben nur einen Schlitten dabei. Diesmal mache ich nicht allein die Eisbahn frei, sondern lade sie wortlos zum Mittun ein. Der Annäherungsprozess beginnt. Sie gehen auf meine Gesten ein, und einer nach dem anderen rutschen wir über das Eis. Auch sprachlich beginnen wir zu kommunizieren, tauschen uns mit deutschen beziehungsweise jiddischen Sprachfetzen aus. Diesmal braucht es keiner Einladung, wir steigen gemeinsam auf den Hügel und sausen zu dritt auf dem Schlitten hinunter. Nun, da ich ihnen so nahe bin, fällt mir auf, dass ihre Lippen und Gesichter gegen den Frost eingecremt sind und in der Kälte einen Wohlgeruch verbreiten. Erst als es langsam dunkel wird, gehen wir nach Hause.

Ich begreife, dass uns Welten trennen, und fange an, sie um ihre Welt zu beneiden, nicht wissend, worauf diese basiert. Der Winter ist streng. Das Eis und der schneebedeckte Hügel bleiben uns lange erhalten. Und wäre da nicht die Krankheit meiner Mutter, könnte ich von schönen Wintertagen sprechen. Ich sehe meine neuen Freunde noch etliche Male. Auch Gertrud ist wieder einmal dabei. Zu meiner freudigen Überraschung schenkt sie mir ein Paar Wollhandschuhe, getragen und ausgebessert, aber immerhin wärmende Handschuhe. Sie hat mich nicht vergessen in meiner jämmerlichen Erscheinung. Mutters und Großmutters Wunsch geht in Erfüllung. Vaters Rechnung geht auf. Wir sind jetzt im Bewusstsein dieser Frau, und sie hat unsere Not erkannt.

Alles, was man uns bisher angetan hat, beruhte auf der

Methode der Überraschung und des schnellen Vollzugs. Auch das Ende des Ghettos und der meisten seiner Bewohner wird auf diese Weise eingeläutet. War es früher noch möglich, im kleinen Rahmen außerhalb des Ghettos mit den Polen Tauschhandel zu betreiben, ist es jetzt bei Todesstrafe verboten. Wurde man früher dabei erwischt, setzte es auf der Kommandantur Prügel, aber man kam mit dem Leben davon. Jetzt wird die angedrohte Strafe als Exempel sofort in die Tat umgesetzt. Ein Mann wird außerhalb des Ghettos erwischt und umgehend einem Erschießungskommando von vier Mann übergeben. Die treiben den Verzweifelten mit Stockschlägen an unserem Haus vorbei, die Straße zum polnischen Friedhof hoch. Wir alle, auch die alten Bewohner des Hauses, verfolgen entsetzt den letzten Gang dieses Menschen, den die meisten von uns kennen. Vor unserem Haus hört er auf, sich zu wehren, als würde er sich seiner Todesangst schämen. Er winkt uns zu und geht gefasst mit seinen Mördern. Dieser letzte Anblick von ihm ist eine einzige Botschaft: »Seht her, ich habe keine Angst vor dem Tod. Ich sterbe als Held.« Sie verschwinden hinter den Mauern des Friedhofs. Eine Weile geschieht nichts, wir sehen und hören nichts. Dann, im Bruchteil einer Sekunde, bevor die Schüsse zu uns herüberhallen, steigen erschrocken die Raben von der Friedhofsmauer auf, im Gegensatz zu uns, denen diese Möglichkeit verwehrt ist, ihre Freiheit nutzend und das Weite suchend.

Dem realistischen und vorausschauenden Ghettobewohner wird klar, dies ist das Vorspiel für etwas, was unsere Vorstellungskraft übersteigt.

Zweiunddreißig Jahre später stehe ich an der Hinrichtungsstätte dieses mir unbekannten Mannes und sage das Kaddisch für ihn. Die Einschüsse in der Mauer zeugen noch nach Jahrzehnten von seinem Schicksal. Ich bin nicht aus einem bösen Albtraum erwacht, habe das alles nicht geträumt. Während meiner Reise nach Polen im Jahr 1974 erlebe und durchlebe ich alles noch einmal.

An einem der folgenden Tage kommt Vater nach Hause und ist nicht mehr derselbe. Er scheint um Jahre gealtert. Sein Frühwarnsystem hat wieder einmal funktioniert, wenngleich mit niederschmetterndem Ergebnis: Er hat die Gewissheit, wir sollen alle umgebracht werden. Verfolgt von unseren Blicken, geht er im Zimmer auf und ab, Stunde um Stunde. Er versucht, sich von dem Schock zu erholen, einen klaren Gedanken zu fassen. Wir sagen nichts, denn wir wissen, wenn wir eine Chance haben, dann nur durch ihn, und diese Last scheint ihn zu erdrücken. Er zermartert sich den Kopf, wie ein Schachspieler vor dem unabwendbaren Schachmatt. Welcher Zug ist jetzt noch möglich? Wir warten auf eine Äußerung von ihm, die unsere Hoffnung nährt. Sogar ich mit meinen sechs Jahren werde von dieser Verzweiflung angesteckt. Ich fange an zu weinen. Als er zu reden anfängt, hört es sich an wie ein Selbstgespräch. Ich schnappe den Namen des Stadtkommandanten auf – zum ersten Mal nennt er seinen Protektor namentlich. Nur geht es diesmal nicht um irgendwelche Gefälligkeiten und Angelegenheiten des Ghettos, nein, diesmal sollen er und seine Frau uns zur Flucht verhelfen. Sind das Gedankengänge eines Verzweifelten, oder ist das machbar? Selbst ich spüre, dass Vaters Hoffnung mehr als brüchig ist. Dieser SS- und Polizeioffizier, der klare Order hat, zum gegebenen Zeitpunkt das Ghetto und seine Bewohner zu vernichten, er soll uns zur Flucht verhelfen. Glaubt Vater selbst daran? Baut er auf das Mitleid dieser Frau, die mich als Spielkamerad ihrer Buben kennengelernt hat? Ich weiß nicht, wie wir an diesem Abend ins Bett fanden. Ich weiß nicht, mit welchen Gedanken Vater einschlief, ob er überhaupt schlafen konnte.

Unser Fluchtziel ist das Warschauer Ghetto. Eine Ansammlung von fünfhunderttausend Menschen auf engstem Raum. Wir können uns diese Zahl nicht vorstellen. Wir haben keine Ahnung von den Lebensbedingungen dort. Auch können wir uns nicht vorstellen, wie es den Nazis gelingt, eine solche Masse von Menschen in Schach zu halten, zumal ihr Feldzug in Russland keineswegs nach Plan verläuft. Hier in der Provinz können sie uns mit einem Dutzend Leute kontrollieren. Aber das Warschauer Ghetto? Nein, niemals! Auch wenn sie hier und da ein paar Menschen erschießen, um die Disziplin aufrechtzuerhalten, so können sie unmöglich alle bewachen. Das Warschauer Ghetto muss wie eine Trutzburg sein. So denken viele der Erwachsenen, so muss auch Vater gedacht haben. Und dorthin müsste man gelangen. Aber wie? Mit Sicherheit wandern seine Gedanken in jener Nacht zu ein paar Freunden, denen die Flucht nach Warschau gelang. Einige von ihnen wurden aufgegriffen und sofort erschossen, wie jener Mann an der Friedhofsmauer. Geschafft haben es vorwiegend junge Menschen, die allein unterwegs waren. Manche von ihnen haben Frau und Kinder im Stich gelassen, um ihre Haut zu retten. Trieben Vater auch solche Gedanken um?, frage ich mich heute. Er kannte die Unwägbarkeiten polnischer Straßen im Winter, und dieser Winter ist besonders hart. Es galt, einhundertundvierzig Kilometer zu bewältigen, und etwa auf der Hälfte der Strecke eine streng gesicherte Grenze, die das »Generalgouvernement« – das annektierte Zentralpolen – von den weiter westlich gelegenen, dem Reichsgebiet eingegliederten Teilen trennte. Dort befand sich auch Zychlin, und um nach Warschau zu gelangen, musste man die Grenze überwinden.

Wie sollen wir das schaffen?, muss er sich gefragt haben. Wie soll er das schaffen mit einer kranken Frau, deren alten Mutter und einem kleinen Jungen? Hat er in jener Nacht mit seinem Leben abgeschlossen? Dachte er an seine Eltern, seine Schwester und seinen Schwager mit den beiden Buben, die er im Ghetto von Zychlin zurücklassen müsste? Für die er jetzt nichts mehr tun konnte, nachdem er sie bis vor Kurzem, als er noch der »Macher« mit dem Sonderausweis war, mit dem Nötigsten versorgt hatte. Er war gerade mal einunddreißig Jahre alt, und eine unvorstellbare Verantwortung lastete auf ihm.

In jener Nacht sehe ich zum ersten Mal in meinem jungen Leben meinen Vater gebrochen. Zum ersten Mal vermag er mir keine Geborgenheit zu geben. Bis vor wenigen Jahren war er noch der Held unserer heilen Welt, ein Held ist er auch im Ghetto weiterhin für mich gewesen. Mit Witz und Charme umgarnte er früher die Frauen und stellte mit seiner selbstsicheren Art andere Männer in den Schatten. Aus einer kleinen Agrarhändlerfamilie stammend, schaffte er es, eine der wohlhabendsten Töchter der Region zu heiraten. Ein geborener Verwandlungskünstler. Er kam bei den einfachen polnischen Bauern ebenso an wie bei den adligen und antisemitisch gesinnten polnischen Großgrundbesitzern. Und sicherte sich und seiner Familie damit einen bescheidenen Wohlstand. Bei der jüdischen Jugend der Gegend genoss er schon früh Ansehen, weil er als einziger Jude die Unteroffiziersschule des lokalen Regiments besuchte. Die antisemitischen Anfeindungen in der polnischen Armee vermochten ihm nichts anzuhaben. Immer gut gekleidet, war er eine imposante Erscheinung, und man suchte seine Nähe. Wie viele junge Männer träumte er davon, Polen zu verlassen und nach Amerika auszuwandern. Die zionistischen Gruppierungen, die es auch schon in seiner Jugend in der Stadt gab, waren seine Sache nicht. Die meisten waren sozialistisch gesinnt und propagierten die Arbeit mit der Schaufel in Palästina. Sein Ziel war Amerika, Vorbild und Idol sein Onkel Charles, der sich kurz nach dem Ersten Weltkrieg der Einberufung der Armee entzog, nach Amerika ging und es dort in wenigen Jahren zum Wohlstand brachte.

Das Ereignis des Jahres war gewesen, als Charles mit Frau, zwei Kindern und einem französischen Kindermädchen Ende der zwanziger Jahre Zychlin, seine Geburtsstadt, besuchte. Er reiste mit unzähligen Koffern, für die er zusätzlich zwei Kutschen benötigte, um sie vom Bahnhof zu uns nach Hause zu transportieren, und verbreitete einen Hauch Exotik in dem tristen Alltag der meist ärmlichen Kleinstadtbewohner. Die Leute erzählten sich noch Jahre danach, dass er wie ein Hollywoodstar der Stummfilmzeit angezogen gewesen war. Mit weißem Anzug und Panamahut. Damit stachelte er die Fantasie und das Fernweh seines unbedarften Publikums an. Onkel Charles kam in jeder Beziehung aus einer anderen Welt. Dorthin wollte Vater auch. Vater und sein Onkel waren sich sehr ähnlich, und das nicht nur im Aussehen. Beide hatten eine geringe Schulbildung, verstanden es aber, viel aus sich zu machen. Freilich in verschiedenen Welten – Vater beim Handel mit polnischen Bauern, Charles im Baugeschäft in New York.

Bereut Vater jetzt, dass er sich als Achtzehnjähriger nicht dazu entschließen konnte, nach Amerika zu gehen wie sein Onkel Charles? Spürt er, dass ihm das Zaudern zum Verhängnis werden kann? Kommt er zu der Einsicht, dass er nur deshalb in diesem jüdisch-polnischen Provinznest geblieben ist, weil er in Wirklichkeit Angst vor der Fremde hatte? Bei all ihrer gemeinsamen Veranlagung – ihrem einnehmenden Wesen und dem dandyhaften Auftreten – hatte Onkel Charles seinem Neffen etwas voraus: Er kannte kein Zögern und Zaudern, hatte keine Skrupel und dachte strategisch. Er hatte die Voraussetzungen, um es im Hexenkessel New York mit seiner Ellenbogengesellschaft ganz nach oben zu bringen. Treffsicher war er auch in der Wahl seiner Frau: Blendend aussehend, heiratete er eine unscheinbare Hutverkäuferin, deren Dynamik und kaufmännisches Geschick er instinktsicher erkannte. Die beiden ergänzten sich hervorragend. Sie bildeten eine äußerst effiziente Zweckgemeinschaft. Er der charmante Wegbereiter, der Türen und Tore öffnete, sie die gerissene Geschäftsfrau und eiskalte Rechnerin. Sie war ein typisches Produkt der amerikanischen Metropole, deren gnadenlose Geschäftigkeit sie geprägt hatte. Die beiden erreichten das Ziel, für das sie angetreten waren, und wurden sehr reich. Das Bauunternehmen und das Immobilienimperium, das sie gründeten, besteht heute noch.

Als ich am nächsten Tag aufwache, ist Vater nicht mehr da. Es schneit heftig, und ich darf nicht hinaus, um nach etwas Brennbarem zu suchen. Der Ofen wird bald ausgehen, und es wird ein kalter trostloser Tag. Weder an diesem noch am nächsten Abend kehrt Vater zurück, was völlig ungewöhnlich ist. Meine Fragen nach ihm werden mit einem ungeduldigen »Er wird bald kommen« beantwortet. Ich spüre, etwas liegt in der Luft. Mutter und Großmutter sind angespannt. Am späten Nachmittag, kurz vor Sonnenuntergang, ist er wieder da, aber er ist anders gekleidet. Er sieht aus wie ein Bauer aus der Umgebung. Er trägt eine Pelzmütze, die man über die Ohren und tief in die Stirn ziehen kann. Die wattierte kurze Winterjacke ist abgewetzt und geflickt. Nichts an ihm erinnert mehr an die dreiviertellange Pelzjacke aus alten Tagen und die militärisch anmutende Reithose mit den dazu passenden Stiefeln. Er sieht jetzt plump aus mit seiner rohrförmigen Hose und dem derben Schuhwerk. Die Tarnung ist ihm perfekt gelungen. Den Rucksack, den er auf dem Rücken trägt, unterstreicht seinen Aufzug. Diese Maskerade muss ihm ein Bauer ermöglicht haben, den er ins Vertrauen gezogen und bei dem er seine Kleider eingetauscht hat.

Später wird mir klar, dass er die vergangenen Tage dazu genutzt hat, die Fluchtmöglichkeiten auszuloten und die Flucht vorzubereiten. Mutter und Großmutter sind von Anfang an eingeweiht. Wie groß muss ihre Verzweiflung sein, um diesem zum Scheitern verurteilten Unterfangen zuzustimmen? Sich auf so eine mörderische Reise einzulassen? Beide Frauen sind in dieser Gegend geboren und aufgewachsen. Sie kennen die Strapazen einer Winterreise auf einem Fuhrwerk oder Schlitten. Nur die Härtesten sind ihnen gewachsen.

Früher sind wir einmal im Jahr mit dem Zug nach Warschau und Lodsch zum Einkaufen gefahren. Die Rückfahrt vom Bahnhof mit der Kutsche, in der sich die Schachteln stapelten, geriet zu einer triumphalen Rückkehr. Man zeigte den Leuten, was man sich leisten konnte. Gegen den eisigen Winter war man mit schicken warmen Pelzmänteln gewappnet. Nun sind die Pelzmäntel weg. Von den Deutschen abgenommen oder gegen Essbares bei Polen eingetauscht. Züge und Hauptstraßen werden lückenlos von den Deutschen kontrolliert. Uns bleiben nur Nebenstraßen und Feldwege. Das verlängert die Strecke nach Warschau erheblich, noch dazu im Winter. Mutter und Großmutter wissen, dass sie die Schwachstelle in Vaters Vorhaben sind. Die eine an einem schweren Nierenleiden erkrankt, die andere alt und gebrechlich. Sie ahnen, dass es ihre letzte Reise wird, dass ihre Tage gezählt sind.

Am nächsten Morgen werde ich sehr früh geweckt. Es ist noch sehr dunkel und nicht meine Aufstehzeit. Ich will nicht aufstehen, gehorche aber aufgrund von Vaters barschem Ton, der mich dann auch davon abhält, im Stehen wieder einzuschlafen. Die Erwachsenen sind alle angezogen, sogar Mutter, die sonst in der Frühe einen Morgenrock trägt, mit einem großen weißen Wolltuch darüber. Es scheint, als seien alle reisefertig. Und doch sind keine Koffer gepackt, keine Schachteln geschnürt. Nur Handtaschen und der vom Vater mitgebrachte Rucksack sind gefüllt.

Großmutter stellt mich wie gewöhnlich auf den Tisch, um mich anzuziehen, nur hilft ihr Vater diesmal dabei. Sie streifen mir zwei Paar kurze Unterhosen über und zusätzlich die einzige lange, die ich besitze. Die gleiche Prozedur mit den Unterhemden, zwei kurze und ein langes. Ich fange an zu murren, denn ich fühle mich unbeweglich und eingeengt. Ich spüre, dass es besser ist, wenn ich die Späße unterlasse, die ich gewöhnlich beim Ankleiden mit Oma treibe. Gern habe ich ihr die Brille von der Nase oder die Perücke vom Kopf gezogen, die sie als religiöse Jüdin trägt. Woraufhin sie mich auf Polnisch einen Lobus genannt hat, einen schlecht erzogenen Jungen. Ich erwarte jetzt wie üblich die geflickte Wollstrumpfhose und die kurze Hose darüber, aber was jetzt kommt, lenkt die ganze todgeweihte Gesellschaft für Minuten ab. Vater holt aus dem Rucksack eine schwarze keilförmige Hose, genau so eine, wie die deutschen Buben auf dem zugefrorenen Weiher sie trugen. Was Mutter und Großmutter schon wissen, dämmert auch mir allmählich: Diese Gertrud ist in die Flucht involviert. Nie zuvor und danach wird ein Kleidungsstück eine solche Bedeutung für mich haben wie an jenem dunklen und kalten Morgen. Ich spüre, mit dieser Hose habe ich eine Chance, der Kälte zu trotzen. Sie ist zwar ein bisschen zu groß, ich bin aber hellauf von ihr begeistert, dass ich alles Weitere klaglos über mich ergehen lasse.

Wir schleichen uns aus dem Haus, denn niemand von den restlichen Bewohnern darf etwas mitbekommen. Jeder unserer Schritte ist nun entscheidend, nicht nur der Augenblick, da wir das Haus verlassen. Noch ahne ich nicht, was Vater weiß – dass wir uns für Wochen in einen Zustand permanenter Bedrohung begeben. Von nun an wird unser Leben von einer glücklichen Fügung abhängen. Nichts ist mehr kalkulierbar oder vorausschaubar. Uns bleibt nur die vage Hoffnung, dass es gelingen kann.

3

Flucht ins Ungewisse

EIN SCHÖNER WINTERTAG mit leichtem Schneefall und passabler Sicht löst die Nacht ab. Vor dem Krieg hätten die Menschen einen solchen Tag willkommen geheißen, wäre er auf einen Samstag oder Sonntag gefallen. An solchen Tagen konnte man von einer Kleinstadtidylle sprechen. Bei den Erwachsenen kommt wohl kaum eine solche Stimmung auf, denn von nun an ist die Angst unser steter Begleiter, der sich nicht abschütteln lässt. Trotz unserer prekären Lage überwiegen in mir andere Empfindungen. Da ist die Neugier auf das, was uns erwartet. Der Groll und das Unverständnis darüber, dass ich mein geliebtes Schaukelpferd, um das mich viele Kinder beneideten, zurücklassen musste. Der Umstand, dass ich jederzeit vom Leben in den Tod befördert werden, man mir Gewalt antun kann, ist für mich eine abstrakte Bedrohung und jederzeit verdrängbar. Die Toten, die ich schon gesehen habe, sind an Krankheiten und Entbehrungen gestorben und nicht durch Gewalteinwirkung, wie ich es später dutzendfach beobachten werde. Das Sterben ist zu einem täglichen Vorgang geworden, doch der Gedanke, dass ich selbst sterben könnte, wird durch einen wunderbaren Mechanismus verdrängt, der Kindern eigen ist und ihren Lebenswillen erhält. Sonst müssten sie womöglich schon im Alter von wenigen Jahren an Selbstmord denken.

Ich gehe mit Großmutter voraus, Mutter und Vater folgen. Er muss sie stützen. Den schneebedeckten Acker hinter unserem Haus haben wir relativ schnell überquert, und wir gelangen auf die Straße zum polnischen Friedhof. Der Fußmarsch von einer knappen halben Stunde strengt Mutter so an, dass sie und Vater zurückbleiben und Großmutter und ich auf sie warten müssen. Schließlich erreichen wir den Friedhof. Dort sehen wir einen Fuhrwerksschlitten mit einem kräftigen Pferd stehen. Das Pferd frisst von einem kleinen Heuhaufen, der vor ihm auf dem schneebedeckten Boden liegt. Es hat auch eine Decke auf dem Rücken, um es vor einer Erkältung an diesem kalten Wintermorgen zu schützen. Ein Mann macht sich an dem Schlitten zu schaffen. Als wir kommen, schaut er auf. Ein kurzer Wortwechsel mit Vater, und beide helfen erst Großmutter und Mutter und dann mir in den hinten offenen Schlitten, wo wir uns auf den Boden setzen. Der Fuhrmann verschließt die offene Luke mit einem Holzbrett, nimmt dem Pferd die Decke ab und wirft sie uns zu. Vater setzt sich auf den Bock neben den Fuhrmann, ein kurzes »Wijo«, und die schlimmste Reise meines Lebens beginnt.

Das Pferd legt sich ins Geschirr, und mit leichtem Trab vorbei an unserem Haus erreichen wir bald die Gebäude der Nazis. Kein Mensch auf der Straße. Kein Leben hinter den Fenstergardinen. Offensichtlich schlafen die meisten Bewohner noch, es ist noch sehr früh am Morgen. In einem dieser Häuser lebt Gertrud mit Kindern und Mann. Vater weiß, welches es ist, ich nicht. Die Pelzmütze tief über die Ohren gezogen, den Kragen hochgeschlagen, schaut er weder nach links noch nach rechts. Der Fuhrmann lässt das Pferd im Schritt gehen, um Gelassenheit zu demonstrieren. Wir lassen die Häuser hinter uns und biegen an der nächsten Kreuzung in Richtung Stadtmitte ab. Wir müssen mitten durch die Stadt, wenn wir auf die Ausfallstraße nach Süden wollen. Am Boden sitzend, sehe ich zu meiner Linken den oberen Teil des vorbeiziehenden Ghettozauns.

Im Zentrum angekommen, an der Kommandantur vorbei, biegen wir nach rechts ab und wir sind auf der Straße, die aus der Stadt und zum Bahnhof führt. Diese Straße war früher die eigentliche Seele der Kleinstadt. Flachbauten, die ausschließlich Läden beherbergten, prägten ihr Bild. Das Städtchen war vor dem Krieg in jüdischer Hand. Alle möglichen Dienstleistungen und Waren wurden angeboten. Die ersten Motorräder außerhalb von Warschau und Lodsch wurden hier verkauft und repariert. Ich brauchte bloß unseren Hof zu verlassen, eine große Holzbrücke zu überqueren, und schon war ich in der pulsierenden Lebensader der Stadt und der ganzen Region. Allerdings durfte ich nie ohne Kindermädchen hinaus. Das erste Ziel, das ich mit ihr ansteuerte, war die Motorrad- und Fahrradwerkstätte. Ein von heillosem Durcheinander geprägter Raum, in dem es nach Schmiere und Gummi roch. Entsprechend sahen der Chef und seine zwei Gesellen aus. Ich glaube, er hat uns beide nur in seiner Werkstatt geduldet, weil Vater ihm angeblich ein gebrauchtes Motorrad abkaufen wollte. Das nächste Ziel war der Eisverkäufer, der mit einer weißen Kiste, in der eine Milchkanne mit herrlichem Eis steckte, am Trottoir stand. Mit einer geschickten, wohl bemessenen Bewegung packte er die cremige Köstlichkeit mit einem Löffel auf die quadratische Waffel. Seine Ruhe irritierte mich. Ich konnte es nicht erwarten, das Eis entgegenzunehmen. Hatte Großmutter einen guten Tag, bekamen das Kindermädchen und ich genügend Geld, um uns zusätzlich zum Eis zwei Törtchen beim Konditor leisten zu können.

Jetzt hat diese Straße Antlitz und Seele verloren, beides

hat man gewaltsam entfernt und ihr damit ihre einzigartige Lebendigkeit geraubt. Mit deutscher Anmaßung und Gründlichkeit wurde hier eine althergebrachte Lebensweise und Kultur ausgemerzt. Sicher, diese Straße hatte ihre eigenen Gesetze. Wer nicht clever genug war, blieb auf der Strecke. Aber sie gab jedem, der auf ihr seinen Lebensweg machen wollte, eine Chance. Wie gemeine Diebe stehlen wir uns auf ihr davon, um unser nacktes Leben zu retten. Wir fliehen aus einer Stadt, die seit Generationen unser Zuhause war. In der wir mit unserem Geschäftssinn und unserer optimistischen Art, die Dinge anzupacken, eine solide Lebensgrundlage schafften und nebenbei zum Aufblühen der Region beitrugen.

Die letzten Flachbauten der nun öden Straße ziehen an uns vorbei. Bald müssen wir die Holzbrücke erreichen, wo der Hufschlag anders klingt als auf steinigem Untergrund. Von der Brücke aus können wir unser rustikales Holzhaus mit Speicher und Ställen sehen. Was für ein beklemmendes Gefühl, nicht mehr links abbiegen zu dürfen, auf den Hof zu fahren, abzusteigen und ins Haus zu gehen. Von welchen Gefühlen werden Vater und Mutter gepeinigt, als wir langsam an dem Haus vorbeiziehen, in dem sie lebten und liebten, in dem ich gezeugt und geboren wurde und das sie zum gesellschaftlichen Mittelpunkt der Stadt gemacht hatten? Einige Passanten, an denen wir vorbeikommen, waren ehemals Gäste in unserem Haus, jetzt wagen sie nicht einmal mehr, es anzuschauen.

Bis jetzt haben wir deutsche Posten nur aus der Entfernung am Ghettoeingang stehen sehen. Nun, beim leichten Anstieg aus der Stadt hinaus, kommt uns eine kleine Kavallerieeinheit von vier Reitern entgegen. Kein Zweifel – eine Jagdstaffel, wie mir Vater hinterher erklärt. Um Geschäftigkeit vorzugaukeln, springen Vater und der Fuhrmann vom Bock, schieben an und tun so, als wollten sie das Pferd entlasten. Obwohl die Deutschen, hoch zu Ross, genau sehen können, dass auf dem Schlitten noch weitere Personen sind, reiten sie mit ihren schnaubenden Pferden im Schritt an uns vorbei. Unsere Tarnung scheint gelungen. Wir entsprechen ihrer Vorstellung von polnischen Bauern.

Wir haben die Stadt verlassen, Erleichterung macht sich unter den vier Erwachsenen breit. Vater dreht sich zum ersten Mal um und sagt, wir hätten zunächst keine weiteren Patrouillen zu erwarten. Aber woher weiß er das? Woher kennt er ihren Einsatzplan? Vielleicht von den Bauern der Umgebung, mit denen er bekannt ist und die die Deutschen genau beobachten? Vielleicht von dem Fuhrmann, der neben ihm sitzt und von dem er aller Wahrscheinlichkeit nach seine Bauernkluft hat, oder gar vom Stadtkommandanten? Zuzutrauen wäre ihm das. Das von seiner Warte aus Machbare hat er perfekt inszeniert. Was wir nun brauchen, ist jede Menge Glück.

Der Fuhrmann, ein unheimlicher Geselle, der sich nie nach uns umdreht und keine Silbe von sich gibt, sitzt in sich gekauert und wie angegossen auf dem Bock, Wind und Kälte trotzend. Die linke Hand in der Jackentasche, hält er in der rechten locker die Zügel zwischen Ring- und Mittelfinger. Das Pferd dirigiert er mit gelegentlichem Zungenschnalzen. Vater steht ab und zu auf und versucht, sich warm zu machen, indem er sich kreuzweise auf die Arme klopft. Die einzige Kommunikation zwischen ihm und dem Fuhrmann ist eine Schnapsflasche, die in Abständen zwischen ihnen hin und her wandert. Jeder tut einen kräftigen Zug, und die Flasche verschwindet wieder. Nie habe ich Vater aus einer Schnapsflasche trinken sehen. Im Gegensatz zu unserer polnischen Umgebung spielte Alkohol bei uns zu Hause keine

Rolle. Auch wenn Gäste da waren, wurde meistens nur Tee und Gebäck gereicht. Nur bei einer Bar-Mizwa – einer Beschneidung – oder Hochzeit prostete man sich mit einem Gläschen zu. Man wollte sich keine Blöße geben.

Mit dem Wodka wollen sie gewiss die beißende Kälte bekämpfen, die auch uns am Boden Sitzenden trotz Pferdedecke zusetzt. Sicher ist Angst im Spiel, und da hilft ein guter Schluck, das war schon immer so. Aber zwischen den beiden ist auch etwas Kumpelhaftes. Es scheint, als vertraut Vater diesem Mann hundertprozentig. Er gehörte zu jenem Kreis von Menschen, vor denen Vater sein zweites Ich herauskehrte. Wenn er mit den Bauern der Umgebung Handel trieb, verzichtete er auf seine modische Aufmachung, die gekünstelte Sprache, die latente Angeberei, die er bisweilen in Warschau und Lodsch im Umgang mit höhergestellten Leuten an den Tag legte.

Sein zweites Ich ist sein wahres Ich, das spüre ich jetzt genau. Der kleine Getreidehändler aus der Provinz. Der um fünf Uhr früh aufstand, in Reithose, Hemd, Jacke und Stiefel schlüpfte, der nach Pferd und Stall roch, der mit seinem Pferdegespann samt Knecht meistens für zwei Tage verschwand, um mit den Bauern um eine Ladung Getreide zu feilschen, der mit ihnen in ihrer derben Sprache verkehrte und mit ihnen auf dieselbe obszöne Weise fluchte, wie sie es gewohnt waren. Dass er in der derben und harten Welt dieser polnischen Bauern zu Hause ist, ermöglicht ihm nun, den Grundstein zu seinem und meinem Überleben zu legen. Dieser einfache Bauer ist der erste selbstlose Helfer in einer Reihe von Menschen, die für Vater ein hohes Risiko eingehen werden, ohne dass sie erwarten können, großartig dafür entlohnt zu werden. Vater ist ein Mensch mit Schattenseiten. Sein Jähzorn und sein Stimmungswandel sind gefürchtet. Aber dann

ist da seine Sonnenseite, sein Humor, der uns für alles ent-
schädigt. Und seine unglaubliche Gabe, andere für sich ein-
zunehmen. Eine Gabe, die seine Mängel übertüncht und die
er gezielt einzusetzen weiß.

Trotz beißender Kälte, die langsam an uns hochkriecht
und zusehends Schmerzen bereitet, und nagenden Hungers
schlafe ich erschöpft in den Armen meiner Mutter ein.

In einem halbdunklen Raum wache ich wieder auf, dessen Konturen ich nur mühsam erkenne. Nur die Angst, ob
die Meinen auch da sind, lässt mich schnell den Schlaf abstreifen. Eine Öllampe erleuchtet notdürftig den Raum. Ich
schaue in das lächelnde Gesicht meiner Mutter, die mir Geborgenheit und Sicherheit vermittelt. Ich liege auf einem mit
einer Schicht Decken ausstaffierten Bett. Voll bekleidet, nur
ohne Schuhe. Großmutter hat sie ausgezogen und bemüht
sich intensiv um meine steif gefrorenen Zehen. Ein großer runder Eisenofen verbreitet wohlige Wärme. Dass ich
erneut einschlafe, verhindert Mutter, indem sie mich zärtlich
an allen möglichen Stellen zwickt. Ich bin mürrisch und gereizt, aber es hilft nichts, ich muss wach bleiben. Allmählich
wird mir klar, dass wir uns in einer Bauernstube befinden,
und auf der gegenüberliegenden Seite steht ein zweites üp-
pig ausstaffiertes Bett. Darüber ein großformatiges Bild einer
Frau, die mit sanftem, ruhigem Blick ein Kind in den Armen
hält, ähnlich dem, das mir Monate später in einer Wohnung
in Warschau auffallen wird. Ich frage Mutter, wer denn diese
Frau ist. Mutter und Großmutter lenken mich ab, ohne mir
eine Antwort zu geben. Wir begeben uns in einen anderen
Raum, in dem sich Vater, der Fuhrmann, eine alte und eine
junge Frau sowie drei ausgewachsene Kinder aufhalten. Der
Raum ist für die Bauernfamilie Küche und Stube zugleich.
Der Empfang ist frostig bis ablehnend und entspricht der

düsteren Atmosphäre. Es riecht nach der Suppe, die in einem riesigen schwarzen Topf auf dem riesigen Ofen köchelt. Vater fordert mich erst gar nicht auf, artig die Hand zu geben und meinen Namen zu nennen. Er kennt seine Kundschaft. Er weiß, Höflichkeit und Umgangsformen sind diesen Menschen unbekannt. Wir setzen uns zu den Leuten an den großen Tisch. Jeder hat einen Blechteller oder Napf vor sich stehen und nimmt sich mit einem Schöpflöffel einen Schlag. Schließlich holt Vater der Reihe nach für Mutter, Großmutter und mich die Suppe, ehe er auch für sich eine Schüssel füllt. Es kommt mir vor, als seien wir die große Ausnahme, als würden der Bauer und seine Frau sonst nie Gäste an ihrem Suppentopf dulden.

Der Bauer schneidet mit ziemlichem Kraftaufwand dicke Scheiben von einem großen Brotlaib, und jeder nimmt eine ihm zustehende Scheibe von ihm entgegen. Wir sind froh, dass Vater uns das Brot bringt. Weder Mutter, Großmutter noch ich trauen uns in die Nähe dieses finster dreinblickenden Mannes. Suppe und Brot schmecken köstlich, aber ich bemerke, wie Esskulturen aufeinanderprallen. Bei der Bauernfamilie verschwindet der Löffelstiel zur Gänze in ihren Fäusten, und tief gebeugt über Teller oder Napf löffeln sie hastig ihre Suppe und verschlingen das Brot, alles um sich vergessend. Obwohl hungrig und müde und von den Strapazen des Tages gezeichnet, bemühen wir uns, Tischmanieren zu wahren. Aber für wen? Kein kritischer Blick weit und breit. Dazu erzogen von frühester Kindheit an, vergessen wir sie selbst in dieser Ausnahmesituation nicht, um vor uns selbst bestehen zu können. Ich schiele zu den Bauernbuben hinüber, beobachte ihr fast tierisches Hinunterschlingen. Ich denke: So isst man doch nicht! Nicht ahnend, dass ich eines Tages genauso essen werde, wenn nicht noch primitiver.

Welchen Preis Vater für die Stube mit den zwei großen Betten entrichten muss, weiß ich nicht. Tatsache ist, wir haben sie für uns allein. Der Bauer muss also mit seiner ganzen Familie in der Küche schlafen. Denn wie die meisten Bauernhäuser dieser Gegend hat dieses Haus nur eine geräumige Stube und eine große Küche. Ein beklemmendes Gefühl der Angst und Unsicherheit beschleicht uns in dieser Bauernstube mit ihren Abbildungen einer uns fremden Gottheit. Hat die Beklemmung unbewusst damit zu tun, dass wir nicht an sie glauben? Oder ist sie nur der Tatsache zuzuschreiben, dass wir auf das Wohlwollen dieser einfachen Bauernleute angewiesen sind? Auch Vater macht nicht den gewohnt selbstsicheren Eindruck. Auf dem Schlitten durch die öde Winterlandschaft fahrend, fühlte er sich sichtlich wohler. Aber in dieser für uns fast heidnisch anmutenden Bauernstube, in der wir stumm und erschöpft zusammensitzen, holt uns unser ganzes Elend ein.

Mutter geht es schlecht. Sie bekommt einen Fieberschub. Sie bittet Vater um etwas Wasser, um sich Gesicht und Hände zu waschen. Er besorgt auch einen Nachttopf, um ihr den Gang auf den finsteren Hof hinaus zum Plumpsklo zu ersparen. Wir helfen Mutter aus ihren Kleidern, und sie legt sich in ihren Unterröcken ins Bett. Nachtwäsche hat keiner von uns. Wir sitzen auf ihrer Bettkante, als gälte es, von ihr Abschied zu nehmen. Vater und Großmutter legen ihr kalte Umschläge auf die Stirn. Medikamente haben sie offensichtlich keine dabei. Zu Hause hätte man ihr Schröpfgläser an den Rücken gesetzt. Richtig oder falsch – in jenen Tagen eine weit verbreitete Therapie gegen alle möglichen Krankheiten, insbesondere gegen hohes Fieber.

Mich beschleicht das gleiche Gefühl wie vor wenigen Monaten, als meine Freundin Rachel mich verließ. Die tiefe Beklemmung in meiner Brust lässt erst nach, als sie mit leiser Stimme sagt: »Komm her, Zenus, gib deiner Mutter einen Kuss.« Sofort beuge ich mich zu ihr hinab und drücke ihr einen innigen Kuss auf die Wange. Ich liebe sie sehr und ahne, was mir blüht, wenn sie von mir geht. Sie ist der Fixpunkt meines Lebens. Wenn ich sie umarme, möchte ich mich am liebsten in ihr verkriechen. Es ist eine ganz andere Zuneigung als zum Vater. Ausgeglichen und ruhig, ist sie ja auch das Gegenteil von ihm. Nie erhebt sie die Stimme, und selbst früher bei geselligen Anlässen und in gelöster Stimmung lachte sie nie so laut wie andere Frauen. Sie hat das Wesen ihrer Mutter. Im Gegensatz zum Vater straft sie mich nur mit Blicken und Gesten. Habe ich was angestellt, schaut sie mit besorgter Miene auf mich herunter, legt die Hand an die rechte Wange und wiegt den Kopf hin und her. Das genügt. Es bewirkt mehr als ein Klaps von Vater auf meinen Hintern.

Sie stammt aus einer angesehenen und wohlhabenden Familie. Ihr Vater war Großgrundbesitzer, betrieb Ackerbau und Viehzucht, doch seine Leidenschaft war die Zucht edler Pferde. Ein ausgewiesener Pferdekenner. Mehrere Tierärzte arbeiteten in Dauerstellung für ihn. Er war ein gefragter Berater in Zuchtangelegenheiten für die polnische Kavallerie. Mutter war seine einzige Tochter und das jüngste seiner drei Kinder. Seinem ältesten Sohn Jakob ermöglichte er ein Studium in Warschau. Er war sehr begabt, und Großvater setzte seine ganze Hoffnung auf ihn. Naftali, genannt Felek, der mittlere Sohn, tanzt hingegen aus der Reihe. Ein ausgezeichneter Reiter, Lebemann und Schürzenjäger, hatte er für Religion nichts übrig und, schlimmer noch, spielte als Jugendlicher mit polnischen Jungen Fußball und scheute sich auch nicht, sich mit ihnen zu prügeln. Für das Oberhaupt einer angesehenen religiösen Familie war ein solcher Sohn ein Dorn im Auge. Außerdem hatte sich Felek in den Kopf gesetzt, Großvaters Pferde auf die Rennbahn in Lodsch zu bringen, was dem höchst zuwider war. Mit der Unterwelt in Warschau, sagte er, wolle er nichts zu tun haben. Mutter besuchte das Gymnasium und schloss mit dem kleinen Abitur ab. Ein furchtbarer Schicksalsschlag erschütterte schließlich die Familie meiner Mutter. Jakob, ihr ältester Bruder, der in Warschau studierte und Hoffnungsträger der Familie war, verunglückte im Winter 1926 beim Besuch zu Hause. Er brach beim Schlittschuhlaufen auf einem Weiher ein, wurde mit Mühe aus dem Wasser gezogen und starb ein paar Stunden später an Unterkühlung. Von diesem Schlag erholte sich die Familie nie mehr.

Vater fand die zurückhaltende Art meiner Mutter herausfordernd und war von ihrer rassigen Schönheit überwältigt. Sie sehe aus wie Carmen aus der gleichnamigen Oper, sagte er einmal, wenngleich sie von sanfterem Temperament war. Sie konnte sich nur langsam für ihn erwärmen, aber als es dann funkte, war sie nicht mehr von ihrer Liebe abzubringen. Für ihren Vater war ein Getreidehändler aus Zychlin namens Rosenblum alles andere als standesgemäß. Doch nach allem, was ich über Großvater Menasche weiß, glaube ich nicht, dass er Vater nur wegen seiner niedrigen sozialen Stellung ablehnte. Ich glaube vielmehr, dass Vater ihm vom Wesen her suspekt war. Wie auch immer, schließlich verlobten sich die beiden ohne den Segen der Familien – damals etwas Unerhörtes. Nach jahrelanger Verlobungszeit heirateten sie im Jahr 1933. So schnulzig es auch klingen mag: Eine wahre Liebe fand ihre Erfüllung.

Noch immer empfinde ich es als Lücke in meinem Leben, dass ich Großvater mütterlicherseits nicht bewusst kennenlernte. Meine Mutter muss mehr als einmal im Jahr meine

Großeltern mit mir besucht haben, und mit Sicherheit saß ich auf Großvaters Schoß, aber ich war damals zu klein, um mich zu erinnern. Später, Jahrzehnte nach seinem Tod, sammelte ich begierig Informationen über ihn. Sicher, vieles wurde durch den Zeitabstand verklärt, aber nichtsdestotrotz entstand das Bild eines ungewöhnlichen Menschen, dem nicht nur Juden, sondern auch Polen Respekt zollten. In den zwanziger Jahren reiste er mehrmals nach Deutschland und eignete sich dort die neuesten Erkenntnisse über Viehzucht und Agrarwirtschaft an. Sogar Vater, der lange nicht als Schwiegersohn willkommen war, sprach von ihm in höchsten Tönen. Sein Schwiegervater benutze nie die Ellenbogen, sondern nur den Kopf, bemerkte er einmal bewundernd. Oder er erzählte gern, ganz dem provinziellen Zeitgeist entsprechend, dass Großvater bei höchsten Regierungsstellen ein und aus ging, und dass bei solchen Gelegenheiten hohe Beamte ihm, dem Juden, beim Abschied in den Mantel halfen. Wäre er Christ gewesen, hätte man ihn gewiss in ein hohes Amt berufen.

Wenn man so einen Mann zum Großvater hat, ist es naheliegend, sich einer kritischen Selbstprüfung zu unterziehen. Und wenn ich mich frage, was ich von seinem Charakter geerbt habe, so lautet die Antwort, leider nicht allzu viel. Die Natur staffierte mich eher mit den Genen von meinem Vater und Onkel Felek aus.

Das Leben dieses großartigen Mannes endete an einem Augusttag im Jahre 1939 an einem Alleebaum. Er wurde das Opfer seines eigenen Zuchterfolgs. Sein schwarzer Lieblingshengst Zigan, ein energiegeladenes Prachttier, mit dem er gern übers Land fuhr, ging mit der von Großvater gelenkten Einspännerkutsche durch. Die Kutschte krachte gegen einen Baum, und Zigan kehrte mit Teilen des Gefährts allein nach Hause zurück. Für Großvater kam jede Hilfe zu spät.

Meine Erinnerung an diese Tragödie – eine unendlich traurige Mutter.

Nach einem kurzen Frühstück mit warmer Milch und Brot stehen wir wieder vor dem Schlitten mit eingespanntem Pferd wie am Tag zuvor. Voraus geht noch eine kritische Situation. Zwar hat Mutter ein paar Stunden fest geschlafen und wirkt etwas erholt. Doch plötzlich meint sie mit fester Stimme, wir sollen ohne sie weiterfahren. Der Bauer soll uns wie vereinbart zur Grenze bringen und sie am nächsten Tag zurück nach Zychlin – in den sicheren Tod, wie wir wissen. Für Sekunden bei allen Beteiligten lähmendes Entsetzen, auch beim Bauern: Sie allein zurücklassen, was für eine aberwitzige Idee. Wie kommt sie denn auf so was? Ich bin hellwach, mir ist die Tragweite ihrer Worte bewusst. Meine Kehle ist zugeschnürt, ich kann nicht mal weinen. Vater und Großmutter reden auf sie ein: Wenn wir heute Nacht die Grenze überwinden, sind wir in vier Tagen in Sochatschew, vierzig Kilometer vor Warschau. Dort ruhen wir uns ein paar Tage aus und suchen einen Arzt auf. Massiv von allen bedrängt, lässt Mutter von ihrer Idee ab, aber der Gedanke an die Selbstaufgabe ist da, und sie bewahrt ihn als eine Art Trumpf, für den Fall, dass sie nicht mehr weiterkann, und um unsere Überlebenschancen zu steigern. Großmutter weicht Mutter nicht von der Seite – sie verknüpft ihr Schicksal mit dem ihrer Tochter. Natürlich versucht sie instinktiv das Leben ihres Kindes zu erhalten und mir die Mutter. Allein, ihre lange Lebenserfahrung und der Zustand von Mutter sagen ihr etwas anderes. Ihr persönliches Schicksal hat sie klar vor Augen. Stirbt ihre Tochter, ist ihre Aufgabe erloschen und damit ihr Wille gebrochen, und sie wird den Strapazen dieser Reise nicht länger gewachsen sein.

Der Boden des Schlittens ist diesmal mit Stroh ausgelegt, und wir bekommen eine zweite Decke. Diese Vorkehrung wird uns eine, maximal zwei Stunden vor der Kälte bewahren, ehe wir wieder erbärmlich frieren werden. Großmutter, Mutter und ich liegen aneinandergeschmiegt unter den Decken, die uns bald schon nicht mehr vor der Kälte schützen, sondern lediglich unser Elend kaschieren. Einst stolze Besitzer von Pferden, Fuhrwerken und Schlitten, die das Land als ehrbare Kaufleute befuhren, sind wir zu einem Knäuel von frierenden Leibern degradiert. Vater und dem Bauern scheint am zweiten Tag unserer Reise der Schnaps ausgegangen zu sein. Jedenfalls reichen sie sich nicht gegenseitig eine Flasche, sondern springen abwechselnd vom Bock, um neben dem Schlitten herzulaufen. Im Winter eine bewährte Methode unter Fuhrleuten, sich warm zu halten.

Vater und der Bauer verfolgen einen engen Zeitplan, und sie treiben das Pferd an. Bei hohen Schneewehen, bei denen das Tier an seine Grenzen stößt, springen sie beide ab und schieben mit an. Das Pferd dampft. So haben die beiden Männer wenigstens Bewegung, und es wird ihnen warm. Im Gegensatz zu uns. Es ist nur eine Frage der Zeit, bis uns ernsthafte Erfrierungen oder gar das Erfrieren drohen. Vater verspricht, das nächste Bauernhaus anzusteuern und um Aufnahme zu bitten.

Nach einer nicht zu messenden Ewigkeit stehen wir tatsächlich vor einem Bauernhof. Ein angeketteter Hund führt sich furchtbar auf, flößt uns Angst ein. Eine Frau mittleren Alters kommt aus dem Haus. Im Rausgehen wickelt sie sich ein Wolltuch über Kopf und Schultern und lugt misstrauisch darunter hervor. Vater tritt ihr in fast demütiger Haltung entgegen. Wie auf dem Lande üblich grüßt er sie mit: »Gelobt sei Jesus Christus.« Ihre Antwort geht im Hundegebell unter. Sie schreit den Hund an und schmeißt etwas nach ihm. Der Hund verkriecht sich in seine Hütte. Vater spricht mit ihr. Auf uns deutend, scheint er die richtigen Worte zu finden. Denn sie nickt immer wieder, und schließlich ist sie einverstanden, dass wir ins Haus kommen. Das Aufwärmen in der geheizten Stube ist zunächst sehr schmerzhaft. Obwohl selbst arg mitgenommen, kümmert sich Großmutter um Mutter und mich. Die Bäuerin scheint allein zu sein. Beim Anblick von Mutter wächst ihre Hilfsbereitschaft. Sie bietet ihr an, sich auf eine breite Holzbank zu legen, die im Sommer vor der Haustür steht. Sie verlässt die Stube und kommt mit einem Kopfkissen zurück, das sie Mutter unter den Kopf schiebt. Vater versichert, dass wir ihr keine Umstände machen und nicht lang bleiben werden. Er bittet, das schwitzende und strapazierte Pferd während unseres Aufenthalts im Stall unterstellen zu dürfen. Hafer für das Pferd haben wir selbst dabei, fügt er hinzu. Sie willigt ein. Wie nebenbei sagt er: »Selbstverständlich werden wir für alles bezahlen.«

Vater und der Bauer gehen hinaus, spannen das Pferd aus und bringen es in den Stall. Während der Bauer das Pferd versorgt, kommt Vater zurück und stellt sich ans Fenster. Da er mir den Rücken zukehrt, kann ich es nicht richtig erkennen, aber offensichtlich macht er sich an seinem Hosenbund zu schaffen. Als er sich wieder zu uns umdreht, hält er einen Geldschein in der Hand. Er reicht ihn der Bäuerin, die ihn wortlos entgegennimmt. Vater hat also Geld dabei, anscheinend eine größere Summe, die er, so gut es geht, zu verstecken versucht. Die Bäuerin bringt Brot und warme Milch. Es muss um die Mittagszeit sein, aber die genaue Uhrzeit kennt nur Vater, der auch eine Uhr in seiner Kleidung versteckt. Und diese Uhr, die er jetzt öfter aus seinem Versteck holt, deren Deckel er aufspringen lässt, um wie gebannt die Uhrzeit abzulesen, wird zu seinem unerbittlichen Partner. Wir müssen zu einem gewissen Zeitpunkt diese Grenze erreichen, das wissen wir, aber was uns da erwartet und wie wir diese überwinden sollen, das weiß er allein und vielleicht sein Kumpel, der Bauer. Nur dass der keine Grenze überwinden muss. Für ihn ist dort Schluss, dann wird er zu seinem Hof zurückkehren. Vaters Uhr schreibt uns vor, wie lange unsere Aufwärmphase sein darf und wann wir wieder auf dem Schlitten sitzen müssen, um unser Ziel zu erreichen.

Die Qual beginnt von Neuem. Wir sitzen auf dem Schlitten, das Pferd ist eingespannt, die eisige und feindliche Umgebung, in der überall Gefahren lauern, hat uns bald wieder im Griff. Vater meint, es wird kein Aufwärmen mehr geben. Wir müssen die nächsten drei Stunden durchhalten, um vor Einbruch der Dunkelheit ein gewisses Bauernhaus zu finden, wo man auf uns wartet. Die Mitteilung, dass jemand auf uns wartet, kommt zum rechten Zeitpunkt, denn unser Widerstandswille bricht mit jedem Kilometer. Ein kleiner Rettungsanker, der uns gedanklich von dieser Höllenfahrt ablenkt. Als Vater mit Mutter und Großmutter zu Hause im Ghetto den Fluchtplan besprach, konnten sich die beiden Frauen denken, was sie erwartet, aber nicht empfinden, was es heißt, bei minus zwanzig Grad und beißendem Wind auf einem offenen Pferdeschlitten zu sitzen. Noch nie waren sie einer solchen Situation ausgesetzt. Ein Faktor, den man nicht bedenkt, wenn man nach dem Strohhalm greift. Angenommen, Vater hat gewusst, was uns erwartet, hätte er eine Wahl gehabt? Sich allein davonzumachen kam für ihn nicht in Frage, auch wenn seine Chancen dann fünfzig zu fünfzig gewesen wären. Die Frauen zu bitten, mit mir allein fliehen zu dürfen – auch das keine Lösung. Mutter und Großmutter wären, angesichts des Zustands meiner Mutter, womöglich einverstanden gewesen. Doch nie hätte er sie im Stich gelassen und ihnen das Herz gebrochen, indem er den Sohn und Enkel mitgenommen hätte. Also gab es nur einen einzigen Weg: gemeinsam zu fliehen. Und ihnen einzureden, dass eine Chance bestand, wenn auch eine minimale.

Und so finden wir uns auf dem mörderischen Trip irgendwo in Polen, wo wir unserem unabänderlichen Schicksal entgegenfahren. Kurz vor Einbruch der Dunkelheit erreichen wir den Bauernhof. Zwei Männer erwarten uns, der eine macht das Scheunentor auf, der andere packt das Pferd am Halfter und führt es zusammen mit dem Schlitten, auf dem wir noch sitzen, in die Scheune. Der eine hilft unserem Fuhrmann, das Pferd auszuspannen und in den angrenzenden Stall zu bringen. Der andere hilft Vater, uns von dem Schlitten zu hieven. Jeder Handgriff der beiden Fremden wirkt eingespielt, offenbar haben sie dergleichen schon öfter praktiziert. Aus dem kurzen Wortwechsel zwischen den Männern bekomme ich mit, dass das Bauernhaus im Grenzgebiet steht und man mit deutschen Grenzpatrouillen rechnen muss. Der Bauernhof ist also eine Anlaufstelle für Flüchtlinge, meistens Juden wie wir, die verzweifelt versuchen, nach Warschau zu gelangen. Daher die Maßnahme, den Schlitten samt Pferd in der Scheune verschwinden zu lassen. Vater stützt Mutter und bringt sie ins Haus. Großmutter und ich folgen ihnen. Unser Fuhrmann kommt nach einer Weile nach. In der Bauernstube herrscht eine wohlige, mit Stallgeruch geschwängerte Wärme. Sie ist bevölkert von einer Frau, einem halbwüchsigen Mädchen und einer Schar verrotzter und glotzender Kinder. Alle sind sie schmutzig, und in der Stube riecht es penetranter als in den letzten beiden Bauernhäusern, die wir in den vergangenen zwei Tagen aufgesucht haben.

Die beiden Männer, die uns empfangen haben, kommen hinzu. Draußen ist es dunkel. Sie zünden zusätzliche Öllampen an. Der eine scheint der Bauer und der Vater der Kinder zu sein. Als er sich hinsetzt, scharen sie sich um ihn. Alle Erwachsenen sitzen auf Bänken und Holzschemeln. Wir, etwas abseits, bilden eine Gruppe für sich. Keine Frage, wir sind hier ein Fremdkörper. Der zweite Mann ist abgesehen von uns der Einzige, der steht. Er baut sich zwischen der Tür und uns auf. Seine Haltung, ja die ganze Atmosphäre hat etwas Bedrohliches. Ich bin mir ziemlich sicher, Vater ist froh, dass sein grobschlächtiger Kumpel noch bei uns ist. Vor ihm liegt diese Grenze, die er im Winter nicht allein überwinden kann. Er braucht den, der an der Tür steht, und den Bauern, der umringt von seinen Kindern am Tisch sitzt, unser Schicksal liegt jetzt in der Hand dieser beiden Fremden. Der Flüchtling merkt, dass er in der Falle sitzt, und er kann nichts dagegen tun. Die beiden haben ihren Preis, und dass ihre Gier maßlos ist, soll Vater noch am selben Abend erfahren. Doch zunächst hält er eine Überraschung parat, die auch mich erfreut. Er kramt in seinem Rucksack und fördert ein halbes Dutzend Bonbons zutage, eingeschlagen in buntes Papier. Er gibt jedem Kind eines, auch mir. Oma hilft den Kindern beim Auswickeln der Süßigkeiten. Ein gelungener Schachzug von Vater. Zumindest für eine Weile entspannt sich die Situation in der Bauernstube. Wir haben Hunger, aber es gibt nichts. Nicht einmal einen warmen Becher Milch. Erst muss eine Gegenleistung erbracht werden.

Vaters Kumpel, der Bauer, bleibt bei uns, während sich Vater mit dem Hofbesitzer und seinem Kumpan nach nebenan begibt. Nach einer Weile ein heftiger Wortwechsel. Vaters Stimme überschlägt sich. Wir bekommen Angst um ihn, zusätzlich zu der Angst, die uns seit Beginn der Flucht im Nacken sitzt. Unser Bauer springt auf und eilt Vater zu Hilfe. Das zeigt Wirkung. Das Schreien hört auf, und Vater kommt allein in die Stube zurück. Blass, erregt, aber unbeschadet. Er bespricht sich mit Mutter und Großmutter. Die beiden Schleuser verlangen einen unerschwinglichen Preis. Viel mehr als vereinbart wurde, ja sie erpressen ihn. Sie meinen listig: Er hat ein Pferd, einen Schlitten und einen Fuhrmann, er kann gehen, wohin er will, auch zurück, wo er herkommt. Die Situation ist bedrohlich. Wir gehen nirgends mehr hin, wir sitzen in der Falle. Es wird noch mal geschrien und gefeilscht. Schließlich zahlt Vater eine Summe, die der Vorstellung der beiden Erpresser nahe kommt.

Selbst wenn wir es schaffen, diese Grenze zu überwinden, wird das Geld, das Vater bleibt, niemals reichen, um nach Warschau zu gelangen. Nur seine goldene Klappuhr hat er vor den beiden Verbrechern verbergen können. Wir setzen uns auf eine Bank abseits, bekommen Suppe, Brot und Milch, und die Stimmung ist weiterhin gedrückt. Wir ahnen, etwas Schlimmes steht uns bevor. Mutter und Großmutter sind wie immer äußerlich ruhig, nur Vater ist äußerst nervös. Wenn er den Löffel oder ein Stück Brot zum Mund führt, zittern seine Hände. Nach der Vorstellung der beiden Schlepper muss er fürchten, ausgeraubt und seinem Schicksal überlassen zu werden. Vor allem dann, wenn der bäuerliche Fuhrmann uns verlässt, und diese Stunde rückt immer näher. Wir ahnen Unheil, aber wir ahnen nicht, dass es unsere letzte gemeinsame Mahlzeit ist. Dass ich meine Mutter im Zwielicht der Öllampen zum letzten Mal klar vor mir sehe. Es ist, als würden in den folgenden Stunden die Mächte der Finsternis nach ihr greifen, sodass ich sie in der Dunkelheit nur schemenhaft wahrnehme. Die Müdigkeit überwältigt mich, und ich schlafe fest in ihren Armen ein.

Das Erwachen ist unsanft, um nicht zu sagen gewaltsam. Ich weiß nicht, wo ich bin, weiß nicht, was um mich geschieht. Ich will nur schlafen, und dieser Zustand wird sich in den nächsten Tagen und Nächten wiederholen. Nur allmählich komme ich zu mir. Es ist dunkel, es riecht nach Stall und Heu, und ich vernehme das Schnauben der Pferde. Offensichtlich sind wir wieder in der Scheune. Von Weitem höre ich die Stimmen von Vater, Mutter und Großmutter. Das Scheunentor geht einen Spaltbreit auf. Eine Stimme befiehlt uns zischend: Wenn wir fertig sind, sollen wir einzeln rauskommen. In der Dunkelheit tasten wir uns voran. Die Erwachsenen sprechen nur im Flüsterton. Ich werde angewiesen, ebenfalls leise zu sprechen. Das Ganze hat etwas Gespenstisches. Wäre da nicht die Angst der Erwachsenen, ich würde es als ein geheimnisvolles Spiel betrachten. Eine helle Mondnacht empfängt uns. Eine zusätzliche Gefahr für unser Vorhaben. Wir können unsere Umgebung zwar erkennen, aber selbst auch gesehen werden. Gespenstisch kommt uns eine Gestalt entgegen, die kaum vor dem schneebedeckten Hintergrund auszumachen ist. An der Stimme erkenne ich den Kumpan des Hofbesitzers, der Vater so zugesetzt hat und jetzt in einem weißen Tarnanzug vor uns steht. Er ist der Schlepper, der uns über die Grenze bringen soll. Vater und der Fuhrmann umarmen sich zum Abschied, bevor dieser wieder in der Scheune verschwindet.

Was für ein außergewöhnlicher Mensch verabschiedet sich da von uns! Er, der nur ein paar Silben mit Vater wechselte, hätte seine Motive, uns unter Todesgefahr zu helfen, bestimmt nicht in Worte fassen können. Im Nachhinein verkörpert er für mich den Typ Mensch, an den Anne Frank gedacht haben muss, als sie schrieb, dass sie trotz allem an das

Gute im Menschen glaube. Er begleitete nur zwei Tage meines Lebens, aber die waren wohl entscheidend.

Bevor wir losgehen, bittet Vater den Schlepper, auf uns zu achten und nicht zu schnell zu gehen. Er antwortet: »Ich weiß das, schließlich bin ich nicht blind.« In einer Ackerschneise folgen wir ihm im Gänsemarsch – um nebeneinander zu gehen, ist nicht genügend Platz. Die Schneise ist schneebedeckt, aber durch die dunklere Schattierung auszumachen. Mutter hält sich an Vaters Rucksack fest. Wir sind keine bewegliche Gruppe und in dieser Mondnacht leicht zu erkennen. Das weiß auch der Schleuser. Routiniert hält er Distanz zu uns. Gerade genug, dass Vater ihn erkennen kann. Seine Taktik ist klar. Werden wir gestellt, konzentrieren sich die Jäger auf die Gruppe dunkler Gestalten. In gehöriger Entfernung zu uns ist er in seiner weißen Tarnung nicht mehr zu sehen, und er kann entkommen. Er kennt sich im Gelände aus. Geschickt wählt er Furchen und Mulden, in denen der Schnee weniger tief ist. Wäre er allein und behielte er die Nerven, könnte er mit möglichen Verfolgern mühelos Katz und Maus spielen. Und dieser Umstand wird uns zum Verhängnis werden.

Wie erwartet kommen wir nur langsam voran. Vater fordert unseren Vordermann auf, stehen zu bleiben, die Frauen müssten eine Pause einlegen. Auch mich verlassen die Kräfte, und Vater muss mich eine Weile tragen. Mein Gott, was für eine zusätzliche Strapaze und psychische Belastung! Ich bin in der glücklichen Lage, vor Erschöpfung einzuschlafen, als er mich über seine Schulter legt. Aber die Erwachsenen, von welchen Gedanken werden sie geplagt, wenn sie sich mühsam Schritt für Schritt auf dem schneebedeckten Acker voranquälen?

Plötzlich leuchtet ein Scheinwerfer in der Ferne auf. Wie

angewurzelt bleiben wir stehen und starren in Richtung des Lichts. Vater erfasst die Situation als Erster. Er befiehlt uns, uns umgehend hinzulegen. Der Scheinwerfer schwenkt von links nach rechts und sucht das Gelände ab. Sein Lichtkegel erfasst uns nicht, anscheinend ist er zu weit weg. Im Liegen will Vater Kontakt zum Schlepper aufnehmen, der sich als Erster fallen gelassen hat. Keine Antwort. Er versucht es noch ein paar Mal – ohne Reaktion. Zu sehen ist er ohnehin nicht. Der Scheinwerfer geht aus. Wir bleiben liegen, nur Vater steht auf, um nach dem Schlepper im Gelände zu suchen, vergeblich. Er kommt mit der entsetzlichen Gewissheit zurück, dass er uns im Stich gelassen hat. Er hat uns in der Mitte der eisigen Todeszone unserem Schicksal überlassen. Irgendwo da draußen liegt er in seinem weißen Tarnanzug und weidet sich womöglich an unserem Entsetzen. Zum ersten Mal erfahre ich Herzklopfen aus Angst. Ich sehe und spüre, die Erwachsenen stehen gedanklich vor einem Abgrund. Noch heute packt mich Grauen, wenn Erinnerungsfetzen an die Ereignisse jener Nacht mein Gehirn martern.

In schlaflosen Nächten versuche ich in die Rolle meines Vaters zu schlüpfen, um sein Entsetzen nachzuempfinden. Seine lähmende Furcht, dass wir gestellt und erschossen werden oder den Kältetod sterben. Obwohl es für mich nur ein Gedankenspiel ist, kann ich mit dem Horror nicht umgehen und gebe Vater seine Rolle zurück. Er ist mit der Situation wieder allein. Ich richte mich im Bett auf und starre in die Dunkelheit. Mir bleibt nur das Entsetzen.

Was soll, was muss jetzt geschehen?, wird er sich gefragt haben. Panik erfasst uns alle, jenes Karussell der Gefühle, auf dem man sich im Kreise dreht, und die lähmende Angst, die verhindert, dass man etwas unternimmt. Es ist das eingetreten, womit Vater, der Initiator dieser Flucht, nie gerechnet hat. Unsere vermeintlichen Helfer werden zu unseren Totengräbern. Nunmehr sind wir nicht nur von unseren Todfeinden, den Nazis bedroht, die uns auf diesem Acker stellen und kurzerhand erschießen könnten, sondern durch ganz gewöhnliche, kaltherzige Verbrecher, die es auf unser Geld abgesehen haben. Nutznießer der von den Nazis installierten Todesmaschinerie.

Es ist meine todgeweihte Mutter, die als Erste von dem gedanklichen Horrorkarussell abspringt. Mit zarter Stimme, als würde jemand aus dem Jenseits zu uns sprechen und als hätten wir uns nur in einem Park verlaufen, richtet sie das Wort an den erstarrten Vater. »Hänius, wir müssen zu diesem Bauernhaus zurück. Vielleicht ist der Schczepan noch da.« Sie, die am Ende ihrer Kräfte ist, beflügelt in einem letzten Willensakt ihren Mann nochmals, etwas zu unternehmen, um uns auf diesem schneebedeckten Feld vor dem Untergang zu bewahren. Auf diesem Acker dürfen wir nicht länger verweilen, meint sie. Und ich merke, obwohl ihn die Realität erdrückt und sich das Bauernhaus als Schurkenfalle erwies, klammert er sich an den Hauch einer Chance, die ihm diese ruhig vorgetragenen Worte einflüstern. Nur wohin? Wir wissen nicht einmal, wo wir sind! In der Richtung, aus der die Scheinwerfer auszumachen waren, warten die Deutschen auf uns – also zurück in die Richtung, aus der wir kamen. Der Bauernhof des verbrecherischen Schleppers ist zwar kein erstrebenswertes Ziel, aber wenigstens ein Orientierungspunkt. Und wer weiß, vielleicht hat sich unser Fuhrmann in der Scheune noch mal aufs Ohr gelegt? Vielleicht, vielleicht. Dieses Wort spukt in unseren Köpfen herum, wird zum Inbegriff unseres Daseins, denn eine Antwort haben wir nicht.

Noch kurz zuvor war Vater in einer Starre versunken, sodass ich ihn kaum wiedererkannte. Das war nicht mehr mein Vater. Seine Verzweiflung schien an Wahnsinn zu grenzen, und hätte er eine Waffe besessen, hätte er seine Familie und sich ausgelöscht, um der Tortur ein Ende zu bereiten. Mutters Worte holen ihn zurück aus seiner diabolischen Erstarrung. Zärtlich streichelt sie seine Wangen und spricht leise mit ihm. Ich stehe ein paar Meter von ihnen entfernt, und die beiden sehen aus wie ein junges Liebespaar, das sich in einer hellen Mondnacht zu einem Tête-à-Tête trifft. Plötzlich kommt Regung in ihn, seine Gedanken setzen sich wieder in Gang: Die Mondnacht ist zwar eine Bedrohung, aber man könnte versuchen, im fahlen Licht des Mondes Feldschneisen zu benutzen, so wie der Schleuser es tat. Nur wie soll er das mit uns im Schlepptau bewerkstelligen? Er allein könnte in dieser Nacht noch zwanzig Kilometer bewältigen. Aber er ist nicht allein. Wir müssen die qualvolle Strecke wieder zurück. Nur dauert es diesmal noch länger. Wie ein Spürhund geht Vater tief gebeugt voraus. Wenn die Furche, die er findet, breit genug ist, stützt er Mutter für eine Weile. Mich trägt er minutenlang, wenn ich mich vor Erschöpfung in den Schnee lege und einfach schlafen will. Mutter und Großmutter leisten Unglaubliches. Ihre Urinstinkte lassen ein ungeahntes Feuer in ihnen brennen.

Wir gelangen zu einem Feldweg, schneebedeckt, aber durch seine Umrisse erkennbar. Jetzt ist Vater sicher – wir kommen aus diesem Labyrinth heraus. Den Frauen gibt es noch einmal einen Auftrieb. Mir ist jetzt alles egal, ich will nur noch schlafen. Als ich aufwache, trägt Vater mich auf einer Dorfstraße mit Pferdeäpfeln und Kufenspuren. Zielstrebig führt er seine Elendstruppe ans Ende des Dorfes, wo der Hof steht. Wieder befinden wir uns an dem Ort, an dem am Abend unser Elendsmarsch begann. Vater mustert den Boden und runzelt die Stirn. Frische Hufabdrücke und Kufenspuren führen von der Scheune über den Hof auf die Dorfstraße. Sein Freund, der Fuhrmann, ist längst über alle Berge. Ein Hoffnungsschimmer weniger.

Er befiehlt uns, im Schatten des Scheunendachs auf ihn zu warten. Wir setzen uns vor Erschöpfung auf den schneebedeckten Boden und lehnen uns an die Holzwand. Er geht mit schnellen Schritten über den Hof, hebt einen Ziegelstein auf und marschiert damit zur Eingangstür des Hauses. Er hat jetzt nichts mehr zu verlieren und ist zu allem entschlossen. Er muss damit rechnen, dass beide Schleuser im Haus sind und er allein keine Chance hat. Aber das schreckt ihn nicht mehr. Er schlägt mit der Faust gegen die Tür, und als keine Antwort erfolgt, noch mal und noch mal. Die Tür geht auf, und ich erkenne im Türrahmen den erpresserischen Hofbesitzer. Ungläubiges Verharren – für ihn waren wir längst erledigt.

»Gib mir mein Geld zurück, du Schwein, oder ich spalte dir den Schädel!«, schreit ihn Vater an, wohl wissend, dass er nichts erreichen wird. »Verschwinde, du krätziger Jude, oder ich übergebe dich den Deutschen!«, faucht der Bauer. Sie wechseln obszöne Flüche. Er soll doch die Deutschen holen, kontert Vater. Er spreche gut genug Deutsch, um ihnen zu erklären, dass er ein Schleuser sei, der Juden gegen Dollar über die Grenze schmuggelt. »Uns werden sie erschießen, aber dich hängen sie auf!« Das zeigt Wirkung, und Vater schiebt nach: »Wir bleiben so lange in der Scheune, bis der andere Hurensohn aufgetaucht ist und uns über die Grenze bringt.« Oder sie hängen beide. Dem Bauer kommt der Vorschlag offensichtlich recht, denn er hofft, dadurch Zeit zu gewinnen, bis Verstärkung kommt. »Gut, ihr könnt in der Scheune bleiben, bis Tadek da ist, und dann sehen wir weiter.« Er geht ins Haus zurück und schlägt die Tür zu.

Wir sind wieder in der Scheune, die vor Stunden noch der Ausgangspunkt einer vagen Hoffnung war. Und jetzt macht sich die schreckliche Nüchternheit breit, wir haben nur eine vergebliche Runde gedreht, und die Gewissheit, dass Vaters verbale Attacken gegenüber dem Bauern eine verpuffende Wirkung haben. Denn zu Fußmärschen sind wir, bis auf Vater, nicht mehr in der Lage. Es gibt kein Vielleicht mehr. Der Abgrund tut sich auf, die Falle schnappt zu. Die Erwachsenen gelangen zu der Erkenntnis, dass wir für die Schleuser eine Gefahr darstellen und sie uns beseitigen werden. Die Scheune droht unser Grab zu werden.

War Vater bis jetzt die treibende Kraft der letzten Tage und Wochen, um die Flucht in Szene zu setzen, so nimmt zum letzten Mal Mutter das Heft in die Hand. Sie bringt sich selbst und damit auch Großmutter als Opfergabe dar, um ihrem Mann und Kind eine allerletzte Überlebenschance zu wahren. Aber kann man tatsächlich von einem Opfer reden, da ihr Zustand sich dramatisch verschlechtert hat und sie nicht mehr in der Lage ist, sich fortzubewegen? Völlig entkräftet liegt sie auf einem Ballen Stroh, Wach- und Ohnmachtsphasen wechseln sich ab. Wenn die Sonne aufgeht, um ihr unser ganzes Elend vor Augen zu führen, wird sie womöglich nicht mehr aufwachen. Ihre Mutter mit dem zur Maske erstarrten Gesicht ist nicht in der Lage, eine Silbe zwischen den schmalen Lippen hervorzupressen, während ihr Mann, der unter dem Eindruck der Ausweglosigkeit zusammenzubrechen droht, mit matter Stimme auf sie einredet, durchzuhalten. Er fabuliert von einer Trage, die er bauen und auf der er sie transportieren will.

Mit einer müden Handbewegung tut sie den Vorschlag ab, bevor der komatöse Schlaf sie an die Schwelle des Nichtseins bringt. Und ich, ihr einziges Kind, das das Sterben seiner zu

Tode gehetzten Mutter miterlebt, umschlinge verstört ihre Füße, um sie nicht gehen zu lassen, ahne, welche Folgen der Verlust der Mutter in Schreckenszeiten wie diesen für mich haben wird. Ein wichtiger Teil des Schutzschildes des kleinen Jungen bricht weg, der ihm in allen Lebenslagen fehlen wird. Nun weiß auch er mit absoluter Gewissheit, dass die glücklichen Tage mit ihr auf der Sonnenblumenwiese für immer vorbei sind. Sie schlägt ein letztes Mal die Augen auf. Ihre leise Stimme zwingt uns, uns nah zu ihr hinabzubeugen.

Nach Vaters Hand greifend, mit beschwörendem Klang in der Stimme sagt sie: »Du nimmst jetzt den Jungen und gehst. Draußen hast du vielleicht eine Chance, hier gar keine.« Die letzten Worte, die ich von ihr vernehme: »Uns können sie nichts mehr anhaben. Wir sind keine Trumpfkarte in ihren Händen.« Sie ist zu schwach, um mich an sich zu ziehen, doch spüre ich, dass sie sich von mir verabschieden will. Ich zögere einen Augenblick, als wüsste ich, dass ich mit diesem Kuss unseren Abschied für immer besiegele, bevor ich mich über ihr glühendes und verweintes Gesicht beuge und sie küsse. Aus Großmutters zusammengepressten Lippen ist kein Klagen zu vernehmen, mumienhaft erträgt sie alles. Ihr Entschluss, Mutter in den Tod zu folgen, ist nicht verhandelbar. Im Bewusstsein, dass sie Mutter nur um wenige Stunden überleben wird, versteht sie sich als Wahrerin des Willens ihrer Tochter, die in der Gewissheit von dieser Welt gehen will, dass Vater und ich lebend die Scheune verlassen haben.

4

Grenzgänger

Diese Abschiedsszene ist tief in mein Gedächtnis eingebrannt. Kein anderes Leid, das mich in den folgenden Jahren heimsuchen wird, seien es Hunger, Schmerz, Verwahrlosung oder Angst, hat mein Leben so geprägt wie die letzten Minuten in dieser Scheune. Nichts hat so nachhaltig auf mich gewirkt wie diese gespenstische Nacht und die Stunden voller Leid und Schmerz.

Anderthalb Jahrzehnte nach dieser Nacht diene ich in der amerikanischen Armee. Zu meiner Überraschung stelle ich fest, dass ich – ein technisch völlig unbedarfter Mensch – von Waffen fasziniert bin. In der U.S. Army bin ich ein überdurchschnittlicher Schütze und belege bei Schießwettbewerben die vorderen Plätze. Für mehrere Wochen zieht unsere Einheit in ein wüstenartiges Gebiet ins Manöver. Das Gelände ist riesig, die Übungen finden unter kriegsähnlichen Bedingungen statt und sind entsprechend hart. Eine Gefahr für uns Soldaten ist nicht nur das Kriegszeug, mit dem wir hantieren, sondern sind auch streunende Hunde, von denen die meisten mit Tollwut infiziert sind. Besonders nachts treiben sie sich vor den provisorischen Latrinen herum. Wir haben den Befehl, herrenlose Hunde sofort zu erschießen, aber noch habe ich keinen getötet.

Nach einem Gewaltmarsch von dreißig Kilometern müssen wir uns todmüde, auf einer kleinen, halbrunden Tribüne sitzend, den Vortrag eines Leutnants über den Verlauf des Manövers anhören. Zu seinem Verdruss schlafen die meisten vor Müdigkeit ein, so auch ich. Ich habe das Pech, in der ersten Reihe zu sitzen. Er brüllt mich an: »Rosenblum, schnapp dir deine M1 und erledige den Hund!« Ich brauche Sekunden, um wach zu werden und meine Umgebung zu checken. In einer Entfernung von etwa dreißig Metern trabt gemächlich ein Hund an unserer Tribüne vorbei. Für einen Augenblick weiß ich nicht, ob es dem Leutnant ernst ist. Alle hundertachtzig Mann auf der Tribüne sind jetzt wach und starren mich an. Als ich nicht reagiere, schreit der Leutnant: »Im Laufschritt marsch!« Ich laufe zu meinem Gewehr, das auf dem Tornister liegt. Der Hund wittert Gefahr und entfernt sich schnell. Ich entsichere das Gewehr, presse den Schaft zwischen Schulter und Wange, halte den Atem an und erfasse den Hund mit Kimme und Korn, versuche ruhig den Abzug bis zum kritischen Punkt zu bringen und drücke ab. Schuss und Einschlag im Körper des Hundes sind eins. Er wird herumgewirbelt, jault kurz auf und ist tot. Meine Kameraden auf der Tribüne klatschen, der Leutnant meint: »Ein guter Schuss, Rosenblum!« Ich stehe ungläubig da. Ich habe zum ersten Mal im Leben getötet.

Das war kein Pappkamerad, auf den ich schoss, nein, es war ein Lebewesen, das ich auslöschte, und ich habe noch Wochen damit zu tun, meine Tat zu verarbeiten. Umso mehr frage ich mich immer wieder: Was ging in jenen Männern vor, die über Monate und Jahre auf Kinder, Männer und Frauen schossen oder sie in Gaskammern trieben? Hatten sie kein Gewissen und keine Seele?

Und die beiden Schleuser, die Dutzende von unglücklichen Menschen auf dem Gewissen hatten und wahrscheinlich nie dafür zur Rechenschaft gezogen wurden? Obwohl ich die beiden nie wieder sah, markierten sie einen Wendepunkt in meiner psychischen Entwicklung. Peinigte mich mein Gewissen nach der Tötung des Hundes, so schlägt das ins Gegenteil um, wenn ich der beiden in meiner Vorstellung habhaft werde. Dann ist es nicht mehr das Wüstengebiet der U. S. Army, wo ich auf den Hund schieße, sondern der schneebedeckte Acker, auf dem ich in einem weißen Tarnanzug vor den beiden Schleppern wie aus dem Nichts auftauche. In Sekundenschnelle schieße ich ihnen mit der M1 zielgerichtet die Beine kaputt. Halb liegen, halb sitzen sie jetzt im Schnee. Es ist nicht nachts, es ist vier Uhr nachmittags, wenn sich die Sonne im faszinierenden, kalten Rot präsentiert, bevor sie am Horizont langsam verschwindet. Sie schauen zu, wie sich der Schnee um sie herum mit ihrem Blut verfärbt. Ihre Gesichter sind von Entsetzen verzerrte Fratzen. Jeder kann den andern wie als sein Spiegelbild sehen, das ihm sein Ende vor Augen führt. Bevor noch mehr Blut aus ihren Wunden sickert und sie das Bewusstsein verlieren, schiebe ich die Kapuze aus dem Gesicht, nehme den Helm ab, säubere mit einer Handvoll Schnee mein mit Tarnfarbe bedecktes Gesicht und trete nah an sie heran. Jetzt erkennen sie in mir meinen Vater. Einer, es ist der Familienvater, versucht meine Hand zu ergreifen, um sie zu küssen, und bittet weinend um Gnade. Ich kenne aber keine Gnade. In meiner Fantasie bin ich im Reich des Bösen angekommen. Seine Kinder brauchen so einen Vater nicht. Er würde sie nur zu hinterlistigen, feigen Mördern erziehen. Und an meine Mutter denkend, die wir sterbend in seiner Scheune zurückgelassen haben, trete ich an ihn heran, drücke ihm den kalten Lauf an die Stirn und lösche sein Leben aus. Ich habe ihn bewusst als Ersten ausgewählt, damit sein eiskalter Vollstrecker neben ihm sieht, was ihm bevorsteht. Er, der seine Opfer ausnahm und in die Irre führte, sie den Deutschen vor die Gewehre trieb und der Kälte überließ, soll wenigstens einige Minuten das ausstehen, was seine Opfer für Stunden durchlitten.

Ich wurde in eine gewalttätige Zeit hineingeboren. Das Schicksal nahm mir meine Kindheit und den größten Teil meiner Familie. Es gab mir nie die Chance, mit den Mördern meiner Familie und meines Volkes abzurechnen, und zum Hohn überließ es mir nur meine Fantasie.

Es ist helllichter Tag, als Vater und ich auf der Dorfstraße wieder in die Richtung gehen, aus der wir nachts gekommen sind. Das Dorf ist eine Siedlung mit weit auseinandergezogenen Häusern am Straßenrand. Wir benutzen keine Ackerschneisen und keine Feldwege mehr, sondern eine Straße, die ein Dorf mit einem anderen verbindet und deren Ränder eine Schneemarkierung aus rot gestrichenen Holzstäben aufweisen. Das ist auch nötig, denn außerhalb des Dorfes sind die Verwehungen stellenweise so stark, dass man die Straße nur mühsam ausmachen kann. Vater setzt jetzt alles auf eine Karte und fordert bewusst das Schicksal heraus, um auszuführen, was ihm seine sterbende Frau und ihre Mutter in selbstloser Opferbereitschaft aufgetragen haben. »Rette dich und unser Kind, denn dein Ende nützt niemandem was.« Er geht jetzt die Sache frontal an. Um beweglich zu bleiben und Kraft zu sparen, hat er den Rucksack in der Scheune zurückgelassen, nicht ohne vorher Zwieback und Bonbons herauszunehmen und in die Taschen zu stopfen. Der Rucksack könnte auch ein Indiz sein, dass er ein Flüchtling ist, einheimische Bauern laufen nicht mit Rucksack herum.

Die Grenze ist von den Deutschen auf dem Papier festgelegt worden. Sie erlauben aber den Bauern beiderseits der

Markierung, ihre Felder auf der anderen Seite zu bestellen. Es gibt nirgends Schlagbäume und Grenzzäune zwischen den Dörfern, aber es gibt diese mörderischen Grenzpatrouillen, die es besonders auf flüchtige Juden abgesehen haben. Sind die Unglücklichen gestellt und als solche identifiziert, ist ihnen das Ende gewiss. Egal, ob Mann, Frau oder Kind. Nicht selten kommt es zu entwürdigenden Demütigungen vor ihrem Tod. Leugnen sie, dass sie Juden sind, müssen die Männer die Hose runterlassen, und ihre Beschneidung bringt es an den Tag.

Kaum haben wir das Dorf ein paar hundert Meter zurückgelassen, tue ich mich mit dem Gehen schon wieder schwer. Vater muss mich regelrecht ziehen, um vom Fleck zu kommen. In den letzten zwölf Stunden haben wir kaum etwas gegessen, kaum geschlafen. Der dramatische Ablauf der Nacht und der grausame Abschied von meiner Mutter haben meinem kleinen Körper arg zugesetzt. Vater versucht es mit einem Bonbon und mit gutem Zureden. Er spricht mit mir wie mit einem Dreijährigen. »Wenn es Mutter besser geht, kommt sie mit Großmutter nach.« Ich weiß dagegen, sie wird auf dem Strohballen in der Scheune sterben, und Großmutter auch. Ich will nicht mehr, ich kann nicht mehr.

Vater setzt mich auf seine Schultern und befiehlt mir, mich mit beiden Händen an seiner Stirn festzuhalten. Das wird in den nächsten Tagen und Wochen meine Position sein, wenn ich vor Erschöpfung nicht mehr gehen kann. Den Kopf auf seine Pelzmütze gelegt, kann ich auf seinen Schultern schlafen. Etwas in meinem Unbewussten hindert mich daran, die Hände von seiner Stirn zu nehmen, um nicht hinunterzufallen. Er muss sich jetzt so schnell wie möglich von dem Dorf entfernen. Nicht nur die deutschen Patrouillen sind eine Lebensbedrohung, sondern auch die beiden Schleuser, die fürchten müssen, dass er sie verpfeift, wenn wir geschnappt werden. Denn spätestens jetzt muss der Bauer entdeckt haben, dass er mit mir verschwunden ist. Diesen Verzweiflungsakt hat er Vater nicht zugetraut. Wohin sollte er auch gehen? Und doch zeigt dieser junge Mann, der mein Vater ist, was für eine Wehrhaftigkeit, geboren aus dem Mut der Verzweiflung, in ihm steckt.

Vater ist ein sehr menschlicher Held, bei dem sich Ruhe und Übersicht abwechseln mit hektischer Aktivität, getrieben von Angstzuständen und Panikattacken. Seltsamerweise ist er, wird er mit einer unmittelbaren Gefahr konfrontiert, die Ruhe selbst. Nicht einmal seine Stimme bebt, die sich sonst vor Aufregung überschlägt. Selbst in Extremsituationen ist er in der Lage, den nächsten Schritt kühl zu überlegen. Nur der kalte Schweiß auf seiner Stirn, der auch meine Hände befeuchtet, wenn ich auf seinen Schultern sitze, zeugt von enormer Anspannung. Die unmittelbare Gefahr in diesen Tagen und Nächten geht von Menschen aus, denen wir begegnen und die wir womöglich um etwas bitten. Dann kommt seine Menschenkenntnis zum Tragen, seine Gabe, sie so zu taxieren, dass er sie auf Anhieb den Guten oder den Bösen zuordnen kann. Dabei geht er ruhig und besonnen vor, auch wenn er ahnt, dass sein Gegenüber in ihm einen flüchtenden Juden vermutet. Beiläufig fragt er nach dem Weg und versucht vorsichtig herauszufinden, ob er noch im Grenzbereich ist. Dann gehen wir weiter. Der Gedanke peinigt ihn, sein Gesprächspartner könnte ein Denunziant oder deutscher Spitzel gewesen sein. Gerät er in Panik, geht er zu schnell, verausgabt sich, um dann apathisch am Straßenrand sitzen zu bleiben. Auch wenn weit und breit kein Mensch ist, spüre ich, dass eine solche Situation bedrohlich für uns ist.

Wenn Vater nicht mehr kann oder mag, werden wir zur

Beute für jeden, der vorbeikommt. Ich sitze dann nur neben ihm, versuche sein Elend zu begreifen. Bis Angst mich beschleicht, Hunger- und Kältegefühl überhandnehmen, sich die Szene mit meiner sterbenden Mutter vor meine Augen schiebt und sich Entsetzen bei mir breitmacht. Mir bewusst wird, dass das auch mit Vater passieren kann, mich allein in dieser feindlichen Gegend zurücklassend. Da wirkt mein einsetzender Weinkrampf wie eine Erlösung für uns beide. Ich schreie und jammere: »Ich habe Hunger und möchte zu Mutter zurück.« Mich zu beruhigen ist für ihn eine Art Therapie, um sich aus seiner Starre zu lösen. Wenn ich Mutter erwähne, drückt er mich fest an sich und weint mit mir. Zu wissen, dass ich Hunger habe, löst bei ihm einen neuen Motivationsschub aus. Er steht auf, hebt mich auf die Schultern und verspricht mir, etwas Essbares aufzutreiben.

Wir gehen weiter die verschneite Straße entlang in die Richtung, von der Vater meint, es sei die richtige. Er ist wieder ganz der Alte. Seine Taktik, im Grenzbereich die ersten drei Tage und Nächte nach Möglichkeit niemand anzusprechen, funktioniert nur bedingt. Er vermeidet es, bei Bauern um Essen zu bitten, muss aber bei vorbeikommenden Fuhrleuten mit Pferdeschlitten mehrmals nach dem Weg fragen. Seine Entscheidung, die Hauptstraßen zwischen den Dörfern zu wählen, erweist sich als glücklich und richtig. Schleichwege kennt er keine, aber die Nazis und ihre Spitzel kennen sie sehr wohl. Diese Phase der Flucht verlangt uns beiden alles ab, unsere physische Belastbarkeit stößt an ihre Grenzen. Der nagende Hunger lässt sich auch nicht durch einen Zwieback oder einen Bonbon stillen, die Vater mir alle paar Stunden reicht. Die Kälte will nicht aus meinem Körper weichen, auch wenn Vater mich immer wieder zwingt, ein paar hundert Meter neben ihm herzugehen. Wohl hilft es gegen meine steifen Zehen, vermag aber nichts bei meinen klammen Fingern auszurichten. Unseren Durst stillen wir, indem wir Schnee essen. Fange ich vor Hunger und Kälte an zu weinen, tröstet er mich mit irgendwelchen Versprechungen, die sich doch nie erfüllen, und das macht mich zusätzlich mürbe. Erreichen wir nach einer Ewigkeit ein Anwesen, klopft er doch nicht an und bittet wie versprochen um ein Stück Brot mit Speck. Er hat einfach Angst. Wäre ich etwas älter, könnte ich die Hartnäckigkeit verstehen, mit der er sein Ziel verfolgt, aber mit meinen sechs Jahren ist das ganze Unternehmen für mich eine einzige schmerzhafte Enttäuschung. Mit Einbruch der Dunkelheit lastet zusätzlich die Sorge um ein Nachtquartier auf Vater. Hektisch hält er dann nach einer Hütte oder Feldscheune Ausschau, die abseits von einem Bauernhof liegt. Distanz ist geboten, denn der Hofhund könnte anschlagen und die Bewohner alarmieren.

Bei dem Martyrium, das Vater und ich durchlaufen, haben wir Glück, dass wir am dritten Tag noch am Leben sind. Die erste Nacht verbringen wir in einem Geräteschuppen, der alles Mögliche beinhaltet, auch einen zweirädrigen Handkarren und eine Abdeckplane. Die faltet Vater so, dass wir in sie hineinschlüpfen können. Eng aneinandergeschmiegt verbringen wir auf dem Handkarren eine unruhige Nacht. Am nächsten Morgen weckt er mich in gewohnt ruppiger Manier auf. Bei Tagesanbruch wird ihm bewusst, dass wir näher an dem Bauernhof sind, als er in der Dunkelheit annahm. Die jungfräuliche Schneedecke ist mit unseren Fußspuren übersät, die in den Geräteschuppen führen. Außerdem ist da das Problem, dass wir zu langsam vorankommen, und er erwägt einen kurzen Augenblick, den Handkarren mitzunehmen, um mich hineinzusetzen, lässt die Idee aber wieder fallen, denn den Karren in Sichtweite des Bauernhofs durch den tiefen Schnee zu ziehen wäre allzu verräterisch.

Wie sich herausstellt, legen wir täglich weniger an Kilometern zurück, als er vermutet. Vater ist ausgesprochen gut zu Fuß, und er kann jeder Witterung einigermaßen trotzen. Doch der Hunger und das zusätzliche Gewicht auf seinen Schultern machen ihn mürbe. Der Mangel an Schlaf tut das Übrige. In den ersten drei Tagen haben wir Glück mit einer Bleibe, denn eine Übernachtung im Freien würde ich nicht überleben, das weiß Vater. Die letzten beiden Nächte verbrachten wir in Feldscheunen, und das war erträglicher als der eisige Geräteschuppen. Mit dem ganzen Körper verkrochen wir uns im Heu, ein guter Schutz, um eine eisige Nacht zu überstehen.

Am dritten Morgen ist Vater nervös und unausgeschlafen, wahrscheinlich hat er kein Auge zugetan. Es kommt mir auch vor, als sei er unsicher auf den Beinen. Er gibt mir den letzten Zwieback, für sich hat er nichts mehr. Das bedeutet, er muss in den nächsten Stunden auf Menschen zugehen und um Hilfe bitten. Nur ist er jetzt nicht mehr der selbstsichere Mann vergangener Tage, als er mit seinem gewinnenden Wesen Menschen für sich einnehmen konnte. Er ist eher ein Schatten seiner selbst, ein heruntergekommener Landstreicher mit einem halb verhungerten Jungen an der Hand, den man mit einem Hund vom Hof jagt. Es scheint, als würden wir an diesem Morgen unseren letzten Gang antreten, alles spricht dafür. Sollte sich unsere Situation an diesem Tag nicht grundsätzlich ändern, werden wir die nächste Nacht nicht überstehen. Egal, wie Vater mich bittet und drängt, ein Stück neben ihm herzugehen, bin ich nicht mehr in der Lage dazu. Er setzt mich nur ab, um zu verschnaufen, und dann hat er Probleme, mich wieder auf seine Schultern zu heben.

Oben verfalle ich in einen Dämmerzustand, der kein normaler Schlaf ist, es ist eher ein Abgleiten in ein Niemandsland, in dem ich noch niemals war. Nur die Tatsache, dass ich hochschrecke, wenn Vater stolpert, und ich nach vorn zu kippen drohe, zeugt davon, dass ich noch lebe. Vaters Ängste und Sorgen, wie weit es wohl zum nächsten Dorf oder Bauernhaus ist, wo er unabdinglich um Essen bitten muss, teile ich nicht mehr.

Die Fügung lenkt einen Schlitten herbei, gezogen von einem kräftigen Ackergaul. Der Fuhrmann hat ein gerötetes junges Gesicht, schelmische Augen von undefinierbarer Farbe, die unter der Pelzmütze hervorlugen, und ein einfältiges Grinsen auf den Lippen. Es ist ein angetrunkener Jungbauer. Mit einem kräftigen »Brrrr«, das mich aus meinem Dämmerzustand holt, bleibt er neben uns stehen. Mit einem kumpelhaften »Wohin des Weges, Brüderchen?« spricht er Vater an. Der erfasst die Situation sofort – von dem geht keine Gefahr aus, der will nur etwas Gesellschaft auf seiner Weiterfahrt oder sucht einen Saufkumpan. »Ich will mit meinem Jungen nach Sochatschew. Kannst du uns ein Stück mitnehmen?« »Nach Sochatschew! Das ist verdammt weit, dort war ich noch nie, aber klar, steig auf, ich nehm dich ein Stück mit.« Vater hebt mich von der Schulter, der Bauer nimmt mich ihm ab, und obwohl ich noch ganz benommen bin, rieche ich in der kalten Luft seine Alkoholfahne. Ich sitze jetzt beim Vater auf dem Schoß, er umarmt mich mit beiden Armen und versucht mich zu wärmen. Bevor ich wieder wegtrete, höre ich den Bauern noch fragen: »Was ist los mit deinem Jungen?«, aber die Antwort bekomme ich nicht mehr mit. Etwas sehr Wohlriechendes, ein Duft, den mein Geruchssinn vor langer Zeit gespeichert hat, lässt mich wieder munter werden. Ich schlage die Augen auf und sehe ein geräuchertes Stück Speck, das Vater mir vor die Nase hält. Kauend fordert er mich auf, davon zu beißen.

Diesen jungen Mann hat uns der Himmel geschickt, und Vater schätzt ihn vollkommen richtig ein. Er ist leutselig, der Alkohol macht ihn zugänglich, senkt seine Hemmschwelle Fremden gegenüber und sorgt dafür, dass ihm der Durchblick fehlt: Unser Zustand ist für ihn nicht weiter auffällig. Aus seiner Erfahrung schöpfend, findet Vater den richtigen Umgang mit ihm. Außerdem hat er etwas von unschätzbarem Wert dabei, eine Wegzehrung, die er bereitwillig mit uns teilt. Während ich wieder vor mich hindämmerte, muss Vater bewusst für eine kumpelhafte Atmosphäre zwischen ihnen beiden gesorgt haben. Der Schnaps, den der junge Bauer dabeihat, spielt mit Sicherheit eine Rolle, doch für Vater ist er nur das Mittel zum Zweck. Er weiß um seinen ausgezehrten Körper und hungrigen Magen, Alkohol wäre jetzt Gift. Die Schnapsflasche setzt Vater nur an und benetzt die Lippen. Wir beißen abwechselnd vom Speck und einem Stück halb gefrorenem Bauernbrot. Was für eine Köstlichkeit! Die beiden quatschen über alles Mögliche. Dabei erfährt Vater alles Wesentliche, das er wissen will: dass wir nicht mehr im Grenzbereich sind, dass wir viel ins Leere gelaufen sind, weil wir die falsche Richtung eingeschlagen haben, dass wir aus diesem Grund unserem Ziel Sochatschew nur um dreißig Kilometer näher gekommen sind und es dorthin noch immer mindestens siebzig Kilometer sind — was für eine frustrierende Information.

Vom ersten Tag an bedeutete mir Vater zu schweigen, wenn er mit jemandem spricht. Mein Polnisch ist nicht das beste und durchzogen von jiddischen Einsprengseln. Seines dagegen ist perfekt, sogar des ländlichen Dialekts vermag er sich zu bedienen, wenn er es für angebracht hält. Auf

87

die Frage des Bauern, was wir in dem fernen Sochatschew wollen, antwortet Vater, seine Frau sei gestorben und er bringe mich jetzt zu ihrer Schwester. Diese Auskunft kommt an und wird zu seiner Standardbegründung für die nächsten Tage und Wochen, wenn wir nach dem Zweck unserer Reise gefragt werden. Allen möglichen Leuten, die uns ein Stück des Weges mitnehmen oder eine Bleibe für die Nacht gewähren, gibt er diese Version zum Besten, sodass ich zum Schluss selbst glaube, Mutter hätte eine Schwester in Sochatschew.

Von dem Bauern erfährt er auch, dass er mit seinem alten, fast blinden Vater und seiner geisteskranken Schwester allein lebt. Er hat zwei Kühe und etwas Land, das nicht viel hergibt. Im Winter repariert er das Pferdegeschirr für die Bauern der Umgebung. Er holt es ab und bringt es wieder zurück. »Ich habe gehört, in dieser Gegend gibt es viele deutsche Kontrollen, stimmt das?«, fragt Vater, sich dumm stellend. »Ab und zu schon, aber an der Grenze weiter westlich gibt es viel mehr Kontrollen. Hier kommen sie meistens nur vorbei, um ihre Leute zur Grenze zu bringen. Du hast nichts zu befürchten, die haben es nur auf Juden abgesehen«, sagt der Bauer lallend. Er hat jetzt ziemlich einen sitzen. Vater drückt fest mein Handgelenk, will sagen: Verplappere dich jetzt bloß nicht! Er weiß ungefähr, wo er ist und in welche Richtung er weitergehen muss, und das Wesentliche – er hat die Grenze mit mir überwunden, mit sehr viel Glück und ohne Schleuser. Zum Feiern gibt es dennoch keinen Grund. Die Gefahr ist keineswegs gebannt, die Bedrohung noch immer da, auch wenn mit jedem Kilometer weg von der Grenze das Netz weniger eng geflochten ist.

Es ist irgendwann am Nachmittag, ich weiß, Vaters Gedanken fangen um diese Zeit an, um eine Bleibe zu kreisen.

Sorge und Furcht, im Freien übernachten zu müssen, beschäftigen ihn. Ich bin jetzt eine Weile wach, der Speck und das Brot haben mir gutgetan. Auch seine wärmende Umarmung während der Fahrt ist etwas ganz Besonderes, ich fühle mich geborgen.

Gedanklich rücke ich mit Vater immer näher zusammen. Ich fange an, in seinem Gesicht zu lesen, was ihn bedrückt, und erahne seinen nächsten Schritt, wie ein dressierter Hund reagiere ich auf seine Mimik und Gestik. Wenn er auf dieser Reise irgendwelche Geschichten erzählt, die glatte Lügen sind, halte ich den Mund. Auch die Einmaligkeit dieser Reise erahne ich. Mit einer gewissen Portion Zynismus könnte man diese Reise als eine Art Studienreise bezeichnen, bei der man Land und Leute kennenlernt. Allein ich bin zu klein, um irgendwelche Studien anzustellen, aber unbewusst begreife ich durchaus unser Dilemma: Wir, polnische Staatsangehörige auf der Flucht in dem Land, in dem wir geboren sind, müssen vor dem Gros unserer Landsleute die wahre Identität verbergen, um nicht an unseren gemeinsamen Feind verraten zu werden. Die Situation des Verbergens, Täuschens und Tarnens nimmt manchmal eigenartige Züge an. Vater, der sich als Landbewohner ausgibt und einen authentischen ländlichen Dialekt spricht, hat Mühe, sich optisch nicht Lügen zu strafen. Einem Modetrend folgend, sicherlich auch als Wohlstandssymbol, ließ er sich, wie viele andere Juden, zwei Goldkronen einsetzen. Auf dem Land jedoch kann sich kein Mensch Goldzähne leisten, außerdem gilt es als dekadenter Schnickschnack der Stadtbewohner und Juden. In diesen Tagen ist er froh, nicht jüdisch auszusehen, aber der Umstand mit den Zähnen macht ihm zu schaffen. Um das zu verbergen, kräuselt er neuerdings beim Sprechen auf komische Weise die Lippen. Derweilen rätselt sein Gegenüber, ob der

Mann vielleicht eine Krankheit hat. Eine groteske Situation am Rande des Abgrunds.

Schließlich geht Vater das Problem mit dem Nachtquartier vorsichtig, aber gezielt an. Ob der Bauer jemanden weiß, bei dem wir für die Nacht bleiben könnten. Er könnte auch etwas bezahlen, wenngleich nicht viel. Der junge Mann stiert vor sich hin, zieht ein paar Mal nervös am Zügel, wiegt den Kopf hin und her und lässt sich mit der Antwort Zeit; etwas beschäftigt ihn. »Ich habe dir erzählt, ich habe einen blinden Vater und eine nicht ganz dichte Schwester«, lallt er, und fast entschuldigend fügt er hinzu: »Ich habe nur ein Bett. In dem schlafen wir alle drei. Wenn du willst, kann ich für die Nacht einheizen, und du schläfst mit dem Buben auf einem Strohsack auf dem Boden.« Was für ein Angebot, das beste seit Tagen! Vater lässt es sich nicht anmerken, aber er ist sichtlich erleichtert, die Nacht ist gerettet.

Sein Hof ist eher klein im Vergleich zu den Höfen der Umgebung. Auch wirkt er ziemlich heruntergekommen, sieht aus, als hätte der Besitzer nicht die Mittel, das Gebäude instand zu halten, oder es ist ihm egal. Vater geht dem Bauern zur Hand, hilft ihm, das Pferd zu versorgen, den Schlitten in einen überdachten Geräteschuppen zu bugsieren, das Geschirrzeug aufzuräumen. Man sieht es Vater an, er ist bemüht, dem Bauern zu helfen, aber das Heben und Tragen fällt ihm schwer. Gemeinsam betreten wir eine ausgekühlte Stube. Auf der Bank neben dem kalten Ofen sitzt ein grinsender alter Mann, er ist so gut wie blind, wie ich auf Anhieb bemerke. Ich kenne diese Haltung von Blinden, zu Hause im Ghetto habe ich welche gesehen. Das Grinsen des Alten wirkt irgendwie einladend. Er muss an den Geräuschen vom Hof gehört haben, dass sein Sohn jemanden mitgebracht hat. Neben ihm sitzt ein Mädchen oder eine junge Frau, deren Alter ich nicht einschätzen kann. Sie hat ein merkwürdig verzogenes Gesicht, das mich ausdruckslos anstarrt. Ich bin verunsichert und verstecke mich hinter Vater. »Ich habe einen Freund und seinen Sohn mitgebracht, Papa. Die bleiben für die Nacht bei uns.« Der Alte nickt zustimmend, wahrscheinlich ist er froh über diese Abwechslung in seiner dunklen Welt.

Mit erheblicher Schlagseite macht sich der Jungbauer daran, den Ofen einzuheizen. Darauf steht ein unappetitlicher Topf mit Suppe, in den er zusätzlich Wasser gießt. Hundemüde lege ich mich auf Vaters gefütterte Jacke, die er für mich auf dem Boden ausgebreitet hat, nur die Aussicht auf einen Teller Kartoffelsuppe hält mich wach. Es sieht so aus, als ginge es Vater ebenso. Er hängt über dem Tisch und kämpft mit dem Schlaf. Einen angebotenen Schluck aus der Schnapsflasche lehnt er ab, woraufhin der Jungbauer allein weitertrinkt. Er kann sich jetzt kaum noch auf den Beinen halten, schafft es aber, die Suppe auf den Tisch zu stellen, ohne das Geringste zu verschütten. Wir setzen uns alle hin und verschlingen hastig die wahrscheinlich mehrmals aufgewärmte Suppe. Sie ist leicht angebrannt, aber das stört uns nicht. Es gibt reichlich davon, und alle fassen mehrmals nach. Dazu essen wir Brot, aber jeder bekommt nur eine Scheibe. Ich weiß nicht, wie lange es her ist, dass ich wieder einmal richtig satt bin. In der Stube ist es warm. Ehe wir uns schlafen legen, bringt mich Vater zum Plumpsklo nach draußen. Der Bauer bereitet uns eine Schlafstätte für die Nacht, schafft wie versprochen einen Strohsack herbei und platziert ihn in die Nähe des Ofens.

Es beginnt für mich eine mehrere Tage während Schlaf- und Erholungsphase, in der ich jedes Zeitgefühl verliere und nur verinnerliche, dass es Tag oder Nacht ist, wenn ich die Augen aufmache. Wie oft der Wechsel zwischen Tag und Nacht stattfindet, weiß ich nicht. Ich schlafe seit Tagen zum ersten Mal ohne Schuhe. Füße und Beine sind in ein buntes Wolltuch eingewickelt, wie Bäuerinnen es tragen. Zum ersten Mal seit ich weiß nicht wie langer Zeit esse ich wieder ein Ei. In dieser Zeit beginne ich, intensiv von Mutter zu träumen. Lebendig und greifbar schwebt sie, einer Heiligen gleich, über die grüne Wiese hinter unserem Haus und winkt mir zu, ihr zu folgen, aber es gelingt mir nicht, irgendetwas verhindert, dass ich vom Fleck komme, bis ich schließlich ermattet aufgebe. Es verhält sich umgekehrt zum wirklichen Leben, als sie mir auf derselben Wiese nicht folgen konnte. Das Erwachen aus einem solchen Traum ist grausam – mein Gott, sie war doch eben noch da! Warum dieser jähe Entzug, welche Mächte spielen dieses grausame Spiel mit mir? Warum überlässt man mich nicht bis in alle Ewigkeit diesem Traum?

Manchmal werde ich von lauten Stimmen unsanft geweckt, dann sehe ich Vater, den Jungbauern und den blinden Alten am Tisch sitzen, lautstark debattieren, zwischen ihnen Gläser und eine Schnapsflasche, und alle drei sind betrunken. Langsam begreife ich, dass es irgendwie einen Zusammenhang gibt zwischen dem täglichen Saufgelage und der Tatsache, dass Vater und ich nicht längst wieder auf der Landstraße sind, dass aus der einen gewährten Übernachtung mehrere Übernachtungen geworden sind. Ich bin überzeugt, dass Vater unser Bleiben beabsichtigt hat, nur nicht diese Schnapsrunden, aber das ist der Preis, den er bezahlen muss, damit ich meinen jämmerlichen Zustand überwinde und Kräfte für den Weitermarsch sammeln kann.

Meine Schlafphasen werden immer kürzer. Manchmal wache ich morgens auf und sehe Vater tief schlafend neben mir liegen. Meistens ist der Jungbauer schon auf und geht seiner

Arbeit nach. Es stört ihn nicht, dass wir beide neben dem Ofen liegen, an dem er sich zu schaffen macht, um einzuheizen und Suppe zu kochen. Der junge Mann ist in dieser Familie das Mädchen für alles. Weder sein blinder Vater noch seine behinderte Schwester gehen ihm zur Hand. Sie sitzen rum und sind einfach nur da. Bewegung kommt nur auf, wenn er sie abwechselnd zur Toilette bringt oder es zu essen gibt. Er ist fürsorglich und nie aggressiv, auch wenn er getrunken hat – und es sieht so aus, als trinke er jeden Tag. Er hat auch nichts dagegen, dass wir am dritten und vierten Tag noch da sind und er zwei zusätzliche Mäuler stopfen muss. An einem dieser Tage werde ich von Vater in einen Holzbottich mit warmem Wasser gesteckt und mit einem groben Stück brauner Seife abgeschrubbt. Ich sträube mich, will mich nicht nackt ausziehen, während die Schwester des Bauern nicht aufhört zu glotzen. Im selben Bottich wäscht Vater auch meine lange Strumpfhose, die Unterhosen und Socken.

Ich weiß nicht, ob und wie viel Geld Vater dem Jungbauern gegeben hat; wenn, dann war es nicht der Rede wert, denn nach der schmerzhaften Episode mit den Erpressern blieb ihm nicht viel übrig. Er muss seine Mittel strecken, denn nach Sochatschew ist es noch ein weiter Weg. Wir bekommen zwei Mahlzeiten am Tag. In der Frühe Brot mit Marmelade und Milch, abends nach Sonnenuntergang eine kräftige Suppe.

Jetzt erhole ich mich schnell, und ab Mittag wird es mir langweilig, ich dränge meinen Vater, nach draußen gehen zu dürfen, aber ich darf nicht. Das ist auch die Zeit, da die Sehnsucht nach Mutter aufkommt und ich ohne ersichtlichen Grund für die anderen zu weinen anfange. Vater und der junge Bauer trösten mich, und ich kann sehen, dass auch Vater den Tränen nahe ist. Am Abend vor dem Weitermarsch kann ich wieder seine Anspannung spüren. Er zecht nicht mit den anderen und spricht kaum etwas, die Stimmung schlägt um, der Jungbauer ist sichtlich gereizt. Auch die zwei Gläser, die Vater doch noch mit ihm trinkt, können nichts mehr ausrichten. Nach dem Frühstück gibt uns der Bauer Speck und Brot als Wegzehrung, die Vater in die Tasche stopft. Ein kurzer Abschied, und die Straße hat uns wieder.

Der Aufenthalt bei dem jungen Bauern hat uns gutgetan, auch wenn Vater wegen der unfreiwilligen Trinkerei Abstriche machen musste. Aber was soll's, wenn man bedenkt, dass wir beide am Ende waren, dass Vater lebenswichtige Informationen erhalten und neue Zuversicht geschöpft hat, erst Sochatschew und dann Warschau zu erreichen. Kein Zweifel, das Schlimmste an dieser schlimmen Reise ist überwunden, auch wenn sie nach wie vor gefährlich ist und niemand weiß, was die nächste Stunde bringt. Im Nachhinein gesehen waren die Einsamkeit und Trunksucht des jungen Bauern eine der vielen Dreingaben des Schicksals, uns das Überleben zu ermöglichen.

Vater wird jetzt mit jedem Tag, den wir meistern, sicherer, zwar muss er mich immer noch Stunde um Stunde tragen und sich abplagen, bis ein Fuhrwerk vorbeikommt und uns ein Stück mitnimmt, aber allmählich weicht die Verzweiflung von ihm, die ihn zu ersticken drohte. Er geht jetzt lockerer auf die Leute zu. Er hat sich zum routinierten Flüchtling entwickelt, weiß, er kann täglich etwas Essbares beschaffen, und hat keine übermäßige Angst mehr, bei Bauern um eine Bleibe für die Nacht zu bitten. Wie ein erfolgreicher Sportler hat er jetzt einen Lauf. Natürlich ist immer Anspannung da, wir vergessen keinen Augenblick, wer wir sind und in welcher feindlichen Umwelt wir uns bewegen. Nur stellt sich nicht gleich eine Panikattacke ein, wenn wir kritisch gemustert werden oder wenn uns deutsche Militärfahrzeuge entgegenkommen.

Wir sind jetzt lange unterwegs, wahrscheinlich zehn Tage oder mehr, ich weiß es nicht, jedenfalls war auch ein Sonntag dazwischen, weil wir diesen Tag und die folgende Nacht bei einem Bauern und seiner Familie verbrachten. Niemand verrichtete eine Arbeit, nur die Kühe wurden gemolken, und die Bauersleute hatten ihre Sonntagskluft an. Noch immer öffnet uns die Geschichte von Mutters Tod und einer Schwester in Sochatschew, die Vater als Grund unserer Reise ausgibt, die Türen. Immer wieder leicht abgewandelt und mit zahlreichen mitleiderregenden Ingredienzien angereichert, rührt sie so manche Bäuerin zu Tränen. So auch die an besagtem Sonntag. Die Zusammenhänge noch nicht begreifend, kombiniere ich mit meinem kindlichen Verstand dennoch: Würde Vater die Wahrheit sagen, dass wir Juden in einer lebensbedrohlichen Lage sind, würde uns wohl kaum jemand helfen, und Warschau wäre ein nie zu erreichendes Ziel für uns.

In diesen Tagen bin ich endlich in der Lage, wenngleich mit Mühe, auf einen neuen Namen getauft zu werden. War ich nach dem Abschied von Mutter und Großmutter apathisch und entkräftet, konnte ich kaum irgendwelchen Anweisungen Vaters folgen, so bin ich jetzt in einer passablen Verfassung und ansprechbar. War es Mutters und Vaters Stolz, dass ich mit zwei, drei Jahren bereits meinen Vor- und Nachnamen sagen konnte, so bläut er mir jetzt rigoros ein, den Familiennamen Rosenblum nicht mehr in den Mund zu nehmen. Ich heiße jetzt Rurzycki, Senek Rurzycki, wenn ich gefragt werde, ansonsten soll ich den Mund halten. Kein leichtes Unterfangen für einen Sechsjährigen, wenn etwas anderes für Jahre in seinem Kopf saß. Einmal werde ich unvorbereitet nach meinem Namen gefragt und habe schon den richtigen auf den Lippen, als ich in letzter Sekunde die Kurve kriege und womöglich ein Unheil abwende.

Jetzt gleicht irgendwie ein Tag dem anderen, nur dass die Verpflegung zu verschiedenen Zeiten am Tag besorgt wird – oder gar nicht, wenn wir vom Vortag noch etwas haben. An manchen Tagen begegnen wir für Stunden niemandem und kommen nur langsam und mühsam vorwärts – es ist nach wie vor eine kräftezehrende Angelegenheit für uns beide –, dann schlägt Vaters Stimmung um, und Frust macht sich breit. Die Leere und Eintönigkeit dieser Landschaft legt sich uns aufs Gemüt, das Gefühl beschleicht uns, allein auf der Welt zu sein. Auch haben wir nicht immer Glück, dass uns ein Bauer für eine Nacht Unterschlupf gewährt. Dann bittet Vater förmlich um Erlaubnis, wenigstens in der Scheune übernachten zu dürfen. Er macht sich jetzt zusehends Sorgen um mein Aussehen und zupft an mir herum, besonders meine Mütze, unter der immer mehr meine dunklen Locken hervorschauen, hat er im Visier. Immer wieder zieht er sie nach unten, um die Locken zu verbergen. Er sagt: »Es ist schade, das wir im Ghetto vergessen haben, dir eine Glatze zu schneiden.« Mit den Locken sehe ich ihm zu jüdisch aus. Was für eine verkehrte Welt, die mich betroffen macht. Noch vor Wochen wurde ich als hübsches Kind bezeichnet und um meine Locken beneidet, und nun soll mein Aussehen ein gefährlicher Nachteil sein – was für eine frustrierende Erfahrung in diesem Alter und der Anfang von einem Komplex, der mich noch lange begleiten wird.

An einem dieser trostlosen und entbehrungsreichen Tage, an dem Vater sich seit geraumer Zeit mit mir voranquält, begegnet uns ein Schlitten in flotter Fahrt, ein Doppelspänner. Ein ausgesprochen schönes Gespann, wie wir es seit langem nicht mehr gesehen haben. Zwei edle Grauschimmel, vor Energie strotzend, ziehen einen in Grün gehaltenen und kunstvoll verzierten Personenschlitten, ausgelegt für sechs Passagiere, dessen Sitze mit Fell bezogen sind. Dieses Gespann signalisiert Wohlstand. Der Lenker ist entsprechend gekleidet. Ein langer, bis zum Knöchel reichender, pelzgefütterter Wildledermantel mit hohem Kragen hüllt ihn ein, auf dem Kopf hat er eine Pelzmütze – so kann er jeder Witterung trotzen. Außerdem: Mit diesem Gefährt und diesen Pferden ist man immer auf der Überholspur. Das sieht Vater mit Sicherheit auch so, für einen Augenblick kann ich das in seinen leuchtenden Augen erkennen. Wahrscheinlich denkt er als Pferdekenner: Mit diesen beiden Prachtkerlen erreicht man Warschau in zwei Tagen. Der Schlitten ist von hinten gekommen und war rasch auf unserer Höhe. Nur Sekunden vorher hat sich Vater umgedreht und den Arm ausgestreckt, um ihn gleich wieder sinken zu lassen. Höchste Vorsicht ist geboten, denn ein so teures Gespann besitzt kaum jemand im besetzten Polen, außer Kollaborateure und sogenannte Volksdeutsche, denen ganze Güter zugeschanzt werden, nachdem man die Eigentümer enteignet hat. Einen Augenblick scheint es, als würde er uns gar nicht beachten und bald in der Ferne entschwunden sein, was Vater gewiss recht ist: Nur nicht in die Nähe von etwas kommen, was mit den Deutschen zu tun hat!

Doch dann wird das Gespann langsamer, die Pferde fallen in den Schritt, und gekonnt wendet der Lenker auf der schmalen Landstraße den Schlitten und kommt uns, die Pferde vollkommen unter Kontrolle, entgegen. Kein bäuerliches, derbes Gesicht, in das wir starren, sondern ein spöttisches, abschätziges Grinsen, das uns Überlegenheit demonstriert. Der Schlittenlenker verunsichert Vater, indem er uns beide abwechselnd mustert und nichts sagt. Mit seiner fein geschnittenen, leicht gebogenen Nase und den kalten blauen Augen erinnert er an einen Raubvogel. Ich spüre, Vater wünscht sich, wir wären ihm nie begegnet. Nach einer kleinen Ewigkeit sagt er von oben herab: »Ihr wollt sicher ein Stück mitgenommen werden.« »So ist es, mein Herr, es wäre sehr freundlich«, erwidert Vater. Das entspricht nicht der Wahrheit, aber nun kann er nicht anders. In gewohnter Manier kräuselt er beim Sprechen die Oberlippe, um seine Goldzähne zu verbergen. »Gut, steigen Sie auf, aber vorher nehmen Sie die Decke da hinten und wickeln den Jungen ein, sonst erfriert er Ihnen, wenn wir Fahrt aufnehmen.«

In die Decke gehüllt, sitze ich zwischen Vater und dem fremden Lenker. Was für ein schönes Dahingleiten, die Pferde traben mit einer Leichtigkeit und Harmonie nebeneinander, wie ich es noch nie erlebt habe. Als hätte man sie nur für diese Aufgabe gezüchtet und trainiert, wahrscheinlich ist es auch so. In diesem Moment streift mich nach langer Zeit der Zipfel eines Glücksgefühls. Vielleicht hat dieses Stakkato an Gefühlen seinen Ursprung in einer Geschichte aus einem bunten Märchenbuch, die mir Mutter vorlas und in der auch ein schöner Pferdeschlitten und ein Prinz vorkamen, der ihn lenkte. Er durchquert eine heile Welt, und ihm widerfahren nur schöne Abenteuer, um die ich ihn damals schon beneidet habe. Oder ist dieses Glücksgefühl ganz einfach eine Überlebensstrategie meines Unbewussten, um wenigstens für eine Weile den Qualen dieser Reise zu entkommen? Aber in diesen Minuten sehe und verstehe ich es nicht so. Die trabenden Pferde und der gleitende Schlitten sind Wirklichkeit, und ich bin einfach glücklich. Mir fällt es auch nicht weiter auf, dass Vater und unser Wohltäter kein Wort miteinander wechseln. In dieser Phase ist mir Vaters berechtigtes Misstrauen absolut nicht bewusst. Als würde er meine Gefühle erahnen, huscht ein Lächeln über das Gesicht des fremden Mannes. Als er seinen rechten Arm um mich legt und mich an sich zieht, fasse ich Vertrauen und lasse es zu, nur um in den nächsten Minuten aus meinen Träumen gerissen zu werden. Um zu erfahren, welche Tücken auf uns lauern und welche Abgründe sich plötzlich auftun, die Vater und mich zu verschlingen drohen, zusammen mit meinen jäh weggefegten Glücksmomenten.

Es beginnt mit einer einfachen Frage, an mich gerichtet, doch auf Vater gemünzt. »Wie heißt du?«, fragt der edle Kutscher mit der Adlernase. »Ich heiße Senek.« »Soso, du heißt Senek. Bist du sicher, du heißt nicht Moische oder Jankl?« Alles, was Vater mir eingeimpft hatte, hat in diesem Augenblick keine Gültigkeit mehr. Ich starre ihn hilfesuchend an, doch was ich sehe, ist ein blasses, verunsichertes Gesicht: Der Versuch, unsere Identität vehement zu leugnen, erübrigt sich für ihn, die Enttarnung ist unwiderruflich. Adlernase gibt sich so selbstsicher und überlegen und erstickt die Hoffnung im Keim, es könnte sich um einen Scherz handeln. Die Initiative liegt jetzt bei ihm, und er kontrolliert das Spiel, indem er Vater zu einer hilflosen Figur degradiert. Dennoch sagt mein Vater: »Entschuldigen Sie, mein Herr, er heißt wirklich so, und das mit den anderen Namen versteh ich nicht.« Aber Adlernase lässt sich nicht abschütteln. »Das mag sein, dass er so heißt, aber ich bin mir sicher, er hat auch einen jüdischen Namen.«

Ich merke, wie Vater fieberhaft überlegt, wie er diesen Moment einschätzen soll, ob nun das Pendel zum Guten oder zum Bösen ausschlägt, ob der Fremde uns zur Hölle schickt oder aber uns entkommen lässt. Dass er die Macht dazu hat, ist uns beiden bewusst. Der Fremde stellt augenscheinlich eine Autorität in dieser Gegend dar. Eine Flucht zu Fuß mit mir ist sinnlos. Will er uns ans Messer liefern, ist es für ihn ein Leichtes, die Jagd auf uns zu eröffnen. Ich habe schnell dazugelernt in jüngster Zeit. Ich weiß, es geht um unser Leben.

Ob Adlernase absichtlich den Herrn über Leben und Tod gespielt hat, vermag ich im Nachhinein nicht zu sagen, ich weiß nur, er war kein »verdienter« Nazi, den die Deutschen aus irgendeinem Grund mit Besitz und Einfluss in dieser Region ausstatteten. Er war auch kein Vertreter jener Gruppe Volksdeutscher, die man auf fremden Besitz platzierte. Nein, er war der typische polnische Regionalfürst, der vor dem Krieg Handel mit Juden betrieb: mit jüdischen Händlern, die seinen Wohlstand und Einfluss nährten, während er im Gegenzug nur Verachtung für sie übrig hatte.

So ein Händler vergangener Tage ist auch Vater, und der sitzt jetzt auf seinem Schlitten: Angehöriger einer seit Generationen religiös geprägten Minderheit, die geistig nie in diesem Land sesshaft wurde, die, gezeichnet durch tägliche Anfeindungen und Pogrome, einen agilen Menschentypus wie Vater hervorbrachte. Einen anpassungsfähigen Überlebenskünstler, der in einer feindlichen Umgebung seine Überlebenschance suchte, wie jede andere Spezies auch. Nur dass sein Bestreben, es mit Fleiß und Wendigkeit zu etwas zu bringen, von den Verbohrten und Neidern in »typisch jüdische Eigenschaften« wie Verschlagenheit und Unredlichkeit umgemünzt wurde und man ihm schließlich gar die Lebensberechtigung abspricht. Dieser Überlebenskünstler ist jetzt gefragt. Er muss versuchen, den gefährlichen Ring, den sein Gegenüber um ihn legt, zu durchbrechen, er muss offensiv den Dialog mit dem anderen suchen.

»Sie gehen davon aus, mein Herr, dass wir Juden sind.«

»So ist es«, meint Adlernase. »Und bitte keine Abrede«, fügt er hinzu.

»Nun gut, was gedenken Sie deswegen zu tun? Mich und meinen Sohn den Deutschen ausliefern?«

»Es ist nicht an Ihnen, Fragen zu stellen«, erwidert Adlernase, indem er einen amtlichen Ton anschlägt und sich als Kollaborateur zu erkennen gibt. Er lässt jetzt die Pferde im Schritt gehen, um sich ganz auf das Gespräch zu konzentrieren. »Sie haben eine Ihnen zugewiesene Aufenthaltszone verlassen und unerlaubt die Grenze zum Generalgouvernement überschritten.«

Es gibt keinen Dialog. Raubvogel deckt Vater mit Beschuldigungen ein, als stünde dieser vor einem deutschen Standgericht, und Vater hält es für ratsam, den Mund zu halten. Raubvogel hat seine Beute gestellt, wird er auch zuschlagen? Doch der Provinzvasall von deutschen Gnaden hat entschieden: »Ich bringe Sie zur nächsten Straßenkreuzung, dann nehmen Sie die Chaussee nach Sochatschew, zu Ihrer Anlaufstelle, und verschwinden aus dieser Gegend.«

Kaum hat er über Leben und Tod entschieden, bringt er seine schönen Pferde auf Trab, und wir gleiten wieder dahin. Allein meine Glücksmomente sind dahin. Es ist nicht mehr derselbe Pferdeschlitten, auf dem ich sitze. Vater ist die Erleichterung über Raubvogels Entscheidung anzusehen: Statt sich um Kopf und Kragen zu reden, hat er geschwiegen, und das ist das Richtige in dieser prekären Situation. An der Straßenkreuzung angekommen, tätschelt Raubvogel mir die Wangen und meint: »Weißt du, Senek, du bist ein hübscher Junge, schade nur, dass du mir immer noch nicht gesagt hast, wie du auf Jüdisch heißt.«

Wir steigen ab und suchen das Weite, ehe er sich's anders überlegt. Vater ist angeschlagen und erleichtert zugleich. In seinem Gesicht lese ich, dass er diese gefährliche Begegnung analysiert und zu verarbeiten versucht. Zeit dazu hat er jetzt genug auf der verschneiten Chaussee nach Sochatschew. Was hat er falsch gemacht, wird er sich fragen. Nichts ist die Antwort.

Etwas Gutes hat diese Begegnung jedenfalls auch. Noch nie haben wir, Raubvogels herrlichen Pferden sei Dank, in so kurzer Zeitspanne eine so große Distanz hinter uns gebracht wie an diesem Tag. Wir sind jetzt vierzehn Tage oder länger unterwegs und wünschen uns sehnsüchtig, endlich unser Ziel, diese Stadt namens Sochatschew, zu erreichen. Je näher wir ihr kommen, desto mühevoller scheint unser Unterfangen. Wie bei einem qualvollen, entbehrungsreichen Ritt durch die Wüste sehnen wir diese Stadt wie eine Oase herbei. Sie soll, soweit wir wissen, bislang von den Deutschen und von ihrer Judenhatz verschont geblieben sein. Kein umzäuntes Ghetto, noch keine Abtransporte in das Massenvernichtungslager Chelmno jenseits der Grenze, wo wir herkommen. Raubvogel hat von einer »Anlaufstelle« gesprochen. Ein Ort, um kurzzeitig Luft zu schöpfen, ein Sprungbrett für Gehetzte wie uns, ins vermeintlich sichere Becken des Warschauer Ghettos. Was für ein Trugschluss, wie wir bald erfahren werden. Diese Oase vor den Toren Warschaus gilt es jetzt zu erreichen.

Allein die Person, auf die es ankommt, nämlich Vater, scheint einzuknicken. Jeder Kilometer, den wir in Angriff nehmen, wirkt länger als noch vor Tagen. Unsere Oase ist so nah und doch so fern. Wir drohen auf der Zielgeraden einzubrechen. Es darf jetzt nicht zu einer weiteren lebensbedrohlichen Episode kommen. Vater ist erschöpft, das sehe ich ihm an. Das nächste Hindernis, und er gibt auf, ich spüre es. Er strahlt nicht länger die Zuversicht früherer Tage aus. Vorbeikommende Bauern mit ihren Lastschlitten nehmen nur ungern zwei sich dahinschleppende Gestalten, wie wir es sind, ein Stück mit. Seit Tagen haben wir keine geheizte Stube mehr gesehen. Die Bauern dulden uns gerade noch eine Nacht in ihrer Scheune. Je näher wir unserem Ziel kommen, desto abweisender werden die Leute, desto ruppiger wird ihr Ton, scheint es. Es hat sich beim Landvolk wohl herumgesprochen, was mit den Juden geschieht und dass ihre Kreisstadt Sochatschew eine Anlaufstelle für die Verzweifelten ist. Da helfen Vaters Geschichte und sein ländlicher Dialekt auch nicht mehr viel, die Leute sind misstrauisch, denn alle, die ums Überleben kämpfen und um Hilfe bitten, haben eine Geschichte. Ich kann mich nicht erinnern, wann Vater auf dieser Flucht jemals Gott angerufen hat. Aber am Morgen des Tages, an dessen Ende wir an den Toren der Stadt stehen werden, tut er es. Er zupft wieder einmal an mir herum, säubert meine zerlumpte Kleidung von Heu und Schmutz, zieht mich an sich und kleidet seine Verzweiflung in Worte. »Lieber Gott, bring das zu einem Ende, so oder so.«

5

Kurzschlusshandlung

An diesem Tag erreichen wir beide ein wichtiges Etappen-
ziel in unserem Überlebenskampf, um doch, wie so oft, als
Verlierer dazustehen. Diesmal nicht als Geschlagene in einer
gemeinsamen Sache, sondern in der schockartigen Erkenntnis, dass die Zweisamkeit zwischen Vater und mir keiner Belastung mehr standhält, wenn sie plötzlich einer Gefahr ausgesetzt ist. Vaters imaginärer Schutzwall, den er um uns
gebaut hat, droht einzustürzen, und das aus eigener Schwäche, und er weiß das. Dieser Tag ist gekennzeichnet von be-
deutend mehr Verkehrsaufkommen, als wir es gewohnt sind.
Es ist offensichtlich Markttag, und Vater verbindet damit
die Hoffnung, unauffällig in die Stadt zu gelangen. Nur, es
nimmt uns keiner mit, die Bauern sind in Eile und ihre Fuhr-
schlitten beladen.

Als sich am späten Nachmittag doch noch einer unser er-
barmt, eilen andere Marktfahrer bereits zurück, um vor der
Dunkelheit zu Hause zu sein. Der Mann, der uns auf seinen Schlitten steigen lässt, ist kein Bauer, sondern ein Händler aus der Stadt. Seine Fuhre hat er mit zusammengefalteten
leeren Säcken bedeckt, zwischen denen ich mich verkrieche,
um mich vor der Kälte zu schützen. Vater sitzt vorn bei dem
Fuhrmann auf dem Bock, und beide verstehen sich auf Anhieb. Es scheint, als würde die Händlerzunft schnell eine ge-

meinsame Sprache finden. Es fängt an zu schneien, und es wird rasch dunkel. Ich verkrieche mich tiefer unter die Säcke und nehme die Unterhaltung der beiden Männer als einschläferndes Gemurmel aus der Ferne wahr. Es rumpelt, ich richte mich schlaftrunken auf und erkenne, dass wir einen schlecht beleuchteten Bahndamm überqueren. »Bleib ruhig liegen«, sind die letzten verständlichen Worte, die Vater an mich richtet, bevor es ihm vor Entsetzen die Sprache verschlägt.

Wie aus dem Nichts springen in der spärlichen Beleuchtung drei oder vier Uniformierte von beiden Seiten auf den Wagen. Vater macht einen Satz vom Bock hinunter, ruft dem Händler etwas zu und ergreift die Flucht. Was sich seit Tagen anbahnt, wird hier zur grausamen Wirklichkeit – Vater verliert die Nerven. Für Sekunden bin ich wie gelähmt, dann bin ich versucht, ihm nachzulaufen, aber wohin? Die Nacht hat ihn verschluckt. Der Händler erkennt mein Vorhaben, packt mich, platziert mich neben sich und hält mich fest. Was und wie es sich zugetragen hat, kann ich auch nach fast fünfundsechzig Jahren beschreiben – meine einstürzende Gefühlswelt nicht. Fest steht für mich, Vater hat mich verlassen. Nach drei Wochen Flucht habe ich keine Mutter, keine Großmutter und keinen Vater mehr, das ist mein erster Gedanke. Die grausamste aller Möglichkeiten ist eingetroffen – ich bin mutterseelenallein: allein mit einem mir völlig unbekannten Mann und vier uniformierten Deutschen, unseren Todfeinden.

Der Händler unternimmt einen Versuch, mich zu beruhigen. Er scheint meine Panik zu begreifen. »Du musst keine Angst haben. Die Soldaten tun dir nichts«, wiederholt er mehrmals. Tatsächlich nehmen sie nicht Vaters Verfolgung auf, sondern sitzen nur hinten auf den Säcken, unterhalten sich laut und lachen. Sie haben auch nicht vor, den Pferdewagen anzuhalten und zu kontrollieren. Der Händler hat es auf

Anhieb erfasst: Das sind harmlose deutsche Landser, die nur ein Stück mitgenommen werden wollen. Allein, ich verstehe den Zusammenhang nicht. Meine Welt steht kopf, das Wort »traumatisiert« ist noch eine milde Form der Beschreibung meines Zustands. Eben war Vater noch da, der, nachdem ich Mutter und Großmutter verloren hatte, mein Fixstern war. Trotz aller Strapazen war meine Welt halbwegs in Ordnung, seit Ankunft der Nazis kannte ich sie ja nicht anders. Und nun ist er einfach geflüchtet, hat mich allein gelassen. Ich bin verwirrt und begreife nichts – bin ich mit meinen sechs Jahren dem Wahnsinn schon nah? Doch die Soldaten tun mir tatsächlich nichts, sie nehmen sich nur das Recht heraus, als Okkupanten ein Stück mitgenommen zu werden, ohne darum bitten zu müssen. Bald ist der Spuk vorbei, johlend und lachend, wie sie gekommen sind, hüpfen sie vom Wagen und verschwinden in der Nacht. Ohne es zu ahnen, ohne dass einer von ihnen mich berührt hätte, haben sie mir die schlimmsten Minuten meiner bisherigen Kindheit beschert, die nur mit dem Tod meiner Mutter zu vergleichen sind. Bei Vater haben sie eine Kurzschlusshandlung ausgelöst, an der er ein Leben lang zu nagen haben wird.

Im fahlen Licht einer Straßenlaterne tauchen die ersten Häuser der Stadt auf, die Vater und ich zu einer Oase verklärt hatten und die zu erreichen uns alles abverlangt hat. Dass wir sie nie erreichen könnten, diese Möglichkeit war gegeben, das wusste ich, aber dass ich sie ohne Vater erreichen würde, das konnte ich mir keinen Augenblick lang vorstellen. Meine Vorstellung von dem Augenblick, da wir sie erreichen würden, sah anders aus: Wir werden beide lachen, Vater wird mich herzen und in die Luft werfen, all die Mühsal der vergangenen Tage wird von uns abfallen, und wir werden wie Helden einziehen.

Die Wirklichkeit ist pures Entsetzen, ich weiß nicht, was mir geschieht, der Schock lähmt mich. Ich sitze vornübergebeugt, vom Händler mit seiner Rechten fürsorglich gehalten, und kann den Kopf nicht mehr heben. Mein Blick ist starr auf meine Hände gerichtet, die unkontrolliert zittern, als gehörten sie nicht mir. Der Händler macht das einzig Richtige, er redet unaufhörlich auf mich ein: dass ich keine Angst haben muss, dass ich Vater bald sehen werde, er schon auf mich wartet. Dieser Mann scheint gänzlich zu verstehen, was mir widerfahren ist. Ich spüre, seit Vaters unrühmlichem Abgang fühlt er sich für mich verantwortlich. Wir haben die Peripherie der Stadt hinter uns gelassen, er hätte mich längst aussetzen oder einer Behörde übergeben können, aber das tut er nicht. Dass wir ihm begegnet sind, ist purer Zufall, aber was dann folgt, habe ich der Tatsache zu verdanken, dass mein Vater sich so gut mit ihm unterhalten hat. Die Art, wie er mit mir umgeht, zeugt davon, dass er Kinder mag, vielleicht hat er selbst welche. Er erinnert mich an Großvater Beirisch und wie ich mit ihm übers Land fuhr, ehe die Nazis kamen. Da konnte es passieren, dass wir von einem Gewitter überrascht wurden. Dann galt die ganze Fürsorge des Großvaters dem kleinen Kerlchen, das Angst vor Blitz und Donner hatte.

Auch der fremde Mann neben mir auf dem Kutschbock findet die richtigen Worte und Gesten: »Du hast dich sicher auch schon mal erschrocken und bist aus Angst davongerannt, und so etwas ist eben deinem Vater passiert, als er die deutschen Soldaten sah. Er wollte dich bestimmt nicht alleine lassen.« Langsam gewinne ich die Kontrolle über meinen Körper, und erst jetzt beginne ich zu weinen. Mein Schluchzen ist wie eine Befreiung aus der Erstarrung. Durch den Schleier meiner verweinten Augen erkenne ich in der schlechten Beleuchtung die Konturen der Straße und der Häuser. Manche der vorbeihuschenden Gestalten benutzen Taschenlampen, um den Weg zu finden. Irgendwann biegen wir in eine Seitenstraße, in der nur hier und da der Lichtschein eines Fensters von Leben hinter den Mauern der mehrstöckigen Häuser zeugt. Die Dunkelheit ist unheimlich und beinahe undurchdringlich. Das Pferd spitzt nervös die Ohren, ein Zeichen, dass es unsicher in der fremden Umgebung ist. Schließlich bleibt es stehen und ist auch durch Schnalzen und Touchieren mit den Zügeln nicht mehr zum Weitergehen zu bewegen. Der Händler steigt vom Bock, knipst seine Taschenlampe an, bedeutet mir, die Zügel zu halten, und führt das Pferd weiter. Die Zügel zu halten tut mir gut, ein Vertrauensbeweis des Händlers. Der Schrecken weicht allmählich von mir. Der Händler beleuchtet mit der Taschenlampe mehrere Eingänge, sucht offenbar nach einer bestimmten Hausnummer.

Schließlich verschwindet er in einem Hof und kommt nach einer Weile, zu meiner Erleichterung, wieder heraus, denn allein in der Dunkelheit, bekomme ich es wieder mit der Angst zu tun. Er streckt mir die Hände entgegen und hebt mich vom Wagen, bindet die Zügel an dem dafür vorgesehenen Holzknauf fest, legt einen Keil vor das vordere linke Rad und sichert damit das Fuhrwerk. Mit dem Lichtkegel der Taschenlampe leuchtend geht er mit mir in einen der dunklen Eingänge und durch das ebenfalls unbeleuchtete Treppenhaus die Treppe hoch. Vor einer Tür bleiben wir stehen. Ich glaube Stimmen zu hören, die mit seinem Klopfen verstummen. Die Tür geht auf, doch in der Dunkelheit kann ich die Person, die vor uns steht, nicht erkennen. Erst als der Händler mit ihr spricht, merke ich, dass es sich um eine Frau handelt. Sie bittet uns freundlich herein und greift nach meiner Hand. Ich zögere, denn noch immer ist es stockfinster. Erst als sie eine weitere Tür aufstößt, schlägt uns Leben in

Form von Licht, Stimmen und Gerüchen entgegen. Wir stehen im Flur einer Wohnung, der von Kleiderstücken, meist Mänteln, und Koffern überquillt. »Bitte sehr, bitte sehr, kommen Sie herein«, fordert die Frau den Händler mehrmals auf, ins Zimmer zu treten. Der Händler verharrt jedoch im Flur und erklärt der Frau knapp, was sich zugetragen und dass er von meinem Vater diese Adresse hat. Er ist jetzt sehr in Eile, hat wohl erfasst, dass diese Wohnung eine Anlaufstelle für jüdische Flüchtlinge ist und er sich selbst in Gefahr bringt, wenn er hier angetroffen wird. Er streicht mir über den Kopf, tätschelt meine Schulter und verabschiedet sich mit den Worten: »Hier bist du sicher, ich denke, dein Vater wird bald auftauchen, um dich abzuholen.« Mit einem knappen »Wiedersehen« zu der Frau dreht er sich um und verschwindet im dunklen Treppenhaus.

Wieder bin ich allein mit einem fremden Menschen. Die Frau schiebt mich in ein Zimmer, das vorwiegend von Männern bevölkert ist, nur zwei Frauen befinden sich darunter. Sie legt einen Arm um mich. Die Frau berichtet den anderen rasch, was ich erlebt habe, und löst damit ungläubiges Staunen und Betroffenheit aus. Mein Aussehen tut ein Übriges. Ich kenne niemanden in diesem Zimmer; trotzdem ist mir die Atmosphäre irgendwie vertraut, ich spüre es, ich bin unter meinesgleichen, auch wenn ich das einzige Kind in diesem Zimmer bin. Alle in dieser Wohnung, bis auf die Frau, die mich in Empfang genommen hat, sind jüdische Flüchtlinge auf dem Weg ins Warschauer Ghetto. Die Wohnung ist eine Zufluchtsstätte für Verfolgte und Gehetzte, die sich zuvor nie begegnet sind und nun eine Schicksalsgemeinschaft bilden. Eine Anlaufstelle, wie es sie einige gibt und die nur Eingeweihte kennen.

Nun stehe ich in diesem Zimmer, das mit allen möglichen Gerüchen und Ausdünstungen behaftet ist, werde von allen Anwesenden berührt, begafft und gestreichelt. Manche von ihnen haben Tränen in den Augen. Wahrscheinlich sind auch welche darunter, die ihre Kinder im Stich gelassen haben, um ihr Leben zu retten. Mal auf Jiddisch, dann wieder auf Polnisch werde ich nach allen möglichen Dingen gefragt, unter anderem nach der Stadt, aus der ich komme. »Zychlin.« Die meisten wissen gar nicht, wo das ist. Langsam verschaffen sie sich ein Bild der Flucht meines Vaters mit mir. Sie wissen nun, welche Entfernung wir zurückgelegt haben und unter welchen Umständen. Vor allem die Überwindung der Grenze ist ein mörderisches Unterfangen, denn Zychlin liegt jenseits der Grenze zum Generalgouvernement, das wissen sie nun ebenfalls. Endlich darf ich erzählen, so gut ich es vermag, und brauche nicht den Mund zu halten wie in den letzten Wochen. Dank der Aufmerksamkeit und des Mitleids, die ich erfahre, vergesse ich eine Weile meinen Schmerz und die Tatsache, dass ich völlig allein dastehe. Bald legt sich die Aufregung um mich, und jeder in diesem Zimmer hängt seinen eigenen Gedanken nach. Die Ungewissheit jedes Einzelnen, was der Morgen bringt, kann man hier mit Händen greifen. Die Angst ist auch ihr Begleiter und nicht nur der meine.

Als Ruhe einkehrt, kommt meine Müdigkeit zum Tragen, man reicht mir ein Stück Brot, aber ich bekomme nichts herunter. Mit letzter Kraft trotze ich dem Schlaf und frage, ob mein Vater bald kommen wird, um mich zu holen. Irgendjemand hebt mich auf die Arme und legt mich irgendwohin, ich kenne nicht einmal meine Schlafstätte. In Sekundenschnelle tauche ich in ein dunkles Niemandsland ab, als hätte ich vorher nie existiert, als hätte mir nichts und niemand in den vergangenen Stunden und Tagen Wunden zugefügt. Doch irgendwann mündet das dunkle Niemandsland in einen Tunnel, an dessen Ende die sonnenüberflutete Wiese hinter unserem Haus mit Mutter als Mittelpunkt erscheint. An der Grenze zwischen dem fiktiven Leben, das Traum heißt, und dem Erwachen weigere ich mich eine Zeit lang, die Augen zu öffnen und mich dem wirklichen Leben zu stellen. Schließlich öffne ich sie doch, und vor mir steht Vater. Er schwebt nicht wie meine Mutter in meinen Träumen vor einem wunderbaren Hintergrund. Er gibt auch keine wunderbare Gestalt ab. Er steht nur da und ist wirklich, der Hintergrund ist das trostlose Zimmer mit seinen vielen Menschen. Ich springe auf und geradewegs in seine ausgebreiteten Arme. Wir bilden ein Knäuel des Glücks aus Weinen und Lachen und unkontrollierten Emotionen. Er wirbelt mich nicht in der Luft umher, dazu ist er zu schwach. Am Ende trommle ich mit beiden Fäusten gegen seine Brust, eine stumme Schuldzuweisung und inständige Bitte zugleich, mir so etwas nicht noch einmal anzutun.

Die Wohnung ist eine einzige Durchgangsstation, wer am Abend noch da war, ist am frühen Morgen womöglich schon weg. Wildfremde Menschen teilen sich die Betten im Wohnzimmer und drei im Schlafzimmer, ergänzt durch eine altersschwache Ledercouch, die jeden Augenblick zusammenkrachen kann. Für andere bleibt nur der Boden.

Wir sind jetzt etliche Tage hier und damit diejenigen, die am längsten bleiben. Wir werden von niemandem kontrolliert, und wer will, kann tagsüber in die Stadt gehen. Vater hat es zweimal praktiziert, und beim letzten Mal kam er bis auf die Pelzmütze und Schuhe neu eingekleidet zurück. Das war nur möglich, weil zwei Polen in der Wohnung aufgetaucht sind, die Wertsachen gegen Bares tauschten. Ich weiß, Vaters goldene Uhr war auch dabei, die er die ganze Zeit in seinem Hosenbund versteckt hatte. Beim dritten Mal nimmt er mich mit. Wir können uns auf der Straße frei bewegen. Keine Mauern oder Stacheldrahtzäune, die uns eingrenzen, nur Menschen in ihrer alltäglichen Betriebsamkeit. Allerdings tragen auch hier alle jüdischen Bewohner den gelben Stern.

Mir fällt eine Straßenszene auf, die eher belanglos ist, mich aber noch Jahrzehnte später beschäftigen soll. Flanierend und Händchen haltend kommt uns ein junges Pärchen entgegen. Sie hat wunderschöne lange blonde Haare und trägt einen eleganten Wildledermantel mit einem Pelzkragen. Er ist einen Kopf größer, ist mit einem gut sitzenden dunklen Mantel bekleidet und hat eine weiße Studentenmütze auf dem Kopf. Für ein paar Sekunden bleiben sie stehen und schauen sich tief in die Augen. Ihre Welt ist eine andere als die der sorgenbeladenen Menschen, die an ihnen vorbeihuschen. Als sie weitergehen, erkenne ich den gelben Stern. Die beiden tragen ihn mit einer Selbstverständlichkeit, als wäre er eine Medaille oder ein modisches Accessoire. Sie erwecken den Eindruck, als könnte ihnen der Sturm, der nur hundert Kilometer von hier tobt und bald auch diese Stadt erreichen wird, nichts anhaben. Eine Momentaufnahme meiner Kindheit, die ich bis heute im Gedächtnis bewahrt habe.

Vater bringt mich in eine Wohnung, besser gesagt in ein Zimmer, das Schneiderei, Warenlager und Schlafstätte zugleich ist. Es beginnt eine nervtötende Prozedur des Ausziehens und Anprobierens. Meine Anziehsachen sind alle verschlissen, auch die Keilhose ist ramponiert und wird an Ort und Stelle von dem Schneider ausgebessert. Währenddessen sucht seine Frau in einem großen Haufen Kindersachen nach passenden Kleidungsstücken für mich. Die Frau versichert x-mal, dass sie alle Gegenstände, die sie veräußert, persönlich einem Reinigungsbad mit kochendem Wasser unterzogen hat, denn schließlich hat sie auch Kinder und will nicht, dass sie sich Läuse einhandeln. Ein schier nimmer endender Vorgang, vom Feilschen um jedes passende Kleidungsstück bis zum Austausch des Entsetzens darüber, was die Deutschen jenseits der Grenze mit uns Juden anstellen. Schließlich verabschiedet man sich in der vagen Hoffnung, dass die Stadt Sochatschew verschont bleiben möge und das Warschauer Ghetto tatsächlich eine unanfechtbare Burg ist.

Kurz darauf sind wir wieder auf der Straße der bekümmerten Gestalten, und mein Einwand, meine neue Unterhose zwicke, lässt Vater nicht gelten, er meint, das hätte ich gleich sagen müssen. Es ist jetzt spät am Nachmittag, und wir eilen zurück in dieses Quartier des gebündelten Elends, wo niemand auf uns wartet und die Wohnungsinhaberin froh ist, morgen eines ihrer überbelegten Betten an zwei neue Gestalten vermieten zu können.

Am nächsten Morgen bin ich furchtbar aufgeregt: Wir sollen uns an einer bestimmten Stelle einfinden und von dort mit einem Lastwagen nach Warschau und ins Ghetto fahren. Ich kann es gar nicht erwarten, zu diesem Lkw zu gelangen, denn mit einem Auto oder Lastwagen bin ich noch nie gefahren; vielleicht mit dem Zug, um Mutters Eltern zu besuchen, aber daran kann ich mich nicht mehr erinnern. Die Entlohnung der Frau und das Abschiedsgetue gehen mir auf den Wecker. Ich will endlich hier weg und in den Lastwagen klettern. Zum Schluss erwähnt die Frau einen Namen, der mich aufhorchen lässt. »Bitte grüßen Sie Ihren Schwager, den Herrn Felek, von mir.«

Was?! Ich kann es gar nicht glauben, Onkel Felek war hier, mein wunderbarer Onkel Felek, der mich mit Geschenken überhäufte und verwöhnte, bevor man uns ins Ghetto

sperrte. Unter anderem hat er mir mein geliebtes Schaukelpferd geschenkt. Ich habe ihn lange nicht gesehen, aber so
einen Onkel vergisst man nicht. Wenn der zu Besuch bei uns
war, wehte ein anderer Wind, nicht zuletzt wegen der Duft-
wolke seines Eau de Cologne, die er stets hinter sich herzog.
Onkel Felek, der Bruder meiner Mutter, war hier in dieser
Wohnung mit ihren stinkenden Zimmern und mehrfach be-
legten Betten, wo sich die Menschen für die Nacht erst gar
nicht ausziehen und die Nachttöpfe in der Frühe einen üblen
Geruch verbreiten? Ich kann ihn mir hier nicht vorstellen,
mit seiner knapp sitzenden karierten Jacke, der schicken Krawatte, der mit Leder besetzten Reithose und den dunkelroten
Stiefeln. Onkel Felek würde sich in keines dieser Betten legen oder gar mit den anderen Männern morgens und abends
mit dem Gesicht zur Wand beten und sich dabei hin und her
wiegen! Aber was hat er hier getan? Was hatte er hier verloren? Noch bin ich nicht so weit, das Grauen in all seinen
Zusammenhängen zu erkennen. Ebenso wenig wie ich den
Abstieg meines Vaters vom ehrbaren Händler zum gehetzten
Landstreicher begreife. In meiner kindlichen Welt geht Onkel Felek so leichtfüßig durchs Leben, wie ich ihn vor langer
Zeit das letzte Mal sah. Dass er ebenso wie mein Vater vom
Schicksal getreten wurde, daran denke ich keinen Augenblick. Die jeweilige Nacht oder der jeweilige Tag sind gut
oder schlecht. Ich habe Angst oder nicht. Es gilt, den Augenblick zu meistern. Nur der Schmerz über den Verlust meiner Mutter peinigt mich in immer wiederkehrenden Schüben
und vermittelt mir eine Vorahnung dessen, was noch kommen wird.

6

Höllentrip

AM LASTWAGEN HERRSCHT ein chaotisches Gedränge. Bald wird mir klar: Es ist das Gesetz des Stärkeren. Ein halbes Dutzend junger Männer kontrolliert das Chaos und bestimmt, wer auf den Lastwagen darf, mit wie viel Gepäck, und wer nicht. Ein deutscher Gendarm mit Stahlhelm und Karabiner und ein polnischer Polizist beobachten das Ganze teilnahmslos. Es dauert nicht lange, da gerät Vater mit einem der jungen Schläger aneinander. Fäuste fliegen, und Vater bekommt was ab. Er blutet, lässt sich aber nicht abdrängen. Jemand packt mich und schmeißt mich auf den Lastwagen. Ich schreie nach Vater, der noch unten steht und nicht vorankommt. Der Schlägertyp, der die Kontrolle auf dem Lastwagen hat, fragt mich, wer mein Vater sei. »Der dahinten.« Ein Wink, und der, der sich eben noch mit Vater prügelte, schubst ihn durch das Gedränge und hilft ihm auf den Lastwagen. Damit ist die Sache noch nicht ausgestanden. Der Kerl auf dem Lastwagen baut sich jetzt bedrohlich vor Vater auf. »Unsere Hilfe kostet was, mein Freund, sonst fliegst du wieder vom Wagen.« Vater säubert mit den Ärmeln seine blutverschmierte Lippe, holt einen Schein hervor und reicht ihn dem Kerl. Das ist nur der Preis für die bevorzugte Art der Platzreservierung, das eigentliche Beförderungsgeld muss er kurz vor der Abfahrt entrichten.

Ich bin jetzt ziemlich enttäuscht. Wie so oft drohen meine kleinen Vorfreuden in der tristen Wirklichkeit zu platzen wie eine Seifenblase. Nichts entspricht meiner Erwartung. Ob die schöne Schlittenfahrt mit Adlernase, die jäh unterbrochen wurde durch unseren panikartigen Abgang, oder meine Vorstellung über unseren Einzug in Sochatschew, die in einer Katastrophe endete. Und jetzt die von unzähligen Füßen im wahrsten Sinne des Wortes kaputt getretene Freude auf die Fahrt mit dem Lastwagen.

Der Lastwagen ist vollgestopft mit Menschen und Gepäck jeglicher Art. Das Letzte, was ich sehe, bevor die Wagenplane runterkommt und es finster auf der Ladefläche wird, ist der vergebliche Versuch von Verzweifelten, doch noch mitgenommen zu werden. Von dem Augenblick an, als der Lastwagen losfährt, verstummen das Stimmengewirr und die aufgeregten Zurufe – in dem Heidenlärm, den der Motor veranstaltet, kann man sein eigenes Wort nicht verstehen. Es dauert nicht lange, da setzen mir die Schaukelei und der Benzingestank zu. Mir wird schlecht, ich muss mich übergeben. Als in einer Kurve die Gepäckstücke durcheinanderfliegen und eines mich trifft, bin ich restlos bedient. Ich wünschte mir, diese Art von Vorwärtskommen hätte schleunigst ein Ende, und sehne mich wieder nach einem Fuhrwerk auf der offenen Landstraße mit Pferdegeruch zurück. Die Lastwagenfahrt wird zum symbolischen Höllentrip, bei dem hoffnungsvolle Erwartung und Vorfreude mit der Realität jener Tage zusammenprallen.

Das gilt auch für die Stadt, die wir jetzt ansteuern und die uns einen gewissen Grad an Sicherheit verheißt, nicht zuletzt durch eigenes Wunschdenken genährt, während wir in Wirklichkeit in eine Sammelstelle des Todes getrieben werden. Eines lehrt mich diese Lastwagenfahrt am Ende: Ich lerne, eine Entfernung und die Zeitspanne ihrer Bewältigung zu überdenken, beziehungsweise durch eine moderne und schnellere Variante zu ergänzen. Als Vater und ich den Lastwagen bestiegen, schwebte mir noch die Fahrzeit vor, die ein Pferdewagen benötigt, um die Strecke von vierzig Kilometern hinter sich zu bringen. Wenn alles glattgeht und die Verfassung der Pferde gut ist, dann ist diese Strecke mit Pausen fast eine Tagesreise. Dieses Verhältnis von Strecke und Zeit wird zum Schnee von gestern, als der Lastwagen bald darauf zu meiner Verwirrung mit einem Quietschen stehen bleibt und die Plane hochgeht. Das Stimmenwirrwarr setzt wieder ein, und Vater bestätigt es, wir sind da. Wir sind in Warschau angekommen, genauer gesagt in seinem Ghetto.

Das Empfangskomitee ist ziemlich groß. Menschen umlagern den Lastwagen. Das Runter ist genauso mühevoll wie das Rauf, nur nicht so gewalttätig. Die Ankömmlinge werden mit Fragen bestürmt: Aus welcher Gegend kommen Sie? Haben Sie den oder die gesehen? Lebt die oder jene Familie noch? Fast niemand wird von jemandem erwartet, die Wartenden warten auf jemand anders. Trotz wiederholter Enttäuschung sind sie immer wieder da, wenn die ankommenden Lastwagen ihre ramponierten Passagiere abladen, und ihre Zahl wird immer größer, sowohl die der Ankommenden als auch die Schar der Wartenden. Auch Geschäftemacher aller Art sind zur Stelle, die auf einen guten Schnitt mit der aus der Provinz ankommenden Kundschaft hoffen. Und dann ist da noch die jüdische Polizei, die in ihrer eigenartigen Verkleidung weder Fisch noch Fleisch ist. Die meisten von ihnen sind junge Männer und wirken in ihren beigefarbenen oder blauen Regenmänteln mit Gürtel sehr schlank, um nicht zu sagen unterernährt. Auf dem Kopf tragen sie eine blaue Militärmütze, die im Gegensatz zu der der polnischen Polizei rund ist. Am linken Arm haben sie, wie der Rest der Ghettoinsassen, eine weiße Binde mit dem Davidstern, nur ihre ist in eine durchsichtige Plastikfolie eingelassen. Ihr wichtigstes Utensil, den Gummiknüppel, halten die meisten in behandschuhten Händen. Diese Möchtegern-Polizisten von deutschen Gnaden wirken auf die Neuankömmlinge eher wichtigtuerisch, können aber auf Geheiß brutal zuschlagen.

Die ersten Eindrücke nach unserer Ankunft sind mehr als gewöhnungsbedürftig. Sie sind niederschmetternd und beängstigend zugleich. Ein Außenstehender kann sofort sehen, dass dies kein normaler Busbahnhof mit seinen Ritualen von Ankommen und Abreisen ist, denn abreisen tut hier niemand, das hier ist die Endstation. Alle hier sind mit physischen Wunden und amputierten Seelen behaftet. Und so sehen sie aus. So unterschiedlich sie in ihrem früheren Leben sein mochten, hier geben sie ein einheitliches Erscheinungsbild ab, und das liegt nicht nur allein an den schmutzigen Binden mit dem Davidstern, den sie alle tragen. Es ist Winter, und graue oder schwarze abgewetzte Mäntel beherrschen das Straßenbild. Auch in ihrer Gestalt ähneln sie einander. Manche sind zwar klein, andere wieder groß, aber fast alle sind sie mager mit eingefallenen Wangen.

Plötzlich werde ich mit einem Angstgefühl konfrontiert. Die ganze Szenerie wirkt abweisend auf mich, und Vater kann es nicht anders ergehen. Vor allem die Ansammlung von Menschen ist mir ungeheuer, so etwas habe ich noch nicht erlebt. Wir laufen Gefahr, in dieser rücksichtslosen Menge unterzugehen, ich drohe von Vater getrennt zu werden. Es scheint, als erwarte jeder etwas von uns Neuankömmlingen. In Wirklichkeit ein Verzweiflungsakt, um mit etwas

Glück vielleicht etwas über die Zurückgebliebenen zu erfahren. Auch Händler zerren an uns, um mit uns ins Geschäft zu kommen. Sie vermuten, wir sind im Besitz von Wertgegenständen oder Devisen, die sie uns abkaufen oder eintauschen wollen. Was Vater betrifft, so hat er mit Sicherheit höchstens noch einen kleinen Betrag, den er für die goldene Uhr bekam. Als Vater sich dieses Zupfen energisch verbittet, wird er von einem der Händler als Provinzler beschimpft.

In einer auf engstem Raum zusammengepferchten Gemeinschaft, die in die Hunderttausende geht, werden wir Neuankömmlinge als eine zusätzliche Belastung empfunden, und das ist der Auftakt einer Reihe bitterer Erkenntnisse. Wir treffen auf eine Menschenmasse, die von der Befriedigung ihrer Grundbedürfnisse systematisch abgeschnitten wird, um sie, salopp ausgedrückt, weichzukochen, mit dem einzigen Ziel, sie der »Endlösung« zuzuführen – jenes deutsche Wort, das wie ein Patent für millionenfachen Mord steht. Allein von dieser Erkenntnis bin ich an diesem grauen und nasskalten Vormittag unserer Ankunft noch weit entfernt. Ich weiß, wir sind jetzt im Warschauer Ghetto. An jenem erstrebenswerten Ziel, wo uns nichts passieren wird, nichts passieren kann. Ich bin noch keine sieben und kenne seit zwei Jahren den Begriff eines Ghettos unter deutscher Okkupation und was es heißt, in einem zu leben.

Und dennoch stehe ich angesichts der Eindrücke in dieser ersten Stunde unserer Ankunft kopf. Menschenströme ohne Ende bevölkern den Bürgersteig. Es ist mir ein Rätsel, woher sie alle kommen und wohin sie alle gehen. Man könnte meinen, ihre Hauptbeschäftigung sei es, hin und her zu laufen, einfach so. Oder anders ausgedrückt, dass sie vor etwas davonlaufen, ohne je irgendwo anzukommen. Wäre ich damals als Kind in der glücklichen Lage gewesen, einen Zoo zu besuchen, hätte ich dieses Verhalten bei eingesperrten Tieren beobachten können. Meine Augen müssen sich an das Kaleidoskop der laufenden Figuren gewöhnen und an das, was sich dazwischen abspielt. Eine Flut von Eindrücken ergießt sich über mich. In was für eine Welt bin ich da geraten, aus dem beschaulichen Zychlin kommend, wo jeder jeden kennt? Was für eine Kluft zwischen der Einsamkeit der polnischen Landstraßen und diesem Bienenstock hier! Mir tut sich eine Welt auf, die konträrer zu der, aus der ich komme, nicht sein könnte.

Zwei Geschäfte fallen mir auf, ein Bäckerladen und eine Molkerei. Davor stehen Kinder, in Lumpen gehüllt und verwahrlost, die jeden anbetteln, der eines der Geschäfte verlässt. Manche Kinder gehen aggressiv vor und versuchen den Leuten ihre Einkaufstüten zu entreißen. Der Vorgang scheint etwas Normales zu sein, denn außer den Betroffenen regt sich niemand über die kleinen Räuber auf. Nahe am Randstein fahren Fahrradrikschas langsam hin und her und bieten ihre Dienste an. Eine auffallend gut gekleidete, stark geschminkte Frau, der es anscheinend an nichts fehlt, winkt eine herbei, verhandelt kurz über den Preis, steigt auf den Passagiersitz und wird davongefahren. Der Fahrer muss kräftig in die Pedale treten, denn die Dame ist korpulent. Sie ist zwar eher eine Ausnahmeerscheinung in dieser Straßenszene, doch ihr Bild heftet sich in mein Gedächtnis und wird in den nächsten Monaten zum Symbol dafür, dass es ein privilegiertes Leben inmitten eines Massenelends gibt, dessen Zeuge ich täglich werde.

Noch Tage nach meiner Ankunft mit Vater nehme ich den Status eines kindlichen Beobachters ein, der sich instinktiv wehrt, von dem Moloch Warschauer Ghetto verschluckt zu werden. Der vom ersten Augenblick an fühlt, dass das hier nichts Gutes bedeutet, dass es kein Entrinnen gibt. Vorbei an einem jüdischen Polizisten betreten Vater und ich einen Raum, der von außen wie ein Laden aussieht. Er ist verraucht und voller Menschen, die in Schlangen vor drei Tischen warten. Dahinter junge Frauen, die den Leuten Fragen stellen und die Antworten in Listen eintragen. Dann schreiben sie etwas auf ein weißes Blatt, versehen es mit einem Stempel und händigen es zusammen mit einer weißen Binde mit dem Davidstern darauf dem Neuankömmling aus. Auch Vater muss diese Prozedur über sich ergehen lassen.

Endlich wieder auf der Straße, streift er sich die weiße Binde über den linken Arm – wir sind endgültig angekommen, es gibt kein Zurück mehr. Wir sind ein Teil der erniedrigten und zusammengepferchten Masse. Ein neuer Abschnitt in meinem und Vaters Leben beginnt, in dem ich die Erfahrung machen werde, was es heißt, in dieser Druckkammer zu leben, wo sich zwangsläufig alle Facetten des menschlichen Daseins auf engstem Raum abspielen. Für den Moment haben es mir die Fahrradrikschas angetan, und ich versuche alle anderen Eindrücke auszublenden. Dieses Gefährt erinnert mich an die schwärmerische Erzählung meiner Mutter davon, wie sie vor dem Krieg einmal im Jahr zum Einkaufen nach Warschau fuhren. Die Rikschas waren Teil der von ihr beschriebenen Idylle; alles andere, was ich sehe, will auch nicht annähernd zu ihrer Erzählung von dieser angeblich schönen Stadt mit ihrem Flair passen. Mit Sicherheit hat sie nicht gesehen, was ich mir ansehen muss, denn sie war in einer ganz anderen Stadt.

Plötzlich ein Anblick reinsten Horrors, in den sich Sensationslust mischt. Vater nimmt mich an die Hand, und wir streben zu einem mir unbekannten Ziel, als er unvermittelt innehält, denn vor uns auf dem Trottoir liegt ein Toter, der bis aufs Skelett abgemagert ist. Die Leiche ist nackt, nur im Schambereich ist sie mit Zeitungspapier bedeckt. Flüchtig stockt der sich teilende Strom teilnahmsloser Menschen. Was mich in diesem Moment schockiert, wird in wenigen Wochen zum täglichen Anblick werden, wenn ich mit anderen Kindern durch die Straßen des Ghettos streune, und spätestens da hat auch mich die Teilnahmslosigkeit erreicht.

Der nächste Hingucker, der all meine Aufmerksamkeit in Anspruch nimmt und zur Abwechslung auch erfreuliche Gefühle in mir aufsteigen lässt, kommt quietschend um die Ecke gefahren, ist rot-weiß bemalt und vollgestopft mit Menschen. Es ist eine Straßenbahn. Etwas Vergleichbares – ein Gefährt, das auf Gleisen und inmitten der Leute fährt – habe ich noch nie gesehen. Der dahineilende bunt bemalte Waggon mit seinem Gebimmel spricht mich eher an als die langen grauschwarzen Züge mit ihren Dampf ausstoßenden Lokomotiven, die ich schon des Öfteren gesehen habe. Mit einer Straßenbahn zu fahren wage ich nicht zu hoffen. Schon eher mit einer der Fahrradrikschas, aber das, was ich in Vaters Gesicht lese, verspricht mir nichts Gutes. Er strahlt Unruhe und Anspannung aus, und in dieser Verfassung brauche ich ihm mit so etwas nicht zu kommen – ich kenne meinen Vater mittlerweile sehr gut.

Wie so oft in den letzten Wochen eile ich an seiner Hand einem Ziel entgegen, das ich nicht kenne. Vater allein weiß, was er sucht. Aber es ist ein anderes Voranschreiten als auf den eintönigen Landstraßen und Chausseen, wo mir die schier endlose Entfernung die Lust am Weitergehen verleidete. Hier werden wir vom Strom der Fußgänger mitgetragen, und fürs Erste ist für Abwechslung gesorgt. Das Straßenbild könnte unterschiedlicher nicht sein. Bettelnde Frauen mit entblößter Brust, die ihren Säugling stillen,

Gruppen von Kindern, die ihr Elend in Szene setzen – eines bettelt und schreit erbärmlich, während die anderen auf dem Trottoir liegen. Ein Stück weiter an einer Ecke aufgetakelte junge Frauen mit extrem hohen Absätzen und hochgestecktem Haar, die auf etwas zu warten scheinen, umringt von einer Handvoll junger Männer, die mit ihnen scherzen und lachen. Noch weiß ich nicht, was diese neue Szene bedeutet, aber es wird nicht lange dauern, und ich werde auch darüber Bescheid wissen. Als handelte es sich um ein Bühnenstück, werden die einzelnen Szenen von unzähligen Straßenmusikanten musikalisch untermalt. Einige davon spielen die Melodie eines Lieds mit dem Titel *Bei mir bist du schein.*

Über der ganzen Straße hängt der üble Geruch eines Desinfektionsmittels, der uns am intensivsten entgegenschlägt, wenn wir an offenen Hauseingängen mit Hinterhöfen vorbeigehen. Das Gedränge wird noch größer, als wir mit dem Menschenstrom an einer breiten Holztreppe ankommen, um eine Holzbrücke zu besteigen, die über eine fast menschenleere Straße führt. Ein eigenartiges Bild: oben auf der Brücke ein gefährliches Gedränge, unten auf der Straße kaum Verkehr. Unten, das ist die polnische Seite der Stadt, auch die »arische Seite« genannt. Von hier oben sehe ich zum ersten Mal die Ghettomauer, kein Provisorium von Maschen- und Stacheldrahtzaun wie in Zychlin, nein, ein richtiges Gemäuer, etliche Meter hoch, die Scheitelspitze von unzähligen Glassplittern übersät, und breit genug, sodass eine uniformierte Wache, die ich in der Ferne ausmache, bequem auf ihr stehen kann. Erst von hier oben wird mir richtig bewusst, dass wir eingemauert und eingepfercht sind. Unten, da nimmt man nur das Elend wahr, oben aber erahnt man das ganze Ausmaß unserer Katastrophe. Noch weiß ich es nicht, aber dort unten bahnt sich das Ende des europäischen Judentums an. Dort unten gibt ein so genanntes Kulturvolk seine Visitenkarte ab.

Wir sind jetzt auf der anderen Seite der Brücke, und Vater weiß nicht mehr weiter. Er fragt nach einer Straße namens Nalewki. Ein ungeduldiger Passant weist ihm den Weg. Das Ganze scheint unwirklich, ich weiß nicht, warum, aber die Messlatte des Elends liegt diesseits der Brücke noch höher. Was mich persönlich betroffen macht und mir Angst einflößt, ist die sich immer schneller wiederholende Szene mit skeletthaft abgemagerten Kindern, die nicht mehr die Kraft haben, die Hand zum Betteln auszustrecken, die an einer Hausmauer sitzend oder auf der Straße liegend ihrem Ende entgegendämmern. Unwillkürlich fasse ich Vaters Hand fester und folge ihm williger als sonst. Noch glaube ich an ihn, glaube, dass er mir dasselbe Schicksal erspart, aber ganz überzeugt bin ich davon nicht mehr.

Wir gehen schneller, um dem, was wir sehen, zu entkommen, aber wir schaffen es nicht, denn die Szenen wiederholen sich ohne Unterlass. Endlich biegen wir in eine Straße, die sehr geräumig und breit wirkt. Das Trottoir kann mehr Menschen aufnehmen als die Gehsteige zuvor, man hat mehr räumlichen Abstand zueinander. Hier verlaufen keine Straßenbahnschienen, und die Passanten benützen die Straße als zusätzlichen Gehweg. Ich bin nicht mehr auf Augenhöhe mit den verhungernden Kindern, hier kann man im wahrsten Sinne des Wortes besser durchatmen. Ein starker Wind fegt durch die Straßenschlucht und trägt den Geruch des Desinfektionsmittels davon. Wir sind jetzt in der Nalewkistraße angekommen, dem eigentlichen Endziel unserer wochenlangen Odyssee. Nur: Waren die ganze Mühsal, die Strapazen und Ängste, die uns bis an den Abgrund unseres Daseins führten, es überhaupt wert, bis hierher zu kommen? Wo die meisten nur noch Schatten ihrer selbst sind und die Kinder in den Straßen krepieren?

Wieso habe ich diese Frage später niemals meinem Vater gestellt? Nun, ich wusste, dass er derlei Diskussionen am liebsten aus dem Weg ging. Seine knappe Antwort vielleicht: »Du stellst aber komische Fragen, was hätte man sonst machen können?« Die Wahrheit, dass er, wäre er allein und auf sich gestellt gewesen, bei Bauern Unterschlupf gesucht und einen großen Bogen um Warschau gemacht hätte, diese Wahrheit wäre gewiss nie über seine Lippen gekommen.

Wir halten vor einem breiten und hohen Torbogen an. Eigentlich der Haupteingang zu den Hinterhöfen, ist er zu einer kleinen Markthalle umfunktioniert worden. Schulter an Schulter stehen Männer und Frauen an beiden Seiten des Eingangs und bieten alles Mögliche an, hauptsächlich gebrauchte Textilien und getragene Schuhe. Sie veräußern ihr letztes Hemd, um ein paar Tage zu überleben. Im Torbogen schlägt uns wieder dieser ekelhafte Geruch entgegen, der überall im Ghetto präsent zu sein scheint. Die Quelle des Übels ist in diesem Fall eine oval betonierte Müllhalde mitten im Hof. Sie ist heillos überfüllt mit allerlei Unrat und stinkt bestialisch; die bewährte Chemiekeule, die dagegen zum Einsatz kommt, soll den Ausbruch von Seuchen verhindern. Den Müll nicht entsorgen zu lassen ist eine der bestialischen Zermürbungsmaßnahmen unserer Peiniger und gehört zu den untragbaren hygienischen Zuständen, die im Ghetto herrschen, ein weiterer primitiver Akt der Demütigung und Unterwerfung.

Im Torbogen herrscht ein ziemliches Gedränge. Wir kommen nur langsam voran, und es kostet uns reichlich Mühe, uns einen Weg zu bahnen, um auf diesen stinkigen Hof zu gelangen. In der Menschenansammlung bleibt Vater kurz stehen und starrt in eine Richtung. Ich kann nicht sehen, was seine Aufmerksamkeit so fesselt, denn ich reiche den Leuten nur bis zum Nabel. Endlich auf dem Hof angelangt, habe ich einen freien Blick auf die mehrstöckigen Häuser mit je zwei Eingängen links und rechts der Müllhalde. Zielstrebig wählt Vater den ersten der beiden rechten Eingänge, und wir stehen in einem Treppenhaus, steigen ein paar Treppen hoch und wenden uns der linken Eingangstür zu. Vater läutet, und nach einer Weile öffnet eine junge Frau mit einem Baby auf dem Arm die Tür. Sie guckt misstrauisch und fragt, was wir wollen. Vater erkundigt sich, ob ein Herr Tschaunstkowski hier wohnt, der Familienname von Onkel Felek und Mädchenname meiner Mutter. »Moment«, sagt die junge Frau, macht die Tür wieder zu und lässt uns draußen warten.

Nach einer Weile geht die Tür wieder auf. Ein großer, hagerer Mann mit ausgebeulter Hose, unrasiert und mit kahl geschorenem Schädel steht in der Tür und runzelt die Stirn, als würde er mit aller Macht eine Gedächtnislücke schließen wollen. Vater kommt dem zerfallenen Mann zuvor. Obwohl nichts an ihm mehr an den strahlenden Lebemann von einst erinnert, erkennt Vater seinen Schwager Naftali Tschaunstkowski, meinen Onkel Felek. Vater nimmt rasch seine Pelzmütze ab, umarmt seinen Schwager und beginnt zu schluchzen. Es dauert eine Weile, bis der Mann, der Onkel Felek sein soll, seine Erinnerungssperre überwindet und den Ansatz einer Freude erkennen lässt. Er beugt sich auch zu mir herunter, tätschelt mir die Wangen und sagt abwesend: »Du bist aber groß geworden.« Was nicht stimmt, ich weiß, dass ich für mein Alter zu klein bin.

Aber auch mit Onkel Felek stimmt etwas nicht. Das letzte

Mal habe ich ihn nach Kriegsbeginn gesehen. Er blieb nur kurz, hatte keine Zeit für mich und – das fiel mir als Erstes auf – keine Geschenke dabei. Er besprach sich intensiv mit Mutter, küsste sie zum Abschied auf beide Wangen und sogar auf die Innenfläche ihrer Hand, was er sonst nie tat. Mich hob er hoch, gab mir einen Schmatz auf die Stirn und ging. Ich lief ihm ein Stück weit die Straße in Richtung Bahnhof nach, als wollte ich es nicht wahrhaben, dass Onkel Feleks Besuch schon wieder zu Ende war. Da blieb er stehen, beugte sich zu mir herunter und sagte mit einem Gesicht, aus dem seine sonst so überlegen wirkende Verschmitztheit verschwunden war: »Du gehst jetzt zurück zu deiner Mutter und passt auf sie auf. Versprichst du mir das?« Groß und stark stapfte er in seinen Stiefeln Richtung Bahnhof davon. Wenn mich meine Erinnerung nicht trügt, hat er seine Schwester nie wiedergesehen.

In dieser verhaltenen Begrüßung, die Vater sehr mitzunehmen scheint, gesellen sich ein Junge meiner Größe mit strohblondem Haar und ein Mädchen, das uns zwei Buben um einen Kopf überragt, zu uns ins Treppenhaus. Sie hat einen ähnlichen Gesichtsausschlag, wie ihn vor langer Zeit meine Freundin Rachel hatte. Wir Kinder starren uns flüchtig an, aber meine ganze Aufmerksamkeit gilt Onkel Felek, dessen Erscheinungsbild mich irritiert. Wo ist sein rechteckiges gestutztes Oberlippenbärtchen geblieben? Sein sorgfältig nach hinten gebürstetes Haar, das er mit einem schwarzen Haarnetz festband, ehe er sich schlafen legte, ist kurz geschoren. Onkel Felek, der jüdische Provinzfürst, ist nunmehr ein gebrochener Mann. Im Treppenhaus herrscht für Sekunden eine unheimliche Stille. Hat Onkel Felek trotz seines erbärmlichen Zustands den emotionalen Ausbruch Vaters richtig gedeutet? Seine suchenden Augen und verhaltene Freude weisen darauf hin. Sein Gesicht ist eine einzige Frage: Seid ihr bloß zu zweit? Dann das unabwendbare Begreifen: Seine Schwester und seine Mutter sind nicht mehr. Er steht nur da, Lippen und Mundwinkel bilden einen Halbkreis um sein Kinn; die feuchten Augen zeugen davon, der nächste Schicksalsschlag ist angekommen. Die beiden Kinder sind für Vater eine willkommene Ablenkung. Unter Tränen herzt er auch sie, spätestens da weiß ich, das sind Onkel Feleks Kinder, und der Bub muss der Marek sein, jenes wunderbar brave und folgsame Kind, das Großmutter mir immer als leuchtendes Beispiel vorhielt, wenn ich wieder mal nicht tat, was sie wollte.

In Onkel Felek kehrt wieder Leben zurück, er scheint zu begreifen, dass das Treppenhaus nicht der richtige Ort ist, um sich nach dem Schicksal von seiner Mutter und Schwester zu erkundigen. Kurz und emotionslos fragt er Vater: »Hast du Mira, meine Frau, gesehen? Sie steht im Torbogen und bemüht sich, ein paar Sachen für uns zu verkaufen.«

Vater zögert mit der Antwort, als versuchte er, die Tragweite dieser Aussage zu verstehen. Sein reicher Schwager Naftali, mit dessen Hilfe er hier im Ghetto fürs Erste gerechnet hat, verhökert seine Wäsche, um zu überleben. Schließlich antwortet er: »Nein, ich habe sie nicht gesehen.« Was nicht ganz stimmen dürfte. Sein Zögern und seine forschenden Blicke im Torbogen galten jemandem, den er nicht auf Anhieb erkannte. Wahrscheinlich war es Miriam, genannt Mira, die ehemals schöne Frau von Onkel Felek.

Mit einem verhaltenen »Kommt rein« macht dieser der traurigen Episode im Treppenhaus ein Ende. Ihm und seinen beiden Kindern folgend, betreten wir eine Dreieinhalbzimmerwohnung mit Küchenzeile, deren Wohneinheiten hintereinander liegen, wobei man das kleine Zimmer als Erstes betritt, das offensichtlich früher als Empfangsraum diente. Davon kann jetzt keine Rede mehr sein. Alle Räume, die wir durchschreiten, sind überbelegt und jeder ist mit einem halben Dutzend Betten oder Schlafstätten ausstaffiert. Gemessen an der Zahl der Betten, sind zu dieser Stunde nur wenige Leute in der Wohnung, darunter auch die Frau mit dem Baby. Die Küchenzeile befindet sich im ersten Zimmer und ist vollgestopft mit Geschirr und Töpfen. Diese Kochstelle muss ein Provisorium sein, denn sie passt irgendwie nicht zur Struktur der Wohnung. Wo die Küche früher war, ist nicht mehr auszumachen, wahrscheinlich wurden auf die Schnelle Wände eingerissen, um Platz zu schaffen. Dasselbe gilt für die Toilette, die neben der Küchenzeile liegt und nur mit einem Vorhang abgeschirmt ist. Die Wohnung hat große Fenster zum Hof, die in meiner Erinnerung stets geschlossen sind. Von »lüften« kann bei diesem Gestank im Hof auch nicht die Rede sein. Dass Onkel Feleks Aufforderung, hereinzukommen, eher verhalten ausfiel, wird jetzt verständlich, da wir die unfreundlichen Blicke der Anwesenden auf uns ziehen. Vater und mir bedeuten sie, dass wir nicht willkommen sind, und Onkel Felek sollen sie sagen: Musst du noch welche mitbringen? Sind wir nicht längst zu viele, und ist die Enge hier nicht unerträglich?

Diese Szene ist stellvertretend für einen tausendfachen Vorgang, der sich täglich im Ghetto abspielt: Das sprichwörtliche Boot ist voll, und mit jedem Neuhinzukommenden droht es endgültig zu sinken. Es ist eine Situation, in der alles und jeder an seine Grenzen stößt, in der auch die Gutmütigen und Teilungswilligen in ihren Mitmenschen eine Bedrohung sehen und nicht mehr klar denken können, wer und was sie so weit gebracht hat. In der in jedem Menschen jene dunklen Eigenschaften hervorgeschwemmt werden, die unter normalen Umständen gar nicht zum Tragen kämen.

Im letzten Zimmer leben Onkel Felek, Tante Mira, die noch nicht zurück ist, und ihre beiden Kinder. Sie teilen es mit drei weiteren Personen, von denen nur ein Mann anwesend ist. Augenblicklich schließe ich auf diese Zahl, weil hinter einem Vorhang, der das Zimmer teilt, noch drei Betten stehen. Womöglich sind es aber noch mehr Bewohner, denn ein Bett pro Person wäre unter den gegebenen Umständen ein Luxus. Wie viele Menschen hier hausen, werde ich erst am Abend wissen. Anscheinend stehen Onkel Felek und den seinen ein Bett und eine Couch zur Verfügung. In der Mitte steht ein kleiner runder Tisch mit drei Stühlen, an dem gewiss nicht alle Personen dieses Zimmers Platz finden. Die traurige und beklemmende Situation im Treppenhaus findet hier ihre Fortsetzung.

Die beiden Männer sitzen einander gegenüber, der eine, Onkel Felek, meistens stumm und mit den Tränen kämpfend, der andere, mein Vater, mit stockender Stimme von unserer dramatischen Flucht erzählend. Ich bekomme nur mit halbem Ohr mit, was er berichtet, nur wenn er heftig und laut wird, horche ich auf und höre die Verzweiflung, die in seinen Worten mitschwingt. Als er an der Stelle seines Berichts ankommt, die davon handelt, dass er Mutter und Großmutter nicht durchbrachte, bricht seine Stimme, und die beiden sitzen nur stumm da. Wir Kinder haben uns unter diesen Umständen nichts zu sagen. Der Annäherungsprozess unter Kindern, der normalerweise seinen Gang genommen hätte, hat noch nicht begonnen.

Aber das ist jetzt sekundär angesichts der neuen Probleme, die auf Vater zukommen, wie ich an seinen skeptischen und besorgten Blicken erkenne. Wir beide leben noch, aber wir benötigen eine Bleibe, ein Bett und etwas zu essen. Der Mann jedoch, den er zielstrebig gefunden hat – wie er das im Einzelnen bewerkstelligt hat, ist mir schleierhaft — und von dem er eine gewisse Starthilfe erwartet, sitzt taten- und teilnahmslos da. Onkel Felek hat nichts gemeinsam mit dem eleganten Herrenreiter vergangener Tage. Sein einst so forscher Schwager, der es so wunderbar zu leben verstand, scheint nicht mehr in der Lage, die Entscheidung zu treffen, ob wir hierbleiben können, und wenn es nur vorübergehend ist.

In diesen Momenten beginnt Vater wohl zu verstehen, dass jemand anderes sein Ansprechpartner sein wird. Es wird jene Frau sein, die noch unten im Torbogen steht und versucht, getragene Kleidungsstücke und Wäsche an den Mann zu bringen, um ihre Kinder und ihren gebrochenen Mann durchzubringen.

An Tante Mira kann ich mich nur blass erinnern. Ich weiß nur noch, wie sie mit Onkel Felek und den Kindern bei uns zu Besuch in Zychlin war. Das war im Sommer, kurz bevor es Bomben hagelte und die Nazis kamen. Sie hatte ein schönes rundes Gesicht und immer ein mildes Lächeln auf den Lippen, das lange Haar zu einem Knoten geschlungen. Damals fiel mir auf, dass sie lange schlief, was für uns ungewöhnlich war, um dann noch für Stunden in einem langen, hochgeschlossenen Morgenmantel im Haus herumzugehen. Meinem heutigen Wissen nach war es eine Art Kimono, was ihr mit ihrer zierlichen Gestalt einen unnahbaren Touch verlieh. Wahrscheinlich stammte sie aus einer wohlhabenden Familie, denn Tante Miras vornehmes Getue war nicht gekünstelt, sondern wirkte selbstverständlich. Damals beeindruckte sie die Menschen unseres Städtchens, gewiss jedoch nicht meine Großeltern väterlicherseits. Diese braven, gläubigen und arbeitsamen Alten ließen sich kaum blicken, wenn Tante Mira und Onkel Felek zum Picknick auf die Wiese mit dem Sonnenblumenfeld hinter unserem Haus luden, während sich Dutzende anderer das Ereignis nicht entgehen lassen wollten.

Am Nachmittag geht die Türglocke immer öfter, und nach und nach treffen die Leute ein, die anscheinend eine Bleibe in dieser Wohnung haben. Die ersten Düfte von Gekochtem steigen auf, ich schiele in Richtung der Kochnische, denn ich habe Hunger. Erwartungsvoll guckt auch Vater, wenn es läutet, zur Eingangstür, aber die herbeigesehnte Person, in Gestalt von Tante Mira, lässt sich nicht blicken, und Onkel Felek sieht sich ohne sie nicht in der Lage, uns ein Stück Brot und ein Glas Wasser anzubieten. Vielleicht hat er selbst nichts vorrätig und wartet darauf, dass seine Frau etwas Essbares mitbringt. Aber statt Tante Mira erscheinen eine Frau mittleren Alters, mit Hut und großer Tasche, und ein junger Bursche im Zimmer, mustern Vater und mich wortlos und verschwinden hinter dem Vorhang. Nun sind sie dort zu dritt, und sofort beginnt eine Debatte, die wir ohne Weiteres hören können, darüber, ob wir beide bleiben oder ob wir wieder gehen.

Immer wieder muss ich Onkel Felek anstarren. Ist er es, oder ist er es nicht? Während mein Hunger immer quälender wird, muss ich an die herrliche Schokolade denken, die er mir einst mitbrachte, oder an die Törtchen, die er mir in der kleinen Konditorei hinter der Brücke kredenzte. Er muss mein Starren bemerkt haben, denn so was wie ein Lächeln huscht über sein Gesicht, und ein Hauch der alten Verschmitztheit ist darin zu lesen. Ja, er ist es, es ist mein Onkel Felek, aber er ist nicht der Alte, und das muss ich erst mal begreifen.

Es läutet zwei Mal. Onkel Felek sagt nur: »Oh!« Das Mädchen springt auf und rennt durch die anderen Räume zur Tür. Der Junge folgt ihr, aber ihn pressiert es nicht so. Begleitet von den beiden Kindern, mit Rucksack bepackt und einem großen Koffer in der Hand, erscheint eine zierliche, zähe Frau, deren ganze Aufmachung praktisch wirkt. Angefangen bei dem kunstvoll gebundenen Tuch auf dem Kopf bis hin zu dem dicken Pulli und den derben Schnürschuhen und, vor allem, der Hose, damals noch ungewöhnlich für eine Frau. Ihr Anblick muss bei Vater Zweifel an seiner Menschenkenntnis hervorrufen, die er gewiss hat: Diese kleine große Dame, die sich so gern von ihrer Umgebung abhob, die nie einen Putzlappen in die Hand nahm oder ihrer Familie eine Mahlzeit zubereitete, hat sich in eine zupackende Überlebensstrategin im Todeskessel des Warschauer Ghettos verwandelt. Da sich ihr Mann allem Anschein nach unter den Schlägen des Schicksals aufgegeben hat, übernimmt sie jetzt konsequent seinen Part und stellt sich beispielhaft dem Untergang ihrer Familie entgegen.

Bevor sie Vater, der aufgestanden ist, die Hände entgegenstreckt und es zu einer kurzen Umarmung kommt, verharrt sie einen Moment lang auf der Stelle, den Rucksack noch immer auf dem Rücken, als wollte sie ihm die Chance geben, sich ihren Anblick gut einzuprägen. Dann sagt sie: »Wir haben schon auf euch gewartet. Ich wusste, ihr würdet es schaffen …« Doch dann wird sie in ihrer Begrüßung unterbrochen. Mit gesenktem Kopf stammelt Vater: »Mira, wir sind nur zu zweit«, und sie ist für eine Weile sprachlos. Ein Blick auf ihren Mann, und sie weiß Bescheid. Sie lässt die beiden Männer stehen, kommt auf mich zu, hebt mich von der Couch hoch, auf der ich sitze, und umarmt mich innig, indem sie mit mir im Zimmer auf und ab geht. Keine Frage, sie hat in mir das eigentliche Opfer unserer Tragödie erkannt. Wortlos setzt sie mich wieder ab und sagt kopfschüttelnd: »Mein Gott, in was für einer Welt leben wir denn?«

Ihr ganzes Verhalten ist geprägt von Sachlichkeit und Pragmatismus – in den kommenden Wochen werde ich noch etliche Beispiele ihrer Verwandlung erleben. Die erste Kostprobe ihres Durchsetzungsvermögens liefert sie, als sie hinter dem Vorhang im anderen Teil des Zimmers verschwindet und den anderen Mitbewohnern eröffnet, ihrem Schwager und seinem Sohn sei die Flucht gelungen und sie blieben für eine Weile hier. Keine Widerrede, keine Diskussion. Vater teilt sie mit: Selbstverständlich kann er hier wohnen, er wird mit mir und Marek auf der Couch schlafen, sie hofft nur, er kann sich selbst versorgen, denn sie hat größte Probleme, ihre Familie durchzubringen. Sie schließt mit der Feststellung: »Heniek, wir haben gar nichts mehr. Das letzte Geld haben wir den Schleusern in Sochatschew gegeben.« Obwohl Vater nicht weiß, was er auf diesem ihm unbekannten Terrain überhaupt anstellen soll, sagt er in der großspurigen Art von früher: »Ich bin schon mit anderen Situationen fertig geworden, dann werde ich auch das hier schaffen. Du musst mir nur zeigen, was hier gespielt wird.«

Als hätten die beiden eben einen ungeschriebenen Pakt geschlossen, sagt sie völlig undamenhaft: »Ich glaube, zusammen können wir es schaffen und aus dieser Scheiße rauskommen.« Allein, hier schätzt die kluge und sachliche Tante Mira die Lage falsch ein, wie sich noch herausstellen soll, denn einer von den beiden wird auf der Strecke bleiben.

Zweiter Teil

1

Paradepferde

AM SPÄTEN NACHMITTAG wird es rasch dunkel. Jedes Zimmer ist mit einer Birne beleuchtet, und mit all den Betten und Menschen wirkt die Wohnung eher wie ein Notquartier, was sie auch ist. Erwartungsvolle Vorfreude schwappt in mir hoch, als ich sehe, wie Tante Mira in ihrem Rucksack kramt, Kartoffeln und Brot zum Vorschein kommen und sie wie nebenher sagt, sie werde versuchen etwas Essbares auf den Tisch zu bringen. Cesia, meine Cousine, muss die Kartoffeln schälen, nicht ohne ermahnt zu werden, die Schale hauchdünn zu halten. Tante Mira hat auch einen stinkenden Käse mitgebracht, er ist halb flüssig und wird aufs Brot geschmiert. Jeder bekommt so ein Käsebrot vor der Suppe, denn auf die muss man noch warten. Der Käse schmeckt mir überhaupt nicht, nur mit Mühe und dank des Brotes bekomme ich ihn hinunter.

Tante Mira geht wieder hinter den Vorhang und bittet, diesmal im verbindlichen Ton, ihr zwei Teller und zwei Löffel zu borgen, als eine Art Gegenleistung wird der junge Bursche eingeladen, mit uns einen Teller Suppe zu essen, er soll aber bitte seinen eigenen Teller mitbringen. Höflich nimmt er das Angebot an. Cesia wird nochmals losgeschickt, um bei irgendwelchen Nachbarn ein Stück Fett sowie Salz zu besorgen. Sie soll versprechen, dass morgen alles zurückgegeben wird.

Cesia kommt mit reichlich Salz zurück, aber mit sehr wenig Fett, entsprechend dünn fällt die Suppe aus, kein Vergleich mit den Suppen, die wir bei den Bauern gegessen haben.

Brot und Suppe ist die Standardkost in den nächsten Wochen und Monaten. Aufs Brot gibt es entweder Marmelade oder diesen stinkenden Käse. Wie Butter, Schmalz oder Margarine schmeckten, weiß ich nicht mehr. Eine warme Suppe gibt es einmal am Tag, in der Regel zwischen vier und fünf Uhr am späten Nachmittag. Sie ist Mittagstisch und Abendessen zugleich, und je nach Fettmenge, die man ihr beisteuert, ist sie einigermaßen sättigend.

Fett ist ein kostbares Gut, das sich die wenigsten leisten können, und ohne ein Minimum davon gehört Hungern zum Alltag. Man erwirbt es im Stück, eingepackt in braunes Papier, es hat eine weißgräuliche Farbe und muss stark gepresst sein, denn es ist mühevoll zu schneiden, gewiss ein gestrecktes Kriegsprodukt. Hat Tante Mira etwas vorrätig, sperrt sie es sorgfältig weg zu den anderen Vorräten in einen kleinen Schrank, der zwischen dem Bett und dem Vorhang steht. Jetzt, im Winter, gibt es drei Varianten von Suppen: Kartoffelsuppe, Krautsuppe oder Erbsensuppe, im Frühjahr kommt eine Tomatensuppe dazu. Die Erbsensuppe mögen wir Kinder nicht, manchmal bekommen wir Bauchweh davon oder müssen uns übergeben. Das liegt an der schlechten Qualität der Erbsen.

Hin und wieder höre ich, wie die Leute von Speisen früherer Tage schwärmen – von einer Nudelsuppe mit Huhn- oder Rindfleischeinlage, wie man sie gern an Samstagnachmittagen aß, lange gekocht, um eine kräftige Brühe zu erhalten … Ich hätte eher Lust auf Kartoffelklöße in einem Teller warmer Milch, egal zu welcher Tageszeit. Die Qualität der Suppen wird erst besser, als nach ein paar Wochen Vater in das

Geschehen eingreift und sich unsere Versorgungslage spürbar bessert.

Wir Kinder dürfen aus Platzmangel als Erste unsere Suppe essen. Der junge Bursche, der neben seinem Teller auch einen Stuhl mitgebracht hat, hilft uns, den Tisch abzuräumen, um Platz für die Erwachsenen zu schaffen. Doch auch noch als die Erwachsenen ihre Suppe einnehmen, bleibt er etwas abseits auf seinem Stuhl sitzen. Sein ganzes Interesse gilt Vater, mit dem er offensichtlich ins Gespräch kommen will. Als auch sein Vater hinter dem Vorhang erscheint und bittet, eintreten zu dürfen, wendet sich Tante Mira an Vater mit der Bemerkung: »Die Herren wollen von dir erfahren, was sich so tut draußen in der Welt. Sie sind politisch sehr interessiert, aber ich glaube, du bist zu müde. Schließlich hast du einen harten Tag hinter dir.« Ohne seine Antwort abzuwarten, fügt sie hinzu: »Meine Herren, mein Schwager steht Ihnen ein anderes Mal gerne zur Verfügung.« Die beiden ziehen verständnislos wieder ab – da ist einer, der geradewegs aus der Hölle kommt und so viel zu erzählen hat, doch sie spannt man auf die Folter!

Vater wird noch Wochen brauchen, um seine Lebensspur wiederzufinden. In den sich ständig wechselnden Situationen und Szenen auf der Flucht ist ihm das Durchlebte nicht so zum Bewusstsein gekommen wie in der Atempause in diesem überbelegten Zimmer, in dem die Couch, die er sich mit Marek und mir zum Schlafen teilt, sein bevorzugter Aufenthaltsort wird. Tagelang liegt er mit gekreuzten Armen vorm Gesicht da oder stiert zur Decke. Manchmal können wir sehen, dass er von Weinkrämpfen geschüttelt wird, dann wird es still im Zimmer, und alle machen einen großen Bogen um ihn. Auch Tante Mira gönnt ihm diese Auszeit, um das Erlebte zu verarbeiten und wegzustecken. Sie sieht, dass sein

Zustand, anders als bei ihrem Mann, eine Besinnungs- und Trauerphase ist, die man durchleben muss, die aber wieder vorübergeht.

Wenn er mit ihr und Felek seine Suppe löffelt, fragt er gezielt nach Möglichkeiten, was man hier machen könnte. Ich kann sehen, auch wenn er ein tiefes Tal durchschreitet, denkt er über meine und seine Zukunft nach. Er erkennt, so kann und so wird es nicht bleiben. In der Anpassungsphase nach unserer Ankunft hat seine in sich gekehrte Art auch etwas Positives: Vater nervt niemanden und gerät auch mit niemandem aneinander, was sonst in der angespannten Atmosphäre in der Wohnung, hervorgerufen durch die nervende Enge, durchaus hätte passieren können. Er meidet die Kochnische mit ihren vielen Töpfen, die zwangsläufig eine Anlaufstelle für viele ist und Auslöser für so manchen Streit; da hat er nichts verloren, das ist Tante Miras Domäne. An diesem kleinen Herd ist sie eine gefürchtete Zeremonienmeisterin.

Doch auch wenn Vater für geraume Zeit in einem tiefen Loch versinkt, versäumt er es nicht, für seine Verpflegung selbst Sorge zu tragen. Ich weiß zwar nicht, wie er es anstellt, aber es muss so sein, denn Mira kann in ihrer prekären Lage nicht auch noch uns durchfüttern.

Indem er sich in dieser Wohnung rar macht und sich praktisch nur auf die Couch verkriecht, spornt er die Neugier der anderen Mitbewohner an. Tante Mira lässt jeden wissen, dass wir dank Vaters Kraft und Mut der Vernichtung entkommen konnten. Dabei streut sie die Schreckensnachrichten, die er mitgebracht hat. Nicht ohne gewissen Eigennutz stilisiert sie ihn zu einer Art Helden. Sie braucht einerseits einen starken Mann an ihrer Seite, und andererseits signalisiert sie ihrer Umgebung: Ich habe jemanden, auf den man im Überlebenskampf zählen kann.

Am ersten Abend erfahren Vater und ich, wie überlegen und kühl sie ihre eigene Flucht arrangierte, wie sie es anstellte, ihre Familie in Sicherheit zu bringen, denn auf ihren passiven Mann konnte sie dabei nicht zählen. Die Voraussetzungen waren die gleichen wie bei uns: der Versuch einer Flucht in das vermeintlich sichere Warschauer Ghetto oder der drohende Untergang im nahe gelegenen Vernichtungslager Chelmno. Ihre Vorgehensweise: Jedes Familienmitglied wird einzeln in die Hände eines Schleusers gegeben, und erst wenn sie unversehrt in Sochatschew abgeliefert werden, erfolgt die Bezahlung. Für diese Aktion stehen ihr, im Gegensatz zu meinem Vater, erhebliche finanzielle Mittel zur Verfügung, die am Ende der vorläufigen Rettung allesamt aufgebraucht sein werden. In nur zehn Tagen schafft sie es, die Ihren in Sicherheit zu bringen.

Diese Mira, mit welchen Oberflächlichkeiten hat sie ihre Zeit vertan, bis die Katastrophe ihre eigentlichen Stärken zutage förderte! Sie ist es auch, die Vater mit den nötigen Kontakten versieht, um die ersten Schritte im Ghetto zu tun. Die Mitbewohner der Wohnung, die mit ihm reden wollen, stuft sie in Kategorien ein: diejenigen, die nur schwätzen wollen, um die Zeit totzuschlagen, die anderen, die politisieren wollen wie der junge Bursche und sein Vater, und einen ganz Bestimmten, mit dem sie Vater zusammenbringen will: dem Mann jener jungen Frau, die uns bei der Ankunft die Tür öffnete, der bei der Polizei ist. Die beiden haben zusammen mit ihrem Baby das Vorzimmer ganz für sich. Keine Frage: Der Mann hat eine privilegierte Stellung.

Schneller als gedacht sind Vater und ich in diesem kleinen Kosmos der Zusammengepferchten und willkürlich Zusammengewürfelten akzeptiert. Ich mache in diesem Fall den Anfang, indem ich mit Marek tagsüber durch die Zimmer tobe oder Verstecken spiele. Versteckenspielen ist unsere Lieblings- und Hauptbeschäftigung. Da macht auch Cesia mit, denn die Enge der Wohnung mit ihren vielen Betten ist ein idealer Ort dafür. Erstaunlicherweise regt sich niemand über uns Kinder auf, auch dann nicht, wenn wir es übertreiben und dem einen oder anderen auf die Nerven gehen. Mit der Zeit dürfen wir im Treppenhaus spielen und im Hof mit seiner stinkenden Müllhalde; nur durch den Torbogen und auf die Straße hinaus dürfen wir nicht, noch nicht.

Ab und zu gehen wir auf den Hof hinunter, weil er mehr Bewegungsfreiheit bietet, aber mögen tun wir ihn nicht, erstens weil es dort stinkt und zweitens wegen der größeren Kinder dort, die uns nur mitspielen lassen, wenn wir ein Stück Brot mitbringen oder sonst was Essbares. Diese Haltung der Großen empfinden wir als sehr ungerecht. Anfangs sind wir den harten Spielregeln der Großstadtkinder nicht gewachsen, zumal die meisten der Hunger umtreibt, der der Aggression Vorschub leistet. Und dennoch ist diese Erfahrung eine fundamentale Voraussetzung für den mir noch bevorstehenden Überlebenskampf in den Straßen Warschaus.

Die Stellung von Marek und mir wird etwas gefestigt, als Bewegung in diese kindliche Hofszene kommt und sich Gruppen bilden, die jeweils einen größeren Anführer haben, der seine und die Interessen der Gruppe durchsetzt, meistens mit den Fäusten. Im Gegenzug erwartet der Anführer kleine Geschenke, wie etwas Essbares oder Zigarettenkippen. Streit entbrennt meist dann, wenn ein Anführer dem anderen sein Paradepferd abwerben will. »Paradepferde« sind Kinder, die ihren Anführern etwas Besonderes bieten können.

Das riesige Tor, das den Durchgang zum nächsten Hinterhof versperrt, ist dunkelrot gestrichen und hat seitlich eine kleine Pforte. Kaum jemand nähert sich dem Tor oder versucht es gar zu öffnen; es heißt, hinter diesem Tor spielt sich Schreckliches ab. Dahinter soll die berühmteste Folterkammer der Nazis in Polen sein, das berüchtigte Gefängnis – der Pawiak. Etwas muss an der Geschichte dran sein, denn niemand wagt, aus dem Gedränge in der Nähe des Torbogens auszuscheren und weiter hinten im Hof seinen Geschäften nachzugehen. Das Tor ist blitzsauber, nicht beschriftet, beschmiert oder verkratzt – und ich glaube tatsächlich, dass unheimliche Dinge hinter diesem Tor geschehen.

Vater kommuniziert jetzt eifrig mit den anderen Wohnungsinsassen. An manchen Abenden gibt es regelrechte Debattierzirkel, an denen er sich beteiligt. Das Thema ist unsere verzweifelte Lage und die Frage, was die Deutschen mit uns vorhaben, denn die Horrornachricht, die Vater und andere mitgebracht haben, scheint sich immer mehr zu bestätigen: Im Westen, fünfzig Kilometer nördlich von Lodsch, befindet sich ein Vernichtungslager Namens Chelmno, aus dem es kein Entrinnen gibt. Sogar ein melancholisches, trauriges Lied handelt davon, das ich Cesia, meine Cousine, ab und zu singen höre. Nur die letzten Worte sind mir in Erinnerung geblieben: »... aus Chelmno kommt keiner mehr zurück.«

Der Kreis der Debattierer teilt sich in zwei Lager: die einen, die der alten These anhängen, dass das Warschauer Ghetto ein zu großer Happen für die Nazis und ihr mörderisches Vorhaben ist, zumal sie in Russland große Probleme haben, wie man auch hier weiß. Das andere Lager, in der Mehrzahl Frauen, zu dem aber auch Vater gehört, ist sehr skeptisch bis verzweifelt. Da sich niemand vorstellen kann, dass man fast eine halbe Million Menschen irgendwohin transportieren kann, glauben sie, dass man uns systematisch verhungern lassen wird.

Nur einer tanzt aus der Reihe. Das ist der junge Bursche, der mit seinen Eltern und uns das Zimmer bewohnt. Er ist vielleicht fünfzehn oder sechzehn Jahre alt, hat ein viel zu kleines Sakko an und tagaus, tagein dieselbe Knickerbocker-hose. Wie ein Erwachsener trägt er seine Einschätzung der Lage vor, untermauert sie mit Zahlen und nennt die Namen von fernen Städten und Ländern, die keiner von uns kennt. Während seine Mutter förmlich an seinen Lippen hängt, be-eindruckt er immer wieder seine Zuhörer, als würden seine Worte die Erlösung bringen. Dabei ist er selbst noch ein hal-bes Kind. Wenn er loslegt, verlieren Marek und ich rasch den Faden und drohen einzuschlafen, und Cesia, die in ihrer eigenen Welt lebt, hört ihm sowieso nicht zu.

In der Wohnung ist es ein offenes Geheimnis, dass der Bursche, wenn er für Stunden verschwindet, irgendwo im Verborgenen Radio hört und sich alles aufschreibt. Es heißt, die Sendung kommt aus einer Stadt namens London. Er weiß auch, dass die Deutschen diese Stadt bombardiert und sich dabei eine blutige Nase geholt haben. Wenn er zum Kern sei-nes Vortrags kommt, steht er auf, und ich fühle mich an den Anführer unserer kleinen Bande im Hof erinnert, wenn der uns für die nächste Schlägerei einstimmt. Unter dem, was er jetzt äußert, ducken sich seine Zuhörer oder schütteln, wie Vater, energisch den Kopf. Er meint, der Krieg wird noch Jahre dauern und die Deutschen werden uns niemals hier rauslassen, im Gegenteil, sie werden uns alle krepieren las-sen. Da hilft nur eines, sich Waffen zu besorgen und Wider-stand zu leisten. Er propagiert den bewaffneten Widerstand, nicht mehr und nicht weniger. Vater und der Polizist schauen ihn an, als ob er nicht bei Trost wäre. Der Polizist findet als

Erster die Sprache und fordert ihn auf, den Mund zu halten, mit seinen Parolen gefährdet er uns alle. Vater sagt nur: »Du spinnst! Die Deutschen haben die polnische Armee in zwei Wochen auseinandergenommen, ich weiß, was ich sage, ich war dabei.« Den Burschen beeindruckt das nicht. Er erwidert: »Sie werden sehen, es wird uns nichts anderes übrig bleiben.«

Vater verlässt jetzt immer häufiger die Wohnung und kommt erst nach Stunden zurück. Er entwickelt eine Geschäftigkeit, einhergehend mit einer nervösen Anspannung, wie ich sie von früher an ihm kenne. Immer öfter stecken er und der Polizist die Köpfe zusammen. Er bemüht sich auch intensiv um Onkel Felek, um ihn aus seiner krankhaften Untätigkeit herauszureißen. Während sich bei Tante Mira Gleichgültigkeit breitmacht und ihr Mann ihr zusehends zur Last wird, gibt ihn Vater nicht auf. Er spricht lange und ausführlich mit ihm und scheint Erfolg damit zu haben. Eines Tages begleitet ihn Onkel Felek in die Stadt, wenn auch nur für kurze Zeit, aber immerhin, der Anfang ist gemacht.

Von einem Tag auf den anderen gerät alles in Bewegung. Manchmal, wenn ich in der Frühe aufwache, ist Vater nicht mehr da. Er ist jetzt so umtriebig, als wollte er alles nachholen, was er in der Phase seiner inneren Einkehr versäumt hat. Es scheint auch, als hätte Tante Mira ihn da positioniert, wo sie ihn haben wollte. Sie verlässt die Wohnung nach ihm, aber ohne Koffer und Rucksack. Offensichtlich geht sie jetzt einer anderen Beschäftigung nach. Nicht zufällig verbessert sich unsere Versorgungslage merklich. Abwechselnd bringen Tante Mira und Vater reichlich Kartoffeln, Fett, Brot, Zwiebeln und jeden zweiten Tag eine Handkanne Milch mit. Aber der Höhepunkt ist es, wenn Vater ein paar Dosen Ölsardinen organisiert hat, dann schwänzeln wir Kinder um ihn herum, und er grinst nach langer Zeit wieder über das ganze Gesicht.

Im Ghetto gibt es fast alles, nur die allerwenigsten können es bezahlen. Die leeren Sardinendosen schmeißen wir Buben nicht weg. Wir säubern das ölige Innere mit Brotresten und versuchen anschließend, die Dose in den Originalzustand zu bringen. Nach getaner Arbeit, die nicht ohne Schnittwunden abgeht, bewundern wir immer wieder aufs Neue das Bild eines Segelschiffes, das voll im Wind liegt. Dann hat Cesia für eine Weile als Märchentante ausgedient, und der Bursche in der Knickerbocker, der über alles Bescheid weiß, muss uns vom weiten Meer und den Schiffen, die es befahren, berichten. Die leeren Dosen sind auch ein willkommenes Spielzeug, das wir in der Wasserschüssel schwimmen lassen. Von unserem Dosenglück erzählen wir auf dem Hof niemandem; es könnte etwas über unseren bescheidenen Wohlstand verraten, und der hat seinen Preis, einen sehr hohen Preis sogar.

Nicht jeden Abend kehrt Vater mit einem Grinsen zurück, sondern manchmal mit geschwollenem Gesicht und blauem Auge, von der ramponierten Kleidung ganz zu schweigen. Er ist in Schlägereien verwickelt, das kann jeder sehen, und Tante Mira ist Zeugin dieses Vorgangs, denn sie kommt auch ganz blass um die Nase daher. Vater ist dann für Tage außer Gefecht und laboriert an seinen Blessuren, betütert von dem Polizisten, wie mir auffällt. Wie sich herausstellen wird, ist Vater eine Art Paradepferd für ihn.

Von uns Kindern weiß nur Cesia vage, was vor sich geht. Uns Buben gegenüber deutet sie an, dass Vater an der »Mauer« arbeitet – das bedeutet nichts anderes, als dass er Ware von der arischen Seite ins Ghetto schmuggelt. Eine äußerst gefährliche Angelegenheit, denn wie Vater bemühen sich auch andere Gruppen um diese lukrative Lebensader. Es gibt Dutzende dieser Gangs, die die Mauer unter sich aufteilen, die ukrainischen oder lettischen Wachen bestechen und den Gewinn mit jüdischen Polizisten teilen, wenn die beide Augen zudrücken. Natürlich wissen die Nazis davon und unterbinden das Treiben immer wieder für ein paar Tage, indem sie ein paar Schmuggler erschießen, darunter auch jüdische Polizisten. Doch ganz unterbinden können sie es nie, dafür ist die Lage im Ghetto zu verzweifelt. Der Tod an der Mauer wird in Kauf genommen. Wie verzweifelt muss auch Vaters Lage sein, dass er diesen Job angenommen hat? Lebensgefährlich hinsichtlich der Gefahr durch die Nazis und bedrohlich durch die gewalttätige Konkurrenz aus den eigenen Reihen.

Tante Mira und der Polizist setzen jedenfalls auf das richtige Pferd. Vater erkämpft sich seinen Platz an der Mauer und bleibt seiner von der Pike auf gelernten Profession treu: Ehemals ein Händler mit landwirtschaftlichen Produkten, schmuggelt er jetzt Lebensmittel ins Ghetto. Seine Lieferanten von der polnischen Seite sind Spezialisten wie er. Eine Agrarzunft, die Hand in Hand arbeitet. Ironie des Schicksals – auf beiden Seiten der Mauer stehen hinter diesen todesmutigen Männern Frauen, die ein ähnliches Los teilen und die sich nie kennenlernen werden. Die eine arrangiert die Warenlieferung vom Bauern bis zum Schmuggler an der Mauer und schmiert die Letten und Ukrainer, die andere, wie etwa Tante Mira, deckt die Übernahme der Waren durch Vater und sorgt für den Absatz im Ghetto. Außerdem sorgt sie auch dafür, dass der Polizist keine kalten Füße bekommt, denn er ist eine entscheidende Figur in diesem Spiel.

Eines Tages, ich weiß nicht, warum, ist es Vater danach, nachträglich meinen siebten Geburtstag zu feiern, der am 23. Dezember war. Wahrscheinlich will er mich für die erlittenen Strapazen entschädigen und braucht gleichzeitig einen Vorwand, uns Kindern nach langer Zeit Süßigkeiten zuzustecken. Aber auch die Erwachsenen sollen nicht zu kurz kommen. Er hat reichlich Weißbrot, Wurst und Schnaps mitgebracht. Der innere Zirkel, der sich sonst zum Debattieren versammelt, findet sich in unserem Zimmer ein. Das Brot wird in dickere Scheiben geschnitten als üblich und mit einer großzügigen Schicht Wurst belegt, der Schnaps wird auf etliche Teegläser verteilt, ehe die Leute mich hochleben lassen.

Ein eigenartiges Gefühl beschleicht mich, wie es sich nie wieder in meinem Leben einstellen wird. Ich vermag nicht einzuordnen, was da mit mir geschieht. Einerseits bin ich glücklich, im Mittelpunkt zu stehen, andererseits weiß ich nichts damit anzufangen. Da ist die unsägliche Demütigung, die uns Juden tagtäglich widerfährt und die ich besonders schlimm auf der Flucht empfand, und zwar vor allem in meinem persönlichen Dilemma des Nichtredendürfens, weil mein Polnisch nicht ausreichend ist. Und jetzt dieses improvisierte Geburtstagsfest, bei dem ich für ein paar Stunden im Mittelpunkt stehe, mein Polnisch niemanden stört und ich so wie früher wieder ein hübscher Junge bin.

Auch in anderer Hinsicht wird diese Geburtstagsfeier zu einem meiner denkwürdigsten Erlebnisse. Langsam, aber sicher schiebt sich der Schatten des Unheils über das mir zugedachte Fest. Haben am Anfang noch die gereichten Brote und ein Schluck Schnaps für eine freudige Abwechslung gesorgt, so brechen nach einer Weile die verdrängten Ängste wieder auf, und die Erwachsenen reden, zu meiner Enttäuschung, wieder über das, worüber sie in diesen Tagen immerzu reden. Nur Vater und der Bursche in der Knickerbocker unternehmen den Versuch, die Stimmung zu retten. Der Bursche bildet mit uns Kindern einen Kreis, um gemeinsam eine Horra zu tanzen und die Umstehenden zum Klatschen zu bewegen, aber mit mäßigem Erfolg. Vater hingegen gelingt es, die eine oder andere Dame zum Lachen zu bringen. Überhaupt macht er seit langer Zeit wieder einen gelösten und glücklichen Eindruck. Es ist mein Geburtstagsfest, aber er ist der Mittelpunkt in diesem Zimmer und scheint es zu genießen.

2

Parallelwelten

MIT DER DANK Vater und Tante Mira verbesserten Verpfle-
gungslage sind Marek und ich jetzt imstande, unserem Anführer im Hof mehr zukommen zu lassen, und steigen sichtlich in seiner Gunst. Heimlich zweigen wir aus Tante Miras
Schrank Kartoffeln, Zwiebeln und etwas Brot ab. Auch Süß-
stoff ist manchmal dabei, keine nennenswerten Mengen, damit es ja nicht auffällt, denn bei Entdeckung würde es eine
Tracht Prügel geben und der Hof wäre für uns tabu. Aber wir
kleinen Diebe haben mehr im Sinn – so, wie unser Anführer
uns ausnutzt, wollen wir ihn benutzen. Er ist in unseren Augen beneidenswerte elf oder zwölf Jahre alt und ein ausge-
kochter Bursche. Vom Vater ermahnt, uns ja nicht mit auf die
Straße zu nehmen, wo er sich des Öfteren rumtreibt, stimmt
er treuherzig zu, um uns gerade damit zu locken, wenn wir
ihm etwas geben. Die Gelegenheit, etwas Verbotenes zu tun,
ohne erwischt zu werden, ist recht günstig, denn für Stunden
sind wir ohne Aufsicht. Das weiß auch unser Anführer, der
sich im Übrigen »Leutnant« von uns nennen lässt. Ansonsten würde er die Finger davon lassen, um sich nicht von Vater ein paar Ohrfeigen einzuhandeln und Gefahr zu laufen,
seine zurzeit besten Paradepferde zu verlieren.

Unser erster Ausflug mit dem Leutnant gerät für uns zu
einem Fiasko, und zur Strafe werden wir obendrein von ihm

verspottet. Gleich nach Verlassen des Torbogens werden wir von dem Menschenstrom erfasst und haben große Mühe zusammenzubleiben. Was für den Leutnant, einen routinierten Streuner, eine normale Exkursion ist, ist für uns eine beschämende Erfahrung – und es scheint, als könnten wir auf den väterlichen Schutz außerhalb des Hofs nicht ganz verzichten. Aber der eigentliche Auslöser des Malheurs und panikartigen Rückzugs sind die Deutschen. Seit unserer Ankunft vor vielen Wochen habe ich keinen von ihnen gesehen, und das war gut so. In der trügerischen Geborgenheit der Wohnung, des Treppenhauses oder des Hofs waren sie für uns physisch nicht präsent. Nur aus der Welt der Erwachsenen sind sie, wie wir tagtäglich mitbekommen, nicht wegzudenken, und ob sie sich uns zeigten oder nicht, so waren sie immer unter uns und bestimmten unser Handeln. Sogar bei meinem Geburtstagsfest waren sie dabei.

In den Wochen, in denen ich sie nicht sah, streiften sie ab und zu meine Gedanken, und zwar dann, wenn sie auf der Straße Jagd auf Menschen machten und diese in Panik in die Torbögen und Eingänge flüchteten. Dann wussten wir Kinder, die Hitlerschergen wüten wieder einmal auf der Straße. Es ist aber auch Pech, dass sie gerade an dem Tag, als wir unser verbotenes Abenteuer wagen, die Nalewkistraße zu ihrem Jagdgebiet auserkoren haben. Während Marek und mir von Anfang an mulmig ist, scheint der Leutnant das Ganze zu genießen. Er geht versetzt hinter mir und hält mit der rechten Hand meinen Nacken umklammert, um mich bei Bedarf in die eine oder andere Richtung zu dirigieren, Marek wiederum hält meine Hand fest. Der Leutnant lässt auch dann nicht los, als in der Ferne ein »Tatütata« erklingt, jenes alles durchdringende Geräusch, das die Menschen in Angst und Schrecken versetzt. Diese akustische Ansage eines deutschen Überfallkommandos bedeutet ultimative Gefahr für Leib und Leben. Einer aufgescheuchten Herde Pferde gleich beginnen die Menschen zu rennen, um Distanz zwischen sich und dem Unheil bringenden Geheul zu bringen. Das Sirenengeräusch kommt näher, aber aus welcher Richtung? Man kann das Militärfahrzeug hören, aber aus der Masse heraus nicht sehen, bis sie an einem vorbeirasen oder anhalten, wie wir noch erfahren sollen, um von ihrem Mannschaftswagen zu springen und ihre Opfer aus der Menge zu holen.

Der Leutnant bleibt ruhig und fängt erst gar nicht an, mit der Herde Mensch zu laufen, weil wir uns da unweigerlich verlieren würden. Er drückt uns an eine Hauswand und fordert uns auf, stehen zu bleiben und nicht davonzurennen. Und Kindern tun sie ohnehin nichts, meint er. Unsere Angst jedoch lässt sich nicht mit Knopfdruck abstellen, und ich wünschte, Vater wäre an Stelle des Leutnants hier oder, noch besser, wir hätten den Hof nie verlassen. Der Leutnant hat recht, mit dem Entfernen des Geheuls beruhigt sich die Lage rasch, wie nach einem schweren Gewitter bevölkern die Menschen die Straße wieder, mit dem deprimierenden Gedanken, diesmal davongekommen zu sein. Für unseren überlegenen Anführer, der trotz seines jungen Alters anscheinend alle Tücken des Ghettolebens kennt, ist der Vorfall, der wahrscheinlich Dutzenden anderen Unglück bringt, kein Grund, um den Ausflug zu beenden. Was für ein abgebrühter Kerl, der womöglich dem Gedanken verfallen ist, ihm könne nichts passieren. Allein, wir machen nicht mehr mit. Der Schrecken steckt uns in den Knochen, wir wollen zurück in das Refugium unseres Hofs und der überbelegten Wohnung. Der Leutnant spielt sich jetzt auf wie der wahre Sieger dieses Unternehmens, er marschiert voraus, und wir trotten wie begossene Pudel hinterher. Uns ist es egal, wir wollen so rasch wie möglich nach Hause.

Diese kurze Episode mit dem verpatzten Start in die Selbstständigkeit verfolgt mich noch eine geraume Zeit und trägt dazu bei, dass ich allmählich meine kindliche Unbefangenheit verliere. Es ist die Zeit, da ich anfange, über den Tag hinaus zu denken und mir Gedanken über die eine oder andere Situation zu machen. Die Welt des schnellen Vergessens und der inneren Bereitschaft, abgelenkt zu werden, weicht einem bewussteren Erleben. Ich beginne, Gehörtes oder Aufgeschnapptes zu analysieren und in Zusammenhang mit meinen eigenen Erfahrungen zu bringen. Ein immer wiederkehrender Gedanke ist, ob die Deutschen schon immer so waren, wie sie sind, und man schon immer vor ihnen Angst haben musste. Eine Frage, auf die ich zu meiner Unzufriedenheit keine Antwort finde. Eine Frage, die ebenfalls im Zusammenhang mit den Nazis steht und auf die ich durchaus eine Antwort weiß, ist die, ob sie auch Vater umbringen könnten. Die Antwort lautet Ja. Allmählich begreife ich: Wenn sie gegenüber harmlosen Passanten auf der Straße so gewalttätig sind, was werden sie mit Vater tun, wenn sie ihn bei etwas Verbotenem erwischen? Wann immer ich darüber nachdenke, läuft es mir kalt über den Rücken.

Schneller als Marek und ich es zu wagen hofften, wird das Verbot, den Hof zu verlassen und auf die Straße zu gehen, hochoffiziell von Tante Mira und Vater aufgehoben, und zwar unter ganz anderen Umständen, als wir uns das vorgestellt hatten. Durch gezielte Nachfrage treibt Vater eine ehemalige Lehrerin auf, die uns am Vormittag für zwei Stunden unterrichten soll, um unseren Müßiggang zu beenden. Er traut dem Leutnant nicht über den Weg und fürchtet seinen schlechten Einfluss auf uns. Er hofft, zwei Fliegen mit einer Klappe zu schlagen: etwas Brauchbares in die Köpfe von uns Buben zu bringen und gleichzeitig Onkel Felek mit der Aufgabe zu betrauen, uns zum Unterricht zu begleiten und wieder abzuholen und dazwischen, wenn nötig, kleine Besorgungen zu machen. Quasi durch die Hintertür und mit sanfter Gewalt wird er in ein Leben bugsiert, das nicht mehr das seine ist.

Die Lehrerin, eine vom Hunger gezeichnete junge Frau, stellt sich eines Tages bei uns vor und bespricht mit Vater und Tante Mira, wie unser Lehrplan aussehen soll. Bei mir soll sie die vorhandenen Grundkenntnisse in Lesen, Schreiben und Rechnen auffrischen und ausschließlich Polnisch mit mir sprechen. Es ist offensichtlich, er will Problemen sprachlicher Art bei einer eventuellen Weiterflucht vorbeugen. Sofort ist sie mit Vaters Vorschlag, sie vorwiegend mit Naturalien zu entlohnen, einverstanden. Das wird auch Folgen für uns Buben haben, denn dadurch muss Tante Mira unsere Vorräte etwas strecken, und wir können nur noch wenig für den Leutnant abzweigen.

Die Lehrerin meint, sie wohne nicht weit von hier, aber es sei richtig, dass uns jemand begleitet. Am besten wir kommen probeweise gleich mit zu ihr rüber, der Unterricht kann dann morgen beginnen. Das geht Onkel Felek viel zu schnell, er sperrt sich mit Händen und Füßen dagegen, doch Tante Miras eisiger Blick signalisiert ihm: Du ergreifst jetzt den Anker, den man dir zuwirft, oder du gehst unter.

Das ist der Beginn einer schonungslosen Therapie in einer schonungslosen Zeit. Wer von dem unheimlichen Zug abspringt, in dem wir alle sitzen, der kommt unter die Räder, das gilt auch für Onkel Felek, so einfach ist das. Die Lehrerin merkt, mit dem Mann, der uns begleiten soll, stimmt etwas nicht. Sie tritt zu ihm, legt die Hand auf seine Schulter und sagt mit sanfter Stimme: »Kommen Sie, es ist wirklich nicht weit. Es tut Ihnen gut, wenn Sie ein bisschen rauskommen.«

Onkel Felek steht wohl oder übel auf und verlässt mit uns Kindern und der Lehrerin das Haus. Er hat sich bei ihr vertraulich untergehakt, als brauchte er noch Unterstützung für die ersten Schritte, und wir Buben gehen dicht hinterher. Es ist noch nicht allzu lang her, dass er als gesunder und freier Mann in dieser Stadt zu tun hatte. Sein Traum, das Provinzielle abzustreifen und hier in der Großstadt an dem großen Rad mitzudrehen, sollte nicht in Erfüllung gehen. Nun schlurft er degradiert neben einer hungernden jungen Frau einher, um seinem Leben gezwungenermaßen etwas Inhalt zu geben. Sein persönliches Elend ist ihm gewiss bewusst, ob ihn das Elend der anderen auf der Straße berührt, vermag ich nicht zu sagen.

Wir meiden das Gedränge auf dem Trottoir und wählen die Straße, wo uns das Gebimmel der Rikschafahrer zur Seite scheucht, aber dort ist die Chance, einander nicht zu verlieren, größer. Bis zu der Wohnung der Lehrerin ist es wahrlich nicht weit, und in normalen Zeiten hätten wir den Weg wunderbar allein geschafft. Sie ermahnt Onkel Felek, uns morgen pünktlich herzubringen, da ihr nur zwischen zehn und zwölf Uhr ein Raum und ein Tisch zur Verfügung stehen.

Wieder auf der Straße, passen wir eher auf Onkel Felek auf als er auf uns. Ganz brav gehen wir links und rechts an seiner Hand zurück. Gedränge, bettelnde Kinder, Hungergestalten, dazwischen unter einer Dachrinne ein einsamer Stehgeiger. Völlig überraschend bleibt Onkel Felek vor ihm stehen und geht keinen Schritt weiter. Warum gerade vor ihm, wo es auf der Straße unzählige weitere Musikanten gibt, wissen wir nicht. Weiter vorne etwa steht eine Zwei-Mann-

Kapelle — ein Ziehharmonika- und ein Gitarrespieler. Die würden uns Buben besser gefallen als dieser einsame Fiedler. Manchmal kommen auch Musikanten in unseren Hof, da können auch wir Kinder sehen, was für ein harter Broterwerb das ist. Sie müssen sich sehr bemühen, bis jemand aus dem Fenster einen Groschen wirft. Aber warum bleibt Onkel Felek gerade bei diesem Geiger stehen? Holt der Klang der Geige ihn in die Welt von gestern zurück? Eine Geige ist ein sehr persönliches, ja intimes Instrument. In einem Restaurant eignet sich ihr Klang, eine romantische Beziehung zwischen Mann und Frau herzustellen. Mein Onkel war vor seiner Heirat ein Frauenheld, und er hatte die Mittel, um diese Art der Werbung zu zelebrieren. Natürlich sind das nicht die Gedankengänge des Jungen von damals, doch nun, da diese Szene nach Jahrzehnten wieder vor meinem geistigen Auge auftaucht, scheint das eine nachvollziehbare Erklärung für Onkel Feleks Verhalten.

Zur sichtlichen Enttäuschung des Geigers gehen wir weiter, ohne dass Onkel Felek sein Spiel auch nur mit einem Cent honoriert, wie sollte er auch, er hat wahrscheinlich nichts in der Tasche.

In Aussicht auf den morgigen Unterrichtsbeginn ist am Abend Waschen mit Tante Mira angesagt, das wir alle paar Tage über uns ergehen lassen müssen und das alles andere als ein Planschvergnügen ist. Bedingt durch die Enge, in der wir leben, ist es eine aufwendige und zeitraubende Prozedur, die wir Kinder gar nicht mögen, aber es muss sein, meint Tante Mira und fasst uns ziemlich grob an. Gebeugt über eine kleine Schüssel mit kaltem Wasser, in der auch die Kartoffeln gewaschen werden, schrubbt sie uns Buben nacheinander mit einem Stück grober Seife ab, die diese Bezeichnung nicht im Entferntesten verdient. Diese Waschtortur verordnet sie allen Familienmitgliedern, und während wir Buben bei Cesia nur wegglucken müssen, ist der Vorgang bei Tante Mira wesentlich komplizierter. Abgeschirmt durch eine weiße Tischdecke, die Onkel Felek und seine Tochter hochhalten, unterzieht sie sich einer Art Waschgeißelung, denn sie zischt und stöhnt dabei, als würde sie Schmerz und Wonne in einem empfinden; aber wahrscheinlich ist es nur das kalte Wasser, das ihr so zusetzt.

Der Schulgang wird zur täglichen Routine und bringt allen Beteiligten was, allen voran der Lehrerin, denn sie droht vor Hunger zu kollabieren und hat am Anfang Mühe, den Unterricht mit insgesamt sechs Kindern aufrechtzuerhalten. Die vereinbarten Naturalien, die wir in einer braunen Tüte mitbringen, reißt sie uns förmlich aus den Händen, und den Unterricht beginnt sie mit einem Marmeladenbrot in der Hand. Nach ein paar Tagen legt sich ihre Not, und sie hat sich und uns rasch im Griff. Nicht zuletzt dank eines Mädchens, dem es anscheinend an nichts fehlt. Wenn ihre Mutter mit ihr in der Früh auftaucht, wird sie von der Lehrerin mit übertriebener Höflichkeit empfangen und verabschiedet. Kein Zweifel, die Kleine und ihre Mutter sind für die Lehrerin Paradepferde der Extraklasse. Allein was unsere Kleidung betrifft, können wir anderen nicht mit ihr mithalten. Besonders an ihren Hut kann ich mich noch erinnern. Jahre später sehe ich das gleiche Modell in einem Kinofilm auf dem Kopf von Shirley Temple. Doch mit dem amerikanischen Kinderstar hat unsere Mitschülerin nichts gemein, denn sie ist ein kleiner Snob, nicht zuletzt ermuntert durch die Sonderbehandlung, die sie von der Lehrerin erfährt.

Die Lehrerin scheint in der überbelegten Wohnung eine Autorität zu sein – es heißt, dass sie schon vor dem Krieg hier wohnte, damals allerdings nur mit ihrer Familie. Schnell stellt sie auch meine Faxen und meine Zappeligkeit ab und verbessert in kurzer Zeit mein Polnisch. Ihre Methode ist bisweilen gemein, aber sehr effektiv. Sie äfft meine Art, Polnisch mit eingeflochtenem Jiddisch zu sprechen, nach und gibt mich der Lächerlichkeit preis; wenn sie ihre Nummer auf meine Kosten abzieht, kugeln sich die anderen vor Lachen. Sie lässt mir keine andere Wahl, mein Polnisch muss besser werden, will ich nicht immer wieder zur Lachnummer werden.

Aber am meisten profitiert Onkel Felek von diesem Gang zum Unterricht, indem er uns auf dieser Straße des Elends begleitet, auf der sich täglich herzzerreißende Szenen abspielen, und tatsächlich findet bei ihm eine seelische Veränderung statt. Auf der Straße des Todes, auf der Menschen vor aller Augen verhungern, findet er langsam ins Leben zurück. Niemand hat eine Erklärung dafür, am allerwenigsten wir Kinder. Sein Genesungsprozess beginnt damit, als eines Tages der freche Leutnant im Hof unbedingt wissen will, was er so alles in der braunen Tüte hat. Bei Vater würde er sich das nicht trauen, aber beim klapprigen Onkel Felek, so denkt er sich, kann er es probieren. Mit den Worten »Was haben Sie denn Schönes da drin?« zupft er ihn am Ärmel und zieht dann die Tüte nach unten, um einen Blick hineinzuwerfen. Es folgt eine Reaktion, wie ich sie bei meinem Onkel noch nie erlebt habe. Sein Abwehrinstinkt lässt ihn den Ellenbogen ausfahren, der den Leutnant unsanft im Gesicht erwischt, sodass dieser zu Boden geht. Ein gezielter Stoß – die Reaktion eines Mannes, der nicht gewillt ist, sich die Frechheiten eines Straßenjungen gefallen zu lassen. Mit Zornesröte im Gesicht bahnt er sich etwas forscher als sonst seinen Weg durch die Menschenmenge im Torbogen, und wir stehen wieder einmal auf der Nalewkistraße.

Das Leben, oder vielmehr das verzweifelte Sich-ans-Dasein-Klammern, ist sehr vielschichtig auf dieser Straße. Eine Minderheit gibt sich auf und überlebt eben nicht, und ein anderer Teil holt sich mit Gewalt das, was er braucht, um sein Dasein zu fristen. Der meistpraktizierte Gewaltakt ist Taschenraub und Mundraub, Letzterer kommt am häufigsten vor und wird auch von jungen Frauen verübt, die für ihre hungernden Kinder das Äußerste wagen. Mundraub, dieser einzigartige Begriff in der damaligen deutschen Rechtssprache, steht für einen geringfügigen Tatbestand, bei dem man dem Täter Milde gewährt, wenn er erwischt wird. Allein das gilt in einer intakten Gesellschaftsordnung, in der dieses Delikt eher eine Ausnahme ist. Im Warschauer Ghetto ist das Gegenteil der Fall, hier hungern sowohl Täter als auch Opfer. Ohnehin ist das Ghetto unter der Nazigewaltherrschaft ein rechtloser Raum. Die Mundräuber sind immer zu Fuß und meistens jung, müssen sie doch sehr schnell sein, denn Fluchtfahrzeuge, wie zum Beispiel ein Fahrrad, stehen niemandem zur Verfügung.

Auch wir werden Opfer eines Mundraubs. Es geht alles blitzschnell. Irgendjemand aus der Menge versetzt Onkel Felek von hinten einen Stoß, der hat Mühe, auf den Beinen zu bleiben. Eine vor uns gehende junge Frau dreht sich um und entreißt ihm die braune Tüte. Die Täter verschwinden in der Menge. Die Lehrerin bekommt an diesem Tag recht wenig zu essen, der Mundraub betrifft uns alle.

Seit wir den Unterricht besuchen, ist unsere Stellung im Hof ebenfalls eine andere geworden. Marek und ich treten selbstbewusster auf, und spätestens seit dem Zwischenfall mit Onkel Felek geht der Leutnant vorsichtiger mit uns um. Wir lassen uns auch nicht mehr regelmäßig im Hof blicken, und er verliert zusehends an Einfluss, was uns beide betrifft. Wir pflegen nur noch eine lockere Verbindung zu ihm.

Eines Nachmittags, wir hängen im Hof bloß herum, will er von uns wissen, ob wir schon gewisse Frauen auf der Nalewkistraße gesehen haben. Marek und ich sind sichtlich überfragt. Was für Frauen? Mit einem eigenartigen Grinsen meint der Leutnant: »Na, Huren eben!« Hämisch legt er nach. »Ihr beide tut so, als würde die Nalewkistraße euch gehören, aber ihr wisst nicht einmal, wo die Huren stehen?« Nun ist es in Polen unmöglich, vier oder fünf Jahre alt zu werden, ohne dieses Wort gehört zu haben. Ich habe es schon sehr oft vernommen, im Zusammenhang mit vulgären Flüchen, und wurde selbst vor langer Zeit angewiesen, es nicht zu gebrauchen. Welcher Frauentyp sich genau hinter diesem Wort verbirgt, davon habe ich höchstens eine vage Ahnung, weiß aber nicht, welche Dienste er anbietet. Nun spüre ich, ich muss mein Unwissen schleunigst revidieren, um in der hart umkämpften Hierarchie des Hofes unsere Position zu halten. Während ich krampfhaft überlege, was ich dem Leutnant auftischen soll, fällt mir tatsächlich die eigenartige Ansammlung an Frauen ein, die ich an jenem denkwürdigen Tag gesehen habe, als ich mit Vater im Ghetto ankam und wir die Nalewkistraße suchten. In der Hoffnung, das Gesicht zu wahren, bringe ich mit Verzögerung listig vor: »Du meinst die, die an der Ecke Nalewki- und Milastraße stehen, du weißt schon, ach die!« Der Leutnant und die anderen Jungs sind überrascht, der Punkt scheint an mich zu gehen.

Auch wenn es mir in diesem Moment nicht bewusst ist, diese aus Langeweile entstandene Konversation in diesem Elendshof ist ein Meilenstein in meiner kindlichen Entwicklung – der Geist aus der Flasche, der sie anfacht. Inmitten dieses Elends, in dem wir alle mit der Bedrohung leben, erwacht plötzlich eine andere Wahrnehmung.

Der Leutnant will mich festnageln. »Ich wette, du weißt

nicht, warum sie dort stehen«, sagt er, und das stimmt. Um nicht noch eine Überraschung zu erleben, gibt er die Antwort lieber selbst. »Deswegen, du Rotznase.« Er macht eine obszöne Geste, indem er mit Daumen und Zeigefinger seiner linken Hand eine Rundung beschreibt und den Zeigefinger seiner rechten Hand darin vor- und zurückfährt. »So wird es gemacht. So reiben und pfeffern sie sich für Geld mit Männern.«

Diese Aufklärungsstunde soll mich noch eine ganze Weile beschäftigen, wobei mich eine Überlegung nicht so schnell loslässt. Machen es nur die Huren mit den Männern so oder andere Frauen auch? Ab einem gewissen Alter fielen mir natürlich gewisse Unterschiede zwischen Männern und Frauen auf. Frauen haken sich beim Spazierengehen bei Männern ein, Männer sind die Beschützer, was mir imponiert. Vater küsst Mutter, was mich eifersüchtig macht; sofort laufe ich zu ihr rüber und will auch einen Kuss von ihr. Frauen bekommen dicke Bäuche und irgendwann Kinder, die, wie ich irgendwie weiß, unter dem Rock hervorkommen. Mit diesen Vorgängen bin ich aufgewachsen, und sie fließen in meinem kindlichen Bewusstsein in einer Selbstverständlichkeit ineinander, die ich nicht hinterfrage. Mit drei oder vier Jahren beobachtete ich beim Spielen auf der Wiese hinter unserem Haus ein Pärchen, das sich im Gras wälzte und sich küsste; schon möglich, dass ich es als komisch empfand, aber ich habe mir nichts weiter dabei gedacht.

Letztlich ist es schade, dass ausgerechnet der Leutnant derjenige ist, der uns mit seiner Vulgärversion des Liebesakts aufklärt und bei mir und Marek halbwegs eine Wissenslücke schließt. Eines Tages gehen wir mit ihm zu der Straßenecke, an der die Huren stehen, um sie in Augenschein zu nehmen. Doch als nichts Auffälliges passiert, ziehen wir enttäuscht wieder ab.

Was für Parallelwelten erleben wir Buben – hier die Bedrohung und die tägliche Gewalt, dort das trotz allem fortschreitende Leben in all seinen Facetten, darunter auch den sexuellen.

Ist der Hof bislang für uns Kinder das vermeintlich sichere und überschaubare Rückzugsgebiet gewesen, in dem wir unsere spezifische Form von Handel ausüben, Allianzen bilden, gemeinsam den bohrenden Hunger bekämpfen und unsere Neugier aufs Leben miteinander teilen, platzt eines sonnigen Nachmittags diese scheinbar heile Welt wie eine Seifenblase. An der Stelle, an der wir noch vor ein paar Tagen herumfantasierten, was Männer und Frauen miteinander so treiben, werden wir Zeugen eines eiskalten Mords. In all den Monaten, die ich jetzt hier bin, ist das große Tor mit seiner kleinen Pforte am Ende des Hofes immer geschlossen geblieben. Überall im Hof spielen wir Kinder und hinterlassen sichtlich Spuren, wir kratzen an den Wänden oder bemalen sie mit Kreide, aber das Tor ist tabu.

Plötzlich bahnt sich ein Mann im schwarzen Anzug und weißem Hemd panikartig einen Weg durch die dichte Menschenmenge, die sich um diese Uhrzeit im Eingangsbogen drängt. Seine bewaffneten Häscher haben keine Mühe, ihm zu folgen, denn bei ihrem Anblick machen die Menschen schnell den Weg frei. Beide, die dem Flüchtenden folgen, haben einen Stahlhelm auf dem Kopf und sind mit einem Karabiner bewaffnet. Der große junge Mann im schwarzen Anzug hat in dem in sich geschlossenen Hof keine Chance, seine beiden Verfolger teilen sich vor dem ovalen Abfallhaufen und stellen ihn vor dem verschlossenen Tor. Der eine richtet sein Gewehr auf ihn und befiehlt ihm, die Hände hochzuheben. Der junge Mann dreht sich mit dem Gesicht zur Wand, der andere geht rüber zu der kleinen

Pforte und schlägt mit dem Karabinerkolben dreimal kräftig dagegen.

Erstarrt verfolgen wir Kinder, was sich da vor unseren Augen abspielt, und rühren uns nicht von der Stelle. In unserer Angst bietet sich uns mit einem Mal ein ungewöhnlicher Anblick: Die Pforte geht auf! Zwei Uniformierte mit Schiffchenmützen, aber ohne Mantel, die wie Offiziere aussehen, betreten den Hof. Im Gegensatz zu den beiden anderen, die den jungen Mann gestellt haben, wirken sie ruhig und überlegen. Der größere von beiden trägt eine großkalibrige Waffe, der andere eine kleinere in seinem seitlich befestigten Halfter, die eher wie ein Spielzeug an ihm wirkt. Der Größere umkreist langsam den jungen Mann und untersucht wie beiläufig seine Taschen. Die beiden Pistolenträger wirken so, als würden sie etwas zelebrieren, ein Ritual, das sie schon x-mal durchgespielt haben und dessen Ausgang von vornherein feststeht.

Nun geht alles blitzschnell, die Zeitlupenuntersuchung findet ein jähes Ende. Der Zweite, der bislang teilnahmslos dastand, holt seine Pistole aus dem Halfter und tritt mit zwei schnellen Schritten hinter sein Opfer. Er zielt kurz auf dessen Hinterkopf und schießt. Das Tor hält den nach vorn katapultierten Körper des jungen Mannes auf, der Aufprall lässt ihn zusammensacken und nach hinten kippen. Mit seltsam verrenkten Gliedern bleibt er liegen. Der Schütze tritt mit der Waffe in der Hand näher an den Leblosen heran und feuert noch zwei Mal. Als würde er noch Schmerz empfinden, zuckt der Körper des Unglücklichen kurz auf.

Entsetzt stürmen wir ins Treppenhaus, und schreiend und weinend stehen wir vor der Wohnungstür, läuten Sturm und trommeln dagegen. Es dauert eine Ewigkeit, ehe jemand aufmacht. Der Bursche mit der Knickerbockerhose steht vor uns, er ist sehr blass, aber gefasst. Er muss den Vorfall vom Fenster aus beobachtet haben, wahrscheinlich als Einziger, denn alle anderen in der Wohnung liegen auf dem Boden dicht am Fenster, auch Onkel Felek.

Obwohl ich mit meinen sieben Jahren gerade zugesehen habe, wie ein Mensch ermordet wurde, ein Vorgang, der mich für Minuten in einen Schockzustand versetzte, wirkt der Anblick der am Boden liegenden Menschen grotesk auf mich. Da sind zwei ältere Frauen, die sich noch immer tot stellen und für keinen Augenblick die Augen öffnen, als wir an ihnen vorbeigehen. Aber am komischsten empfinde ich die Mutter unseres Politstrategen in der Knickerbocker. Sie muss gerade nach Hause gekommen sein, als die Schüsse fielen, denn sie hat noch den Hut auf dem Kopf, ohne den sie nie ausgeht, und die weiße Tasche neben sich. Sie, die sich immer bemüht, mit den zwei Kostümen, die sie noch besitzt, tadellos daherzukommen, liegt jetzt mit verrutschtem Rock am Boden, der ihre zerrissenen Strümpfe an den Schenkeln entblößt.

Onkel Felek zischt dem jungen Burschen zu, vom Fenster wegzubleiben – keine Reaktion; auch die Bitten seiner Mutter fruchten nichts. Gebannt steht er da und starrt auf die Szene im Hof. Marek und ich liegen jetzt auf Onkel Feleks Befehl ebenfalls am Boden. Wir gucken zu dem Burschen rauf und beobachten jede seiner Bewegungen. Sein Trotz und sein Mut imponieren uns, ich weiß nicht, ob wir instinktiv erkennen, was in ihm steckt: dass er das Zeug für etwas Großes hat. Später, viel später werde ich von seiner heldenhaften Opferbereitschaft hören, als das Ghetto brennt und er bis zur letzten Patrone kämpft.

Am Fenster stehend sagt er: »Diese mordenden Schweine da draußen könnte man von hier aus mit Pfeil und Bogen erledigen.« Schließlich gibt er Entwarnung. »Meine Herrschaften, Sie können jetzt alle aufstehen. Die Mörder sind abgezogen.« Und weil alle Blicke auf ihn gerichtet sind und er auch in dieser Situation sein Publikum hat, gibt er auch diesmal den Propheten. »So oder so, sie werden eines Tages schwer dafür bezahlen.«

Wir eilen zum Fenster, der Hof ist leer, unser kleiner Basar im Eingangstor ist verwaist, die kleine Pforte wieder zu, es sieht so aus wie an einem Samstagmorgen, wenn alles ruht, wäre da nicht der tote Körper des jungen Mannes mit seiner bizarren Verrenkung, den seine Mörder einfach so zurückgelassen haben.

Durch diesen Gewaltakt wird unser Tagesprogramm gehörig durcheinandergebracht. Wir stehen unter Schock, sitzen abwechselnd auf der Couch oder eilen zum Fenster und starren hinunter in den Hof, wo noch immer der Tote liegt. Im Grunde ist er nun unser Mittelpunkt, denn sonst wüssten wir nichts mit uns anzufangen. Gewiss, wir sehen fast jeden Tag Tote auf der Nalewkistraße liegen, nur kennen wir Buben diese Straße nicht anders. Dieser Anblick gehört zu unserer visuellen Welt, genauso wie die bedrückte Masse Mensch, die bunten Fahrradrikschas mit ihren sichtbar besser gestellten Passagieren, die zerlumpten und todgeweihten Kinder, die um ihr Dasein spielenden Musikanten, die Taschen- und Mundraubspezialisten, ebenso wie die Huren und die bunte Straßenbahn. Doch mit der Tötung des jungen Mannes in unserem Hof, dem scheinbaren Refugium, wurde unserer kindlichen Seele eine Vergewaltigung zugefügt, deren Wunden lange nicht heilen werden.

Erst als der Hof im tiefen Schatten liegt, erscheinen zwei Männer mit einer Bahre. Sie tragen den Toten an unserem Fenster vorbei, und es hat den Anschein, als würde der Körper zu groß für die Bahre sein. Seine Hände rutschen über den Rand zu Boden und schaukeln im Rhythmus der Leichenträger hin und her. Sein Gesicht ist blutverschmiert und hat nichts gemeinsam mit dem des jungen Mannes, den wir für Sekunden lebend sahen.

Der Vorfall setzt auch Tante Mira zu, die lange vor Vater nach Hause kommt. An diesem Abend hat sie kein Programm für uns, kein Waschen, Ohrenputzen oder Kartoffelschälen. Sie sitzt nur da und kaut an einem Stück Brot und kommandiert nicht einmal Cesia herum, damit sie ihr hilft, ein Essen vorzubreiten. Sie weiß, dieser Mord ist anders als die Alltagsszenen an der Mauer, die sie tagtäglich erlebt. Mit einem Mal ist das Grauen auch in unseren Hof gedrungen, da sie und Vater sich doch so sehr bemühten, es von uns Kindern fernzuhalten. Es passierte hinter ihrem Rücken, ohne dass sie die Möglichkeit gehabt hätte, uns zu schützen. Als Vater später davon erfährt, sieht er das genauso. Als ob es nicht genügte, dass Tante Mira und er sich täglich an der Mauer in Lebensgefahr begeben, jetzt ist auch der Hof nicht mehr sicher. Er spricht von der Eröffnung einer zweiten Front. Der junge Mann wurde an einem schönen Frühlingstag ermordet, und der Vorfall kennzeichnet nicht nur eine neue Jahreszeit, sondern auch eine neue Phase der Vernichtungspolitik der Nazis, wie sich noch herausstellen soll.

3

Schlupfloch

EINE KOLLEKTIVE UNRUHE macht sich im Ghetto breit. Gerüchte schwirren durch die Straßen, man will uns irgendwohin deportieren, aber warum und wohin? Meine Fantasie schickt mich auf eine ganz andere Reise als die Erwachsenen meiner Umgebung, denn die ahnen die Wahrheit, wollen sie aber nicht wahrhaben. Manchmal kehrt wieder für ein paar Tage Ruhe ein, und ein trügerischer Hoffnungsschimmer keimt in dieser Atempause.

Mein persönliches Dilemma von heute: Als Siebzigjähriger fordere ich mein eigenes Ich mit sieben Jahren auf, das Unbeschreibliche zu beschreiben. Meine Erinnerung an jene Tage des untergehenden Ghettos ist geprägt von einer Flut von Bildern, die erst meiner kindlichen Wahrnehmung entrissen und sortiert einen Sinn ergeben.

Vater ist einer der wenigen, die eine präzise Vorstellung davon haben, was auf uns zukommt. Er weiß, was sie mit uns vorhaben, aber warum, das weiß er genauso wenig wie ich. Er lässt sich von der Atempause nicht beirren und nützt sie, um eigenartige Spaziergänge im Ghetto mit mir zu unternehmen, die jedes Mal dasselbe Ziel haben: ein imposantes Gebäude mit Säulen und einer breiten Treppe am Haupteingang. Das Gebäude wird links und rechts von der Ghettomauer flankiert, und die Rückseite befindet sich auf der sogenannten »arischen« Seite. Am Fuße der Treppe halten sich ein paar jüdische Polizisten auf, die jeden kontrollieren, der in das Gebäude hinein will, und am oberen Treppenabsatz vor dem Haupteingang stehen zwei bewaffnete deutsche Gendarmen mit Stahlhelm, die offensichtlich keine Kontrolle durchführen. Zunächst habe ich keine Ahnung, was wir dort wollen, es fällt mir nur auf, dass Vater aus einer gewissen Distanz das Gebäude beobachtet, insbesondere den Haupteingang. Erst Wochen später, als sich die Lage dramatisch zuspitzt und wir wieder vor diesem Gebäude stehen, offenbart er mir mit beschwörenden Worten: Das ist das Schlupfloch, um aus dem Ghetto zu entkommen.

Aber noch ist es nicht so weit, noch suggeriert uns die Atempause die gewohnte »Normalität«. Onkel Felek bringt uns wie gewohnt zum Unterricht und lässt durchblicken, er würde gern was anderes machen, nur sein ruckartiger und schlurfender Gang zeugt noch von der hinter ihm liegenden Erkrankung. Tante Mira und Vater üben weiterhin ihren gefährlichen Job an der Mauer aus. Noch ahne ich nicht, dass Vater inzwischen über die Mauer hinaus agiert und Fluchtpläne schmiedet. Ob und inwieweit er Tante Mira und Onkel Felek zu diesem Zeitpunkt eingeweiht hat, vermag ich nicht zu sagen. Die Mauer ist wie ein Seismograph, hier entscheidet sich das Wohl und Wehe des Ghettos und spürt man, ob sich der Wind gerade günstig dreht. Wenn Vater und der Polizist abends müde nach Hause kommen, liegen ihre Nerven blank. Ihr Risiko, erwischt zu werden, wächst von Tag zu Tag. Die Mauer wird undurchlässiger, die Zahl der Opfer unter den Schmugglern steigt dramatisch an. Obwohl beide machtlos dagegen sind, kommt es zwischen ihnen zu Spannungen, sie schreien sich des Öfteren an.

Es dauert nicht lang, und diese hermetische Abriegelung

der Ghettomauer wirkt sich auf all unsere Lebensbereiche aus. Tante Mira und Vater verlassen die Wohnung nur noch sporadisch und getrennt voneinander, sie bleiben auch nicht lange weg. Offensichtlich gehen sie keiner »geregelten« Beschäftigung mehr nach. Tante Mira beginnt wieder die Vorräte zu strecken, und am Ende wird der Unterricht für Marek und mich abgesagt. Wir haben keine Naturalien für die Lehrerin mehr. Mir fällt auf, dass die Menschen auf der Nalewkistraße weniger hin und her rennen als sonst, um stattdessen die an den Litfaßsäulen und Wänden angebrachten Verordnungen und Bekanntmachungen der Nazis zu lesen. Die Rikschafahrer bieten ihren Service aggressiver an als sonst und unterbieten sich im Preis. Die zwei oder drei Restaurants, die es auf der Nalewkistraße gab, haben dichtgemacht. Mit den Straßenmusikanten verschwinden auch die Huren, für beide Metiers fehlen die Kunden.

An einem dieser sonnigen Tage eilt Vater mit mir und einer Gruppe Verzweifelter zu einer bestimmten Stelle an der Mauer, die angeblich durchlässig ist oder vielmehr nicht bewacht wird – nichts als unverantwortliche Gerüchte: Dort angekommen, werden wir mit Schüssen empfangen. Auch in der Wohnung macht sich Unruhe breit; tagsüber ist es ein unruhiges Kommen und Gehen, auch in die Unbeweglichsten kommt jetzt Bewegung. Jeder meint, jemanden zu kennen, der ihm im entscheidenden Moment weiterhelfen kann, allein, es kommt in der Regel nichts dabei heraus. Es ist ein einziges Sich-im-Kreis-Drehen. Das Schiff beginnt zu sinken, und es gibt keine Rettungsboote.

Merkwürdige Allianzen entstehen, etwa die zwischen dem jungen Burschen in der Knickerbocker und dem Polizisten. Beide waren sich bis dato spinnefeind, der Polizist sah in dem Burschen einen Unruhestifter, der die ganze Wohngemeinschaft und insbesondere ihn gefährdet, der Bursche sah in dem Polizisten einen Kollaborateur. In diesen Tagen sehen sie unabhängig voneinander das Unheil auf uns zukommen, und der Polizist weiß, dass seine blaue Polizistenmütze und sein Gummiknüppel ihm nichts nützen werden, dass auch seine Tage gezählt sind. Wie früher mit Vater bespricht sich der Polizist jetzt mit dem Burschen, oder sie verlassen gemeinsam die Wohnung. Trug der Polizist bislang meist die eigenartigen Insignien der jüdischen Polizei spazieren, so kommt er jetzt des Öfteren in schlichtem Zivil daher. Die beiden hecken etwas aus, und ich glaube, Vater weiß, dass es mit dem zu tun hat, was der Bursche im engsten Kreis schon lange verwegen propagiert – den bewaffneten Widerstand.

Doch lange bevor dieser beginnt, fällt der Polizist. Sein Tod löst in der Wohnung Panik aus. Jeder kann sich jetzt denken, in welchem Zusammenhang sein Tod steht, zumal der junge Bursche nicht mehr nach Hause kommt. Wir warten jeden Augenblick, dass die Wohnung ausgehoben wird, was uns dann blüht, weiß jeder. Als die junge Frau von seinem Tod erfährt, fällt sie in einen beklagenswerten Zustand, der auch auf die restlichen Bewohner abfärbt. Eine lähmende Todesangst hat uns alle im Griff, flankiert von einem unerträglichen Schreikrampf der Mutter des verschwundenen Burschen. Ihr Mann und Tante Mira bemühen sich um sie, er hält ihr die Hände, Tante Mira besprenkelt sie mit kaltem Wasser. Kein Mittel hilft gegen ihre Hysterie, und sie fängt an, sich die Kleider vom Leib zu reißen. Daraufhin verpasst ihr Tante Mira ein paar kräftige Ohrfeigen. Vater kommt hinzu, und gemeinsam drücken sie die Tobende auf das Bett, wo sie in eine Art Koma fällt.

Die dramatische Entwicklung durchkreuzt Vaters Fluchtpläne und bringt ihn in arge Bedrängnis, er muss jetzt handeln, und zwar sofort. Die Einzigen, die noch halbwegs rational agieren, sind Tante Mira, Vater und, mit Abstrichen, Onkel Felek. Am Fenster stehend haben sie was zu besprechen, dann kommt Vater zu mir rüber, tätschelt mir die Wangen und meint, ich soll keine Angst haben, in ein paar Stunden sei er wieder da, und verlässt fluchtartig die Wohnung. Das ist das Signal für ein paar andere, auch die Wohnung zu verlassen, denn es hat den Anschein, als hätte sich Vater aus dem Staub gemacht.

Für uns Verbliebene werden die kommenden Stunden zu einer ungeheuren Belastung, jedes Geräusch zu einer Prüfung, aber es geschieht nichts. Selbst wir Kinder begreifen den Ernst der Lage, wir brauchen nur in die Gesichter der Erwachsenen zu schauen. Am meisten verängstigt und betroffen von uns dreien ist Cesia. Sie ist zwölf Jahre alt, im Gegensatz zu uns Buben funktioniert der kindliche Verdrängungsmechanismus bei ihr nicht mehr. Der Ausschlag, den sie seit langem hat, lässt ihr Gesicht glühen. Solche Situationen wie jetzt erlebt sie viel intensiver, sie bangt um ihr junges Leben. Wir dürfen nicht in den Hof. Immer wieder laufe ich zum Fenster, um nach Vater oder bekannten Gesichtern Ausschau zu halten, aber da ist niemand. Möglich, dass das Schicksal des Polizisten die anderen Hofanrainer alarmiert hat, denn erfahren haben sie es bestimmt.

Vater bleibt nicht nur Stunden, sondern einen ganzen Tag weg. Von nun an werde ich die Erfahrung machen, dass er nie mehr pünktlich zur verabredeten Zeit erscheinen wird. Er wird mich für Tage, Wochen und Monate anderen überlassen, um mich irgendwann völlig unerwartet zu besuchen. Auf meine bange Frage, wann er denn wiederkomme, wird er mir einen Zeitpunkt nennen; einhalten wird er ihn nie. Das gehört zu seiner persönlichen Überlebensstrategie, um sich zu vergewissern, dass mein Versteck nicht verraten wurde und er nicht in eine Falle tappt.

Er kommt sehr spät und sehr müde daher, isst kaum was und steht mit Tante Mira und Onkel Felek wieder am Fenster. Dann tut er etwas für diese Uhrzeit völlig Ungewöhnliches, er putzt seine und meine Schuhe. Ich liege bereits auf der für die Nacht gerichteten Couch und verfolge sein Tun, aber nicht mehr lange, meine Lider werden schwer, und ich schlafe ein. Es ist meine letzte Nacht im Warschauer Ghetto.

Am nächsten Morgen öffne ich die Augen und spüre sofort, etwas Ungewöhnliches steht an. Vater ist rasiert, hat seinen aufgebügelten Anzug und ein frisches Hemd an und die einzige Krawatte umgebunden. Er gibt sich forsch, um seine Aufregung zu kaschieren. Für mich liegen bereit: mein einziges gutes Hemd, auch aufgebügelt, meine Jacke und kurze Hose und die geputzten Schuhe. Tante Mira und Onkel Felek sind ebenfalls angezogen und wirken übernächtigt. Cesia und Marek schlafen noch. Diese Stimmung habe ich schon einmal, an einem anderen Ort erlebt. Aber wann und wo? Dann fällt bei mir der Groschen. Wieder einmal steht mir mit Vater ein sehr gefährlicher Gang bevor. Ein Marmeladenbrot, ein Schluck Tee, ein Kuss von Onkel Felek und Tante Mira.

Wir passieren den menschenleeren Torbogen, und Vater und ich finden uns, frisch aufgeputzt an diesem sonnigen Morgen, auf der Nalewkistraße wieder. Noch weiß ich nicht, dass ich diese Wohnung und das Ghetto für immer verlasse, denn Vater hat nichts für mich dabei, nicht einmal mein Nachthemd. Im Ton bestimmt und keinen Widerspruch duldend, erläutert er mir, was auf mich zukommt. »Ich bringe dich jetzt zu diesem Gebäude, bei dem wir schon ein paar Mal waren. Dort setzen wir uns in einer großen Halle auf eine Bank und bleiben so lange, bis sich ein Herr zu uns setzt. Er wird sich eine Weile mit uns unterhalten, dann steht ihr beide auf, und du gehst mit ihm mit.« Er beteuert noch: Der Mann sei sehr nett, und spätestens in zwei oder drei Tagen komme er selbst mit Onkel Felek und seiner Familie nach. Das hört sich an, als sei es ein Kinderspiel, wäre da nicht Vaters Nervosität. Ich spüre, ich habe keine Wahl.

Zum ersten Mal spendiert mir Vater zu meiner Überraschung nach all der Zeit im Ghetto eine Rikschafahrt. Leider ist es der falsche Zeitpunkt, und die große Freude will nicht aufkommen. Der fremde Mann, mit dem ich mitgehen soll, ist jetzt fest in meinem Kopf verankert, und ich habe wieder einmal Angst. Auch nehme ich zur Kenntnis, dass es ein Mensch ist, der dieses Gefährt mit seiner Muskelkraft am Laufen hält, besonders beim Anfahren spüre ich, wie er hinter uns schnauft und pustet, während er sich abstrampelt. Ein Gleiten wie mit Adlernases Pferdeschlitten ist das nicht.

Dass wir uns dicht an das Gebäude heranfahren lassen, gut sichtbar für die jüdischen Polizisten, ist von Vater inszeniert. In dem Augenblick, da Vater mit mir der Rikscha entsteigt, verwandelt er sich in einen selbstbewussten Herrn, mit dem der nervöse, seine Angst unterdrückende Rikschapassagier von zuvor nichts gemein hat. Wie selbstverständlich holt er ein paar Geldscheine aus der Gesäßtasche und entlohnt den Rikschafahrer, ohne zu feilschen, auch das Teil der Inszenierung für die jüdischen Polizisten, die das Ganze beobachten. Vaters Hang zum Angeben erweist sich in diesen Minuten als lebensrettend, denn im Grunde ist er ein geiziger Mensch. Mit derselben selbstsicheren Geste und einem gewinnenden Lächeln holt er ein Papier aus der Brusttasche und geht mit mir an der Hand zielstrebig zu einem der Polizisten. Der schaut sich wichtigtuerisch das Dokument an und übergibt es einem anderen, wahrscheinlich seinem Vorgesetzten. Vater und ich werden kurz gemustert, und er winkt uns durch.

Eine der intensivsten Szenen meiner Flucht aus dem Ghetto, die noch heute lebendig vor meinen Augen steht, geht jetzt über die Bühne, Vaters Bühne. Wir steigen die Treppe zum Eingang hoch; grüßend den rechten Arm lässig an die Stirn führend, gehen wir an den deutschen Wachen vorbei und betreten das Gebäude. Es ist riesig – lange Gänge, ausladende Treppen, eine unglaublich hohe Halle. Jahre später erfahre ich von Vater, dass es sich um das Warschauer Hauptjustizgebäude handelte, das Zugang sowohl von der jüdischen als auch von der polnischen Seite hatte. Der Frage, wie er mit diesem Wisch, der freilich gefälscht war, in das Gebäude gelangen konnte, weicht er aus. Als wäre dieser geniale Trick, in das Gebäude zu gelangen und auf der anderen Seite wieder hinaus, sein Patent, das auch noch nach vierzig Jahren Gültigkeit hat, gibt er das Geheimnis nicht preis und nimmt es mit ins Grab.

Wir setzen uns auf eine der Bänke in der Halle und warten. Kaum ist er in die neue Rolle geschlüpft, hat sich auch Vaters Schroffheit gelegt. In einem netten Ton, während er meine Haare mit den Fingern zurechtkämmt, bittet er mich wiederholt, mit dem sehr netten Mann, der da kommen soll, mitzugehen. Derweil habe ich kapiert, dass wir uns in einer außergewöhnlichen Situation befinden, nur ist sich Vater dessen nicht so sicher. Ich darf jetzt nicht querspielen, sonst bricht sein Kartenhaus zusammen.

Der Mann, der sich zu uns setzt, ist etwas größer als Vater und wirkt mit seinem streng gescheitelten Haar, dem sorgfältig gestutzten Oberlippenbart und der Fliege am Kragen gepflegt. Irgendwie habe ich das Gefühl, dass er hierhergehört, vielleicht liegt es an seiner eleganten, flachen Aktenmappe, die er unter dem Arm trägt und seine Wichtigkeit unterstreicht. Er überfliegt ein paar Papiere, die er aus der Aktenmappe holt, und schaut kurz zu uns herüber. Dann lässt er ein Blatt Papier fallen, und Vater fordert mich auf, es für den Herrn aufzuheben, der bedankt sich und verwickelt mich in ein belangloses Gespräch – der Vorwand, um mit Vater Kontakt aufzunehmen. Er rückt etwas näher, um mir übers Haar zu streichen. Während er mit Vater spricht, greift er nach meiner Hand, tätschelt sie und lässt sie nicht mehr los, ergreift im wahrsten Sinn des Wortes Besitz von mir. Ich weiß, jetzt passiert etwas Entscheidendes mit mir – Vater überlässt mich jemandem, den ich überhaupt nicht kenne. Nur ist es diesmal gewollt und so eingefädelt und hat mit der Szene kurz vor Sochatschew nichts gemein, als deutsche Soldaten auf unseren Karren sprangen und Vater in Panik das Weite suchte. Eine Mischung aus Angst und Zuversicht beherrscht mich.

Die alles entscheidenden Minuten meines Lebens vollziehen sich jetzt, doch wie vieles in diesem Alter ist mir das nur bedingt bewusst, das volle Ausmaß eines möglichen Scheiterns gar nicht. Die Art, wie der Mann mit mir spricht, signalisiert mir, er weiß, dass ich Angst habe, und die gilt es jetzt abzubauen. Während er mir, über mich gebeugt, mit leiser Stimme versichert, es wird mir gut bei ihm gefallen, holt er ein Taschentuch hervor und trocknet meine vor Nervosität feuchten Hände. Eine flüchtige Geste, die Vertrauen herstellen soll, was teilweise gelingt. Ein letzter banger Blick zu Vater, der mit aufgesetztem Lächeln dasteht, und ich gehe mit diesem mir unbekannten Mann mit.

Alle meine späteren Überlegungen, wie dieses Schlupfloch funktionierte, waren reine Theorie, die nie eine Bestätigung erfuhren, denn der Hauptakteur schwieg. Jedenfalls muss Vater als Anwalt aufgetreten sein, um in das Gebäude zu gelangen. Das Übertragen von abgepresstem jüdischem Vermögen auf andere funktionierte bis zum letzten Augenblick, und der Schauplatz dieser Transaktion war das Justizgebäude. Dadurch hatten ein paar jüdische Anwälte Zugang dazu. Als einen dieser Anwälte gab sich mein Vater aus, denn anders wäre er nicht hineingelangt. Im Laufe der Verfolgungsjahre schlüpfte er in zahlreiche Rollen, aber diese lebensgefährliche Köpenickiade war seine Meisterleistung. Nicht jeder, den er auf diese Weise aus dem Ghetto geholt hat, hat überlebt, aber etwa zwei Dutzend schon. Kaum zu glauben, dass dieser junge Mann, der in der Nacht vor dieser Aktion von Ängsten gebeutelt nicht einschlafen konnte und sich am Morgen übergab, überhaupt dazu in der Lage war. Ironie des Schicksals: Er, der im späteren Leben nach etwas Höherem, nach Erfolg strebte, musste erkennen, dass das Allerhöchste, was er geschafft hatte, wohl hinter ihm lag, dass er es in dieser Ausnahmesituation zustande gebracht hatte. Ich werde die Szene nie vergessen, als bei einem Treffen von Überlebenden des Warschauer Ghettos in Tel Aviv ihm etliche vor Dankbarkeit die Hände küssten und er einem Freund am nächsten Tag offenbarte, es sei ihm nie gelungen, das große Geld zu machen.

Warum er immer wieder ins Ghetto zurückkehrte, sein und mein Leben aufs Spiel setzte, denn ohne ihn war ich verloren, weiß ich nicht. Einmal im Justizgebäude, brauchte er bloß auf der anderen Seite wieder hinausgehen und nicht wieder zurückkehren, und seine Chancen zum Überleben waren ungleich besser. Er tat es aber nicht, und der Grund dafür lag, wie vieles andere, in den Tiefen seiner Psyche, die er wahrscheinlich selber nicht zu deuten vermochte. Der Tanz auf dem Vulkan war in jenen Tagen und Wochen sein Lebensinhalt – ein masochistischer Akt womöglich? –, und wenn er dabei Leben retten konnte, umso besser.

Eine Stadt, zwei völlig verschiedene Welten, diese Erfahrung mache ich jetzt an der Hand jenes mir völlig fremden Mannes. Die einzige Gemeinsamkeit dieser Welten ist die Struktur der Straßen und die Architektur der Häuser. Nach einem ziemlich langen Fußmarsch kommen wir vor einem Gebäude mit geschlossenem Eingangstor und offener Pforte an. Drinnen ein rechteckiger Hinterhof, der von Häusermauern gesäumt ist. Einen der Eingänge benutzen wir und steigen in den zweiten oder dritten Stock hinauf. Vor einer der üblichen braunen Eingangstüren bleiben wir stehen.

Ein eigenartiger Geruch empfängt mich. Der Mann öffnet die Tür, und der Geruch wird noch intensiver. Der Flur der Wohnung ist dunkel, und ich kann nicht erkennen, woher der Geruch rührt. Er schaltet kein Licht an, sondern öffnet die Tür zu einer geräumigen Küche mit einem angrenzenden großen Zimmer. Nur das einzige Fenster der Küche spendet spärliches Licht, in dem ich mir einen Überblick verschaffen kann. Und ich staune nicht schlecht über das, was ich sehe. Im Zimmer und im Flur sind, in für Erwachsene erreichbarer Höhe, Schnüre gespannt, von denen braune Blätter herunterhängen, wie Wäsche zum Trocknen. Ohne meine Frage abzuwarten, erklärt er mir: Das sind Tabakblätter, die er trocknet und verkauft. Ach so, sage ich mir, also ist der aufgetakelte Herr mit Fliege und Aktenmappe aus dem Justizgebäude auch nicht das, was er vorgibt. Auch er ein Verwandlungskünstler wie Vater. Nur eins will mir nicht in den Kopf: Wohnt er ganz allein in dieser großen Wohnung? Denn sie hat noch ein Zimmer und eine Kammer sowie eine separate Toilette, ein für mich unvorstellbarer Luxus.

Bevor er in dem einen Zimmer verschwindet, ermahnt er mich, auf dem Flur zu bleiben und auf keinen Fall an ein Fenster zu treten. Er kommt ohne Fliege wieder heraus und macht sich in der Küche zu schaffen. Der Flur ist mit einem Spiegelschrank, Kleiderständer, einem kleinen runden Tisch und zwei Stühlen ausgestattet und dient offensichtlich als Wohnzimmer. In der Kammer, die mit allem Möglichen vollgestopft ist, fällt mir ein verschnörkeltes eisernes Gestell mit Waschschüssel auf. Daneben, auf einem Karton, Handtuch und Seife.

Der Mann sagt, er macht uns was zu essen und ob ich Ei und geröstete Zwiebeln mag. Ja, ja klar! Was für eine Frage. Er lacht nur, er weiß schließlich, woher ich komme. »Aber vorher, mein Freund, wäschst du dir die Pfötchen und das Gesicht«, meint er. Ohne Murren komme ich der Aufforderung nach. Mein erstes Eiergericht seit ich weiß nicht wann, dazu Butterbrot und eine Limonade, was für ein köstliches Mahl! Ich haue kräftig rein, sodass er mich bremst, selbst der Tabakgeruch stört mich nicht mehr, der mich ab und zu niesen lässt.

Er sitzt mit mir am kleinen Tisch im Flur, als hätten wir das schon immer so getan, nur mit dem einen Unterschied, dass ich das Essen herunterschlinge, während er normal isst. Mein voller Magen hebt meine Stimmung. Ich muss auf meinen Gastgeber zuversichtlich wirken, denn er sagt mit wohlwollendem Grinsen zu mir: »Siehst du, Senek, so schlecht ist das gar nicht bei mir.« Nun, was das Essen betrifft, stimmt das auf jeden Fall, sage ich mir, alles andere muss man erst sehen. Bedingt durch das Halbdunkel des Flurs und die Erlebnisse dieses außergewöhnlichen Tages, gekrönt durch das gute Essen, bin ich am Ende so erschöpft, dass ich im Sitzen einschlafe.

Und in der Tat, dieser Tag ist die Weichenstellung zum Leben für mich. Der ausgeprägte Lebenswille und Einfallsreichtum meines Vaters ersparen mir den Gang zu der berühmt-berüchtigten Rampe, jener Verladestelle, durch die Hunderttausende in den Tod geschickt werden. Sie ersparen mir, in den letzten Stunden und Tagen meines Lebens eine qualvolle Reise in einem Viehwaggon anzutreten, ohne zu wissen, warum man mir das antut.

Am nächsten Tag wache ich nach langer Zeit wieder einmal mit dem bekannten Gefühl auf, von allem mir Vertrauten abgeschnitten zu sein. Rasch versuche ich mir in Erinnerung zu rufen: Waren die Minuten vor dem Einschlafen gut oder schlecht? Blitzschnell versuche ich einzuschätzen: Muss ich jetzt Angst haben oder nicht? Ein Jein ist die Antwort. Bett und Zimmer, in dem ich aufwache, sind mir fremd. Es ist das Schlafzimmer dieser Wohnung. Die Vorhänge sind zugezogen, und sie werden es bleiben, solange ich hier bin. Die Tür ist offen, und das Halbdunkel hat mich wieder und der Tabakgeruch auch. Mein Gastgeber steht fertig angezogen mit Anzug und Fliege da, so wie ich ihn gestern das erste Mal sah. Er hat mir bereits ein Frühstück bereitet und fordert mich auf, nach dem Toilettengang die Hände zu waschen. Während ich die Marmeladenbrote esse, erklärt er mir, er wird für eine Weile weggehen und dann mit jemandem kommen, den ich gut kenne. Er ermahnt mich eindringlich, während seiner Abwesenheit die Toilettenspülung nicht zu betätigen, im Flur zu bleiben und keinesfalls zu reagieren, wenn es an der Tür läutet. Er überlässt mir ein paar Papierblätter, einen Stift und fordert mich auf, etwas zu zeichnen, ein Pferd vielleicht. Am besten am Boden liegend, denn da ist das Licht besser. Gestern, vorgestern und alle die Tage zuvor teilte ich meine Angst mit anderen, jetzt bin ich ihr allein ausgesetzt.

Ein kurzer Probelauf für die kommenden Wochen und Monate beginnt. Mir ist nicht nach Zeichnen zumute, ich kenne und fürchte inzwischen die Welt da draußen. In meinem Kopf spielen sich konkrete Überlegungen ab. Verschiedene Was-ist-wenn-Fragen geistern mir durch den Kopf und ängstigen mich. Als ich den Mann am Morgen mit seiner Fliege sah, wusste ich, mein Gastgeber und Vater ziehen wieder diese Justizgebäudenummer ab, und wehe mir, wenn man die beiden schnappt. Ich habe jetzt genügend Zeit, mich mit der Horrorvision zu beschäftigen: Vater gelangt nicht in das Justizgebäude hinein, weil seine Rikscha-Show diesmal nicht bei den Polizisten ankommt. Und was macht der Tabakhändler mit mir, wenn Vater erwischt wird, oder er selber fliegt auf und Vater weiß gar nicht, wo ich bin? Dann sitze ich in dieser Wohnung in der sprichwörtlichen Falle.

Jäh haben meine mich peinigenden Überlegungen ein Ende. Ein Schlüssel wird in das Türschloss gesteckt, umgedreht, die Tür geht auf, und mein Gastgeber, in Begleitung von Onkel Felek, steht im Flur. Ich weiß, dass Vater keine ganze Gruppe durch das Justizgebäude schleusen kann, sondern jeweils nur eine Person, aber dass ausgerechnet mein schwerfälliger Onkel Felek der Nächste sein wird, überrascht mich. Doch egal, Hauptsache, nicht allein in dieser unheimlichen Wohnung.

Von wegen allein, Vater und der Tabakhändler leisten ganze Arbeit. In Intervallen von zwei Tagen bringt der Mann mit der Fliege regelmäßig eine weitere Person in die Wohnung, darunter Tante Mira, Cesia und Marek. Es kommen auch Menschen, die wir gar nicht kennen. Fast alle dieser Fremden sind ausgesprochen nett zu mir, sobald sie erfahren, dass ich der Sohn ihres Wohltäters bin, allein die Nettigkeiten nützen mir nichts, denn er selber ist nie dabei. Ich habe Vater seit vielen Tagen nicht mehr gesehen, und Tante Mira und Onkel Felek können ihn mir nicht ersetzen. Jedes Mal, wenn der Tabakhändler die Tür öffnet und jemand hinter ihm auftaucht, schaue ich hoffnungsvoll zur Tür, um abermals enttäuscht zu werden.

Phasenweise sind wir bis zu zwanzig Personen in der Wohnung, und die Stimmung schlägt allen Beteiligten aufs Gemüt, am allermeisten unserem Gastgeber, denn die Kontrolle über seine Wohnung scheint ihm zusehends zu entgleiten. Zuerst ist die Euphorie groß bei jedem, der diese Anlaufstelle heil erreicht. Aber wenn der Flüchtling dann aufgefordert wird, sein Versprechen einzulösen und auf eigene Faust weiterzuziehen, weiß er in der Regel nicht, wohin. Und das ist das Dilemma dieser überbelegten Wohnung, alles gerät ins Stocken.

Bis auf wenige Privilegierte, darunter Tante Mira und Cesia, schlafen wir alle auf dem Boden. Tagsüber ist es uns untersagt, uns aufrecht zu bewegen, nur abends, wenn die Vorhänge zugezogen sind, ist es möglich. Unter das Verbot fallen auch: laut zu sprechen, zu rauchen und die Toilette oft zu benutzen, und für uns Kinder: nicht in der Wohnung herumzurennen. Das alles, um nicht die Aufmerksamkeit der Nachbarn zu erregen. Wir Kinder spielen oder zeichnen im Wohnzimmer unterm Tisch, die Erwachsenen liegen den ganzen Tag einfach auf ihren Decken. Abends, kurz vorm Schlafengehen, werden die Lichter ausgemacht, dann stürzen die Raucher abwechselnd zum offenen Fenster, schieben den Vorhang ein wenig zur Seite und saugen gierig an einer Zigarette.

Den freundlichen Mann mit der Fliege gibt es nicht mehr, der läuft jetzt mit offenem Hemd herum, ist ruppig und nervös, besonders zu denen, die nach wenigen Tagen nicht weiterziehen. Er schafft es auch nicht mehr, uns mit Nahrung zu versorgen, und von einer Mahlzeit, wie er sie mir zubereitete, als ich als Erster hier ankam, kann ich jetzt nur träumen; außer Tee gibt es praktisch nichts Warmes mehr. Wahrscheinlich hat er sich die Sache selbst ganz anders vorgestellt. In dieser tristen und verfahrenen Situation fällt auf, dass der Einzige, mit dem er einen fast freundlichen Umgang hat, Onkel Felek ist. Die beiden verstehen sich erstaunlich gut, nicht zuletzt, weil mein Onkel ein schnörkelloses Polnisch spricht und seinem Wesen nach der polnischen Mentalität sehr nahe kommt.

Von Cesia, die gern die Ohren spitzt, erfahren wir, dass unser Gastgeber Onkel Felek zu seinem Assistenten umfunktionieren will. Er will vor allem Onkel Feleks gute Deutschkenntnisse nutzen, ihn ausgestattet mit falschen Papieren als Volksdeutschen agieren lassen, um ihn beim Nahrungskauf zu entlasten und Adressen ausfindig zu machen, die bereit wären, Juden zu verstecken. Der Plan scheint aufzugehen, denn Onkel Felek ist jetzt die meiste Zeit nicht da und kommt am Abend erschöpft nach Hause. Wer hätte das gedacht: Mein anfangs so verstörter und inzwischen genesener Onkel Felek geht nun als Volksdeutscher durch die Straßen Warschaus, um Nahrung zu besorgen und Quellen aufzutun, um Leben zu retten.

Worüber Marek und ich uns kaum Gedanken machen, auch wenn Cesia uns einiges darüber zu berichten weiß, ist die Entlohnung bei der Fluchtaktion. So viel bleibt aber in unseren Köpfen hängen: Fürs Rausholen aus dem Justizgebäude und Unterbringen in der Wohnung bekommt der Mann mit der Fliege den Löwenanteil, denn ohne ihn geht gar nichts. Für Vater ist es ein gefährliches, aber kein lohnendes Geschäft. Die Übernahme von Tante Mira, Onkel Felek und den Kindern durch den Fliegenmann muss er noch bezuschussen, denn die bringen die geforderte Summe allein nicht auf. Was die andere Kundschaft betrifft, die er aus dem Ghetto schafft und mit der er gut bekannt ist, geschieht Vaters Entlohnung nach dem Prinzip »Du gibst mir, was du kannst«, und das ist in der Regel nicht viel. Eines noch fällt mir auf: Vater und der Fliegenmann schleusen auffallend viele junge Frauen aus dem Ghetto, die keinen Groschen besitzen, das weiß ich ebenfalls von Cesia. Am Ende dieser Schleuseraktion, als Vater endgültig auf der polnischen Seite bleibt, ist er ziemlich blank, denn er hat Mühe, das junge Paar zu entlohnen, das mich verstecken soll.

Einige Tage bevor Vater mich auf einem Gemüsemarkt in Warschau einer jungen Polin übergibt, taucht er zu meiner Freude auf. Er ist ziemlich enttäuscht über die Verhältnisse, die er hier vorfindet, obwohl zu diesem Zeitpunkt das Schlimmste überstanden ist und viele weitergezogen sind, nichts passt ihm in dieser Wohnung. Von seinem Charme, den er in Anwesenheit von Frauen sonst an den Tag legt, ist nichts zu spüren, er ist unruhig wie ein gefangenes Tier, er wittert Gefahr. Das Rumrutschen auf den Knien oder stundenlange Herumliegen auf einer Decke am Boden hält er nicht aus. Er muss mit mir hier weg, und zwar so schnell es geht. Wieder verschwindet er für ein paar Stunden, und als er wieder da ist, beginnt er damit, mich auf eine neue Situation einzustellen. Er spricht von einer Dame, die wir treffen werden, und einem neuen Namen, den ich mir unbedingt merken muss – Senek Rurzycki –, denn so werde ich von nun an heißen.

Die Endzeitstimmung, die er hier vorfindet, steckt ihn an; zwar hat er Aussicht, mich bei diesem polnischen Paar zu verstecken, aber das ist mit vielen Unwägbarkeiten verbunden. Ebenso macht er sich Sorgen, weil er für seinen Schwager und die Seinen nichts tun kann, denn eine ganze Familie unterzubringen ist fast unmöglich. Ich sehe noch Tante Miras hoffnungsvollen Blick, als Vater nach seiner Exkursion in die Wohnung zurückkehrt und zögernd eingestehen muss, er hat nichts für sie. Auch Onkel Felek hat trotz verzweifelter Bemühungen keinen Unterschlupf gefunden, obwohl er sich als »Volksdeutscher« ausgibt. Tante Miras ganze Hoffnung ist jetzt Vater, ihr umtriebiger und durchsetzungsstarker Partner der letzten Monate. Doch dieser Tausendsassa, der es glänzend verstand, Dutzende von Bedrohten bis hierher zu bringen, ist jetzt selbst am Ende, und nur ein Hoffnungsschimmer bleibt ihm, dass diese junge Polin ihr Verspechen hält und zu dem verabredeten Treffpunkt auf dem Gemüsemarkt kommt.

Diesmal höre ich zu, was Cesia, meine Informantin, mir unter dem Tisch mitzuteilen hat. Verängstigt und den Tränen nahe, presst sie hervor: Vater und ich werden auf jeden Fall morgen die Wohnung verlassen und nicht zurückkehren, komme, was wolle. Wir hocken oder liegen im Flur auf den ausgebreiteten Decken einträchtig zusammen, als wollten wir gemeinsam etwas zelebrieren. Auch die distanzierte Tante Mira sitzt mit angezogenen Beinen bei uns und schweigt.

Verschwommen erreicht mich jetzt die Szene aus fernen Kindertagen, als unsere beiden Familien ähnlich einvernehmlich auf der Sonnenblumenwiese hinter unserem Haus versammelt waren. Ein ausgesprochen schöner Tag, als Tante Mira und Onkel Felek zum Picknick luden, sie mit Strohhut, er mit offenem weißem Hemd und hochgekrempelten Ärmeln. Bereits dezimiert sind wir jetzt wieder zusammen, haben Angst und schweigen. Als spürten wir, dass es das letzte Mal ist.

4

Weggesperrt

DAS HAUS, IN dem Irka und Lutek Rutkowski wohnen, ist ein graues zweistöckiges Gebäude. Es steht in der Gurtschewskastraße 110, einer Ausfallstraße in westlicher Richtung, und ist ein Eckhaus mit Abstand zum Nachbargebäude, dazwischen eine wild wuchernde Grünfläche mit einer kaputten Bank. Wenn man bedenkt, dass ich hier über ein Jahr eingesperrt sein werde — etwas, das ich zu diesem Zeitpunkt noch nicht weiß —, kann ich von Glück sagen, dass ich meinen Blick, statt über einen trostlosen Hinterhof mit einer grauen Mauer, über einen großen Garten streifen lassen kann.

Nur, sich absolut ruhig zu verhalten und Irkas Anweisungen zu befolgen, das gilt auch jetzt in diesem Zimmer, meiner neuen Zufluchtsstätte. Wurde mir noch glaubhaft beim Übersiedeln in die Tabakhändlerwohnung versichert, der Rest der Familie und Vater kämen nach, so ist davon keine Rede mehr, stattdessen ein tränenreicher Abschied und Tante Miras verzweifelte Bitte an Vater, alles zu versuchen, um Cesia und Marek zu retten.

Als er mich nach Wochen, aschfahl im Gesicht, zum ersten Mal in meinem Versteck besuchen wird, beschwört er Irka, wenigstens Marek zu übernehmen, mit dem Versprechen, sie nach dem Krieg fürstlich zu entlohnen. Allein, die Sache mit der fürstlichen Entlohnung nach dem Krieg ist ein ziemlich inflationäres Versprechen in diesen Zeiten.

Irkas Antwort auf Vaters Ansinnen kommt prompt und ist niederschmetternd. »Wie stellen Sie sich das vor, Herr Rurzycki? Ich riskiere mit Ihrem Sohn bereits Kopf und Kragen, mir nützen keine Reichtümer im Jenseits. Im Übrigen wurde das mit Mutter nie besprochen.« Was ihre Mutter mit dieser Sache zu tun hat, verstehe ich noch nicht.

Ein jüdisches Kind zu verstecken ist ein schweres Delikt, und wenn man erwischt wird, droht einem eine drakonische Strafe. Außerdem besteht die Gefahr, dass Vater aufgegriffen und nach Treblinka in den sicheren Tod geschickt wird. Sollte Vater nicht wiederkommen, um mich zu holen, säße sie mit einem jüdischen Kind da – warum lässt sie sich dann auf dieses Spiel um Leben und Tod ein, was hat sie davon?

Zu dem Zeitpunkt, als Irka mich aufnimmt, weiß ich es noch nicht, und Vater sollte mir für immer die Antwort schuldig bleiben. Aber später, bei meiner ersten Polenreise nach dem Krieg, werde ich von Irkas Mutter eine Antwort auf meine Frage erhalten.

Bis auf den Probedurchgang, bei dem ich auf Irkas Anweisung hin zum ersten Mal für einige Minuten in den winzigen Verschlag im Schrank verbannt werde, verlaufen die ersten Stunden in meiner neuen Bleibe an der Seite meiner Gastgeberin ruhig. Das sauber wirkende Zimmer strahlt Ruhe und Geborgenheit aus, durch die geöffneten Fenster drängen nur das Zwitschern der Vögel und aus einiger Entfernung das Bellen eines Hundes. Das große Bild mit der Frau und dem Kind auf dem Arm über Irkas Ehebett scheint die friedliche Atmosphäre zu unterstreichen. Das Bett ist frisch bezogen und duftet angenehm. Irka hat sogar neue Unterwäsche, ein Oberhemd, einen Pulli und kurze Strümpfe für mich besorgt, und die meisten Sachen passen. Im Vergleich zur Wohnung des Tabakhändlers mit all den geschundenen Menschen ist das hier ein kleines Paradies. Kein Gedanke daran, dass meine Lage sehr schnell kippen könnte und ich hier in Wirklichkeit in der Hölle gelandet bin, denn im Moment bin ich an Irkas Seite recht glücklich.

Irka lässt mir Zeit, mich im Zimmer umzusehen. Außer diesem Bild mit der Frau und dem Kind entdecke ich jedoch nichts Interessantes. Ohne dass ich es merke, nutzt sie den vermeintlichen Müßiggang, um mit mir ein Lernprogramm zu beginnen, das mich auf die neue Situation vorbereiten soll. Mein Verweilen vor diesem Bild nimmt sie zum Anlass, mich zu fragen, ob ich weiß, wer das ist. Nein, keine Ahnung. »Das ist die Mutter Gottes, und sie heißt Maria, und das Kind ist der Herr Jesus, der Sohn Gottes.« Ich schaue sie an, und sie scheint recht beeindruckt von dem, was sie da sagt, ich dagegen verstehe kein Wort. Für den Augenblick lässt sie es auf sich beruhen. Dann wende ich mich einem der beiden kleinen Fenster zu, von denen aus man einen schönen weiten Blick von hier oben hat. Wie ein alter Mann, der sich nicht mehr aus seiner Wohnung fortbewegen kann, erkenne ich die Bedeutung des Gartens für mich und dass der weite Blick meine einzige Brücke zum Leben da draußen sein wird.

Irka fährt fort mit ihrem Einführungsprogramm in mein neues Leben. Sie erwähnt zwei Nachbarinnen, vor denen man sich in Acht nehmen muss, denn sie tauchen oft auf, um zu schwatzen oder sich etwas zu borgen, und die dürfen mich auf keinen Fall sehen. Für solche Fälle ist mein Versteck im Schrank gedacht. »Du wirst sehr viel alleine sein, wenn ich in der Stadt zu tun habe. Wenn es klopft, renne nicht zum

Schrank, sondern bleibe ganz ruhig, bis der Besucher wieder von der Tür verschwunden ist. Hast du verstanden?« »Ja, Tante Irka, ich bleibe ganz ruhig.«

Damit ist das Einweisungsprogramm zu Ende, verbunden mit der Hoffnung, dass ich ihre Anweisungen in der Praxis beherzigen werde. Doch dann folgt, was ich geahnt und gefürchtet habe: Sie will mich noch waschen. Mit dem Waschen habe ich eigentlich kein Problem, aber damit, mich vor Fremden nackt auszuziehen. Das kommt daher, dass der Beschneider bei meiner Beschneidung keinen guten Tag hatte und mich erheblich verletzte. Um die gefährliche Blutung zu stillen, wurde eiligst Dr. Krukovski hinzugezogen. Dem gelang das auch, allerdings zum Preis einer deutlich sichtbaren Narbe. Das Resultat dieses Eingriffs versuche ich seither vor anderen zu verbergen, aber das gelingt nicht immer. Zum Beispiel als ich mit Marek zusammen pinkelte und er mich fragte, was ich da habe, und ich eine ausweichende Antwort gab. Zwei Tage später forderte mich der Leutnant auf, mein Glied zu zeigen, ich weigerte mich und rannte davon. Ich wusste, wem ich das zu verdanken hatte, und verpasste dem Marek bei nächster Gelegenheit ein paar saftige Ohrfeigen.

Nun stehe ich also nackt vor Tante Irka und versuche umständlich, mein ramponiertes Glied zu verbergen. Sie meint, ich solle mich nicht so anstellen, denn schließlich wisse sie, was ich da habe. Das mag sein, aber die Art, wie sie jetzt guckt, als sie mich wäscht, sagt mir, dass sie wahrscheinlich noch nie einen beschnittenen Penis gesehen hat und schon gar nicht einen mit einer so auffälligen Narbe. Ironie des Schicksals: Einige Jahre später werden deutsche Ärzte den von einem jüdischen Beschneider verursachten Pfusch korrigieren.

Am Ende der Prozedur gibt sie mir einen leichten Klaps

auf den Po, einen flüchtigen Kuss auf die Stirn und meint, ich sei ein armes kleines Kerlchen. Die etwas zackige Art, mit mir umzugehen, entspricht, wie sich bald herausstellen soll, nicht Irkas Wesen. Sie scheint damit ihre Anspannung in dieser für sie ebenso außergewöhnlichen Situation zu überspielen.

Drei Vorgänge, die verschiedener nicht sein können und doch abwechselnd mein Leben in diesem Zimmer bestimmen sollen, nehmen mich an diesem schönen Nachmittag gefangen. Zunächst ist da die Ankunft eines Lastkraftwagens, der vor dem Gartentor des schönen Einfamilienhauses jenseits des Gartens abgestellt wird. Genauer gesagt ist es ein Sattelschlepper, also ein Fahrzeug, bei dem die Zugmaschine von der Ladefläche abgekoppelt werden kann. Alles, was mir Irka zu dem Sattelschlepper sagen kann, ist, dass sein Besitzer auch das schöne Haus im Garten sein Eigen nennt und Deutscher ist, aha, ein Deutscher mal ohne Uniform, sage ich mir.

Das zweite Ereignis kommt am späten Nachmittag schwebend daher, macht einen Heidenlärm über unseren Köpfen, ist erst groß und wird immer kleiner, obwohl es zu sinken scheint, und verschwindet ganz hinten irgendwo am Horizont. Es ist ein deutsches Transportflugzeug mit zwei oder drei Motoren und einem großen Hakenkreuz am Leitwerk. Natürlich bin ich von dem, was sich am Himmel abspielt, schwer beeindruckt. Irka erklärt mir, dass da, wo das Flugzeug verschwunden ist, ein deutscher Militärflughafen ist und ich mich an den Lärm gewöhnen muss, denn die Flugzeuge kommen auch nachts. Was Irka noch nicht wissen kann: In manchen Nächten werden noch viel mehr kommen und uns das Leben zur Hölle machen, insbesondere mir, denn ich werde allein in diesem Zimmer sein.

Die letzte Episode, die mir von diesem Tag in Erinnerung geblieben ist, ist ganz anderer Natur. Nach dem eher kargen Abendessen – zwei Schmalzschnitten und eine Tomate – stehe ich noch eine Weile am Fenster. Als es nichts mehr zu sehen gibt, wende ich mich ab und finde Irka mit zusammengefalteten Händen vor dem Bett kniend und das Bild dieser Frau, die sie Maria nennt, anstarrend, während sie etwas dazu murmelt. Ich weiß nicht, was ich darüber denken soll. Dass jemand in dieser Haltung zu einem Bild spricht, sehe ich zum ersten Mal. Sie tut dies ohne Vorwarnung oder Erklärung, obwohl sie ja wissen muss, dass ich sie beobachten würde. Zu meiner Überraschung darf ich bei ihr im Bett schlafen, denn solange ihr Mann nicht da ist, will sie sich die Arbeit mit der Couch sparen. Lutek fährt mit einem Lkw über Land und ist oft tagelang weg, wie sie mir erklärt.

Mit der für mich verwirrenden Kenntnis, dass unser allmächtiger jüdischer Gott einen Sohn und der wiederum eine Mutter hat, die ebenfalls eine wichtige Rolle zu spielen scheint, schlafe ich an der Seite Irkas ein.

Sehr früh am Morgen des nächsten Tages ist als Erstes der Toilettengang angesagt. Irka geht als Erste und sondiert zugleich die Situation auf dem Gang, dann holt sie mich und sperrt sich mit mir für kurze Zeit auf der Toilette ein. Für den Fall, dass ich das Zimmer nicht verlassen darf, steht zur Not ein Nachttopf bereit. Allmählich begreife ich, dass ich in dieser Wohnung vollkommen vom täglichen Leben ausgegrenzt werden soll und sogar meine Notdurft zum Problem wird. War mein Leben im Warschauer Ghetto auf einen Radius von ein paar hundert Metern beschränkt, beim Tabakhändler auf zwei Zimmer mit freiem Zugang zur Toilette, so wird mir hier diese letzte Selbstverständlichkeit genommen. Und in den Situationen, in denen ich den Verschlag im

Schrank aufsuchen muss, werde ich den Status eines gefangenen Tieres haben.

Bevor sie mit ihrer Unterwäsche und einem Kleid hinter dem Vorhang verschwindet, serviert sie mir eine einzige Scheibe Brot mit Marmelade. Der Tee, den sie später aufbrüht, ist ziemlich wässrig, aber das macht nichts, denn wir trinken ihn gemeinsam am Tisch, und Irka wird gesprächig. Sie erzählt mir von ihrem Mann Lutek, der mit einem Lastwagen übers Land fährt, Obst und Gemüse transportiert und in ein paar Tagen zu Hause sein wird. Sie wird immer lockerer und entspannter, und ich vergesse schnell, dass ich sie erst seit gestern kenne, außerdem bin ich davon angetan, dass sie mich ernst nimmt.

Schließlich holt sie einen ihrer großen Töpfe zum Kochen hervor, und da wir doch nur zu zweit sind, frage ich sie, ob der nicht zu groß ist. »Ja, du schlaues Bürschchen, das stimmt, aber heute kommen meine Mutter und meine Schwester zu Besuch. Sie wollen dich sehen, und du brauchst nicht in deinem Versteck zu bleiben.«

Der angekündigte Besuch meldet sich mit einem vereinbarten Klopfzeichen in verschiedenen Intervallen. Ich verschwinde in meinem engen Verschlag hinter den Schubladen des Schranks, halb Probelauf, halb Ernst, denn dem Besuch könnte sich eine der Nachbarinnen anschließen, die man nicht abschütteln kann. Stimmengewirr und Kichern dringen zu mir durch, ein Begrüßungsritual wird vollzogen. Eines wird mir in diesen harmlosen Minuten klar: Sollte ich für längere Zeit in diesem Loch verschwinden müssen, wird es sehr ungemütlich für mich. Das von mir nicht ganz zugezogene Brett vor dem Holzverschlag wird von außen entfernt, das lächelnde Gesicht Irkas erscheint; ich darf rauskommen, besser gesagt, rauskriechen.

Ich stehe jetzt äußerst verlegen vor drei Frauen verschiedenen Alters, als hätte ich etwas Schlimmes angestellt. Die älteste der drei Frauen ist größer als Irka und eine imposante Erscheinung, kein Oma- oder Mutti-Typ, sondern eine reife, hübsche Frau. Sie ist etwas mollig, aber man kann sie sich nicht anders vorstellen, und in dieser entbehrungsreichen Zeit, da viele hungern, ein wohltuender Anblick. Mit ihrer körperlichen Präsenz scheint sie sagen zu wollen: Schaut her, mir fehlt es an nichts.

Ihre jüngste Tochter, die sie mir gleich als Krisia vorstellen wird, ist dürr und hochgeschossen und mit ihren schätzungsweise zwölf oder dreizehn Jahren fast so groß wie ihre ältere Schwester. Sie trägt eine enge blaue Stoffbluse, unter der sich die Wölbung ihrer Brüste abzeichnet. Sie beäugt mich spöttisch, ja fast amüsiert, kein Wunder, im Vergleich zu ihr bin ich ein abgemagerter Winzling.

Die Chefin des Trios stellt sich in aller Form vor. »Ich bin Frau Mikulska, die Mutter von Irenka und Krisia. Hast du schon etwas von mir gehört?« Ich schüttle nur den Kopf, die Floskel »Nein, tut mir leid« kenne ich noch nicht. »Aber ich habe schon von dir gehört, du heißt Senek. Manchmal nennt dich dein Vater auch Senus.« Kurze Pause, ein mitleidvoller Blick, dann sagt sie: »Ich kenne deinen Vater gut« – das Wort »sehr« scheint ihr auf den Lippen zu liegen. Die Art, wie sie mit mir spricht, ist ein Test dafür, inwieweit ich aufnahmefähig bin und als ernster Gesprächspartner tauge. Sie kennt also Vater, weiß über mich Bescheid, und ich weiß, dass ihre Tochter mit mir ein hohes Risiko eingeht. Trotz allem nicht die Spur einer abweisenden Haltung, ganz im Gegenteil, sie muss bei dem Arrangement eine tragende Rolle spielen.

Aus einer Ledertasche fördert sie allerlei für mich zutage: ein Schreibheft, ein Malheft, ein Buch für Erstklässler, ein paar Stifte und, das erstaunt mich am meisten, ein paar alte Kleidungsstücke, die ich im Ghetto trug. Mit einer warmherzigen Geste holt sie aus ihrer Handtasche eine kleine braune Tüte voller in buntes Papier eingewickelter Bonbons hervor. »Die sind für dich, Senus, und iss sie nicht alle auf einmal, sonst kriegst du Bauchschmerzen.«

Wer ist diese Frau, die ich zum ersten Mal sehe, überhaupt? Wer sind denn diese Menschen, denen Vater mich überlassen hat? Sie wissen alles über mich, ich weiß gar nichts über sie. Ja, die Irka ist ganz nett, hat mich sogar in ihrem bequemen Bett übernachten lassen, aber innerlich bleibe ich auf Distanz. Da ist diese Krisia mit ihrem dämlichen Grinsen. Normalerweise hätte ich so eine auf der Nalewkistraße oder in unserem stinkenden Hof blöde Ziege genannt und wäre davongerannt, aber hier – wo soll ich denn hinrennen? Ich bin ja schon froh, wenn ich an eines der Fenster darf. Und dann ist da noch dieser Lutek, Irkas Ehemann, der irgendwann auftauchen soll. Ich bin gespannt, wie wir beide zurechtkommen, ohne die Möglichkeit, einander aus dem Weg gehen zu können. Mit jungen Männern habe ich es nicht so, bei denen schlägt die Stimmung schnell um, und sie werden zornig, wie ich es manchmal bei meinem Vater erlebt habe. Frauen sind mir lieber, zum Beispiel diese Frau Mikulska.

Trotzdem fühle ich mich verlassen. Ich stecke nicht nur physisch in einer Sackgasse in dieser Wohung, allmählich beginnt mich die Frage nach dem Warum meines Hierseins zu beschäftigen.

Wir sitzen jetzt alle vier an einem Tisch und löffeln Irkas Kartoffelsuppe, es gibt reichlich davon, und seit langem werde ich endlich wieder einmal satt. Im Übrigen ist dies eine Ausnahme; nur wenn Frau Mikulska oder Vater zu Besuch da sind, gibt es so viel Suppe. Frau Mikulska erzählt sichtlich besorgt, in der Stadt herrsche Unruhe, weil die Deutschen damit begännen, die Juden in großer Zahl irgendwohin zu transportieren. Wahrscheinlich weiß sie mehr, als sie mit Worten beschreibt, denn ich glaube zu sehen, dass sie Irka durch Mimik bedeutet, das Thema in meiner Anwesenheit besser nicht zu vertiefen.

Ich bin von Frau Mikulska ziemlich beeindruckt; mit ihrer selbstsicheren Art strahlt sie eine große Souveränität aus, und ich ahne, dass ich ohne ihre Verbindung zum Vater keine Bleibe hier hätte. Ich muss sie die ganze Zeit angestarrt haben, denn sie wendet sich plötzlich mir zu und fragt mich lachend, zum allgemeinen Amüsement: »Senus, gefalle ich dir?« Dieser Leichtigkeit, mit der sie die Situation meistert, bin ich noch nicht gewachsen. Ich werde rot und schweige, aber etwas später überwinde ich meine Scheu und äußere eine Bitte. »Frau Mikulska, darf ich Sie um etwas bitten?« Sie schaut erstaunt auf, zum ersten Mal hört sie einen ganzen Satz von mir. »Ja?« »Wenn Sie meinen Vater sehen, bitte richten Sie ihm aus, dass er mich besuchen soll.« Sie macht ein betretenes Gesicht und zögert mit der Antwort. Als sie es schließlich tut, geschieht es in einem Ton, als hätte sie einen erwachsenen Gesprächspartner vor sich. »Selbstverständlich werde ich ihm das sagen, und du brauchst auch keine Angst zu haben. Er wird dich besuchen, nur im Moment hat er auch so seine Schwierigkeiten, du verstehst schon, warum.« Und mit einem Blick zu meinem Versteck: »Das mit dem Schrank hier ist nicht schön für dich, aber wir haben keine andere Wahl.«

Und das ist die unumstößliche Wahrheit. Bevor sie geht, meint sie, mich mit irgendetwas erfreuen zu müssen. »Krisia hat bald Schulferien, und sie wird für ein paar Tage hierbleiben.« Auch das noch! Lieber bin ich allein und schaue den Männern mit dem Sattelschlepper zu oder beobachte die landenden Flugzeuge; aber während ich das denke, bedenke ich nicht, dass ich an den Tagen, wenn es regnet, gar nichts sehe.

Frau Mikulska und Krisia sind weg, ich stehe wieder am Fenster, aber nichts ist los. Kein Sattelschlepper, kein Flugzeug am Himmel, nur auf die Straßenbahn in der Ferne ist Verlass, die kommt regelmäßig, wenngleich in großen Abständen. Ich kann sehen, wie zwei rote lang gezogene Punkte aufeinander zurasen, wo sonst eine unterwegs ist. Just in dem Augenblick, da sie meiner Meinung nach zusammenkrachen müssten, verschwinden sie hinter einer Baumgruppe und kommen, eine links, die andere rechts, heil heraus und setzen ihre Reise fort. Ein wunderbares Schauspiel, das mich neben Frau Mikulska an diesem Tag am meisten beeindruckt. Mit jedem roten Punkt, der sich da in der Ferne schnell bewegt, verspüre ich den unbändigen Wunsch mitzufahren, und ich beneide all die Menschen, die wie selbstverständlich in dem Gefährt sitzen. In Warschau werde ich mit keiner Straßenbahn mehr fahren, aber zwei Jahre später in Lodsch, und zwar von einer Endstation zur anderen, fast den ganzen Tag, einfach so.

Wahrscheinlich unbewusst suchen Tante Irka und ich eine räumliche Distanz zueinander, sie ist mit ihrem Geschirr beschäftigt, ich sitze wie befohlen vor dem Schrank und betrachte das Erstklässlerbuch, das Frau Mikulska mir geschenkt hat. Allein kann ich damit nichts anfangen, und ich bin froh, dass niemand da ist, der mich zu etwas zwingt. Das mit dem Malbuch ist etwas anderes, dazu brauche ich keine Anleitung. Ich könnte zum Beispiel große Buchstaben malen oder ein Pferd.

Im Ghetto habe ich eine Zeit lang ausschließlich Pferde

gezeichnet, mit und ohne Wagen, nur mit Schlitten nicht, die habe ich in keiner guten Erinnerung. Hatte ich ein Pferd meiner Meinung nach gut hingekriegt, so betrachtete ich stolz mein Kunstwerk. Manchmal wurden diese Pferde im Traum lebendig, dann war der Leutnant nur ein kleines Würstchen, denn ich beförderte mich zum Oberst und ritt an der Spitze einer Kavallerieeinheit mit gezogenem Säbel gegen die Deutschen und schlug sie in die Flucht.

Mein Lieblingstraum ist der von Opa Menasches sagenhaftem schwarzem Hengst, dem es gelingt, Onkel Felek auf geheimnisvolle Weise ins Warschauer Ghetto zu schmuggeln. Einmal im Besitz von diesem Pferd, kann nichts und niemand mich aufhalten, ich reite wie der Teufel durch die Straßen Warschaus, dass alles zur Seite stiebt, und selbst die Ghettomauer nimmt das edle Tier mit einem Satz. Ich reite wie der Wind bis nach Zychlin, wo meine Mutter mich lachend auf der Sonnenblumenwiese empfängt. Meine Leidenschaft des Pferdezeichnens findet eines Tages ein unrühmliches Ende. Dem Burschen in der Knickerbocker fallen zufällig einige meiner Kunstwerke in die Hände, und die lösen bei ihm nur ein nachsichtiges Lächeln aus. Mit den Worten: »So, ich zeige dir, wie ein Pferd aussieht«, holt er Stift und Radiergummi und bearbeitet schnell und gekonnt mein Meisterwerk. Ich beobachte gebannt, wie er mein Fantasiewesen zwischen Esel und Kuh in ein richtiges Pferd verwandelt, und bin sprachlos. Keine Frage, mein Selbstwertgefühl als Künstler leidet an diesem Tag stark, und eine Weile lasse ich die Finger von Pferdezeichnungen.

Nun sitze ich also da, unter ganz anderen Vorzeichen, und überlege, ob und wie ich meine Karriere als Künstler fortsetzen soll. Soll ich mich doch wieder an Pferde ranwagen oder was ganz anderes zeichnen, eine Straßenbahn zum Beispiel? Jäh werde ich der Welt meiner Fantasie entrissen, als es klopft.

Ich schrecke hoch, der Ernstfall ist da. Ein Blick zu Irka, und sie bedeutet mir, im Schrank zu verschwinden. Indem sie zur Tür geht und sagt: »Moment, ich wasche mir noch die Hände«, lässt sie mir ein paar Sekunden Zeit. Dann schmeißt sie mir das Malbuch und die anderen Sachen hinterher, bevor sie die Schranktüre zumacht. Jetzt, in der Dunkelheit, stürzt alles über mich herein, vor allem die Erkenntnis, dass ich das meiste dessen, was ich im Probelauf halbwegs hingekriegt habe, falsch umsetze, dass ich von meiner kindhaften Unlogik überrumpelt werde, sobald irgendetwas eine panikartige Reaktion bei mir auslöst. Statt rücklings in den Verschlag zu schlüpfen und mit dem Brett das Schlupfloch zu verschließen, bin ich mit dem Kopf voraus reingekrochen, mit der Folge, dass ich mich in diesem engen Loch nicht drehen kann, um das Brett vor den Verschlag zu ziehen, doch die Erkenntnis kommt zu spät. Mit der Dauer des Verweilens schwindet der Ärger über mein Missgeschick, der einem gewissen Angstgefühl Platz macht, was wohl Irka dazu sagen wird. Die Dunkelheit und die schlechte Luft lullen mich ein, ich gebe es auf, Irkas Stimme herauszufiltern. Ich weiß nicht, wie viel Zeit vergeht, jedenfalls erscheint es mir wie eine Ewigkeit. Hinzu kommt die Angst, Irka könnte mit dem Besuch die Wohnung verlassen und mich einfach vergessen.

Gerade als meine dunkelsten Fantasien mich martern, spüre ich einen leichten Luftzug und einen schwachen Lichteinfall; Irka hat die Schranktür geöffnet und staunt nicht schlecht, als weder das Brett an seinem Platz ist, noch ich fürs Erste zu sehen bin. Auf ein ungläubiges »Senek?« kommt statt meines Gesichts zuerst mein Hintern zum Vorschein. Sie rügt mich in zwei Stufen – zunächst mit einem: »Warum denn so?«, begleitet von einem nervösen Lachen, und etwas später mit erhobenem Finger: »Mach das nicht noch einmal.«

Nach einem kurzen Check, ob der Sattelschlepper schon da ist, sitze ich wieder mit meinem Malheft vor dem Schrank und beschließe, eine Straßenbahn zu zeichnen. Anders als bei meinen Pferdezeichnungen, bei denen ich manchmal tatsächlich glaubte, man könne das nicht besser hinkriegen, ist es mit der Straßenbahn eine mittlere Katastrophe. Selbst die einfachste Version misslingt mir. Ich bringe Räder und Karosserie einfach nicht in Einklang. Einmal sind Erstere zu winzig und verschwinden fast ganz unter dem Straßenbahnkörper, dann sind sie wieder zu groß, und beides schaut einfach lächerlich aus. Voller Wut schreie ich auf und feuere den Stift in die Ecke, eine vollkommen überzogene Reaktion angesichts der gefährlichen Situation, die mir um ein Haar eine Backpfeife von Irka eingebracht hätte. Ich sehe sie zum ersten Mal richtig sauer auf mich, und das schon am zweiten Tag unseres Zusammenlebens. Ich nehme mir fest vor, nichts mehr anzustellen, nur dazusitzen und vielleicht ein bisschen zum Fenster hinauszuschauen, wenn ich darf.

Auch wenn mein gefährlicher Ausraster schon Stunden zurückliegt, hat Irka ihn mir auch vor dem Schlafengehen immer noch nicht ganz verziehen. Jedenfalls spricht sie kaum mit mir, und einen Teller von der Suppe, die vom Mittag übrig geblieben ist, und ein Stück Brot muss ich allein essen. Kurz nach mir setzt sie sich an den Tisch und isst das Gleiche – mir wäre lieber, sie hätte mir eine gelangt und damit einen Schlussstrich gezogen, wie es Vater manchmal tut. Den Jähzorn der Männer habe ich kennengelernt, doch das hier ist der Beginn einer anderen Art der Bestrafung, die der weiblichen.

Und gleich am nächsten Morgen setzt sich die Serie meiner Malheurs fort, diesmal in gesteigerter Form, der Beginn eines lange währenden Missgeschicks, gegen das ich machtlos bin, für das ich aber dennoch bestraft werde. Ich erwache plötzlich aus einem undefinierbaren Traum, verspüre nicht den üblichen Harndrang und muss erkennen, dass sich meine unteren Körperpartien nass anfühlen. Der erste Gedanke ist, ich werde doch nicht … der zweite ist ein ungläubiges, aber unumstößliches: Ja – ich habe. Ich habe ins Bett gepinkelt. Entsetzt über das, was mir passiert ist, liege ich wie gelähmt da und sehe die Gegenstände des Zimmers ganz anders als am Vortag, als ich zum ersten Mal erwachte. Ich schiele zu Tante Irka hinüber, die abgewandt von mir noch ruhig und tief schläft. Ich möchte am liebsten den Moment, da sie aufwacht, bis in alle Ewigkeit hinausschieben. Ich überlege, wie ich das Geschehene ungeschehen machen könnte, vielleicht indem ich die Decke anhebe und zur Seite schiebe, damit sie schneller trocknet. Ich bastle auch an einer Ausrede – ich habe sehr geschwitzt. Ja, das ist es, ich habe sehr geschwitzt, aber je länger ich an diesem Strohhalm festhalte, desto mehr kommen mir Zweifel, dass sie mir das abnimmt.

Alles Mögliche geht mir jetzt durch den Kopf: Irka erzählt es ihrer Mutter, der Frau Mikulska, und fordert sie auf, Vater davon zu berichten, und der soll mich wieder abholen, aber weiß nicht, wohin mit mir. Lutek, den ich nur von Hochzeitsfotos kenne, entdeckt sein bepieseltes Bett und will mich schlagen, Irka schiebt sich dazwischen und bewahrt mich vor dem Schlimmsten. Aber auch sie will mich loswerden, und dann diese Krisia, die Wind davon bekommt, was für eine Blamage.

Ohne einen Alliierten wie Mutter oder Vater, die das Missgeschick relativieren könnten, liege ich da und habe Angst vor Irkas Erwachen. Wie konnte mir so was passieren? Ausgerechnet in dieser Situation! An so was kann ich mich nicht erinnern, seit ich den Windeln entstiegen bin, und es wird nicht bei dem einen Mal bleiben, es wird zu meiner persönlichen Heimsuchung, einem Leiden, das mich in Irkas Bett befällt und mit der Befreiung vom Hitlerjoch schlagartig aufhören wird. Es wird begleitet von Schlafstörungen aus Furcht, dass es heute Nacht wieder passieren wird. Wäre mir damals ein Arzt mit psychosomatischer Erfahrung zur Seite gestanden, wäre mir viel Pein und zwecklose Bestrafung erspart geblieben.

Irka reagiert so, wie man es mit ihr getan hätte, wäre ihr so was in ihrer Kindheit passiert. Sie entdeckt das Malheur, springt aus dem Bett, schlägt die Decke zur Seite; gleich einem Racheengel steht sie in ihrem weißen Nachthemd über mir, ihre weit aufgerissenen Augen und zusammengepressten Lippen sprechen Bände, und ich weiß nicht, wohin mit mir. Das Einzige, das sie hervorbringt, ist: »Jesus Maria, was hast du da getan?« Sie scheucht mich aus dem Bett, stellt mich mit dem Gesicht zur Wand in die Ecke zwischen Spülbecken und Tür, reißt das verschmutzte Bettlaken von der Matratze und stülpt es mir über die Schulter, mein Büßergewand für die nächsten Stunden. Mit Wasser, Bürste und Seife bearbeitet sie die Matratze und stellt sie zum Trocknen auf. In einer aufwendigen Prozedur, mit Waschen, Bürsten und Klopfen, versucht sie als Nächstes, dem von mir verursachten Schandfleck auf dem Bettlaken Herr zu werden. Immer noch mit dem Gesicht zur Wand, darf ich mich nicht von der Stelle rühren, ein an Kindern praktiziertes Strafritual, das auch in Schulen zur Anwendung kommt.

Bis nach München, dem Zielort von Vaters und meiner Odyssee nach Kriegsende, werde ich mit dieser Art Strafe verfolgt werden, ohne Erfolg. Aber Irkas Einfallsreichtum, was Strafen betrifft, kann sich sehen lassen. Schließlich holt sie mich aus der Ecke und bringt mich zum Fenster, verbietet mir jedoch rauszuschauen. Stattdessen dreht sie mich mit dem Gesicht zum Zimmer, stülpt mir das nasse Bettlaken über und schiebt mich dichter ans Fenster; sie benützt mich als Wäscheständer und lässt mich eine halbe Ewigkeit so stehen. Die Strafe ist hart und ungewöhnlich, zumal ich höre, was ich draußen verpasse: Die Männer haben ihre Arbeit mit dem Sattelschlepper wieder aufgenommen. Von weitem höre ich ihre Stimmen, der Motor geht sehr laut und dann wieder leise, und dann: Die Männer bugsieren den Sattelschlepper aus der Sackgasse, und ich kann es wieder nicht beobachten. Aber einen Vorteil hat dieser akustische Hintergrund: Er lenkt mich von meiner misslichen Lage ab.

5

Die Heilige und der Säufer

TAGE VERGEHEN, UND für Irka bin ich Luft, aber es entsteht ein eigenartiges Einvernehmen zwischen uns beiden. Ich akzeptiere diese Art von Strafe und trage es ihr nicht nach, sie wiederum behält es für sich. Nicht einmal Lutek, Irkas Mann, erfährt, dass ich Bettnässer bin. Allerdings darf ich nie wieder in ihrem Bett übernachten, und das ist in Ordnung so, ich will es selbst nicht mehr. Von nun an schlafe ich auf der Couch, mit einer Schicht alter Fetzen unter dem Po; wenn es passiert, ist das Malheur nicht so groß, frustriert bin ich aber schon.

An einem dieser Tage, Irka hat sich mit mir halbwegs versöhnt, ist es so weit: Sie will mich allein in der Wohnung lassen und in die Stadt gehen. Nur in ihren Dessous, setzt sie sich vor einen kleinen Handspiegel, den sie auf dem Tisch aufgestellt hat, und schminkt sich sorgfältig das Gesicht. Sie streift ein geblümtes Kleid über, kämmt nochmals das Haar, zieht ein Paar hochhackige Schuhe an und mustert sich gefällig in dem großen Spiegel, der zwischen den Fenstern über der Couch hängt. Keine Frage, sie sieht jetzt richtig gut aus, und ich sehe ihr an, dass sie glücklich darüber ist, für ein paar Stunden hier herauszukommen. Aber ganz geheuer scheint ihr das Ganze dann doch nicht zu sein, denn bevor sie geht, ermahnt sie mich mehrmals, mich absolut ruhig zu verhalten, auch und erst recht, wenn es klopft.

Die Premiere meines Alleinseins in diesem Zimmer fängt harmlos an. Zwar ist meine Freiheit auf diese vier Wände beschränkt, aber zumindest für eine kurze Zeit kann ich über meine Schritte selbst bestimmen. Eine seltsame Rastlosigkeit befällt mich. Als wäre ich nicht bereits seit Tagen hier, untersuche ich alles aufs Neue, wie ich es mich in Irkas Anwesenheit nicht getraut hätte. Ich fühle mich als Herr über alle Gegenstände, die ich berühre, und habe das Gefühl, als würden sie mir gehören. Ich genieße die banale Freiheit, einen Gegenstand aufheben zu dürfen, um ihn anderswo hinzulegen, ohne zu fragen, ob es erlaubt ist. Zwar bin ich kein Dieb, aber so muss einer fühlen, der Herr über fremde Gegenstände wird. Ein Husten irgendwo im Haus, das ich seit Tagen immer wieder höre, mahnt mich zur Vorsicht. Auch stört mich dieses Marienbild bei meinem Tun, und ich habe das unsichere Gefühl, sie beobachtet mich. Unwillkürlich beginnt Irkas Verehrung für die heilige Maria auf mich zu wirken.

Habe ich seit Tagen ausgeblendet, dass Irka auch noch einen Mann hat, so kann ich mich jetzt anhand gewisser Indizien davon überzeugen. Ich bin so frei und mache beide Schranktüren auf und begutachte alles bei Tageslicht, Irkas Kleider, ein dunkelrotes Kostüm, am Boden die dazu passenden Schuhe und ein Paar Herrenschuhe. Auf dem oberen Ablagefach eine Herrenmütze, Schals und zwei Damenhüte, einer in Dunkelrot mit schwarzem Netz; aber den meisten Platz in diesem Schrank beansprucht ein schwerer dunkelblauer Herrenmantel, der fast bis zum Boden reicht und die Sicht auf mein Versteck völlig verdeckt.

Ich schiebe ihn zur Seite und sehe zum ersten Mal die wahre Konstruktion meines Verstecks; wäre ein Gitter aus Maschendraht statt des Bretts vor dem Einstieg, könnte man dort einen Kaninchenstall vermuten. Es ist eine Notlösung, die nie einer gezielten Suche standgehalten hätte. Was auch immer der Grund war, dass Irka und Lutek mich aufgenommen haben, ein Schuss Unbekümmertheit, Gottesglaube und Naivität war dabei. Ich werde vieles hier erleiden müssen, aber ich habe trotz allem viel Glück in meiner Not.

Jahrzehnte später entdecke ich dieses Zimmer auf einer meiner Reisen nach Polen wieder, ein heruntergekommener Alkoholiker bewohnt es jetzt. Auf mein Ansinnen, sich in seinem Unrat umzuschauen, um einen Hauch der damaligen Verzweiflung zu verspüren – was ich mit zwanzig Dollar zu honorieren gedenke –, geht er mit großer Verständnislosigkeit ein, für ihn bin ich ein Verrückter mit einem fremden Akzent.

Im Nachtkasten finde ich Bilder des ganzen Familienclans. Sie müssen schon älter sein, denn Krisia ist viel kleiner darauf. Die Aufnahmen sind von einem Straßenfotografen aufgenommen. Die Gesellschaft wirkt ausgelassen und umringt einen winkenden Eisbären. Den Einzigen, den ich auf diesem Bild nicht erkenne, ist ein Mann in einer Lederjacke, der Frau Mikulska küsst. Ich finde auch Irkas kleinen Handspiegel und lasse ihn vorläufig in Ruhe, bevor mir eine gefährliche Idee kommt, wie ich ihn benutzen könnte. Auch das Holzregal hinter dem tragbaren Vorhang untersuche ich und finde in einer Vase die Bonbons, die mir Frau Mikulska geschenkt hat und von denen Irka mir täglich eines gibt, wenn sie nicht gerade sauer auf mich ist. Ich genehmige mir eines und hoffe, sie kommt nicht dahinter. Um Spuren meines kleinen Mundraubs zu verwischen, werfe ich das bunte Papier zum Fenster hinaus, eigentlich schade, ich hätte es gerne behalten und in mein Malbuch geklebt.

Ich schaue zwangsläufig zum Fenster raus, und der gewohnt ruhige Anblick bietet sich mir; der Sattelschlepper ist wieder mal nicht da, und auch die deutschen Flieger machen sich rar. Das einzig Lebendige, was ich ausmachen kann, sind Tauben auf dem Haus des Deutschen, und noch eines zeugt von Leben in diesem Haus: Jemand macht ein Fenster auf, und der reflektierende Sonnenstrahl wird auf unser Haus projiziert.

Nach diesem Intermezzo sitze ich wieder vor dem Schrank. Das Inspektionsprogramm meiner Behausung ist schneller zu Ende als gedacht, und ich merke, dass meine persönliche Freiheit eine sehr begrenzte ist. Mit meinen sieben Jahren weiß ich noch nicht, dass ich Glück im Unglück habe. Meine unglückliche Cousine Cesia hätte meine Situation bestimmt als Glück empfunden, sie war klug und registrierte sehr wohl, was um sie herum passierte. Doch ich, der ich keine Ahnung habe, was da draußen wirklich vorgeht, sitze im Moment allein in meinem Gefängnis, leide noch immer unter dem Verlust der Mutter, habe Sehnsucht nach meinem Vater und möchte wieder mit dem Leutnant und den anderen Jungs im stinkenden Hof spielen, mir mal wieder die Beine vertreten.

In dieser Situation kommt mir eine Idee. Es ist ein Spiel, das man als Lausbubenstreich bezeichnen kann und von dem ich lieber die Finger hätte lassen sollen, wie sich herausstellen wird. Wie aus dem Nichts fällt mir das reflektierende Fenster ein, und ich komme auf die Idee, es müsste umgekehrt ebenfalls funktionieren. Ich erinnere mich plötzlich, wie der Leutnant an sonnigen Tagen mit einem gebrochenen Spiegel im Hof Fenster anblinzelte und es schaffte, manchen verärgerten Bewohner ans Fenster zu locken, der nach dem Rechten schauen wollte. Ich hole Irkas Handspiegel aus dem Nachtkasten, trete ans Fenster und fange an, in der Manier des Leutnants damit zu experimentieren. Eine Zeit lang gelingt es mir nicht, mein Ziel anzuvisieren, nämlich das Haus des

Deutschen. Aber dann der Durchbruch: Als Erstes erwische ich die silbrig schimmernde Dachrinne, dann lange nichts, um dann auch den Kamin des Hauses mit einem Lichtstrahl zu treffen, auf dem eine Krähe sitzt, und ich traue meinen Augen nicht, ich schaffe es tatsächlich, sie zu verjagen. Ein Glücksmoment, es gelingt mir tatsächlich, meine Isolation zu überwinden, ja indirekt am Leben da draußen teilzunehmen.

Dann ist aber Schluss, die Sonne macht nicht mehr mit, und ich stecke den Spiegel wieder in die Schublade des Nachtkastens, setze mich wieder vor den Schrank und bin recht zufrieden.

Ich muss auf dem Boden eingeschlafen sein, denn als ich die Augen wieder öffne, kniet Irka neben mir und lächelt mich nach Tagen wieder an. Ihr Gesicht weist kaum noch Schminke auf, und sie wirkt müde. Die Zuversicht und Vorfreude, die sie am Morgen ausgestrahlt hat, sind jetzt verflogen. Sie trinkt ein Glas Wasser, setzt sich an den Tisch und fordert mich auf, ihr Gesellschaft zu leisten. »Hat jemand geklopft?« »Nein, Tante Irka, niemand.« »Was hast du gemacht?« Zuerst will ich sagen: Ich habe gezeichnet und aus dem Fenster geschaut, belasse es aber bei Letzterem, denn beim Zeichnen kennt sie den letzten Stand, da hat sich nichts bewegt. Sie schaut etwas ungläubig, aber dann lässt sie es gut sein, sie ist sichtlich froh, dass die Premiere meines Alleinseins glattgegangen ist.

Irka hat alles Mögliche mitgebracht, das sie jetzt auf den kalten Herd legt; kein Wunder, dass sie müde ist, da sie die ganzen Lebensmittel schleppte! Am Abend gibt es keine warme Suppe und keinen Tee, sondern frisches Brot mit einer Wurst, die ich noch nie gesehen habe. Sie ist dunkelrot mit weißen Speckwürfeln, polnischer Presssack und davon die billigste Sorte, wie ich irgendwann erfahren werde. Dazu eine Brause, und auch dieses Getränk ist neu für mich: ein Glas Wasser, etwas Pulver, und fertig ist es.

So ungewöhnlich wie der Tag war, klingt er auch aus. Dass sie mich auffordert, mich am Abend zu waschen, ist schon ein paar Mal vorgekommen, aber dass sie sich selbst zu dieser Stunde hinter dem Vorhang wäscht, ist neu. Für gewöhnlich tut sie das am frühen Morgen. Und noch etwas hat an diesem Abend Premiere: Einmal in versöhnlicher Stimmung, fordert sie mich auf, mit ihr zusammen auf den Knien zur Mutter Gottes zu beten und ihr dafür zu danken, dass der Tag so gut verlief. Sie meint, ich brauche bloß die Hände zu falten und zu sagen: Heilige Maria, ich danke dir dafür, dass du mich an diesem Tag beschützt hast. »So, du kniest jetzt neben mir und sagst das mit mir zusammen.« Etwas ungeschickt tue ich es ihr gleich, aber ich bin zufrieden, wahrscheinlich wäre ich für jede Gottheit an diesem Abend zu haben. Doch auch Maria vermag es nicht, mich von der Angst zu befreien, die nächste Nacht ins Bett zu pinkeln.

Ich muss tief geschlafen haben, als Lutek kam. Ich habe mich schon so an die Zweisamkeit mit Irka gewöhnt, dass ich seine Anwesenheit als störend empfinde, obwohl es sein Zuhause ist. Die Duftmarken, die er setzt, verändern sogleich die Atmosphäre des Zimmers. Seine Kleidungsstücke liegen unordentlich auf zwei Stühlen verstreut, die Stiefel mitten im Zimmer. Er selber liegt neben der schlafenden Irka im Bett, und Zigarettenrauch hängt in der Luft, und so wird es auch bleiben, bis Lutek irgendwann wieder verschwindet. Er scheint das Problem mit meinem Toilettengang zu kennen, denn er winkt mir freundlich zu und fragt mich mit einer Geste zur Tür, ob ich hinauswill. Ich nicke, obwohl es mir nicht geheuer ist, mich von einem Fremden bei einem so intimen Vorgang begleiten zu lassen. Splitternackt steht er auf, drückt seine Zigarette aus und sucht nach seiner Unterhose. Ich habe noch nie einen nackten Mann gesehen, nicht einmal mein Vater hat sich je vor mir gezeigt, ohne sich die Scham zu bedecken, doch diesbezüglich wird sich in der Enge des Zimmers noch einiges für mich ändern. Den Anblick von Tante Irka in ihrer Unterwäsche bin ich ja schon gewohnt.

Lutek ist etwa so groß wie Vater, hat eine athletische Figur, ein aufgedunsenes Gesicht, blaue Augen und die Ausdünstungen eines starken Rauchers und Trinkers. Immer riecht er nach Schnaps, auch wenn er nüchtern ist. Nach dem Gang zur Toilette schürt er schweigend den Ofen ein, und erst als er sich zu mir ans Fenster stellt, kommen wir, über den Sattelschlepper, der von den beiden Männern startklar gemacht wird, mit ein paar Sätzen ins Gespräch. Er fragt mich, ob ich die Art Lastwagen kenne, und ich muss zugeben, dass ich so gut wie nichts über das Fahrzeug weiß, er umso mehr. »Die Deutschen nennen das Gefährt Holzvergaser. Es ist eine deutsche Erfindung. Es wird nicht mit Benzin angetrieben, sondern mit Holz, das in dem Kessel rechts hinten verfeuert wird und durch ein kompliziertes System den Motor antreibt. Die Deutschen sind auf so was gekommen, weil es ihnen durch den Krieg an Benzin mangelt.«

Lutek wird mir, und vor allem seiner Frau, noch viel Ungemach durch seine Trunksucht bereiten, aber ein Gutes hat sein sporadisches Auftauchen — er wird mein persönlicher Kriegsberichterstatter. Auf der einen Seite ein rücksichtsloser Kerl, der uns durch die Saufgelage mit seinen Kumpels in Bedrängnis bringt und mich stundenlang in meinem Gefängnis festnagelt, sodass ich zu ersticken drohe, auf der anderen Seite ein bei seiner Frau um Verzeihung winselnder Schwächling, der mir hie und da eine Nachricht überbringt, die mein Herz höher schlagen lässt und Hoffnung auf ein Leben in Freiheit in mir weckt.

Seine zutreffende Gesamtanalyse des Kriegsverlaufs im Frühjahr 1943 ist wie folgt: Der Krieg hat Deutschland selbst längst erreicht. Die Engländer und Amerikaner bombardieren mit ihren Flugzeugen »die Scheiße aus ihnen raus«, wie er sich ausdrückt, die Bomber hätten bereits eine Stadt namens Hamburg plattgemacht. Und auch in Russland wendet sich das Blatt, wo sie nach einer verlorenen Schlacht um Stalingrad auf dem Rückzug seien. Jedes Mal, wenn er so was verkündet, nimmt er es zum Anlass, sich zu betrinken, eine Art Siegesfeier. Am nächsten Morgen wirkt er ängstlich und depressiv, und ihm ist nicht nach Feiern zumute.

Und auch das Folgende stammt von ihm: Für die erlittene Schmach werden die Deutschen hier im besetzten Polen Rache nehmen und uns alle umbringen oder zur Arbeit nach Deutschland deportieren, bei den Juden hätten sie längst damit begonnen. Nun ist Lutek Rutkowski kein gebildeter Mann oder ausgewiesener Kenner der Nazipolitik, ganz daneben liegt er mit seinen Analysen nicht. Natürlich bespricht er diese Thematik nicht besonders ausführlich mit mir, aber so, wie ich es seiner Meinung nach kapiere. Er will mir damit Hoffnung machen, diese Hölle hier zu überwinden; denn er weiß genau, was er mir antut, wenn er mit seinen Kumpanen in diesem Zimmer zu zechen anfängt und ihm bald alles egal ist. Er weiß, dass ich in diesem Loch nach Luft ringe, um dennoch zu beschließen, dass ich es wohl noch ein Gläschen lang aushalten werde. Dann schert ihn auch die Bitte seiner Frau nicht, die er im Grunde liebt, Schluss mit dem Saufen zu machen, denn sie ist sich bewusst, was jedes Glas mehr für mich bedeutet. Bis sie mich halbtot aus dem Verschlag hervorzieht, auf die Couch legt und mit kaltem Wasser bearbeitet, um mich meinen bereits wirren Träumen von der Sonnenblumenwiese zu entreißen. Dann dämmert es vielleicht auch Lutek, was für ein willen- und verantwortungsloser Mensch er ist, aber noch liegt er sturzbetrunken auf dem Bett, davor Irka auf den Knien die heilige Maria anflehend und ich als verstörter Beobachter, der seinen Vater herbeisehnt, um ihn zu bitten, ihn von dieser Pein zu erlösen. Aber es gibt nur zwei Möglichkeiten: in dieser erstickenden Enge auszuharren oder den Deutschen in die Hände zu fallen.

Aber bevor Vater kommt, dem es selber schlecht ergeht in diesen Tagen, erscheint Jurek auf der Bildfläche und erfreut mich mit seinem Besuch. Luteks jüngerer Bruder ist ein großer, gut aussehender junger Mann, ein starker Raucher wie Lutek, aber kein Trinker. Ein handwerklicher Alleskönner, hat er mein Versteck im Schrank konstruiert. Zu meinem Leidwesen kommt er nur selten und nur, wenn sein Bruder Lutek da ist. Er albert oder turnt mit mir rum, und ich habe wenigstens für die paar Stunden, die er da ist, die Gewissheit, ich muss nicht in dieses Loch, denn heute wird nicht gesoffen. Im Gegenteil, Lutek gibt sich in Anwesenheit seines Bruders freundlich und umgänglich, dann schöpfen Irka und ich Hoffnung, bis zu seinem nächsten Ausrutscher. Die Brüder unterhalten sich über alles Mögliche und vor allem über den Kriegsverlauf und die Situation in Warschau selbst. Diese zusätzlichen Informationen zu Luteks Kriegsberichterstattung verschlinge ich geradezu und erfahre noch so manches Interessantes mehr.

Jurek hält einen zwanzig Jahre alten und sehr klapprigen Lkw am Laufen, der Frau Mikulska und ihrem Mann gehört. Herr Mikulski und sein Helfer Lutek karren mit dem Lkw Gemüse nach Warschau und verkaufen es an Zwischenhändler. Die beiden waren es auch, die unter dem Management von

Frau Mikulska das lukrative, aber hochgefährliche Geschäft an der Ghettomauer bestritten, und die Abnehmer auf der anderen Seite waren keine anderen als Vater und Tante Mira. Allmählich schließt sich der Kreis meines Hierseins für mich.

Lutek und sein Bruder beklagen die ausgesprochen schlechten Geschäfte nach dem Wegfall der jüdischen Kundschaft. Was sie meinen, aber nicht aussprechen, ist, dass eine Millionenstadt wie Warschau in diesen Wochen um ein Drittel seiner Bevölkerung dezimiert wird, und die Unglücklichen, die in Viehwaggons nach Treblinka und Maidanek gebracht werden, sind keine Abnehmer mehr für Gemüse, sondern können allenfalls noch einen Schluck Wasser gebrauchen. Das, was sich in diesen Tagen im Warschauer Ghetto abspielt, erwähnen sie mit keinem Wort, wahrscheinlich, weil sie es sich selbst nicht vorstellen können, was in der Stadt gemunkelt wird. Die Juden wehren sich: ein Akt der absoluten Verzweiflung angesichts der unausweichlichen psychischen Vernichtung und der Übermacht des Feindes. Die Rede ist von einem Aufstand im Ghetto: von siebenhundert bis eintausend Widerstandskämpfern, darunter Frauen und Jugendliche, aber sie sind zu wenige, schlecht ausgerüstet und vor allem – es ist viel zu spät. Dennoch, die Verzweifelten haben anfangs einige nie für möglich gehaltene Erfolge vorzuweisen, sie wehren die deutschen Angriffe ab, sodass sich diese mit Verlusten zurückziehen müssen, aber sie kommen wieder. Diesmal nicht in Marschkolonnen, sondern in gepanzerten Fahrzeugen und mit Flammenwerfern, das Ende ist vorprogrammiert. Das Ghetto brennt, ein paar Dutzend jüdischer Kämpfer entkommen durch die Kanalisationssysteme der Stadt. Das furchtbare Ende ist aber auch ein Anfang, ein Signal an alle, sich nicht einfach abschlachten zu lassen. Viele überwinden ihre Lähmung und flüchten in die

Wälder zu den Partisanen. Es ist eine Initialzündung für den polnischen Aufstand ein Jahr später.

Die Prophezeiungen des jungen Burschen in der Knickerbockerhose haben sich bewahrheitet, seine Aufforderung zum Widerstand ist unglaublich vorausschauend. Immer wieder werde ich in den nächsten Monaten und Jahren auf seine Spuren stoßen, die ihn als überragenden Kämpfer ausweisen, der bis zuletzt eine Häuserzeile verteidigt hat, bis er einem Flammenwerfer zum Opfer fällt. Der Untergang des Ghettos spielt sich nur ein paar Kilometer Luftlinie von meinem Versteck ab, ich bekomme das wahre Ausmaß nicht mit, nur der Geruch von Rauch und Verbranntem liegt an manchen Tagen in der Luft, sodass wir die Fenster schließen müssen.

Irritiert frage ich Lutek, was das sein kann, er meint grinsend: »Die Juden haben wahrscheinlich mit Streichhölzern gespielt.« Ich kann mit seiner Antwort nichts anfangen und Tante Irka anscheinend auch nicht. Sie fährt ihm über den Mund. »Lass den Blödsinn, Luciu.«

Bedingt durch die Enge des Zimmers, erlebe ich alle Aspekte des menschlichen Zusammenlebens hautnah mit – ein Schüler des Einmaleins des Lebens. Ich bekomme mit, wie Irkas und Luteks Beziehung durch seine Trunksucht belastet wird. Ihre Akzeptanz und Freude, wenn er gerade mal zwei Tage nüchtern ist: In dieser Phase lädt sie ihn geradezu ein, sich ihr zu nähern, dann sitzt sie schon beim Frühstück noch im Nachthemd auf seinem Schoß und lauscht entrückt seinem Versprechen, mit dem Trinken aufzuhören, und gewährt ihm sogar, ihren Busen zu streicheln. Ich Außenstehender glaube ihm kein Wort, genieße aber so einen Tag, der für alle Beteiligten schön ist, wenn nicht gerade eine Nachbarin klopft und ich in meinem Versteck verschwinden muss. In diesem Fall ist es dann umgekehrt: Lutek gebietet der Schwatzsucht der Frauen

Einhalt, und bald darf ich wieder aus meinem Verschlag hervorkriechen. Ich weiß, in dieser Phase der Zärtlichkeiten bin ich ein Störfaktor, und die beiden würden mich unter normalen Umständen zum Spielen auf die Straße schicken, um allein zu sein. Wenn es Abend wird, fällt Irkas Marienanbetung kürzer aus als sonst und findet ohne mich statt, und ohne mich waschen zu müssen, werde ich aufgefordert, mich aufs Sofa zum Schlafen zu legen. Hätte ich die Lebenserfahrung eines Leutnants, wüsste ich genau, was das bedeutet und warum ich mal wieder aufwache, wenn es im Ehebett zur Sache geht. Aber so sammle ich als Grundschüler des Lebens nur an Lebenserfahrung und lerne seine Wechselfälle kennen. Da hat Irka Lutek vor zwei Tagen noch von sich gestoßen, ihn mit Vorwürfen überhäuft, ihn einen haltlosen Säufer genannt, der »seinen Schwanz sonst wo hinstecken« könne, und nun der Schein von immerwährendem Glück.

Der Lehrling Senek ist erst am Anfang seiner Lehrjahre, und das Lernprogramm überfordert ihn vollkommen. Abgesehen davon, dass da draußen welche sind, die ihm nach dem Leben trachten, macht ihm nun ein anderer Unterrichtsraum zu schaffen. Auch hier gibt es Strafen, wenn er was angestellt hat, und er ist umgeben von eckigen und kantigen Typen, von der Art, der er auch später immer wieder begegnen wird, wenn er diesen Unterrichtsraum verlassen wird. Ihre Art, sich zu streiten und zu fluchen, ist von anderer Qualität als die der Menschen, die er bisher kannte. Manchmal kommt es ihm vor, als könnten sie nur Freude empfinden, wenn sie sich gemeinsam in einer Rauchwolke von unzähligen Zigaretten betrinken. Andererseits erkennt er auch ihre Hilfs- und Risikobereitschaft in gefährlichen Situationen, sonst wäre er ja nicht hier. Er weiß, der Tag wird kommen, da ihm auch dieses Unterrichtsprogramm nützlich sein wird.

6

Die Hölle am Himmel

EIN LANG GEZOGENES Sirenengeheul, wie ich es schon einmal vor einigen Jahren gehört habe, lässt mich hochschrecken, ehe ich feststelle, dass Irka und Lutek bereits auf den Beinen sind und im schwachen Lichtschein einer Taschenlampe nach ihren Kleidungsstücken suchen. Die beiden sind mit hektischem Anziehen beschäftigt, als würde das auf uns zukommende Unheil nur die beiden in diesem Zimmer betreffen, denn sie fordern mich nicht auf, es ihnen gleichzutun. Ich bin jetzt hellwach und warte auf eine Anweisung, aber es kommt nichts. Nun bin ich lange genug im Geschäft für Extremsituationen und weiß, dass ihr Schweigen nichts Gutes für mich bedeutet – die beiden werden sich davonmachen, und zwar ohne mich.

Der Fliegeralarm verstärkt die Anspannung in meinem Inneren, und die Gewissheit, sie werden mich allein lassen, lässt meine Angst weiter anwachsen. Es ist kein Trost für mich, dass auch ihr Handeln von Angst bestimmt wird, denn sie streiten darüber, ob sie eine oder zwei Decken mit in den Keller nehmen sollen. Wasser muss auf jeden Fall mit, darin sind sie sich einig, aber beim Abfüllen der Flasche unterm Wasserhahn schafft es Lutek nicht, die Hand ruhig zu halten. Ich nehme an, dass er und Irka schon einmal eine derartige Extremsituation erlebt haben, als die Deutschen während ihres Einmarsches nach Polen Warschau mit einem Bombenhagel überzogen. Dennoch zeugt Irkas und Luteks Hektik und Fahrigkeit davon, dass sie selbst von der Situation überrascht sind – dass die Russen in diesem Stadium des Krieges mit ihren Flugzeugen bereits Warschau erreicht haben könnten –, und sie haben keinerlei Vorbereitungen getroffen.

Mit Sicherheit haben sie auch keine Überlegungen angestellt, was mit mir geschehen soll, wenn bei einem Luftangriff alle Hausbewohner in den Keller flüchten. Nun ist aber die Situation da, und sie haben keine Option für mich, jedenfalls kann ich nicht mit in den Keller, darin sind sich Irka und Lutek einig. Bevor sie sich gefährden, überlassen sie mich für ein oder zwei Stunden meinem Schicksal, Schrecken und Furcht inklusive, und hoffen, dass nichts passiert. Ich schöpfe noch einmal Hoffnung, dass ich nicht allein hierbleiben muss, als Lutek sagt, ich soll mich doch lieber anziehen, was ich auch augenblicklich tue, aber bei dieser Aufforderung bleibt es. Sie zögern noch einen Moment, dann meint Irka, mir auf irgendeine Weise Trost spenden zu müssen: »Sobald die Flugzeuge weg sind, kommen wir wieder rauf.« Dass die Bomben in der Zwischenzeit Häuser in Trümmer legen und die Erde umpflügen, erwähnt sie nicht. Ihre letzte Handlung bevor sie gehen: Beide Fenster werden weit geöffnet, um die Scheiben nicht den Druckwellen auszusetzen, dann ermahnen sie mich, sie nicht zu schließen und auf keinen Fall Licht zu machen.

Wie ertragen Kinder Situationen, in denen sie verlassen werden, ohne die Möglichkeit zu haben, sich von der Stelle zu rühren, um einer angekündigten Gefahr zu entgehen? Haben sie ähnliche Empfindungen wie ein angebundenes Opfertier, das über einer Fallgrube steht, wenn das Raubtier zum Sprung ansetzt? Wie ertragen sie es, allein in einer undurchdringlichen Dunkelheit ausharren zu müssen? Welche Qualen martern sie, wenn sie das Gefühl haben, den Mächten der Finsternis ausgeliefert zu sein? Haben Psychologen je einen solchen Zustand analysiert und beschrieben? Die betreffenden Kinder mit Sicherheit nicht, sie sind nicht in der Lage, ihre Seelenqualen in Worte zu kleiden; wenn sie so etwas überstehen und überhaupt etwas zu äußern vermögen, dann bringen sie es auf die Kurzformel: Sie hatten große Angst. Die Fachleute sprechen von Schock. Angst, Schock – man kann die Worte beliebig wählen, dem wahren Höllentrip, den ein solches Kind durchlebt, kommt man damit keinen Deut näher.

Lange bevor sie über der Stadt sind, kann man sie hören. Mit einem gleichmäßig lang gezogenem Uh-Uh aus der Ferne kündigen sie sich schwer beladen mit ihrer Bombenlast an, dazwischen das eigenartige Motorengeräusch ihrer vorauseilenden einmotorigen Doppeldecker, die die Russen als Aufklärer und Markierer einsetzen, um die Bomber ans Ziel zu bringen. Das in raschen Folgen ertönende Taktaktak ihrer Motoren ist jetzt überall am Himmel zu hören. Es klingt, als würden Mähdrescher da oben rumkurven, und je länger ich mir das Geräusch anhören muss, desto heller wird es draußen. Hat mich gerade noch die Dunkelheit niedergedrückt in meiner unbeschreiblichen Angst, so habe ich jetzt wenigstens die Gewissheit, dass die Welt nicht untergegangen ist. Ich weiß, ob ich jetzt am Boden sitze oder vor Angst schlotternd am Fenster stehe, das ist egal. Und so trete ich ans Fenster, denn da gibt es wenigstens etwas zu sehen.

Eine unwirkliche Welt tut sich auf, die Markierer haben ganze Arbeit geleistet. Bis zum deutschen Flughafen ist der Himmel durch die an kleinen Fallschirmen niedergehenden Lampions hell erleuchtet. Die Lampions fallen auf

Bäume, Häuser und die Straßenbahnoberleitung und leuchten dort weiter, auch im Garten des Deutschen sehe ich einen. Schemenhaft kann man die Flieger ausmachen, wie sie eine Leuchtmarkierung nach der anderen über dem deutschen Flughafen niedergehen lassen. Es sieht nach einer einseitigen Angelegenheit aus, denn die Deutschen reagieren überhaupt nicht – wie mir Irka am nächsten Morgen erklären wird, aus gutem Grund. Die Doppeldecker der Russen sind nur schlecht zu erkennen, die Deutschen warten geduldig auf die schwerfälligen Bomber, um sie vom Himmel zu holen. Das Taktaktak der Aufklärer und Markierer schwillt ab, bis die Einheiten am dunklen Himmel verschwinden, so wie sie gekommen sind, um die von ihnen hell erleuchtete Bühne den Hauptakteuren des Schauspiels zu überlassen – den Bombern.

Und nun verstehe ich auch, dass das Hauptangriffsziel der russischen Flieger dieser deutsche Flughafen ist. Dass man den Deutschen eine verpassen will, finde ich absolut in Ordnung, ja beglückend, die Schadenfreude wird aber von dem Umstand verdrängt, dass wir sehr nahe am Flughafen leben, und ich weiß, dass Bomben immer wieder ihr Ziel verfehlen, um woanders einzuschlagen. Diese Erfahrung habe ich schon als Vierjähriger in Zychlin gemacht. Die Deutschen wollten den Bahnhof dem Erdboden gleichmachen mit dem Ergebnis, dass der Bahnhof kaum etwas abbekam, aber seine Umgebung verwüstet wurde.

Zwischen den Davonfliegenden und dem Auftritt der Neuankömmlinge ist eine kurze Pause, die Bühne wird frei gemacht für die eigentliche Vorstellung. Die lustigen Irrwische am Himmel, die das kalte Licht mitgebracht haben, werden abgelöst von humorlosen grauen Ungeheuern, die ihr schreckliches Tun mit ihrem lang gezogenen Uh-Uh ankündigen, bevor sie die Szenerie betreten. Gut, mit ihren Bomben bekämpfen sie ihre und meine Feinde, aber bevor sie mir die Freiheit bringen, unterziehen sie mich noch so mancher qualvollen Prüfung, wie in dieser Nacht.

Als hätte jemand den Lichtschalter betätigt, geht das Höllenspiel schlagartig los. Konnte man vorher die Verursacher der Lichtshow vage im Dunst von Licht und Schatten ausmachen, so ist es jetzt ein alles lähmendes Pfeifen, dann ein Krachen, das aus dem Nichts kommt. Die Motorengeräusche am Himmel sind kaum wahrnehmbar und reine Nebensache. Bevor mich diese Schauerorgie eines modernen Krieges von meinem Logenplatz vertreibt, bekomme ich noch mit, dass die Deutschen ein Wort mitreden wollen und ihren Hut in den Ring werfen. Ihre weit reichenden Suchscheinwerfer tasten den dunklen Himmel ab, und werden sie fündig, schickt ihre Flak die besten Grüße hinterher. In meinen von Schrecken durchdrungenen Geist schleicht sich für Sekunden ein prickelndes Gefühl angesichts des tödlichen Feuerzaubers. Ich kann nicht sehen, was die Leuchtspurmunition, die die Deutschen salvenartig in den Himmel schießen, dort anrichtet, fasziniert bin ich von dem Spektakel schon. Eine gewaltige Detonation über dem Flugplatz und ein eigenartiger kalter Rauch vertreiben mich endgültig vom Fenster. All das, was tagsüber mein Auge erfreute, ist jetzt in Rauch gehüllt, der mir vom Schicksal zugestandene Fetzen Freiheit – das Blickfeld, das sich mir durch das Fenster bietet – brennt jetzt.

Ob es Irka passt oder nicht, ich schließe instinktiv die Fenster, denn beißender Rauch dringt herein. Als wäre mein Geist nicht schon gequält genug, sucht nun mein vor Angst gebeutelter Körper nach einem Ventil, ich muss dringend auf die Toilette, finde aber in der Dunkelheit den Nachttopf nicht. Bekanntlich macht Not erfinderisch, und so verrichte ich meine Notdurft in eine von Irkas braunen Einkaufstüten, öffne das Fenster wieder und schmeiße sie samt Inhalt hinaus. Mir geht es miserabel, und nach einer Weile meldet sich mein Darm erneut, mir bleibt nichts anderes übrig, als die Prozedur zu wiederholen. Bei all der Misere und Tragik dieser Nacht hat sie auch etwas Komisches: Am nächsten Tag wird sich Irka über ihre verschwundenen braunen Papiertüten wundern – und vielleicht auch derjenige, der sie entdeckt: dass außer Bomben auch Scheiße vom Himmel fiel.

Irka und Lutek finden mich schlafend im Schrank, nicht in meinem Holzverschlag, sondern am Boden zusammengerollt hinter dem langen Wintermantel; wie ich dort hinkam und warum, weiß ich nicht mehr, aber umso mehr, was dann folgt. Beide stehen unter Schock. Lutek legt mich auf die Couch, ehe Irka mir mit einem feuchten Lappen abwesend das Gesicht wäscht. Dann zieht sie mich an sich und verspricht mir, im Namen der Mutter Gottes, mich nicht wieder allein zu lassen, wenn die Flugzeuge kommen.

Es ist anzunehmen, dass es unten im Keller nicht gerade gemütlich war, als die Bomben fielen, und die beiden jetzt nachvollziehen können, wie es mir allein hier oben ergangen ist. Dafür, dass wir noch einmal davongekommen sind, ist nun ein gemeinsames Gebet angesagt. Die beiden nehmen mich in ihre Mitte, und zum ersten Mal beten wir gemeinsam zur Mutter Gottes. Egal, ob sie uns erhören wird, empfinde ich diesen gemeinschaftlichen Akt als tröstlich. Nur eines stört mich dabei – Luteks Fahne. Er muss unten im Keller seine Angst mit Schnaps heruntergespült haben. Auch Irka muss sehr viel Angst gehabt haben, denn ihr ärmelloses Kleid ist im Achselbereich klitschnass, und sie riecht nach Schweiß, aber bei ihr stört mich das überhaupt nicht. Allein ich scheine diese Schreckensnacht geruchsneutral überstanden zu haben, dank meines Einfalls mit den braunen Papiertüten.

Tante Irka manipuliert mich mit ihrer Marienverehrung immer mehr. Besonders nach durchlittenen Nächten wie der letzten oder wenn ich mal wieder besonders lange in meinem Versteck ausharren musste, werde ich aufgefordert, mit ihr gemeinsam vor dem Marienbild zu knien. Tatsächlich ist es so, dass ich beim Beten mit ihr Geborgenheit finde, nachdem uns der einzigartige Gott aus dem Heider endgültig verlassen hat. In meiner Vorstellung hat er uns den Nazis preisgegeben und sich dann davongemacht. Irka bearbeitet meine verstörte Seele mit Sätzen wie: »Senus, du wirst sehen, wenn du jeden Tag zur heiligen Maria betest, wirst du den Krieg überleben«, und das will ich ja. Wer will mit sieben schon sterben?

Der nächste Tag bringt Positives und Negatives zugleich, das Positive vorweg: Lutek ist wieder verschwunden. So wie ich eines Tages aufgewacht bin und er da war, so ist er wieder weg, als ich an diesem Morgen die Augen öffne. Sofort kombiniere ich: Vorerst keine Erstickungsanfälle im Schrank, die mir nach so einer Bombennacht wahrscheinlich den Rest gegeben hätten. Aber Tante Irka und ich sind noch lange nicht fertig mit den Russenbombern, und vor allem mit Lutek nicht, beide Plagen werden uns immer wieder heimsuchen. Sind die russischen Flieger eine tragische Notwendigkeit, um Hitlerdeutschland niederzuringen, ist Lutek Rutkowski eine hausgemachte Plage und wird seine Frau eines Tages an den Rand eines Selbstmordes bringen.

Wenn ich ihn vom Standpunkt des Erwachsenen betrachte, ist er für mich Sinnbild und ein Teil der polnischen Tragödie jener Tage: Unzählige polnische Männer wie er lähmten das Land mit ihrer Trunksucht, als es galt, die Deutschen abzuschütteln. Als kleiner Junge sah ich sie todesmutig in den Kampf ziehen, mit einem verheerenden Ergebnis: Die meisten waren betrunken. Sollte an der Geschichte was dran sein, dass bei Ausbruch des Zweiten Weltkriegs eine polnische Kavallerie-Einheit deutsche Panzer mit Lanzen attackierte? Lutek hat mich nie geschlagen oder beschimpft, er bedrohte nie seine Frau, im Gegenteil, er musste sich von ihr was anhören. Trotzdem war er eine Gefahr für uns alle.

Das Negative an diesem Tag: Tante Irka und ich sind ziemlich kaputt, die Stimmung ist schlecht, die Ereignisse der letzten Nacht haben uns mitgenommen, ein Blick nach draußen unterstreicht die Misere. Weiter als bis zum Haus des Deutschen kann man nicht sehen, eine von Menschen geschaffene Dunstglocke hängt über meinem Paradies. Auch die Deutschen mit dem Sattelschlepper sind hektischer als sonst. Seitdem ich wach bin, läuft der Motor, Irka erzählt mir, sie sind schon in aller Herrgottsfrüh losgefahren, und jetzt sind sie wieder da. Zum ersten Mal sehe ich den älteren der beiden, der anscheinend der Boss ist, in einer Uniform. Assistiert wird das Duo, auch das ist neu, von einer dicken Frau, die immer wieder im Haus verschwindet. Für mich ist es eine neue Erfahrung, diese Menschen so zu sehen: Bisher rannten wir Juden hektisch umher, nicht sie. Breitbeinig und mit Hundepeitschen in den Händen erteilten sie uns ihre bellenden Befehle und versetzten uns in Panik. Der Wind ist dabei, sich zu drehen, der Sturm, den sie gesät haben, droht sich gegen sie selbst zu wenden.

Seitdem Lutek weg ist, verläuft fast jeder Tag wie der andere, nur ein heftiges Gewitter bringt etwas Abwechslung, und es kommt zur rechten Zeit, es spült die Überbleibsel dieser Dunstbrühe weg, die uns tagelang belästigte. Nicht nur durch Luteks Weggang kehrt die alte Ruhe wieder in diesem Zimmer ein, auch draußen macht sich eine wohltuende Stille bemerkbar, als Folge des Bombardements. Die deutschen Flieger können für eine Weile nicht starten oder landen, weil die Russen ihren Flughafen ziemlich ramponiert haben.

Aber nicht nur das Wegbleiben der Flieger fällt mir in diesen Tagen auf, immer wieder flicht Tante Irka Vater in unsere kurzen Gespräche ein. Ob ich Sehnsucht nach meinem Vater habe, fragt sie, und ein anderes Mal: ob ich ihn lieb habe. Fragen, die ich ohne Weiteres bejahen kann. Anders als die, die mit meinem Verbleib in dieser Wohnung zu tun hat: »Sag mal, Senusi«, fragt sie, »hat dein Vater dir schon mal was versprochen und es nicht eingehalten, ein Spielzeug zum Beispiel?« An so was kann ich mich nicht erinnern und sage das auch. Später fällt mir ein, dass mir Oma oft was versprochen hat, für den Fall, dass ich das oder jenes tue, und es dann nicht eingehalten hat. Als ich Irka davon erzähle, interessiert sie das nicht sonderlich. Intuitiv habe ich den Sinn ihrer seltsamen Fragen erfasst und weiß: Vater muss bald kommen, denn Irka wünscht ihn genauso herbei wie ich, freilich aus anderen Gründen.

Noch weiß ich nicht, dass Vater seine schlimmste Zeit seit unserer Flucht aus dem Ghetto durchmacht. Seine Mittel sind völlig erschöpft, nicht zuletzt aufgrund der Beschaffung einer neuen Identität für sich und mich. Polnische Denunzianten und Antisemiten machen Jagd auf die, denen es gelang, aus dem Ghetto zu entkommen. Vater gibt jetzt den Paradepolen, aber einer intensiven Prüfung würde seine Maskerade nicht standhalten. Diese Leute haben einen ausgeprägten Riecher für ihre Kundschaft, viele leben davon. Erpressung zählt zu ihrem Metier, und sie scheuen auch nicht davor zurück, ihren Opfern buchstäblich das letzte Hemd in einem Torbogen abzuknöpfen.

Dieses Schicksal wird auch Vater nicht erspart, freilich durch einen dummen Zufall. Auf der Straße begegnet er einem ehemaligen Kameraden aus der polnischen Armee in Begleitung eines Unbekannten, und das Unglück nimmt seinen Lauf. Sie drängen ihn in eine Ruine und drohen mit der Polizei. Bis auf Hemd und Hose pressen sie ihm alles ab, was er an- oder bei sich hat, auch seine gefälschten Papiere. Mit Müh und Not kommt er für ein paar Tage bei Frau Mikulska unter, für einen längeren Aufenthalt ist ihr Mann jedoch nicht zu haben. Irkas Mutter hilft ihm mit Barem und Kleidung aus, sie besorgt ihm eine neue Identität, später auch eine Bleibe. Unter ihrer Regie schlüpft er in eine neue Rolle, die er dann perfekt spielt, nämlich die des »aus deutscher Gefangenschaft entflohenen polnischen Offiziers«.

Der erste Obolus, der für mich bei Irka zu entrichten war, stammte übrigens von Frau Mikulska. Sie hätte das Geld genauso ihrer Tochter direkt geben können, nur hätte das Fragen aufgeworfen bei Irka und Herrn Mikulski. Woher ich das alles weiß, da Vater nach dem Krieg doch so beharrlich schwieg? Nun, von Frau Mikulska selbst, die mir vierzig Jahre später kurz vor ihrem Tod alles erzählte. Dass zwischen Frau Mikulska und Vater mehr war als nur eine »Handelsbeziehung«, ist mir schon in den Tagen der schlimmsten Verfolgung klar. Bald merke ich: Wo Vater ist, ist Frau Mikulska nicht mehr weit. Manchmal scheint es mir, als ob ich durch diese Beziehung ein zweites Mal geboren wurde.

Als Vater nach Wochen das erste Mal in meinem Versteck auftaucht, hätte er sich erst gar nicht über sein langes Wegbleiben und die damit verbundene überfällige Entlohnung bei Tante Irka entschuldigen müssen, sein Anblick entschuldigt alles. Er ist stark abgemagert und trägt Kleidungsstücke, die ihm gar nicht passen; er wirkt gebrochen und gleichzeitig komisch in seinem Aufzug. Ich kann mir vorstellen, dass Irka bei Vaters Anblick Zweifel kommen, ob das Risiko, das sie mit mir eingeht, auch in Zukunft honoriert wird. Als Vater ihr einen Geldbetrag überreicht, ist sie sichtlich erleichtert.

So wie er aussieht, ist es nur eine Frage der Zeit, wann man seiner habhaft wird. Ich glaube, das erkennt auch Irka, die alles andere hintanstellt. Sie bittet um Geduld, bis der Tee aufgebrüht und die Suppe warm ist, aber vorher bietet sie noch eine Schüssel mit warmem Wasser an, damit er sich hinter dem Vorhang waschen kann.

Hatte ich mir in all den Wochen vorgenommen, sobald ich ihn wiedersehen würde, alle möglichen Punkte meines Elends aufzuführen – allem voran die Tortur im Schrank und dass man mich beim Fliegerangriff allein im Zimmer zurücklässt und nicht zuletzt dass ich meiner Meinung nach nur mangelhaft verköstigt werde –, so vergehen mir meine Klagen, als ich den Ausdruck in seinen müden Augen erkenne. Auf Anhieb weiß ich, mit Vater ist etwas Einschneidendes passiert. Spätestens als er Irka praktisch anfleht, auch seinen Neffen Marek zu übernehmen, und ihr das Blaue vom Himmel verspricht, begreife ich, dass ich besser den Mund halte. Ich kapiere, die Fundamente meiner Klagemauer wackeln, sie brauchen keine zusätzliche Belastung durch mich. Irkas eindeutiges Nein tut ein Übriges: Da weiß ich, ich muss froh sein über meine Bleibe hier.

Offensichtlich leben zu diesem Zeitpunkt Tante Mira, Onkel Felek, Marek und Cesia noch, aber ihre Lage muss verzweifelt sein, sonst hätte Vater nicht ein weiteres Mal den unrealistischen Versuch unternommen, eines der Kinder hier unterzubringen. Während er Tee trinkt und seine Suppe löffelt, weiche ich ihm nicht von der Seite. Erst allmählich verspüre ich Freude über sein Erscheinen. Hat mich anfangs sein erbärmliches Aussehen irritiert und habe ich mich der Möglichkeit beraubt gesehen, ihm mein Leid zu klagen, bin ich jetzt einfach nur froh, dass er da ist.

Erstaunlicherweise hat Vater kein Interesse, sich mein Versteck anzuschauen, zumindest fragt er nicht danach, aber ich bin der Meinung, wenn ich schon nicht klagen darf, so soll er wenigstens einen Blick auf mein Elend werfen. Auch Irkas Bemerkung »Dein Vater kennt das schon« kann mich nicht daran hindern, ihn förmlich zum Schrank zu ziehen. Ein kurzer Blick auf den Holzkäfig, ein ratloses Schulterzucken, Leere im Gesicht und in den Augen, und seine eigenartige Abwesenheit hat ihn wieder. Er weiß genau, was Irkas Nein bedeutet, da vermag mein Käfig ihn nicht zu beeindrucken.

Vaters Ausnahmezustand beunruhigt auch Tante Irka. Umständlich, aber höflich bietet sie ihm die Couch zum Ausruhen an. Als hätte er nur darauf gewartet, nimmt er dankend an. Er zieht die Schuhe aus, legt sich hin und schläft vor Erschöpfung sofort ein. Ob Irka auch so froh über seinen ungewöhnlich langen Schlaf ist wie ich, ist zu bezweifeln. Dieser schlafende Mann auf der Couch ist mir zutiefst vertraut. Auch wenn er schläft, kämpft er einen brutalen und ungleichen Kampf um meinen Fortbestand, er ist mein einziger wahrer Partner, ein Partner auf Leben und Tod. Als er aufwacht, ist es Abend und die Ausgangssperre tritt in Kraft. Dass er die Nacht hier verbringen muss, kommt ihm sicherlich gelegen. Irka richtet die Couch für uns zwei und zeigt sich auch in puncto Abendgebet recht pragmatisch, sie verrichtet es ohne mich. Als sie die Nachtlampe ausmacht und unter ihre Bettdecke schlüpft, schmiege ich mich ganz eng an Vater, der schon eingeschlafen ist. Ich höre ihm beim Atmen zu und nehme mir fest vor, nicht sofort einzuschlafen, denn mir graut es vor dem nächsten Morgen, wenn er wieder geht.

Erst Tage später fällt mir auf, dass mich an seiner Seite keinen Augenblick der Gedanke umgetrieben hat, ich könnte wieder das Bett nässen. Vater ist als Erster auf den Beinen. Als ich die Augen öffne, ist er bereits angezogen und unterhält sich mit Tante Irka, die noch im Bett liegt. Sie beschreibt ihm ein Haus und eine Straße, wahrscheinlich sein nächstes Anlaufziel. Er wirkt angespannt und nervös, aber nicht geknickt wie gestern. In ein paar Minuten beginnt sein Überlebenskampf von vorn. Er bedankt sich für alles, lehnt Irkas Angebot ab, ihm Tee zu machen, bittet aber um ein Stück Brot als Wegzehrung. Als er mich zum Abschied küsst, ist mir zum Weinen zumute, und meine Frage, wann er denn wiederkommt, beantwortet er erst gar nicht.

7

Das Spiegelspiel

DER TAG, AN dem Irka mich zum zweiten Mal allein lässt, beginnt so gar nicht nach meinem Geschmack. Er ist wolkenverhangen und macht zunächst meine Hoffnung, ich könnte erneut das Spiegelspiel spielen, zunichte. Viele Wolken am Himmel = keine Sonne, keine Flugzeuge, ja sogar die Straßenbahn in der Ferne ist zu einem blassen roten Punkt geschrumpft. Dabei bin ich auf diese kleinen Ereignisse angewiesen, um nicht dem Stumpfsinn zu verfallen, damit meine Entwicklung, die bereits jetzt Schaden genommen hat, nicht gänzlich zum Stillstand kommt. Mir fällt diese Krisia ein, die für ein paar Tage vorbeischauen wollte, aber ich kann mir gar nicht vorstellen, was ich mit der soll; ja, eine Cesia, die wäre recht an solchen Tagen. Sie konnte wunderbar Märchen erzählen, die mich in eine andere Welt versetzten.

Die ersten Sonnenstrahlen machen mir Beine, ich hatte gar nicht damit gerechnet, dass sich das Wetter ändern wird. Am .Fenster stehend, knipse ich all die Gedanken aus, die mich vor Minuten noch beschäftigten. Ich bin allein, die Sonne scheint, der Spiegel muss her. Ich sondiere die Lage. Der Sattelschlepper ist da, das Haus des Deutschen ist sonnenüberflutet, jetzt brauche ich nur noch den Spiegel und hole ihn rasch. Über den Sattelschlepper taste ich mich an das Haus ran, jetzt eine ruhige Hand, und ich bin an den Fenstern, eines ist geschlossen, eines ist offen. Was für ein Spaß, es ist, als ob ich das Haus des Deutschen kitzeln könnte. Besonders das offene Fenster hat es mir angetan. Durch die halb geöffnete rechte Seite gleite ich in das Innere und bleibe eine Weile drin.

Ich bin auf den Spuren des Leutnants, könnte er mich jetzt sehen, ich würde in seiner Gunst erheblich steigen, denn ich schaffe es tatsächlich, die dicke Blonde ans Fenster zu holen und in die Sonne blinzeln zu lassen. Sie verschwindet wieder, ich aber lasse nicht locker mit meinem magischen Strahl, vielleicht gelingt es mir erneut, sie ans Fenster zu holen, das wäre die Krönung. Aber was ist denn das? An der rechten Hausecke steht jemand – ja, richtig, es ist der Hausbesitzer, und er trägt wieder Uniform, nur was er tut, versetzt mich in Angst und Schrecken und veranlasst mich sofort, vom Fenster zu verschwinden. Es gibt keinen Zweifel, er sucht nach dem Urheber des Spiegelspiels, und zwar mit einem Feldstecher. Was jetzt? Hat er mich entdeckt, bevor ich ihn bemerkte, und wenn ja, wird er mich jetzt suchen gehen? Oder noch schlimmer, nach mir suchen lassen? Den Deutschen traue ich alles zu, wenn sie sich belästigt fühlen. Jetzt überschlagen sich meine Gedanken, im Zeitraffer spule ich alle Szenen ab, die ich mit ihnen erlebte, und komme zu dem Schluss: Wenn sie mich kriegen, werden sie mich im Garten erschießen, und wie das geht, habe ich ja mit eigenen Augen in dem stinkenden Hof in der Nalewkistraße erlebt.

Immer mehr schweife ich von meiner persönlichen Situation ab und docke gedanklich an anderen Szenen und Vorgängen an, die mir helfen könnten, diese Misere zu überwinden, mich daran glauben lassen, irgendwie noch einmal davonzukommen. Ich klammere mich an den frechen und listenreichen Leutnant, der bei einer verbotenen Exkursion im

Ghetto die Ruhe bewahrte, als die Deutschen eine Menschenjagd veranstalteten. Hat er damals nicht gesagt, Kindern tun sie nichts? Aber ob das heute noch gilt? Warum muss ich mich dann hier verstecken? Warum bettelt Vater dann verzweifelt darum, dass man dem Marek auch eine Chance gibt? Die Szene ist eine andere, die Angst und Anspannung dieselbe: Als die Russenbomber kamen, konnte ich nirgendwohin, ebenso wenig wie jetzt. Ich lege den Spiegel, der mir diesen Schock eingebracht hat, wieder in Irkas Nachtkasten, beschließe, ihr nichts zu sagen, sollte ich noch einmal davonkommen, denn dann würde sie mir womöglich verbieten, aus dem Fenster zu schauen. Ich setze mich wieder vor den Schrank und lausche intensiver als sonst nach fremden Schritten, die mein Ende bedeuten könnten.

Als sie die Tür vorsichtig öffnet, ist Irka nicht allein, zu meiner Überraschung kommt sie in Begleitung einer jungen Frau, die sich sehr forsch und lustig gibt, als hätte sie keinerlei Probleme in diesen schrecklichen Zeiten. Irkas Begleitung ist das Beste, was mir in meiner Situation passieren kann. Sie heißt Halinka, ist um die achtzehn Jahre alt, wie ich später erfahren werde, und trägt bereits einen Ehering. Sie wirkt ansteckend fröhlich und albert ungezwungen mit mir herum; das ist auch gut so, denn sonst wäre Irka womöglich dahintergekommen, dass mit mir etwas nicht stimmt. Zu meiner Freude gelingt es Halinka immer mehr, Irenka, wie sie die Freundin nennt, aus der Reserve zu locken. Während sie Tee aufbrühen, kichern die beiden in einer Tour, so habe ich Irka noch nie gesehen. Gestik und die angedeuteten Worte der vor Lebensfreude strotzenden Halinka sind so eindeutig, dass sogar ich kapiere, die beiden unterhalten sich über die Verrenkungen ihrer Männer im Bett.

Übermütig versucht sie auch mich in das Gespräch einzubinden, indem sie mich fragt, wie mir die Krisia gefallen hat. Ich weiß nicht, was ich antworten soll, denn ich hänge immer noch mit einem Ohr an der Tür. Gemessen an dem Kuchen, den sie mitgebracht hat, scheint es dieser Halinka an nichts zu fehlen. Seit langem habe ich nichts mehr so Köstliches gegessen. Bei mir erweckt sie den Eindruck, als wäre sie bei armen Verwandten zu Besuch, obwohl sie sich keineswegs von oben herab gibt. Bei all ihrer Energie und Aufgekratztheit kann auch sie sich den Abgründen der Zeit nicht entziehen, in der wir gerade leben. Ich bin sicher, dass sie genauestens von Tante Irka unterrichtet wurde, wen und was sie hier antreffen wird, und dennoch erhält ihr Übermut beim Anblick meines Käfigs einen erheblichen Dämpfer, und sie braucht Minuten, bis sie halbwegs wieder die Alte ist.

Mit Halinka erweitert sich der Kreis der Eingeweihten, was meine Anwesenheit in der Wohnung betrifft, auf ein halbes Dutzend. Diese Zahl beinhaltet auch Halinkas Mann, den ich nur einmal sehen werde. Sie wird uns noch ein paar Mal besuchen und nie vergessen, mich mit Köstlichkeiten zu erfreuen. Ihre Besuche sind für mich von unschätzbarem Wert, und noch heute denke ich sehr oft an sie, zumal sie noch lebt, während ich diese Zeilen schreibe, die einzige verbliebene Zeitzeugin meines Kindheitstraumas.

Die nächsten Tage bin ich vollauf damit beschäftigt, den Spiegelschock zu verarbeiten und zu verdrängen, und meine Not muss man mir auch ansehen, denn Irka fragt mich wiederholt, ob mir etwas fehlt, was ich verneine. Sie muss gemerkt haben, dass ich nicht wie sonst spontan zum Fenster gehe, nicht mehr eine kleine Ewigkeit dort verbringe, den einen oder anderen Vorgang draußen kommentiere und mit ihr bespreche. Stattdessen schleiche ich im Zimmer herum, meistens in der Nähe der Tür. Schaue nur kurz zum Fenster raus, ob der Sattelschlepper und der Deutsche da sind oder sich sonst Auffälliges um sein Haus tut. Passend dazu habe ich keinen Appetit. Ich merke selbst, dass ich mit diesem Druck nicht umgehen kann, und hoffe, dass Irka keine weiteren Fragen stellt, um doch rauszukriegen, was passiert ist.

Dass etwas vorgefallen ist, ahnt sie, aber dass ich die unantastbaren Deutschen mit ihrem Spiegel in ihrem eigenen Haus auf Trab gebracht habe, auf diesen Gedanken käme sie wohl nie. Tante Irka und ich haben Glück. Sie, weil sie nie erfahren wird, was ich angestellt habe, und ihr damit eine große Sorge erspart bleibt, und ich, weil kein Deutscher kommt, um mich zu holen. Ich weiß allerdings, dass ich meine Spiegelnummer nicht wiederholen werde, sonst wird es dem Deutschen da unten womöglich zu bunt.

Die nächsten Tage bemühe ich mich, meinen Rhythmus wiederzufinden, was so viel heißt wie: Ich lerne, mein Vegetieren zu verwalten, meine Ängste zu kanalisieren, meinem Spieltrieb eine andere Richtung zu geben, ja sogar wie ein Taucher meine Atemtechnik zu trainieren, um in diesem verdammten Loch Monate zu überleben. Wenn ich Monate sage, so ist das irreführend, denn ich habe jedes Zeitgefühl verloren, und dass es sich um eine Zeitspanne von fast einem Jahr handelt, wird mir erst später von Vater vermittelt. Als ich mich, nur zögernd, wieder an das Fenster wage, aber nur dann, wenn der Sattelschlepper und damit der Deutsche nicht da ist, ist es ein gewaltiger Schritt. Dennoch weiß ich, diese zeitlose Zeit wird auch den zunichtemachen.

Wenn ich wieder mal allein bin und mich auch der Zeichenblock nicht zu locken vermag, bastle ich mir mein eigenes Showprogramm. Ich bin Entertainer und Publikum zugleich, und wieder spielt ein Spiegel die Schlüsselrolle. Es ist diesmal der große, der zwischen den Fenstern über der Couch hängt und in dem sich ein Großteil des Zimmers spiegelt. Vor ihm posiere ich, und zwar nicht, um mich gefällig in neuen Kleidern zu betrachten, in die mich meine Eltern etwa gesteckt haben, um eine Kinderparty zu besuchen, sondern der Spiegel dient mir als psychologisches Ventil für mein Dilemma des Eingesperrtseins. Er bestätigt meine Albernheiten, Verrenkungen und Grimassen, meine Sehnsucht nach Liebe und Geborgenheit, indem ich mein eigenes Spiegelbild küsse. Indem er mich bestätigt, so wie ich bin, bejaht er meine Existenzberechtigung, die mir andere absprechen. Er ist mir ein zuverlässiger Partner gegen die totale Vereinsamung, aber wie lange wir beide das noch durchstehen, weiß ich nicht.

Mein Leben besteht jetzt aus einer ununterbrochenen Bewährungsprobe. Sei es, weil die Russenbomber noch zweimal kommen, wobei ich diesmal meine Ängste mit Irka teile, oder weil man ständig damit rechnen muss, dass der Lutek von seiner Tour nach Hause kommt und wie selbstverständlich sein Geld versäuft, mit Folgen für Irka und mich. Die fortwährende Belastung zeigt Wirkung, die Ängste und Ungewissheiten, die Einsamkeit und Sehnsucht nach Vater, all das türmt sich vor mir auf und droht mich zu erdrücken, und immer seltener trete ich vor den Spiegel. Wie ein ausrangierter Entertainer, der beim Publikum nicht mehr ankommt und es immer seltener wagt, die Bühne zu betreten.

Nicht nur die Deutschen brechen an allen Fronten ein, wie Lutek und sein Bruder mir versichern, auch ich. Als Erste bemerkt Irka meine wachsende Apathie, sie lässt mich nur in dringenden Fällen allein und bemüht sich um eine bessere Verpflegung, denn ich fange an, ohne ersichtlichen Grund mich regelmäßig zu übergeben. Sie ist ziemlich ratlos und versucht es mit frischem Obst. Alle paar Tage holt sie unten im Kolonialladen ein paar Äpfel und Birnen, schneidet sie in Scheiben und achtet darauf, dass ich sie mit einem Margarinebrot esse. Zum ersten Mal fragt sie mich, was für eine Suppe ich denn am liebsten habe. Die Antwort ist einfach: die Tomatensuppe, denn die schmeckt mir und hat den Vorteil, dass Irka nicht alle Tomaten verkocht, sodass ich zusätzlich eine bekomme und sie mit etwas Salz geradezu verschlinge.

Trotzdem, ich baue immer mehr ab, und sie muss fürchten, dass sie es über kurz oder lang nicht mehr allein in den Käfig schaffe. In dieser Situation macht Tante Irka eine entscheidende und nicht ungefährliche Konzession: Wenn es klopft und ich verschwinden muss, brauche ich nicht mehr den Verschlag aufzusuchen. Wenn Besuch kommt, muss ich nach wie vor in den Schrank, aber mich lediglich hinter Luteks langem Wintermantel verstecken, vorausgesetzt, ich bleibe absolut ruhig.

Bald darauf erscheint sie mit ihrer Mutter, der wunderbaren Frau Mikulska, um ihr ihre und meine Situation vor Augen zu führen. Ich bin zu einem unkalkulierbaren Problem geworden, und die bedrängte Irka kann und will es nicht allein lösen, sie sucht jetzt Hilfe bei ihrer Mutter, die das Ganze eingefädelt hat. Instinktiv weiß ich, dass es schlecht um mich steht. Ich habe keine Schmerzen, und trotzdem geht es mir nicht gut. Ich mag nicht mehr nur aus dem Fenster schauen, sondern hinausrennen, und am liebsten würde ich die Tür öffnen, wenn es klopft, und gucken, wer da ist. Aber stattdessen muss ich immer wieder in diesem Loch verschwinden, wenn eine Nachbarin vorbeischaut, und vor allem dann, wenn Lutek einen Saufkumpan mitbringt, und dazu die Angst, dass die Bomber in der Nacht wiederkommen. Das Ganze türmt sich zu einer grauen Wand, die ich nicht überwinden kann.

Doch nun ist die wunderbare Frau Mikulska da, und mit ihr weht ein Hauch von draußen herein, von dort, wo ich so gern hin möchte. Einfühlsam, in mehreren Sitzungen geht sie wie ein Seelendoktor auf mein unsichtbares Leiden ein und vermittelt mir das Gefühl, dass ihr an meinem Fortbestand sehr viel liegt. Die Wahrheit, dass sie die Geliebte meines Vaters ist und darauf bedacht, dass mir unter ihrer Schirmherrschaft ja nichts passiert, kenne ich zu diesem Zeitpunkt nicht, aber ich spüre ihre Nähe zum Vater. Frau Mikulska, die immer so wunderbar riecht, ist von ihrem Sockel runtergekommen, um mich zu bitten, weiterzumachen; nicht nur mein Vater liebt diese Frau, auch ich. Sie strahlt eine stille Zuversicht aus, die einen unwillkürlich ansteckt. Ihr traue ich als Einziger zu, mein Schicksal zu lindern, indem sie mich einfach bei der Hand nimmt und irgendwo anders hinbringt, und sei es nur vorübergehend.

Und so ähnlich wird es kommen, denn Frau Mikulska lässt sich etwas einfallen und handelt. Doch zunächst wird der vor langer Zeit angekündigte Besuch ihrer Tochter Krisia in die Tat umgesetzt. Sie kommt allein, hat einen Stapel bunter Bilderbücher, ein Kartenspiel und ein Nachthemd dabei. Im Gegensatz zum ersten Mal betrachtet sie mich diesmal nicht spöttisch, sondern überlässt mir die bunten Bücher zum Anschauen. Das heranwachsende Mädchen und ihre erwachsene Schwester verstehen sich gut und haben sich ununterbrochen was mitzuteilen, ja sie singen zusammen sogar ein Liebeslied, was mir auf die Nerven geht. Wenn Frau Mikulska sich gedacht hat, ihre Tochter Krisia könne als eine Art Betreuerin für mich fungieren und mich aufmuntern, so bezweifle ich, dass sich Krisia in dieser Rolle sehen will, und die Frage, ob ich sie als solche akzeptiere, muss man für den ersten Tag verneinen. Zwar schiele ich zu ihr rüber, wenn sie vor mir einen Tanzschritt einübt und ihr Rock sich dabei hebt, sodass ich einen Blick auf ihr Höschen erhasche, aber das ist dann auch schon die ganze Aufmerksamkeit, die ich ihr schenke.

Dennoch sind Krisias Tanzeinlagen eine Art Therapie für mich, auch wenn ich das noch nicht ahne. Ich weiß, man hat sie hergeschickt, um mit mir zu spielen, aber indem sie sich distanziert gibt und tut, was ihr Spaß macht, wählt sie den richtigen Weg, um mich zu erreichen. Lebendig und freizügig wie sie ist, merkt man, sie kommt aus einer anderen Ecke des Lebens als ich. Sie kennt keine falsche Scham, genießt eine freie Erziehung und pflegt intensiven Kontakt zu Gleichaltrigen. Am dritten Tag gibt sie eine Vorstellung der besonderen Art, die mich vollends in ihr Lager überwechseln lässt. Als hätte sie nur darauf gewartet, dass Irka uns allein lässt, holt sie Luteks Sonntagsanzug, seine Schirmmütze und Halbschuhe aus dem Schrank und malt sich ein viereckiges Bärtchen unter die Nase, ehe sie mit den Sachen hinter dem Vorhang verschwindet. Zum Vorschein kommt eine Figur, von der ich gehört, die ich aber nie gesehen habe, es ist Charlie Chaplin. Als Spazierstock dient ihr der Schürhaken. Die Sachen sind ihr viel zu groß. Aber sie ist umwerfend komisch. Vor meinen Augen watschelt sie zum Spiegel und ist der eigenartigste Chaplinverschnitt, den ich je zu sehen bekommen werde.

Bevor sie am nächsten Tag geht, versuche ich mich auf irgendeine Weise zu revanchieren, aber ich bin zu nichts in der Lage. Eigentlich habe ich mir vorgenommen, ihr als Zeichen meiner Akzeptanz vom Fenster aus meine Welt zu zeigen, aber ich bin zu verkrampft, um es zu verwirklichen. Was ich herausbringe, ist ein artiger Dank für die bunten Bücher und das Kartenspiel, das wir nicht benutzt haben. Fazit von Krisias Betreuungsbesuch: Ich bin noch nicht ganz ausgelöscht, denn ich freue mich, sie wiederzusehen, aber ich weiß auch, mit mir muss etwas geschehen.

8

Sommerfrische

FRAU MIKULSKA MUSS das auch erkannt haben. Die Ortschaft, in die sie mich bringen lässt, heißt Piontki und liegt ungefähr fünfzehn Kilometer östlich vom Warschauer Stadtteil Praga. Es ist ein ruhiger Ort, in dem das Leben dahinplätschert und den nicht gerade betuchte Warschauer mit ihren Kindern aufsuchen, um hier ihre Sommerfrische zu verbringen. Das Einzige, was gewöhnungsbedürftig ist, ist der starke Eisenbahnverkehr, der in einiger Entfernung zum Ort Tag und Nacht rollt. Was Wunder, es ist Krieg, und diese Strecke ist der Deutschen wichtigste Zugverbindung zur Ostfront. Der Ort erscheint auch in meiner gefälschten Geburtsurkunde, aber die genauen Einzelheiten dazu weiß ich nicht mehr.

Für ein eingespieltes Team, bestehend aus Frau Mikulska und ihrem Mann, Lutek und seinem Bruder Jurek, ist es keine große Affäre, mich mit ihrem alten Laster nach Piontki zu bringen, schließlich haben sie als Schmuggler an der Ghettomauer ganz andere Herausforderungen gemeistert, als ein jüdisches Kind von A nach B zu schaffen. In aller Herrgottsfrüh holt Jurek mich und Tante Irka ab, Lutek sichert das Treppenhaus, und Herr Mikulski wartet um die Ecke, wie ein Lieferant, nahe dem Kolonialladen mit dem Lastwagen und laufendem Motor. Wegen meines labilen Zustands – meine

Unbeweglichkeit der letzten Monate hat sich auch auf meinen Bewegungsapparat ausgewirkt – trägt Jurek mich. Vorne sitzen Irka, Lutek und der Herr Mikulski, der den Lastwagen steuert, ich sitze mit Jurek zwischen Holzkisten hinten auf der Ladefläche.

Es ist eine holprige und denkwürdige Fahrt. Der Laster ist nach hinten offen, und ich bekomme einiges zu sehen. Nach so langer Zeit des Weggesperrtseins eine solche Fahrt – eine Hallo-Wach-Tablette der besonderen Art. Ich verschlinge mit den Augen alles, was ich sehe, und zwei Ereignisse bleiben mir von dieser Fahrt besonders in Erinnerung. Gleich zu Beginn hängt sich ein deutscher Soldat auf einem Fahrrad hinten an den Laster und fährt eine Zeit lang Kräfte sparend in unserem Windschatten mit; es macht ihm offensichtlich Spaß, denn er winkt uns zu und lacht. Es ist der erste uniformierte Deutsche seit einer Ewigkeit, vor dem ich keine Angst haben muss, und ich winke sogar zurück.

Das zweite Ereignis ist ganz anderer Natur und beeindruckt mich noch mehr. Auf einer mächtigen Eisenbrücke überqueren wir einen großen, breiten Fluss, es ist die Weichsel, Polens Schicksalsfluss. Ich bin sehr angetan von der Brücke und dem Fluss mit seinen Lastkähnen und kleinen Schiffen. Noch weiß ich nicht, dass dieser Fluss in der nahen Zukunft für Vater und mich eine schicksalhafte Bedeutung haben wird.

Aber nicht nur an der Weichsel, auch in der Ortschaft Piontki, in die wir gerade auf einer sehr holprigen Straße hineinrollen, wird sich Schicksalhaftes ereignen, das darüber entscheidet, ob ich weiterleben darf oder nicht. Doch die nächsten Wochen, die ich hier verbringe, könnte man als Art Aufbauprogramm für kommende Strapazen bezeichnen. Der Laster kommt vor einem großen Einfamilienhaus zum

Stehen, und Jurek hebt mich von der Ladefläche herunter. Schräg gegenüber gibt es ein Holzhäuschen mit ein paar bunten Reklametafeln, das unschwer als Kolonialladen zu erkennen ist. Die Straße ist mit mächtigen Alleebäumen gesäumt, und das nächste Haus steht in einiger Entfernung.

Der Motor wird abgestellt, und gleich darauf steigt ein großer Mann mit Schirmmütze und Lederjacke mit vielen Knöpfen vorne aus dem Führerhaus, es ist der Herr Mikulski, den ich noch nicht kenne. Er kommt auf mich zu, hebt mich lachend hoch und sagt: »Na, Senuś, wie haben wir das gemacht?« Ich gucke in ein pockennarbiges Gesicht mit gelben Zähnen und üblem Schnapsgeruch, und da ich mit Männern wie ihm schon Erfahrung habe, kombiniere ich sofort: Er ist ein Trinker wie der Lutek. Nur, wie kommt meine wunderbare Frau Mikulska zu einem Mann mit so einem Gesicht? Aber ich muss nicht alles wissen, und so gewöhne ich mich an die Tatsache, dass Frau Mikulska einen pockennarbigen Trinker als Mann hat, vielleicht auch das ein glücklicher Umstand für mich, denn er ist das krasse Gegenteil zum Vater, für den es bestimmt nicht schwer war, Frau Mikulskas Gunst zu erlangen.

Dennoch, Herr Mikulski ist nett zu mir, trägt mich um den Lastwagen herum, zeigt mir das Führerhaus mit dem riesigen Lenkrad und den verschiedenen Uhren. Er nimmt sich viel Zeit, als würde ich ihm nahestehen, dabei sieht er mich heute zum ersten Mal. Als er mir die große Kurbel zeigt, mit der der Laster vorne angelassen wird, sind Irka, Lutek und Jurek längst im Haus verschwunden, und raus kommt Frau Mikulska, die Frau, der ich wohl mein Überleben verdanke. Zu ihrem Gatten ist sie gar nicht so nett und fordert ihn ziemlich barsch auf, mit mir ins Haus zu gehen.

Drinnen ist alles groß, die Zimmer sind hoch, die Wände

mit zahlreichen Bildern geschmückt. Es sind vorwiegend Heiligenbilder und dazwischen ländliche Motive. Im Flur der gekreuzigte Christus von einer Größe, wie man ihn gewöhnlich am Wegesrand findet. Frau Mikulska stellt mich in einem riesigen Zimmer, das ein Kachelofen beherrscht, einer großen Frau und einem kleinen Mann vor, unseren Gastgebern während des Aufenthalts hier; später erfahre ich, dass Frau Lewandowski den kleinen Kolonialwarenladen nebenan führt. Ich gebe artig die Hand, mache einen Diener und halte ansonsten den Mund; ich bin schwer beeindruckt. Auf einem großen langen Tisch stehen eine randvolle Karaffe mit Hochprozentigem, daneben ein Silbertablett mit Schnapsgläsern und, für mich das Wichtigste, ein großer flacher Teller, randvoll mit Wurstbroten, garniert mit in Scheiben geschnittenen Salzgurken. Was für ein Haus, was für ein Empfang! Der Hausherr füllt die Gläser, alle prosten sich zu, und die Hausherrin fordert uns auf, sich an den Wurstbroten gütlich zu tun. Irka ahnt, was kommt, und hält mich für einen Moment fest, damit ich mich nicht unbotmäßig auf die Wurstbrote stürze. Ihre Warnung in den Wind schlagend, haue ich rein, bis ich nicht mehr kann. Das passt der Irka gar nicht, denn als sie mich zum Plumpsklo draußen im Garten begleitet, zischt sie mir zu, ja die Wurstbrote in Ruhe zu lassen, denn ich hätte genug gegessen, und mein Benehmen schicke sich nicht.

Die Karaffe ist leer, die Wurstbrote sind gegessen. Herr Mikulski, Lutek und Jurek machen sich angetrunken auf den Weg, und sogar der sonst enthaltsame Jurek hat einen sitzen, es war eben ein schöner Tag. Für mich aber ist die Vorstellung noch nicht zu Ende. Wir begleiten die drei zum Laster, um sie zu verabschieden, und es beginnt eine Show der besonderen Art.

Um den Lastwagen haben sich ein paar Kinder versammelt, alle barfuß und einige verrotzt. Als sie die große Hausherrin erblicken, wird sie sogleich von ihnen umringt und um Süßigkeiten angebettelt. Sie meint, sie habe keine und der Laden mache erst morgen auf. In der Zwischenzeit bemüht sich das abreisende Trio, den Lastwagen mit der Kurbel zu starten. Springt er an oder nicht? Zuerst versucht es Lutek und dann sein Bruder, doch vergeblich, und erst als sich Herr Mikulski fluchend ins Zeug legt, fängt der Motor unter dem Beifall der Herumstehenden an, zu rütteln und sich zu schütteln, und springt an.

Die drei fahren ab, die Vorstellung ist zu Ende, wir gehen ins Haus, und die Hausherrin führt uns in ein großes Zimmer mit drei Betten und einer Couch. Reichlich Platz für mehrere Personen, und den braucht es auch, wenn Vater und Krisia für ein paar Tage hinzustoßen. Was für ein ereignisvoller Tag, doch als es Abend ist, will ich nur noch schlafen. Aus der Ferne höre ich noch den lang gezogenen Pfiff der Lokomotive, der mich in ein erholsames Nichts verabschiedet, aus dem ich erst am nächsten Tag um die Mittagszeit erwache.

Frau Mikulska, Tante Irka und ich haben uns in diesem geräumigen Zimmer häuslich eingerichtet und sehen unsere Gastgeber kaum. Unsere Mahlzeiten bereiten die Frauen in der Küche zu, gegessen wird dann auf dem Zimmer. Frau Mikulska ist die gute Fee, aber für meine Handhabung ist nach wie vor Tante Irka zuständig, und die trichtert mir sogleich einige Verhaltensregeln ein, denn ich bin ein gefährdeter Sommerfrischler, den man im Auge haben muss. Ich darf allein im Garten spielen und das Plumpsklo aufsuchen, jedoch nicht auf Bäume klettern, andere Zimmer im Haus betreten, das Haus durch die Vordertür verlassen und auf die

Dorfstraße gehen. Aber trotz aller Verbote ist das hier, im Vergleich zum Erlebten, ein Paradies.

Während mein Aktionsradius, wenn ich allein bin, stark eingeschränkt ist, darf ich mit den beiden Frauen fast alles. Gemeinsam durchstreifen wir fast täglich die Gegend und landen zum Schluss stets im Kolonialladen auf einen Schwatz und eine Limonade. Im Laden riecht es exotisch, und ich mag diesen Geruch sehr, einen Mix aus Backpulver, Ersatzkaffee, Brot, Seife und Putzmitteln. In einem Kolonialladen war ich eine Ewigkeit nicht mehr, außerdem bekomme ich, zusätzlich zu der von Frau Mikulska spendierten Limonade, von der Frau Lewandowski einen Lutscher gratis. Doch in diesem Laden bekommen wir auch Dinge zu hören, die so gar nicht zu dieser Sommeridylle passen. Unsere Gastgeberin mahnt uns eindringlich, uns bei unseren Spaziergängen nicht den Eisenbahnschienen zu nähern und die Verbotsschilder zu beachten, denn die Deutschen bewachen diese Strecke äußerst streng und schießen auf alles, was dort nichts verloren hat.

Je öfter wir den Kolonialladen aufsuchen, desto mehr wird diese Eisenbahntrasse zum Hauptthema. Ein wahrhaftiges Höllenszenario beschreibt diese aufrichtige Frau, als würde der Teufel persönlich nur einen Kilometer von hier Regie führen. Auf dieser Strecke schicken die Deutschen nicht nur Panzer und Kanonen nach Russland und ihre Söhne in den Tod, sie schicken auch fahrplanmäßig Hunderttausende von Juden in die Gaskammern von Treblinka und Maidanek. Noch weiß ich nicht: Auf diesen Gleisen fahren auch Tante Mira, Cesia, Marek, der Leutnant und all die anderen aus der Nalewkistraße in Viehwaggons in den Tod. Und wehe, wenn ein Zug in der Sommerhitze für Stunden auf offener Strecke stehen bleibt, dann entzündet sich das Höllenfeuer wie von selbst, und die Ersten beginnen ihre Kinder zu erdrosseln, um ihnen weitere Qualen zu ersparen.

In diesem Laden mache ich Bekanntschaft mit einem Jungen. Janek ist für sein Alter sehr groß und dürr, er muss um die dreizehn oder vierzehn Jahre sein. Er treibt sich immer um den Kolonialladen herum, ist freundlich und grinst in einer Tour. Er schätzt sich glücklich, wenn Frau Lewandowski ihn mit einem Botengang beauftragt, und dann läuft er nicht selten kilometerweit, um Backpulver und etwas Mehl auszuliefern. Er ist der Einzige, mit dem ich in Sichtweite der Frauen spielen darf, wenn die gerade mal wieder einen Schwatz abhalten. Das ist umso erstaunlicher, als Frau Mikulska darauf achtet, dass ich einigermaßen ordentlich daherkomme und nicht wie die anderen Kinder barfuß. Janeks Kleidung hingegen hängt in Fetzen an ihm herunter, aber an ihm scheint sie das nicht zu stören.

Das liegt daran, dass der Junge in der Gegend großes Ansehen genießt, ja geradezu den Status eines kleinen Helden hat. Jeder weiß, dass er sich häufig bei den Gleisen aufhält und sich mit den Deutschen ein Katz-und-Maus-Spiel liefert. Er hat mehr Glück als Verstand, dass er überhaupt noch lebt, zumal er bereits einmal von einem deutschen Offizier gestellt wurde, der ihm einen Bauchschuss verpasste. Diese Einschussnarbe ist sein ganzer Stolz und sein Markenzeichen zugleich. Er zeigt sie im Laden jedem, der sie sehen will, aber eigentlich ist das gar nicht nötig, denn sein Hemd ist so löchrig, dass es die Einschussstelle den Blicken preisgibt. Über die Gründe, warum er sich an den Gleisen herumtreibt, wird hinter vorgehaltener Hand spekuliert. An den Gleisen gibt es außer dem Tod nichts zu holen, und so vermutet man, dass er es im Auftrag von jemandem tut, und zwar um den Deutschen zu schaden. Ausgerechnet dieser zerlumpte und furchtlose Sonderling ist der Einzige, mit dem ich ab und zu spielen darf.

Wir sind eine geraume Weile da, als Krisia zu Besuch kommt. Ihr Vater liefert sie mit seinem Laster ab, nimmt ein paar Kisten mit Grünzeug mit, die vor dem Kolonialladen gestapelt sind, und verschwindet gleich wieder. Mit Krisias Anwesenheit schließen sich die Lücken in meiner Freizeitgestaltung, die entstehen, wenn die beiden Frauen beschäftigt sind und nicht mit mir spazieren gehen können. Und so entgleite ich zusehends der einschränkenden Obhut Tante Irkas und werde von Krisia unter ihre Fittiche genommen. Auf Wunsch ihrer Mutter erteilt sie mir auch Unterricht in Schreiben, Lesen und Rechnen. Da Geduld nicht ihre Stärke und Konzentration eine erhebliche Schwäche von mir ist, kann sie auch unangenehm werden. Dann droht sie, mir ihre Freundschaft aufzukündigen, oder sie zieht mich recht unsanft an den Ohren, aber das ist Teil des Spiels und kommt selten vor, denn schließlich brauchen wir einander, um die schönen Tage hier zu genießen. Ich, weil ich jede Minute draußen sein will, und sie, weil sie sich durch mich der Kontrolle durch ihre Mutter entziehen kann, um vor dem Kolonialladen ihre neue Flamme, den Janek, unseren polnischen Helden, anzuhimmeln. In diesen Minuten vergisst sie alles um sich herum, lässt mich an der langen Leine und ermuntert mich dazu, mit den anderen Kindern zu spielen.

Aber ich kann mit den anderen Kindern nicht, und so bleibe ich in ihrer Nähe, um zu beobachten, wie Janek einmal mehr mit seiner Bauchnarbe angibt, was mich eifersüchtig macht, denn mit so was kann ich der Krisia nicht imponieren. Nun, das junge Glück der beiden währt nicht lange, und ich habe Krisia wieder für mich allein. Denn eines Tages überspannt er den Bogen, und die Gleise werden ihm zum Verhängnis, wie Hunderttausenden anderen auch, denn er verschwindet, als hätte er nie existiert. An diesem Tag treiben deutsche Feldjäger im Dorf ihr Unwesen und stellen Frau Lewandowskis Kolonialladen auf den Kopf. Janeks Verschwinden löst für ein paar Tage Betroffenheit aus, aber auch nicht mehr als all die anderen Fälle im Dorf, wenn die Deutschen junge Leute kidnappen und zur Zwangsarbeit nach Deutschland schicken. Und so plätschert das Leben bald wieder dahin, in diesem Sommer 1943 in diesem Ort der trügerischen Ruhe mit seinen staubigen Straßen und rauschenden Alleebäumen.

»Schau mal, Senek, wer da kommt!« Krisia ist die Erste, die Vater erblickt, als er sich auf der Hauptstraße nähert. Diesmal ist er ordentlich gekleidet, mit Anzug, grauem Hemd und dunkler Krawatte, dazu ein beigefarbener Überzieher – so sehen die Warschauer Männer aus, wenn sie hier am Wochenende ihre Angehörigen besuchen. Er hat auch einen kleinen Koffer dabei, der, wie sich später herausstellen soll, nicht nur Persönliches beinhaltet. Ich habe ihn schon lange nicht mehr gesehen, aber diesmal gibt er ein weit besseres Bild ab als das letzte Mal. Er hat etwas von seinem alten Selbstbewusstsein zurück. Als ich auf ihn zurenne, haben wir beide, rein räumlich betrachtet, etwas von unserer alten Freiheit zurück. Jahrzehnte später, da ich diese Zeilen schreibe, frage ich mich: Was hat er nicht alles riskiert, um mich auf dieser staubigen Straße in die Arme zu schließen, wie viele qualvolle Nächte hat er hinter sich, in denen er überlegte: Wie kann ich dem Untergang entfliehen? Vaters Heldentum der anderen Art wurde aus Qualen geboren. So einer wie er war das Schicksal selbst, so ist er zur Welt gekommen. Ich habe meinen Vater geliebt, sein Wesen konnte ich nie richtig deuten.

Auch Vaters Beziehung zu Frau Mikulska gehört dazu, die für unser beider Überleben so entscheidend war. Als ich sie während einer meiner späteren Polenreisen wiedertraf, sprach sie von einer großen Liebe, die das ungleiche Paar verband. Ich glaube eher, dass sich die beiden körperlich angezogen fühlten, und die alte kranke Frau stilisierte diese Attraktion nach so vielen Jahren zur großen Liebe. Damals waren sie wie füreinander geschaffen: sie, die furchtlose und gut aussehende Schmugglerin an der Ghettomauer, die sich einfach einen zehn Jahre jüngeren Liebhaber nahm, der in einer lebensbedrohlichen Lage war. Er, weil er ihre Hilfe benötigte für sich und für sein Kind, und wenn er dabei mit ihr die Liebe genießen durfte, umso besser. Und noch ein Aspekt, der in diesem Zusammenhang erwähnenswert ist: Vaters Hang zu Frauen, die ihm überlegen waren, und das war Frau Mikulska allemal.

Im Haus begrüßt Vater beide Frauen mit einem Handkuss, Frau Mikulska zusätzlich mit zwei Wangenküssen. Es ist der Beginn von ein paar schönen Tagen für mich, eine Art Krönung, denn sein Erscheinen fördert mein Selbstbewusstsein und gibt mir auf irgendeine Weise auch die Legitimation, hier sein zu dürfen. Außerdem die Erkenntnis: Er hat mich nicht vergessen oder verlassen, und er lebt. Ich bin kein Findelkind, sondern habe einen Vater, und durch ihn das Gefühl, bei Tante Irka und Frau Mikulska trotz all der Ängste und Widrigkeiten gut aufgehoben zu sein. Doch je länger wir hier sind, desto öfter muss ich daran denken, dass es bald wieder nach Warschau zurückgeht, und ich weiß, die Zeit läuft gegen mich.

Was für ein schönes Gefühl, draußen mit Krisia zu spielen und zu wissen, Vater ist da! In den paar Tagen und Nächten, die er mit uns verbringt, verlässt er das Haus kein einziges Mal. Durch Krisia erfahre ich auch, was Vaters kleiner Koffer so alles beinhaltet, und komme langsam dahinter, mit was er sich über Wasser hält. Der Koffer liegt immer unter seinem Bett, und er holt ihn nur hervor, wenn er das Rasierzeug oder ein Kleidungsstück braucht. Da er den Koffer aber sofort wieder schließt, bleibt der Inhalt für mich ein Mysterium. Wie Krisia es schaffte, einen Blick reinzuwerfen, weiß ich nicht, denn Vater verlässt das Zimmer nur, um in den Garten zu gehen oder die Toilette aufzusuchen. Möglich, dass sie es durch ihre Mutter erfahren hat.

Jedenfalls ist er voll mit Heiligenbildern, kleinen Kruzifixen und Rosenkränzen – Devotionalien, wie Krisia mir erklärt. Vater zieht über die Dörfer und hausiert damit. Mit der Zeit erfahre ich auch, dass er zusätzlich einen Rucksack mit sich schleppt, wenn er eine größere Tour macht, und das meist zu Fuß. Er hat auch ein echtes Empfehlungsschreiben einer Warschauer Pfarrei dabei. Die Legende des entflohenen, polnischen Offiziers, in dessen Rolle er schlüpfte und deren Voraussetzung ihm die wunderbare Frau Mikulska schuf, wird also fortgesponnen, denn von irgendetwas muss dieser Offizier ja leben. Ein Gutes hat diese Tarnung obendrein: Er ist wieder auf dem Land, wo er sich am wohlsten fühlt und Leute und Lebensart seit seiner Kindheit kennt und schätzt. Wenn er seiner Landkundschaft das Schreiben der Pfarrei unter die Nase hält und dann auch noch die Geschichte vom polnischen Offizier glaubhaft anbringen kann, ist er für die Bauern ohnehin ein halber Heiliger. Von dem Wissen, wer er wirklich ist, sind sie Lichtjahre entfernt.

Jahrzehnte später, wenn er mal gut drauf war und sich ein wenig öffnete, gehörte zu seinen Lieblingsanekdoten, dass er seine Jäger durchaus narren konnte. Lief er einer deutschen Streife in die Hände und musste Koffer und Rucksack öffnen, kam es bisweilen vor, dass ihm ein Uniformierter etwas abkaufte.

Die schönen Tage in Piontki gehen zu Ende. Erst verabschiedet sich Vater mit seinem Koffer, dann holen Herr Mikulski und sein Assistent Lutek Frau Mikulska und Krisia mit dem Laster ab. Ich, der Sonderpassagier, und Tante Irka sind bei der nächsten Tour ein paar Tage später an der Reihe. Sie erscheinen diesmal nicht wie gewohnt am Vormittag, sondern am Abend, und beide sind betrunken. Es gibt Streit mit Irka, die sich weigert, ihnen Schnaps bei den Lewandowskis zu besorgen. Die kommen auch dazu, und zum ersten Mal sehe ich, dass die beiden auch anders als freundlich sein können. Die große Frau Lewandowski setzt den torkelnden Mikulski mit ein paar kräftigen Besenhieben außer Gefecht, und allein hat der sturzbetrunkene Lutek keine Chance, und er macht das, was er immer macht, wenn er betrunken ist und ein Bett sieht – er legt sich drauf und schläft.

Ich wünschte mir, die wunderbare Frau Mikulska wäre noch hier, denn sie war der unumstrittene Chef im Ring, und die beiden wären erst gar nicht so dahergekommen. Ein nicht ganz ungewöhnlicher polnischer Tag geht zu Ende. Ich bete mit Tante Irka um den Frieden auf Erden und das Seelenheil aller Menschen, auch das der beiden Schnarcher, die ihren Rausch ausschlafen. Dabei habe ich Angst vor dem Morgen, wenn ich wieder nach Warschau zurückmuss, wo das Zimmer und der Schrank auf mich warten und ich womöglich wieder anfange, ins Bett zu pinkeln.

9

Lichterglanz

DIE SONNENBLUMENWIESE, AUF die ich mich flüchtete, wenn ich es mal wieder nicht auszuhalten drohte, weicht der Realität von Piontki, denn es war schön und zudem erst gestern, und vielleicht darf ich dort mal wieder hin. Denn Mutter und die Sonnenblumenwiese sind und bleiben ein Traum, der immer wieder zerplatzt. Dennoch tue ich gut daran, Mutter und die Sonnenblumenwiese nicht ganz zu verdrängen, denn es stehen mir noch harte Zeiten bevor, auch außerhalb dieses Zimmers, und ich werde diese Zuflucht noch bitternötig brauchen, denn die Realität von Piontki wird einer anderen weichen – der des Krieges, der immer näher rückt.

Nicht nur die Sommerfrische in Piontki, auch die Begegnung mit Vater trägt dazu bei, dass es mir besser geht. Sein ganzes Auftreten stimmt mich positiv, denn er scheint einen Weg gefunden zu haben, sich dem System der Verfolgung und Vernichtung zu entziehen. Und so viel habe ich dem Leben bereits abgeschaut: Er muss ein positives Bild abgeben, damit er für Frau Mikulska attraktiv bleibt und sie ihn nicht so anraunzt wie ihren Mann, wie ich es einmal beobachten konnte. Dasselbe Spiel beobachte ich bei Irka und Lutek.

Das Zimmer mit dem trostlosen Tagesablauf hat mich wieder, aber perspektivlos bin ich deswegen nicht, Frau Mikulska hat mir bewiesen, dass sie immer wieder Überraschungen parat hält. Und mit dieser überzogenen Erwartungshaltung nehme ich das Leben in diesem Zimmer wieder auf. Ich habe nicht nur einen funktionierenden Vater im Rücken, einen Jurek und eine Halinka, sondern vor allem eine Krisia, die mich ab und zu besuchen kommt; und über das Ganze hält Frau Mikulska schützend ihre Hand. Sie alle haben mich angenommen und sind mir schicksalhaft verbunden. Wenn da nur diese bleierne Zeit, die einfach nicht vergehen will, zwischen den einzelnen Besuchen nicht wäre.

Jetzt empfinde ich den mir vertrauten Blick aus dem Fenster als eine Demütigung. Wenn ich früher manchmal Selbstmitleid verspürte, schlägt es diesmal in Wut um, aber ändern tut das an meiner Situation nichts. Was sich geändert hat, ist die Farbe des Sattelschleppers des Deutschen. Er ist jetzt beige-grün gestrichen, eindeutig eine Tarnfarbe, und neuerdings läuft der Deutsche immer, außer sonntags, in Uniform rum, aber diese Neuigkeiten können den Stillstand der Zeit auch nicht aufwiegen. Denn ich wurde aus dem Verkehr gezogen, und zwar mitten aus dem Leben heraus. Mir scheint, mich hat die Zeit einfach vergessen. Was mit mir passiert, ist ihr einfach egal. Auf ihre Art ist sie grausam oder gut, je nachdem wie die Würfel für einen fallen. Sie kennt keine Moral und kein Mitleid, das Schicksal soll entscheiden, was mit mir geschieht, sie akzeptiert emotionslos alles.

Die Veränderung am Lastwagen habe ich sofort wahrgenommen, nicht jedoch die schleichende Veränderung der Natur, des Gartens in diesem Fall. Damit beginnt ein neuer Lebenszyklus, der unseren Tagesablauf beeinflussen wird. Das Ganze da draußen wirkt auf mich wie Irkas und Luteks Wecker, den ich oft aus Langeweile anstarre und der erst beim genauen Hingucken seine wahre Funktion offenbart – seine Stunden- und Minutenzeiger bewegen sich doch. Für diese Erkenntnis brauche ich vielleicht ein paar Minuten, für den Vorgang im Garten Tage, wenn nicht Wochen. Das satte Grün der Blätter verschwindet, macht einem rötlichen Gelb Platz, bis sie dann kraftlos auf den Boden flattern. Spätestens mit der Kahlheit der Bäume und der kürzer werdenden Tage merke auch ich, da draußen findet ein Umbruch statt, der mich manchmal wehmütig berührt, als würde ich von etwas Liebgewonnenem Abschied nehmen.

Krisia kommt jetzt öfter und bleibt über Nacht. Das ist das Schöne an der neuen Jahreszeit, der Nachteil: Lutek ist fast immer da, liegt auf der Couch und raucht. Er hat keine Arbeit, denn jetzt ist Schluss mit dem saisonbedingten Gemüsegeschäft. Er ist nicht aggressiv, aber missmutig, denn der Schnaps, für den er kein Geld hat, fehlt ihm. Er vermisst seine Saufkumpane, denen er keine Flasche hinstellen kann, wie man in Polen sagt. Oft bin ich jetzt mit ihm allein, und das ist mir nicht ganz geheuer, denn ich spüre seine Unruhe und fürchte eine Explosion, die sich gegen mich richten kann.

Dafür geht Tante Irka jetzt regelmäßig in die Stadt. Abwechselnd trägt sie ihr dunkelrotes Kostüm, die passenden roten Stiefel und den kleinen bordeauxfarbenen Hut mit schwarzem Netz dazu, oder ein Wollkleid mit turbanähnlichem Hut und Schalumhang. Mit Ersterem, insbesondere dem schwarzen Netz über ihrem sorgfältig geschminkten Gesicht und den roten Stiefeln, sieht sie ziemlich scharf aus, dagegen fällt ihre Erscheinung in dem einfachen Wollkleid ab. Zu ihrem Vergnügen oder nur zum Einkaufen geht sie wohl kaum täglich in die Stadt, dafür fehlen ihr die Mittel, und sie kommt nur mit dem Allernötigsten zurück. Wahrscheinlich tut sie etwas, um ihre Haushaltskasse aufzubessern, was es genau ist, habe ich nie erfahren. Möglich, dass auch Krisia nichts davon weiß, denn sie hätte es mir erzählt, wie vieles andere auch, zum Beispiel, dass Irka nur ihre Halbschwester ist und Herr Mikulski, ihr Vater, der zweite Mann von Frau Mikulska. Übrigens war meine wunderbare Frau Mikulska drei- oder viermal verheiratet, und aufgrund des häufigen Namenswechsels und einer unkooperativen Bürokratie kostete es mich einige Mühe, sie 1974 zu finden.

Ich gewöhne mich an Lutek und seine tägliche Leidensphase, und in mir steigt so etwas wie Mitleid auf. Jedenfalls schwindet meine Angst, dass er mir was antun könnte, im Gegenteil, wenn er seine depressive Phase hinter sich hat, widmet er sich mir und wir spielen ein Kartenspiel, das er mir beigebracht hat. Er erklärt mir auch, wie ein Gewehr funktioniert und warum eine Bombe, die von einem Flugzeug abgeworfen wird, pfeift, wenn sie zu Boden fällt. Aber das Allerwichtigste: Er zeigt mir, wie ich die Uhrzeit am Wecker ablesen kann, und es dauert ziemlich lang, bis ich das begriffen habe. Jedenfalls bringt er mehr Geduld auf als Krisia, die es vor ihm versucht hat.

Der Blick nach draußen gibt nicht mehr viel her, er erweckt nicht mehr wie im Sommer eine übermäßige Sehnsucht in mir, draußen spielen zu dürfen. Meine Vorstellung von Freiheit ist jetzt eine andere. Ich stelle mir vor, allein mit der Straßenbahn bis zur Weichsel zu fahren, diese mächtige Brücke zu Fuß zu überqueren und anschließend zu einer dieser Bootsanlegestellen zu laufen, einen Ausflugsdampfer zu besteigen und auf große Fahrt zu gehen.

Auch für Lutek sind die Zeiten ohne Arbeit und ohne Schnaps sehr hart, und ich habe manchmal das Gefühl, er ist froh, dass ich da bin. Wenn er mit mir spricht oder etwas geduldig erklärt, ist er ganz bei der Sache und nimmt Auszeit von seinen Problemen, ungefähr so, wie wenn ich von der Weichsel und der großen Fahrt mit dem Ausflugsdampfer träume. Er steht jetzt öfter als ich an einem geöffneten Fenster und raucht. Der Vorteil: Der Rauch zieht ins Freie. Der Nachteil: Im Zimmer wird es ungemütlich. Während er im Sommer kaum einen Blick nach draußen warf, scheint er jetzt die trostlose Stimmung zu genießen.

Sieht er vielleicht die Welt da draußen anders als ich? Ja, es ist anzunehmen. Beispielsweise dieser mit Tarnfarbe versehene Sattelschlepper des Deutschen und das Treiben um ihn herum, wenn er abfährt oder ankommt. Nachdem ich die Sache mit der Tarnfarbe entdeckt habe, gucke ich kaum mehr hin. Zu identisch sind die täglichen Arbeitsabläufe um diesen Lastwagen, als dass sie mich noch interessieren würden. Aber Lutek sieht das anders, allein die Tarnfarbe verrät ihm entschieden mehr als mir, und er sagt es auch. Entweder muss unser Kamerad da unten mit der Maschine zur Front, oder die Front kommt zu ihm. Wie auch immer, Lutek sieht ihn in Bedrängnis, und er genießt es sichtlich. Ja, der Abgang des Deutschen ist programmiert, das wissen wir, nur, wie er vonstattengehen wird, ahnt keiner von uns, nicht Lutek und am allerwenigsten ich. Der Deutsche wird sich nicht einfach vertreiben lassen, es wird ein furchtbares Gemetzel geben, bis er geht, und Lutek wird es als seine patriotische Pflicht ansehen, daran teilzunehmen, mit der für ihn und andere polnische Patrioten deprimierenden Feststellung: Sie schaffen allein den Deutschen nicht, andere müssen es für sie tun. Lutek, der polnische Freiheitskämpfer, wird mit der ihm geschenkten Freiheit nichts anzufangen wissen, und es liegt nicht an den falschen Befreiern, sondern ausschließlich an ihm. Er hat unter den deutschen Besatzern getrunken, und daran wird sich nichts ändern, wenn sie vertrieben worden sind. Lutek wird gerade mal dreißig Jahre alt werden, seinen Werdegang kenne ich, den des Deutschen nicht.

Und trotz der anbrechenden dunklen Jahreszeit wird das Leben für uns in diesem Zimmer so wechselhaft wie die jagenden Wolken am Himmel, womöglich bestimmt das Naturspiel da draußen unser Verhalten in diesem Zimmer ein wenig mit. Nicht dass plötzlich schöne Zeiten für mich anbrechen würden, weit gefehlt, aber doch gibt es so was wie glückliche Abschnitte, die sich nach wie vor mit der harten Realität abwechseln. Die Realität! Lutek hat einen Job als Kellner in einem Restaurant gefunden, kommt nachts nach Hause, weckt uns zwangsläufig auf und ist meist betrunken. Ich sitze öfter im Schrank, versteckt hinter Mänteln und Stiefeln, weil Irka eine Art Interessengemeinschaft und Zulieferabkommen mit einer Nachbarin pflegt, die diese regelmäßig zu einem Aufenthalt in unserem Zimmer nützt.

Das Zuliefern, das für Irka und mich harte Arbeit bedeutet, geht wie folgt über die Bühne: Die Nachbarin steht an einer Straßenecke irgendwo in Warschau, mit einem provisorischen Ofen, einer vollen Milchkanne und einem großen Kochtopf und verkauft an Passanten Kartoffelklöße in warmer Milch. Währenddessen schälen Irka und ich Stunde um Stunde, Tag für Tag, außer sonntags, die Kartoffeln für die Klöße, die die Nachbarin zentnerweise anschleppt. Gott sei Dank ist das ein wetterbedingtes Geschäft, und mit dem Einbruch des Winters, der mit Schnee und starkem Frost einhergeht, ist damit Schluss.

Aber die Interessen- und Produktionsgemeinschaft zwischen Tante Irka und der Nachbarin wird auf andere Weise fortgesetzt. Jetzt, da Weihnachten vor der Tür steht, produzieren sie abwechselnd mal bei uns und mal bei der Nachbarin allen möglichen Christbaumschmuck. Das einst saubere Zimmer versinkt in einem bunten Chaos aus Papier und Klebstoff. Ich bin überrascht, wie geschickt und schnell

Tante Irka Papierkugeln, Engel und endlose Christbaumketten produzieren kann. Aus heutiger Sicht wundere ich mich vor allem darüber, welche Nervenstärke sie bewies, als sie stundenlang mit der Nachbarin diesen Schnickschnack schuf, während ich im Schrank vor mich hin dämmerte.

In dieser Zeit taucht auch Krisia häufig auf, löst die Nachbarin ab und hilft ihrer Schwester. Das halbwüchsige Mädchen stellt zusehends meine Gefühlswelt auf den Kopf, und ich vergesse die qualvolle Enge im Schrank. Kein Zweifel, mit mir und in mir findet ein verwirrender Umbruch statt. Inzwischen habe ich an ihr nichts mehr auszusetzen, ihre Anwesenheit empfinde ich als ungewöhnlich angenehm, die Sommersprossen auf ihrer Nase, über die ich mich bis vor Kurzem noch lustig machte, missfallen mir überhaupt nicht mehr, ebenso wenig wie mich die Tatsache stört, dass sie mich um Längen überragt. Am aufregendsten ist es, wenn sie über Nacht bleibt, meist von Samstag auf Sonntag, und obendrein Jurek da ist, dann darf ich länger aufbleiben, und wir spielen, mit Rücksicht auf mich, ein simples Kartenspiel. Teilte sie im Sommer, während Luteks Abwesenheit, mit Tante Irka das Bett, so übernachtet sie jetzt bei mir auf der Couch, und es ärgert mich sehr, dass ich lange vor ihr schlafen gehen muss und entschlummert bin, wenn sie zu mir unter die Decke schlüpft. Irgendetwas geschieht dann mit mir, sodass ich nicht durchschlafen kann, und ich bin ziemlich angetan von der Tatsache, dass sie neben mir liegt und ich nur die Hand auszustrecken brauche, um sie zu berühren. Im Übrigen weiß ich, dass das Gleiche auch Krisia hin und wieder passiert.

Es vergeht jetzt kein Tag, der nicht mit den bevorstehenden Feiertagen zu tun hat. Eine Ausnahmesituation erfasst die Menschen in meiner Umgebung. Diese wie aus dem Nichts entstandene Stimmung steckt auch mich an, denn alles um mich herum steuert auf diesen Heiligen Abend zu, von dem dauernd die Rede ist. In eine solche Erwartungshaltung bin ich noch nie versetzt worden, undenkbar, aus irgendeinem Grund nicht dabei zu sein. Gewiss, es ist das bedrückende Kriegsjahr 43/44, die Menschen sehnen sich nach einem anderen Leben, denn das jetzige ist unglaublich entbehrungsreich, perspektivlos und voller Gefahren. Dieses Weihnachten ist in jeder Hinsicht eine Ausnahme und steht unter ganz anderen Vorzeichen, auch für mich persönlich.

Zum ersten Mal nehme ich an einem christlichen Fest teil, noch dazu einem von so einprägsamer Qualität. Ich hab das Gefühl, in einer kollektiven Obhut und Fürsorge eines kleinen Kreises Menschen zu sein, die bereit sind, die Gefahr, in der ich schwebe, mit mir zu teilen und für Stunden vergessen zu lassen. Auch habe ich das Gefühl, an diesem Abend im Mittelpunkt zu stehen, mit mir als ihrem Schutzbefohlenen halten die Festteilnehmer eine Art Trophäe in der Hand, mit der sie den Kräften der Finsternis da draußen trotzen. Das Erstaunliche an diesem Heiligen Abend, der mir so nachhaltig in Erinnerung blieb: Der Grund dieser Feier – die Geburt des Heilands, des Erlösers, wie Irka mir erklärte – steht gar nicht so sehr im Vordergrund als vielmehr der familiäre Zusammenhalt.

Lange vor diesem Abend fängt Tante Irka an, alle möglichen Vorräte für das Festmahl zu horten. Woher das Geld dafür kommt, weiß ich nicht, das Kartoffelschälen und Weihnachtsschmuckbasteln allein können es nicht einbringen, auch nicht der Umstand, dass Vater seit Piontki zweimal da war. Wie auch immer, sie hat sich fest vorgenommen, eine schöne Weihnachtsfeier auszurichten, und lädt nur Leute ein, die von meiner Existenz wissen. Mir hat sie verboten, hinter dem Vorhang rumzuschnüffeln, und mich ermahnt, mich von dem provisorischen Holzregal fernzuhalten, auf dem all die Köstlichkeiten liegen, von denen man das ganze Jahr nur träumen kann. Das sind Zucker und Mehl, Backpulver und Bonbons, Hartwurstrollen, Wodkaflaschen und verschiedene Konserven. Allein durch das Wissen um all diese Dinge wünsche ich das Weihnachtsfest sehnsüchtig herbei. Auch für Lutek ist dieses Holzregal eine absolute Verbotszone, denn er spekuliert auf eine Extraflasche, die er womöglich außer Haus trinken könnte. Davon abgesehen ist Irkas größte Sorge, dass bei all dem Kommen und Gehen in der Vorweihnachtszeit das Versteckspielen mit mir glatt über die Bühne geht, und vor allem, dass ihr Mann am Heiligen Abend nicht betrunken nach Hause kommt und sie vor den anderen Gästen blamiert.

Ungefähr ein Jahr ist es jetzt her, dass Vater mir meine denkwürdige Feier im Warschauer Ghetto ausgerichtet hat, um nachträglich meinen Geburtstag zu feiern. Es ist der 23. Dezember, einen Tag vor Heiligabend. Nur weiß hier keiner, dass ich Geburtstag habe, und will es anscheinend auch nicht wissen, denn niemand hat in all der Zeit je danach gefragt, auch Frau Mikulska nicht. Denn was in der gefälschten Geburtsurkunde steht, die Irka verwahrt, stimmt mit Sicherheit nicht, außerdem stünde mein Geburtstag im Schatten, den der Heilige Abend vorauswirft. Was ist in diesem einen Jahr nicht alles geschehen, mit mir geschehen? Die meisten, die mit mir damals gefeiert und mir viel Glück gewünscht haben, leben nicht mehr, das weiß ich. Es waren keine Greise oder Todkranke, sondern junge und zuvor noch vitale Menschen, aber jetzt sind sie einfach nicht mehr da. Und ich? Was musste ich in diesem Jahr nicht alles hinnehmen? Die Vollstreckung des Urteils, das über mich ohne mein Wissen gesprochen wurde, hat Vater bislang mit allen ihm zur Verfügung stehenden Mitteln vereitelt, doch das Urteil hat nach wie vor Bestand an diesem 23. Dezember 1943.

Sicher, ich hätte es nicht verstanden, dieses Urteil, wenn jemand es mir vorgelesen hätte, wie vieles andere auch nicht, was um mich geschieht. Im Laufe des vergangenen Jahres habe ich eine andere Lebensform annehmen müssen, geprägt durch Angst und Unterdrückung, eine andere Mentalität kennengelernt und einer anderen Gottheit huldigen müssen, in der Hoffnung, dass sie mir hilft, nachdem mein ursprünglicher Gott kläglich versagt hat. Mein Hang zur Religion war noch nie ausgeprägt: Schon als kleiner Junge sah ich keinen Sinn darin, gebetsmühlenartig Huldigungen und Bitten zu wiederholen und das Gelesene, wie der Großteil der Mitbeter auch, kaum zu verstehen. Im Heider lernten wir, die Schriften auf Hebräisch zu lesen, in einer Sprache, die wir nicht beherrschten; Übersetzungen gab es nicht oder nur mangelhafte. Wenn ich heute am Jom Kippur in die Synagoge gehe, um das Kaddisch zu sprechen, geschieht das aus einer inneren Verpflichtung meinen Toten gegenüber und einem bedingungslos vorhandenen Zugehörigkeitsgefühl zum Judentum. Die Hoffnung, dem lieben Gott dort zu begegnen, habe ich längst aufgegeben.

Um Platz für den großen Christbaum zu schaffen, der fast bis zur Decke reicht, muss das ganze Mobiliar verschoben werden. Tische, Stühle und die Couch kommen näher an den Schrank, das Holzregal wird zur Seite gerückt. Doch die riesige Tanne, die Jurek und Lutek angeschleppt haben, bereitet beim Aufstellen Probleme, denn Jurek hat die Halterung am Boden zu schwach konstruiert. Der Baum droht zu kippen, und so müssen sich die beiden Brüder etwas Neues einfallen lassen, bis er sicher steht, und der ganze Aufwand nur, weil Irka sich einen imposanten Christbaum eingebildet hat. Wie auch immer, der Tannenbaum wird für mich zum größten Ereignis seit langer Zeit. Allein sein Duft beherrscht von Anfang an den Raum, obwohl ich zunächst seine wahren Ausmaße nicht zu sehen bekomme, da er von dem Vorhang abgeschirmt wird, hinter dem ich nichts verloren habe.

Am nächsten Tag ist es so weit: Es ist Heiligabend. Lutek kommt bereits am frühen Nachmittag von der Arbeit nach Hause, und Tante Irkas Befürchtungen scheinen sich zu bewahrheiten – er ist betrunken. Schon beim Öffnen der Tür tut er sich schwer, braucht eine Zeit lang, um das Schlüsselloch zu finden. Für Irka eine Katastrophe. Nach einer Weile stößt er die Tür auf, torkelt herein und wirft sich aufs Bett. Die fassungslose Irka steht nur da und ist absolut ratlos, schließlich dreht sich der vermeintlich betrunkene Lutek auf den Rücken und schüttelt sich vor Lachen. Was für eine Erleichterung, diesmal hat er den Betrunkenen nur gespielt, hat uns vorgeführt und empfindet diebische Freude dabei; für Tante Irka ist der Heilige Abend gerettet.

Viel früher als die anderen Gäste taucht Krisia auf, die bereits festlich gekleidet ist. Sie kommt zur rechten Zeit, denn es gibt noch viel zu tun. Während sie und Tante Irka den Baum schmücken, deckt Lutek den unter einem weißen Tischtuch verborgenen Tisch. Die Stimmung, die jetzt im Zimmer herrscht, ist erwartungsvoll und schön. Ich sehe Lutek bei der Arbeit zu, denn hinter den Vorhang darf ich immer noch nicht gucken, aber allein das weiße Tischtuch verleiht dem Raum etwas Feierliches.

Wie viele Male in diesem vergangenen Jahr musste ich nicht schon für unzählige Stunden in den Schrank, wenn Gefahr im Verzug war, aber diesmal ist es besonders hart und beweist mir wieder einmal, dass ich nur bedingt zu dieser

Gemeinschaft gehöre. Es ist eine Vorsichtsmaßnahme, um beim Eintreffen der Gäste bei Einbruch der Dunkelheit jede unliebsame Überraschung zu vermeiden. Es muss eine eigenartige Atmosphäre unter den Anwesenden herrschen, bis der letzte Gast erscheint, denn sie alle wissen, dass ich im Schrank sitze und mein größter Wunsch nur sein kann: Bitte lasst mich wenigstens diesmal so schnell wie möglich raus! Bloß kein unnötiges Verzögern meiner Isolation, ich möchte vom ersten Augenblick an dabei sein, unter Menschen sein, egal, wie das Fest heißt.

In letzter Zeit habe ich nur noch selten im Schrank sitzen müssen, wenn es dunkel wurde, und wenn ich dann wieder herausdurfte, war ich für Sekunden geblendet. So auch diesmal, nur um ein Vielfaches mehr. Für einen Augenblick ist alles mit einem glitzernden Schein überzogen, wie in einem konfusen Traum, dazu das Stimmengewirr einer heiteren Gesellschaft, die mein Erscheinen durchaus freudig begrüßt, mit Hochheben und Wangenkneifen, als hätten sie mich gerade aus einem brennenden Haus gerettet. Vom ersten Moment an hat es mir der wunderschön geschmückte Christbaum angetan, mit seinen brennenden Kerzen, den verschiedenfarbigen Glas- und Papierkugeln, dem an Fäden baumelnden Gebäck und einer überdimensionalen, farbenfrohen Kette, die sich ein paar Mal um den Baum windet. Noch nie habe ich so etwas Festliches und Symbolträchtiges gesehen. Der Baum könnte ebenso gut einem Märchenbuch entstiegen sein und verdrängt für Minuten die Wirklichkeit, um mich in eine andere Welt mitzunehmen. Untermalt vom beglückenden Effekt der Wunderkerzen ist diese Welt verführerisch schön, und es kann sein, dass nicht nur ein gequälter kleiner Junge, eingetaucht in diesen Lichterglanz, meint, endlich die wahre und überlegene Gottheit gefunden zu haben, die ihn beschützt und ihm zur Seite steht, denn nur so eine hat die Macht, so etwas Wunderbares in Szene zu setzen.

Und die Gesellschaft, die die Geburt dieses Gottes feiert, hat nicht nur fürs Auge etwas zu bieten, sondern auch für den Magen. Als sei der christliche Gott tatsächlich auf Erden erschienen, um sich persönlich um unser Wohl zu kümmern, ist der festlich geschmückte Tisch reichlich bestückt mit appetitlich anzusehenden Speisen, die es sonst nie gibt. Meine Augen erblicken mehrere Wurstsorten, kalten Braten, Schinken, saure Gurken, Kraut, Butter, weißen Bauernkäse und Brot; ich drohe den Verstand zu verlieren. Nicht die gewohnte Suppe, nichts Aufgewärmtes, sondern eine Fülle von kalten Speisen, mit denen sich die Gäste bei Tisch selbst bedienen können und die als Grundlage für einen Umtrunk mit Hochprozentigem taugen. Zurück in der realen Welt, kann ich mir nur schlecht vorstellen, dass Irka und Lutek dieses Fest allein geschultert haben. Jedenfalls ist es mir ein Rätsel, wie all die guten Sachen auf den Tisch gekommen sind.

Bis auf zwei sind mir alle Gesichter der Gäste vertraut. Das eine gehört Luteks und Jureks Schwester, das andere Herrn Pavlak, Halinkas Mann. Die Schwester des Hausherrn, von der ich noch nichts wusste, ist eine auffallend geschminkte Schönheit, stark parfümiert und mit aufgetürmtem Haar, das aussieht, als würde es ihr nicht gehören. Herr Pavlak hebt sich insofern von den anderen Männern ab, als er bereits in seinen besten Jahren eine Vollglatze hat — die ihn fast doppelt so alt wie seine Frau wirken lässt. Außerdem lächelt er die ganze Zeit und wirkt übertrieben höflich. Letzteres ist wahrscheinlich darauf zurückzuführen, dass er als Buchhalter in gehobener Stellung einen anderen Umgang hat als die anderen Anwesenden. Die weiteren Gäste sind Irkas Eltern, Jurek und Krisia.

Bevor Tante Irka ihre Gäste zu Tisch bittet, sind diese voll des Lobes für den schönen Christbaum und den reichlich gedeckten Tisch. Lutek hat die Ehre, die erste Flasche zu öffnen, um allen, außer mir und Krisia, die Gläser mit Wodka zu füllen. Mit ein paar bewegenden Worten, die ich nicht von ihm erwartet hätte, fordert er die Anwesenden auf, mit ihm auf eine bessere Zukunft zu trinken, und möge das zur Welt gekommene Christkind alle Anwesenden beschützen und ihnen den rechten Weg zeigen. Damit ist dem religiösen Teil Genüge getan und der Startschuss gegeben für ein Fest, bei dem die anfängliche Zugeknöpftheit mit ein paar Gläsern schnell gelockert wird. Es wird reichlich gegessen, getrunken, gelacht, Gedichte werden aufgesagt, patriotische Lieder angestimmt und schlüpfrige Witze erzählt; auch Melancholie ist bei manchem Gast mit von der Partie, und es scheint mir, als ob Irka mich im Auge behält, um zu verhindern, dass ich angesichts des Essens und der süßen Köstlichkeiten den Verstand verliere. Desgleichen achtet Frau Mikulska darauf, dass das Fest trotz der ausgelassenen Stimmung seinen würdigen Rahmen behält und Lutek und ihr Mann es nicht als Schnapsleichen beenden, was tatsächlich nicht geschieht.

Wer in der Mitte dieser Feier schlappmacht, bin ich. Wann habe ich schon so eine heitere Stimmung auf engstem Raum erlebt, der – so wie ich – ganz von einem festlich geschmückten Baum beherrscht wird. Welch ein Gegensatz: auf der einen Seite der unselige Schrank, auf der anderen der glitzernde Baum, hier die Inkarnation einer furchtbaren Zeit und des chronischen Mangels, dort der Schein einer besseren Welt und ein Überfluss, der nur von kurzer Dauer sein wird. Ich beschäftige mich nicht mit diesen Gegensätzen, ich bin nur verwirrt und lange kräftig zu bei all dem Schmackhaften, vor allem die verschiedenen Wurstsorten und der kalte Braten haben es mir angetan, Speisen von ausgesprochener Seltenheit. Irgendwann hat Tante Irka es aufgegeben, mich zu kontrollieren, und so schlage ich mir im wahrsten Sinn des Wortes den Bauch voll, bis mir unwohl ist und ich von allein zu essen aufhöre.

Es müssen Lutek und Herr Mikulski gewesen sein, die mich dazu animierten, einen winzigen Schluck aus einem Wodkaglas zu tun – mein erster Rausch. Plötzlich ist meine Zunge wie gelähmt. Der Raum und der Christbaum drehen sich, ich spüre instinktiv, dass ich mich jetzt hinlegen und schlafen muss, um dem Wirrwarr, der sich in meinem Kopf abspielt, zu entkommen. Ich höre noch entferntes Gelächter, weil ich unverständlich lalle, dann ist aber endgültig Schluss für mich an diesem schönen Abend, und ob es noch eine Bescherung gibt oder nicht, bekomme ich nicht mehr mit und werde es auch nie erfahren.

Auch wenn das Weihnachtsfest für mich so abrupt geendet hat und mir durch eine Dummheit die eine oder andere Stunde gestohlen wurde, behalte ich es in den kommenden Wochen und Monaten in bester Erinnerung und zehre lange davon. Von nun an habe ich eine neue Vorstellung von Freiheit und gutem Leben, eine neue Traumkomponente, die mich über die Runden bringt, wenn ich im Schrank eingesperrt bin, denn am Schluss einer jeden imaginären Dampferfahrt auf der Weichsel erwartet mich ein Fest ähnlich dem an Heiligabend, nur diesmal freilich ohne Baum.

Dieser steht noch tagelang im Zimmer und verliert allmählich seinen magischen Glanz. Er scheint nur für diesen einen Abend konzipiert gewesen zu sein, denn er hat nicht mehr die Kraft zu einer Wiederholung, die ich mir so sehr wünsche. Bald welkt er und fängt an zu nadeln, sein Geruch verliert an würziger Frische. Eines Tages wird er all dessen beraubt, was ihn so schön erstrahlen ließ, man packt es in einen Koffer und schiebt diesen unters Bett. Der kranke Baum ist jetzt ein unnützes Ding, er muss hier raus, er hat verloren und mit ihm das Gerede von einer besseren Welt. Er war nur ein Kraftakt von Irka und Lutek und Frau Mikulska, und mir wird klar, keine Gottheit hat hier ihre Finger im Spiel, denn der Schrank auf der anderen Seite des Zimmers steht als Sieger da und macht dem schönen Schein ein Ende.

10

Brandherd

IN DER ERINNERUNG jedoch besteht er weiter, und so denke ich bereits über das nächste christliche Fest nach, bei dem ich mir abermals gutes Essen erhoffe. Ich frage Tante Irka danach und höre an ihrem Ton: Es ist nicht zu vergleichen mit Weihnachten. Sie spricht von Tod und Auferstehung und klingt seltsam düster. Das Fest heißt Ostern, und bis dahin sei es noch eine lange Zeit. Etwas Besonderes, ähnlich dem Christbaum, kann ich ihr nicht entlocken, und so gebe ich enttäuscht auf. Sobald der Frost nachlässt, heißt es wieder, Kartoffeln für das Geschäft der Nachbarin zu schälen, und der Schrank ist mir sowieso sicher.

Nach den Feiertagen warte ich sehnsüchtig darauf, dass Vater wieder auftaucht. Ja, »auftaucht«, denn er kommt unverhofft und unangekündigt und nie zu dem Zeitpunkt, den er mir beim letzten Besuch angekündigt hat. Das letzte Mal war er kurz vor Weihnachten da. Er war tief vermummt in seiner dreiviertellangen Winterjacke und groben Schnürstiefeln, auf dem Kopf trug er eine gefütterte Mütze mit Ohrenschützern. Es gibt Angenehmeres, als im Winter mit einem Rucksack über tief verschneite Dörfer zu ziehen, um Kreuze und Heiligenbilder an den Mann oder die Frau zu bringen, und genau das tut er. Er stapft kilometerweit über Straßen, die als solche nicht mehr auszumachen sind, aber nicht, dass er darüber jammern würde, wenn er zu Besuch ist.

Waren die Wochen vor Weihnachten von einer erwartungsvollen Stimmung geprägt, wird in den Wochen danach die Atmosphäre im Zimmer auf unerklärliche Weise immer düsterer. Das erstrebenswerte gemeinsame Ziel ist keines mehr, das Zusammengehörigkeitsgefühl der Familie nimmt eine Auszeit. Weihnachten 1943 markiert nicht nur die Hälfte meines Aufenthalts in der Gurtschewskastraße 110, sondern auch einen Wendepunkt. Die Wochen in Piontki mitgerechnet, werde ich etwa ein Jahr in der Obhut von Irka und Lutek Rutkowski sein.

Selbst Krisia, die ich am liebsten sehe, lässt mich für lange Zeit im Stich, zumindest kommt es mir so vor. Die Einzige, mit der ich in gewissen Abständen rechnen kann, ist Frau Mikulska. Mag sein, dass ich überempfindlich auf alles reagiere, was meine Vereinsamung noch verschlimmert, doch die Stimmung sinkt tatsächlich, und dazu trägt nicht zuletzt Lutek bei, der fast jede Nacht betrunken nach Hause kommt. Diesmal handelt es sich nicht um ein Spiel, wenn er quälend lange mit dem Schlüssel herumstochert, ohne das Schlüsselloch zu treffen. Diesmal sind die Zeichen seiner Trunkenheit von tragischer Reichweite und deuten auf eine drohende Katastrophe hin. Wenn sich Lutek volltrunken und mit Wintermantel und Stiefel aufs Bett wirft, um sich dann für Stunden nicht zu rühren, macht uns das mürbe. Alles Bitten und Betteln, sich auszuziehen, fruchtet nicht.

Dann wandelt eine andere Irka durch das Zimmer. Als wäre sie nicht mehr präsent, und das Schlimmste, ich scheine ihr völlig egal zu sein – eine gefährliche Situation für mich. Alle von mir instinktiv ausgesandten Signale, um unsere alte Beziehung wiederaufzunehmen, fruchten nichts. Nie zuvor habe ich ihre Mutter, die Frau Mikulska, so sehr herbeigesehnt wie in diesen Stunden. Wenn überhaupt, dann kann nur sie die Situation hier wieder ins Lot bringen, das weiß ich genau. Eines Nachts ist es dann so weit.

Lutek ist wieder einmal betrunken, liegt auf dem Bett und ist nicht zu bewegen, sich zu entkleiden. Irka sitzt nicht auf der Bettkante wie sonst, wenn sie auf ihn einredet, sondern steht im Nachthemd neben ihm. In ihrer Stimme schwingt keine Bitte mit, sondern eine ultimative Drohung. Wie jedes Mal während dieser nächtlichen Szenen falle ich in eine quälende Mischung aus Schlaf und vager Wahrnehmung meiner Umgebung, doch diesmal spüre ich instinktiv, dass etwas in der Luft liegt. Irkas Stimme und die Haltung, die sie einnimmt, verkünden nichts Gutes. Ich erwarte den Ausbruch von Gewalt und bin hellwach; in diesen Minuten ist mir voll bewusst, dass dieser Moment mein Ende einläuten kann. Lutek ist in seiner Trunksucht so weit gesunken, dass Irka nicht mehr ohne Einmischung von außen damit fertig werden kann, und dabei scheint sie auch in Kauf zu nehmen, dass unser Geheimnis entdeckt wird. Alles, was ihr Leben ausmacht, habe ich in den vergangenen Monaten bis ins kleinste Detail mitbekommen, nur den Grad ihrer Verzweiflung nicht.

Die gespenstische Szene, die sich nun abspielt, wird von der Nachttischlampe beleuchtet. Langsam, fast tapsig bewegt sich Irka vom Bett auf den Ofen zu. Zuerst denke ich, sie will den Schürhaken holen und Lutek Gewalt antun, aber sie wählt eine andere Version der Gewalt. Auf der Höhe zwischen Tisch und Ofen macht sie plötzlich einen Schwenk nach links und rennt auf das nächstgelegene Fenster zu, reißt es auf und versucht umständlich, behindert durch ihr langes Nachthemd, den Fenstersims zu erklimmen. Was im Bruchteil einer Sekunde in meinem Kopf abläuft, ist nicht die

Wahrnehmung eines Siebenjährigen. All meine Sinne stehen auf Alarm und sagen mir: Irka will sich zu Tode stürzen und reißt mich mit. Zwischen dieser Erkenntnis und meiner Reaktion liegt der Bruchteil einer Sekunde.

Ich springe vom Bett hoch, bekomme einen Zipfel ihres Nachthemds zu fassen und kreische hysterisch: »Nicht, Tante, bitte nicht!« Sie tritt nach mir, aber ich lasse nicht los. Ich habe so laut geschrien, dass es wohl kaum jemanden im Haus gibt, der mich nicht gehört hat, einschließlich Lutek, denn der steht unvermittelt hinter mir, packt die um sich schlagende Irka am Handgelenk und zerrt sie vom Fenster weg. Er ist weiß im Gesicht, hellwach und scheinbar stocknüchtern. Der Schock sitzt tief, auch bei ihm, er hat die Tragweite von Irkas Tun sofort erkannt. Während er sie aufs Bett drückt und sie zu beruhigen versucht, zischt er mir zu, im Schrank zu verschwinden. Eine Maßnahme, die sich als richtig erweist, denn bald darauf höre ich fremde Stimmen, in die sich Irkas hysterisches Geschrei mischt. Der Schrecken ist mir in sämtliche Glieder gefahren, ich habe Angst und bin zum ersten Mal froh, in meinem Verschlag im Schrank zu sitzen, der diesmal für mich ein Zufluchtsort ist, an dem ich vor den Vorgängen da draußen geschützt bin, und ich falle in tiefen Schlaf.

Der Schleier der Zeit hat sich zwischen mein Erwachsenen-Ich und die kindliche Wahrnehmung der Ereignisse damals geschoben. So weiß ich nicht mehr, wie ich die extrem lange Zeit im Schrank überstanden habe, bis mich Irkas Mutter, Frau Mikulska, am nächsten Tag weckte und ich schweißgebadet die Augen aufschlug. Es muss irgendwann am Vormittag sein, als sie mich aus dem Schrank holt. Der weitere Verlauf der zurückliegenden Horrornacht ist mir entglitten, auch weiß ich nicht mehr, wer Frau Mikulska verständigt hat. Eines sehe ich noch klar vor Augen: eine schlafende, bis zum

Kinn zugedeckte Irka, eine besorgt dreinblickende Frau Mikulska und ein weinender Lutek. Im Zimmer riecht es nach Medizin, und auf dem Tisch steht eine kleine braune Flasche mit weißen Pillen.

Wie befürchtet, hat dieses nächtliche Drama, das sich irgendwann zwischen Weihnachten und Ostern abspielt, Folgen. Ein Arzt war da und taucht noch zwei-, dreimal auf. Irkas Suizidversuch war ein Weckruf für ihre Umgebung und insbesondere für ihre Mutter. Frau Mikulska bleibt ein paar Tage da und schläft bei mir auf der Couch. Sie versorgt ihre Tochter und lässt ihren Schwiegersohn nicht aus den Augen. Sie verordnet ihm eine Entziehungskur der besonderen Art, er darf in nächster Zeit nicht zu Irka ins Bett, muss, eingehüllt in Wintermantel und Decke, auf dem Boden schlafen, bis ihm das zu unbequem wird und er für ein paar Nächte zu seinem Bruder Jurek verschwindet. Ferner droht die Schwiegermutter ihm mit Gewalt, sollte er seine Trunksucht nicht in den Griff bekommen und nochmals so ein Vorfall eintreten. Sie kenne da zwei Herren, die sich seiner annehmen würden. Sie überhäuft ihn mit Vorwürfen, ähnlich ihrer Tochter Irka, die in der Feststellung gipfeln: Wie kann er so ein Benehmen an den Tag legen, wo er doch weiß, dass seine Frau in anderen Umständen ist?

Dass Lutek zum Sündenbock gestempelt wird, zum Auslöser dieser Tragödie, das verstehe ich sehr gut, aber noch erfasse ich nicht die Tragweite der Tatsache, dass Irka ein Kind erwartet. Die wunderbare Frau Mikulska ist sich nicht zu schade, im Zimmer sauberzumachen, den Ofen einzuschüren und Suppe zu kochen. Binnen kurzem installiert sie ein Krisenmanagement, bestehend aus sich selbst, ihrer Tochter Krisia und Jurek. Krisia muss Besorgungen machen, Jurek erhält geschäftliche Order und soll versuchen, meinen Vater zu verständigen. Mich fordert sie diesmal ohne viel Pathos auf, ihr haarklein zu erzählen, wie sich alles zugetragen hat. Sie weiß bereits, dass mein Geschrei die Nachbarn alarmiert hat, und macht sich Sorgen, dass sie versuchen werden, der Sache auf den Grund zu gehen. Sie denkt besonders an die Nachbarin, mit der Irka durch das Kartoffelschälen und das Basteln des Christbaumschmucks engen Kontakt pflegt und die wohl auch als Erste an die Tür geklopft hat, aufgeschreckt durch die Schreie eines Kindes.

Als Vater ein paar Tage später endlich erscheint, ist die Gefahr, die durch die neugierige Nachbarin droht, Thema Nummer eins. Vater findet für Irka tröstende und aufmunternde Worte, und Frau Mikulska meint, dass sie das mit den Kinderschreien den Nachbarn habe ausreden können, aber ganz sicher ist sie sich dessen nicht, insbesondere die Kartoffelfrau sei keine Dumme und lasse sich nicht leicht täuschen. Fazit der Beratung: Kurzfristig bleibt alles beim Alten, man hat keine andere Wahl und hofft, dass alles gutgeht, aber in naher Zukunft muss ich hier weg, darauf besteht Tante Irka, nicht zuletzt, weil sie ein Kind erwartet. Fürs Erste wollen Frau Mikulska und Vater noch mehr Geld zu Irkas Lebensunterhalt beisteuern, damit sie vom Kartoffelschälen und der Nachbarin wegkommt. Dass Frau Mikulska diese Zusage halten kann, bin ich mir sicher, ob Vater noch mehr Geld beschaffen kann, da habe ich meine Zweifel.

Während der gesamten Krisensitzung bin ich dabei, und über eines bin ich mir im Klaren – die alles beherrschende Frage lautet: Wohin mit mir? Bis dato war ich ein Teil des Problems, aber so wie sich die Dinge entwickelt haben, ahne ich, dass ich jetzt das Problem schlechthin bin. Tante Irka kann und will mich nicht mehr haben, ihre Mutter will den Bogen offensichtlich nicht überspannen. Die Grenze ist auch für sie erreicht, sie will ihre Tochter und das Kind, das sie erwartet, nicht gefährden: Die wichtigste Stütze in meinem Überlebenskampf scheint zu fallen, ihre Souveränität ist dahin, mein uneingeschränkter Glaube an sie hat einen Rückschlag erlitten, und Vater ist auf sie angewiesen. Als er mich zum Abschied küsst, schaue ich in ein sorgenvolles Gesicht. Die Formel »kurzfristig«, die er Tante Irka abgerungen hat, birgt alles Mögliche in sich, das weiß er genau, denn meine Schreie in der Nacht, die womöglich Tante Irka und ihrem Ungeborenen das Leben gerettet haben, haben ihren Preis. Kein Zweifel, diese Nacht hat alles verändert.

Ich bin noch da, aber in Wirklichkeit wünscht man mich fort, ein beklemmendes Gefühl beschleicht mich, die alte Verbundenheit ist dahin, eine unsichtbare Mauer tut sich auf zwischen mir und den restlichen Mitbewohnern dieses Zimmers.

Krisia ist jetzt oft da und lässt sich ebenfalls von der »Der Junge muss weg«-Stimmung anstecken. Sie löst ihre Mutter in der Betreuung von Tante Irka ab, die von nun an nicht mehr allein mit Lutek und mir gelassen wird; notfalls wird auch Jurek als Überwacher eingesetzt. Währenddessen kann ich nur ahnen, was für einen Aufwand Vater betreibt, um ein Versteck für mich zu finden, Krisia hält mich diesbezüglich auf dem Laufenden, und was sie erzählt, hört sich nach einem verzweifelten Wettlauf gegen die Zeit an.

Nach dem Krieg habe ich von ihm erfahren, dass er in der westlichen Peripherie Warschaus, nicht weit von uns, bei einer Offizierswitwe untergekommen war. Diese Frau wusste nichts von meiner Existenz. Sie war es, die ihm bei der Kirche besagtes Empfehlungsschreiben besorgte, das sich bei seinem Devotionalienhandel als so nützlich erweisen sollte. Während Vater die umliegenden Dörfer abklappert, sieht er sich nach einer Bleibe für mich um, und diesmal muss er das Unmögliche ohne die Hilfe der sonst so umtriebigen und hilfsbereiten Frau Mikulska bewerkstelligen, die, was mich betrifft, am Ende ihrer Möglichkeiten ist. Die Jahreszeit ist denkbar ungünstig, keine Ferienzeit dient als Vorwand, um ein Stadtkind einer Bauernfamilie zur Erholung zu überlassen; obendrein muss eine glaubhafte Geschichte her, die eine permanente Bleibe ermöglicht.

Währenddessen legt die Kartoffelfrau ein seltsames Benehmen an den Tag, wenn sie bei uns im Zimmer ist. Glaubt sie sich für einen Augenblick unbeobachtet, späht sie überall hin, als würde sie etwas suchen, erzählt eine besorgte Krisia. Tante Irka bemüht sich, den Kontakt zu dieser Frau auf ein Minimum zu beschränken. Gesundheitlich und psychisch ist sie in einer schlechten Verfassung, ihre Nerven sind zum Zerreißen gespannt. Und nun muss sie sich ständig fragen: Wenn die Nachbarin etwas weiß, was hat sie vor? Ist sie eine Denunziantin? Holt sie die Gestapo? Wir haben keine Antwort auf diese Frage und müssen mit ihr die nächsten Tage und Wochen leben. Von einer Neuauflage der Kartoffelschältortur kann keine Rede sein, das sieht auch die neugierige Nachbarin ein, lässt es sich aber nicht nehmen, immer mal wieder vorbeizuschauen, um sich nach Irkas Befinden zu erkundigen. Wenn sie wieder geht, und ich aus dem Schrank darf, blicke ich in etwas zuversichtlichere Gesichter. Aber ich kenne dieses Ritual zur Genüge und weiß, in ein paar Stunden oder Tagen wird unser Zusammenleben hier schon wieder von einer tiefen Skepsis überschattet werden, spätestens dann, wenn die Kartoffelfrau wieder vorbeischaut und die Prozedur von vorn beginnt.

Ostern ist für mich so, als würde man zwei Sonntage hintereinander feiern, und an beiden Tagen lässt man mich allein.

Nur für die Nacht kommen Tante Irka, Lutek und Krisia zurück. An beiden Feiertagen gehen sie gemeinsam in die Kirche und sind irgendwo eingeladen. Ihr Kirchgang ist etwas Neues für mich und wahrscheinlich eine Versöhnungsgeste zwischen Irka und Lutek. Zwar bin ich nach langer Zeit wieder einmal allein, aber unglücklich bin ich darüber nicht, im Gegenteil. Ein unglaublicher Druck weicht von mir, die Anspannung lässt für ein paar Stunden nach. Auch dass sich die beiden Feiertage kaum von normalen Tagen unterscheiden, nicht einmal durch besseres Essen, empfinde ich nicht als besonders schlimm, zumal Frau Mikulska mir durch Krisia einen kleinen Trostpreis zukommen lässt: ein weißes Schaf aus Schokolade, dessen linker Vorderlauf ein großes Kreuz umklammert. Eine nette Geste, die mich erfreut und ein Hinweis darauf ist, dass Frau Mikulska nach wie vor zu mir hält. Und so stehe ich am Fenster, knabbere an dem Schokoschaf und feiere mein eigenes Ostern, denn die Schokolade vermittelt mir, weil sie etwas so Seltenes ist, einen Hauch von Feiertag.

Seit Wochen beobachte ich den allmählichen Rückzug des Winters, aber erst jetzt mit dem euphorisierenden Geschmack der Schokolade wird mir klar, dass ich auch diese trostlose Jahreszeit hinter mir gelassen habe. Die wärmende Sonne erlaubt es, die Fenster wieder zu öffnen, der Winter hat ausgespielt. Mir scheint gar, dass mir trotz aller Widrigkeiten, die mir in diesem Zimmer widerfahren, eigentlich nichts passieren kann. In meiner Vorstellung eilt Vater jetzt mit Siebenmeilenstiefeln von Dorf zu Dorf über schneefreie Straßen, und es ist nur eine Frage der Zeit, bis er einen passenden Ort findet, an dem die Menschen mich mit offenen Armen aufnehmen. Aber das Schokoschaf ist im Nu gegessen, und die Wirklichkeit sieht anders aus.

Irkas Rundungen sind jetzt deutlich zu erkennen, und sie tut das von ihrer Warte aus gesehen einzig Richtige. Sie will Ungemach von sich, ihrem Kind und dem Vater ihres Kindes fernhalten. Der scheint einen heilsamen Schock erlebt zu haben, denn er hat seine Trunksucht einigermaßen im Griff. Allein, das hilft uns jetzt auch nicht weiter, die Situation, die er auslöste, hat eine unaufhaltsame Eigendynamik bekommen. Ich dagegen, um den es in diesem Spiel geht, habe die mit Abstand schlechtesten Karten, ich spüre, dass man mich hier nicht mehr haben will.

Etwas, was ich überwunden geglaubt habe, stellt sich wieder ein: Ich pinkle wieder ins Bett, und sogar zweimal, als Krisia mit mir die Couch teilt. Ich ducke mich regelrecht unter den schuldzuweisenden Blicken, am meisten unter denen von Krisia, denn ihr gegenüber empfinde ich noch dazu eine quälende Scham. So sehr ich sie mag, wünsche ich in solchen Augenblicken, sie ginge weg, als könnte ich dadurch das Ganze vergessen machen. An ihrer Stelle sehne ich als einzige Person Frau Mikulska herbei, denn nur sie allein kann mich, so glaube ich, vor dem unsichtbaren Unwetter schützen, das sich über mir zusammenbraut.

Doch das Unwetter nähert sich seinem Höhepunkt, und auch die wunderbare Frau Mikulska ist machtlos dagegen. Es kommt aus einer Richtung, aus der man es nicht unbedingt erwartet hätte. Seit Tagen baut sich in meinen Beinen kontinuierlich ein Schmerz auf, der bis in die Pobacken ausstrahlt und mich beim Gehen spürbar behindert. Ich bemühe mich, es zu verheimlichen, denn ich weiß, was eine Erkrankung zusätzlich für mich bedeuten kann. Sogar vor Frau Mikulska verschweige ich meine Schmerzen. Man kann nur vermuten, dass meine Bewegungsarmut in diesem Zimmer und vor allem der Aufenthalt in dem engen Verschlag im Schrank die

Ursache dafür sind. Da ich mich ohnehin nicht viel zu bewegen brauche, fällt es nicht weiter auf, aber jeder Schritt tut weh. Ich sehe Vaters sorgenvolles Gesicht vor mir, wenn ich ihm davon erzähle, denn es ist eine weitere Belastung in einer sich zuspitzenden Lage. Mich beutelt gar der Gedanke, dass ich mit einer Erkrankung nicht nur Irka und Lutek zu viel werde, sondern auch meinem Vater. Den nächtlichen Albtraum auf dem Bahnübergang vor Sochatschew habe ich noch gut in Erinnerung.

Und was macht Vater, als er endlich wieder einmal erscheint und ich ihm mein Leid klage? Er erkennt die Gefahr, das weiß ich, spielt jedoch den Unbekümmerten und redet mir ein, das wird sich bald geben, und zwar so laut, dass auch Irka es hört. Indem er es verharmlost, macht er gut Wetter in einer prekären Situation, die noch dadurch verschärft wird, dass Irka ihm erzählt, es werde immer schwieriger mit mir, weil ich wieder das Bett nässe und die Couch ruiniere.

Unter den Verfolgten sagte man damals von einem Versteck, das nicht mehr zu halten oder aufgeflogen war: Die Stellung ist verbrannt – nun, die meine beginnt eindeutig zu qualmen, und für Vater wird die Zeit sehr knapp, denn er kann den Rauch schon riechen, hat jedoch nichts zum Löschen. Vaters Ritual beim Abschied ist fast immer identisch – er bagatellisiert schlechte Nachrichten und versucht so, seine Umgebung positiv zu stimmen und damit Zeit zu gewinnen. Meist versichert er, dass er nicht allzu lange wegbleiben und rechtzeitig seinen Obolus für mich entrichten wird, was aber selten der Fall ist. Auch diesmal hat er ein Bonbon zum Abschied für uns: Er habe gute Aussichten, mich bei einem Bauern unterzubringen. Wir alle im Zimmer, Irka, Krisia und ich, horchen auf und wünschen uns, dass diese Nachricht auch Bestand hat, wenn er das nächste Mal auftaucht.

Aber vorher taucht jemand anders auf, der das Spiel um mein Leben erheblich beschleunigt. Es hat geklopft, wie es fast täglich mehrmals geschieht, ich verschwinde im Schrank und höre eine mir unbekannte Männerstimme. Der Besucher ist der Hausverwalter und kommt gleich zur Sache. Er wisse, dass in diesem Zimmer ein Kind versteckt wird, wahrscheinlich ein jüdisches, er wird nicht nach dem Kind suchen oder die Polizei verständigen, was seine Pflicht wäre, aber wenn das Kind nicht binnen kürzester Zeit hier verschwindet, kann er für nichts garantieren, denn wenn die Deutschen dahinterkommen, sind alle Hausbewohner dran. In Anbetracht der Umstände der damaligen Zeit kann man sagen, dass sich der Hausverwalter sogar menschlich verhält.

Als ich mühsam wieder aus dem Schrank herausgeklettert bin, schaue ich in Irkas versteinertes Gesicht. Sie ist allein mit mir, Krisia in der Schule und Lutek irgendwo unterwegs, doch ausgerechnet jetzt bräuchte sie jemanden, denn sie wirkt verstört nach diesem unseligen Besuch.

Keine Frage, das Zimmer brennt. Als Krisia eintrifft, wird sie sofort von einer geschockten Irka losgeschickt, um Löschmaßnahmen einzuleiten, aber als einziger Löschtrupp erscheint zunächst Lutek, alle anderen bleiben dem Brandherd fern. Lieber versuchen sie von außen, eine Katastrophe abzuwenden. Herr Mikulski, Lutek und Jurek suchen jetzt hektisch nach Vater, jeder Tag zählt. Kann man sich mit dem Bauern, von dem Vater sprach, arrangieren, oder ist er nur eine Luftnummer in seinem Überlebenskampf? Dass ich kaum mehr gehen kann, ist jetzt zweitrangig, wer mich in diesem Zustand, da jeder Schritt schmerzt, übernehmen soll, ist ausschließlich Vaters Problem. Tante Irka sagt das nicht, aber darauf läuft es hinaus, ich spüre es. Die Stimmung ist am Tiefpunkt, pure Angst herrscht im Zimmer. Die Frage, die alle bewegt: Gewinnt Vater den Wettlauf mit der Zeit? Wenig spricht dafür, dass Tante Irka, Lutek und ich heil aus der Sache rauskommen, zu viele im Haus wissen um meine Existenz, und wir bewegen uns auf hauchdünnem Eis. Wer verliert als Erster die Nerven? Wer wird zum Denunzianten, um sich an der Szene zu ergötzen, wenn die Gestapo uns holt? Schließlich muss jemand den Hausverwalter benachrichtigt haben. Wird er kalte Füße bekommen und uns verraten, damit man ihm nichts anlasten kann?

Ausgerechnet Lutek, der Trunkenbold, der das Unheil, das über uns schwebt, zu verantworten hat, bemüht sich um eine Wiedergutmachung. Er ist die einzige bewegliche Figur in einer von Angst und Lähmung beherrschten Szenerie. Er ist als Erster schon früh auf den Beinen und bereitet ein seit Wochen immer karger werdendes Frühstück zu, denn Tante Irka kümmert sich praktisch um nichts mehr und liegt den ganzen Tag im Bett, als könnte die über den Kopf gezogene Decke sie vor dem Unheil schützen. Ihre Angst bekämpft sie mit Beten, während ihr Mann Lutek heimlich irgendwo trinkt, um seine Nerven im Zaum zu halten. Seine Fahne kann ich jeden Tag riechen, nur betrunken wie zuvor ist er nicht mehr, denn wenn er abends nach Hause kommt, besteht er den Schlüsseltest problemlos.

Der Untergangvirus von Irka und Lutek hat mich voll erwischt, ich habe Todesangst. Niemand klopft mehr an die Tür, niemand kommt mehr zu Besuch. Wer immer mit uns zu tun hatte, hat uns abgeschrieben. Ich brauche nicht mehr in den Schrank, würde es wahrscheinlich ohnehin nicht hineinschaffen. In diesen Tagen mache ich die Erfahrung, dass Stille unter diesen Umständen dieselbe Wirkung haben kann wie die Russenbomber mit ihrem Höllenlärm und ihrer todbringenden Fracht.

Als Lutek mir an einem der kommenden Tage bei Sonnenaufgang hastig beim Anziehen hilft, steht auch sein Schicksal auf dem Spiel. Ich spüre seine Aufregung an diesem kalten Morgen und beginne vor Angst und Ungewissheit zu schlottern, nur die assistierende Tante Irka scheint in diesen Minuten die Ruhe selbst, als hätte jemand ihre Gebete erhört und als sei sie überzeugt, dass sich die Trennung von mir für sie und die Ihren zum Guten wenden wird. Die beiden wickeln mich in eine alte, verschlissene Decke und legen mich zum letzten Mal auf die Couch. Irka bekreuzigt sich und zeichnet mit dem Daumen ein Kreuzzeichen auf meine Stirn. Sie küsst mich auf beide Wangen, was sie noch nie getan hat, zieht mir die Decke übers Gesicht und verschwindet, im wahrsten Sinne des Wortes, aus meinem Leben.

Wenn ich heute nach dem entscheidenden Aspekt meiner Rettung in der Schoah gefragt werde, gibt es nur eine Antwort: Irka und Lutek, die Heilige und der Säufer. Auch wenn sie auf der Zielgeraden unseres Zusammenseins aufgrund der durch ihren Mann verursachten Widrigkeiten einbrach, so gibt es keinen Zweifel: Der Kern meines Überlebens waren die beiden.

In die Decke eingehüllt, spüre ich meine vollkommene Hilflosigkeit: Werde ich jetzt in Panik ausgesetzt wie ein unliebsamer Hund, oder ist es der Beginn einer Rettungsaktion? Niemand spricht mit mir, niemand teilt mir mit, was ich zu erwarten habe. Lutek hebt mich hoch und trägt mich die Treppe runter, das ist die einzige Orientierung, die ich für kurze Zeit habe, dann höre ich nur noch seinen immer schneller werdenden Atem und spüre die Frische des Morgens. Er trägt mich irgendwohin, um mich schnell loszuwerden, das weiß ich, doch mit der Decke über dem Kopf habe ich das Gefühl, wir laufen immer im Kreis. Nach einer Weile bleibt er keuchend stehen, er hebt mich höher, unsichtbare Hände übernehmen mich und legen mich auf etwas Hartes, das sich wie unebene Steine anfühlt. Entsetzt versuche ich die Arme und den Kopf aus der Decke zu befreien, aber ich schaffe es nicht. Ich gebe erst auf, als Lutek mir versichert, er sei noch bei mir und ich könne bald wieder sehen.

Jemand bringt mich in Sitzposition und zieht die Decke von meinem Gesicht. Neben mir sitzt Lutek auf Kohlensäcken oder Ähnlichem und bemüht sich, seinen Atem in den Griff zu bekommen, derweil sondiere ich verängstigt die Umgebung und stelle verwundert fest, dass ich auf einer mächtigen Kohlenfuhre sitze, halb unter gefüllten Kohlensäcken begraben. Gezogen wird das Gefährt von zwei stämmigen Gäulen, und der, der das Sagen hat, sitzt auf dem Bock, hat einen Buckel und zwei mächtige Pranken. Allmählich ahne ich, hier geschieht etwas Geplantes und Kontrolliertes, das Ganze erinnert mich an die Flucht aus Zychlin, nur dass diesmal Lutek neben mir sitzt.

Dass er der Initiator der Aktion ist, bezweifle ich. Wieder einmal weiß ich nichts, spüre jedoch, diese Flucht trägt die Handschrift Vaters. An diesem sonnigen, aber kühlen Morgen, da ich die Decke gar nicht mehr abstreifen will, wähne ich ihn ganz in der Nähe, als würde er uns die ganze Zeit beobachten und nur auf eine günstige Gelegenheit warten, mich von dieser Karre zu holen. Es ist ein sehr friedlicher Morgen. Die beiden Ackergäule ziehen gemächlich den mit Gummireifen bestückten Wagen, nur ihr Hufschlag auf der asphaltierten Straße durchbricht die morgendliche Stille. Diese Liefertour auf dem Kohlewagen könnte mir unter normalen Umständen sogar Spaß machen, wäre da nicht die Ungewissheit, wo man mich hinbringen wird, und die Angst vor den nächsten Schritten, die ich unweigerlich werde tun müssen, aber nur unter Schmerzen machen kann.

Die Fahrt zieht sich hin, und die vereinzelten Häuser werden immer weniger. Ich sehe weit und breit niemanden, den man mit Kohle beliefern könnte, wir sind auf dem Land. In der Ferne tauchen auf der linken Seite der Chaussee ein paar Ziegelhäuser auf, auf der rechten eine lang gezogene Mauer, die eine Kirche einschließt. Auch Kirche und Mauer sind aus rotem Ziegelstein und von weitem gut sichtbar. Der Kohlenmann lenkt sein Fuhrwerk an den paar Bauern vorbei, die mit ihren Pferdegespannen zwischen Kirchenmauer und Ziegelhäusern auf der Straße stehen, um ein paar hundert Meter weiter auf freier Strecke zu wenden.

Neben einer unbefestigten Schotterstraße, die geradewegs aus dem Nichts durch den Acker zu der Chaussee führt, hält er das Gespann an. Wir warten auf jemanden oder etwas. Die beiden Männer lassen mich bewusst im Unklaren, es wird kaum ein Wort gesprochen. Lutek ist sehr nervös und raucht Kette. Der Kohlenmann macht das sich fortbewegende Etwas, begleitet von einer kleinen Staubwolke, am fernen Horizont als Erster aus und deutet in die Richtung, in die jetzt auch Lutek und ich erwartungsvoll starren. Immer deutlicher nimmt es Konturen eines Pferdesgespanns an, das sich auf dieser Schotterstraße auf uns zu bewegt. In Luteks angespanntem Gesicht kann ich lesen: Ist es das, auf das wir warten, oder nicht?

Ich sehe eine typische Bauernfuhre, gezogen von einem kleinen und einem großen Pferd. Der Größenunterschied der Tiere erlaubt kein harmonisches Ziehen auf der holprigen Schotterstraße. Lutek jedenfalls freut sich über den Anblick, denn er umarmt mich und schüttelt mich vor Freude, wie er es in all der Zeit, da ich bei ihm wohnte, nie gemacht hat.

Nur Augenblicke später erfreut auch mich der Anblick dieses Fuhrwerks ungemein, denn in einem der beiden Männer auf dem Bock erkenne ich aus der Ferne den Vater. Jetzt weiß ich, ich habe die Hölle dieses Zimmers in der Gurtschewskastraße hinter mir gelassen, in ein paar Minuten werde ich Lutek zum letzten Mal gesehen haben. Ich atme wieder, nach langer Zeit, frische Luft. An diesem Morgen kann ich mir, mit dem Blick, so weit das Auge reicht, nicht mehr vorstellen, in einen Schrank zu kriechen, um zu überleben. Das wird Vater mir nicht mehr antun, das wäre mein Ende. Doch zunächst verspüre ich Freude und Erleichterung, denn ich weiß nicht, dass dies hier nur ein Etappensieg ist.

DRITTER TEIL

1

Bewegungstherapie

WAS WAR DAS doch für ein Wiedersehen in Piontki, als ich ihm glücklich entgegenlief und übermütig an ihm hochsprang: Es erscheint Lichtjahre entfernt, nun da ich keine drei Schritte mehr gehen kann. Stattdessen hüpft Lutek vom Karren und läuft auf Vater zu, der sich uns jetzt zu Fuß nähert. Die beiden umarmen sich, als wären sie die dicksten Freunde, obwohl sie unterschiedlicher nicht sein könnten, und dennoch: Bei all dem Missmut, den Lutek bei Vater erzeugte, gestritten haben sie nie. Immer noch in die Decke gehüllt, werde ich von den Männern wie ein Paket von einem Karren auf den anderen verfrachtet. Vor Stunden noch ein Bündel Nichts, das durch seine bloße Existenz andere Menschen in Gefahr brachte, und nun dieser Aufwand hier: zwei Fuhrwerke, vier Pferde, vier Männer – Vater hat mal wieder ganze Arbeit geleistet. Meine Sinne sagen mir, wir sind wieder auf dem Land, wo wir ursprünglich herkommen, hier gibt es Felder, Wiesen und Wald. Hier gelten andere Spielregeln für ein Versteckspiel der besonderen Art, aber auch für die Jäger, wie sich zeigen soll.

Der Bock, auf dem ich neben einem alten, bäuerlichen Mann sitze, ist nur ein einfaches Brett, angebracht an den Innenwänden des Fuhrwerks, und fühlt sich hart an, umso mehr als ich mich mit den in die Decke gehüllten Händen nicht abstützen kann. In dieser Position, da ich zu kippen drohe, beobachte ich, wie Vater den Kohlenmann entlohnt, Lutek etwas zusteckt und zum Abschied umarmt.

Eingekeilt zwischen dem alten Bauern und Vater, mache ich die Beobachtung, dass das größere der beiden Pferde recht unsicher ist. Es zieht nicht gleichmäßig wie das kleinere Pferd und beäugt mit ruckartigen Bewegungen des Kopfes seine Umgebung. Ständig dreht es seine Ohren, ein Zeichen seiner Unsicherheit. Der Bauer nennt das Pferd Fritz, wenn er es zur Ordnung ruft, wie das andere heißt, weiß ich nicht, denn es zieht und läuft gleichmäßig und macht eben keine Probleme.

Ich beobachte Fritz, von dem eine gewisse Unruhe ausgeht, und der Bauer, dem ich anscheinend nicht ganz geheuer bin, beobachtet mich. Er fragt Vater, ob ich denn krank sei, denn es bedarf nicht mehr der Decke um diese Tageszeit. Vater antwortet ausweichend: »Nein, er ist nicht krank, aber er braucht eine Erholung. Das müsste man bei Ihnen in ein paar Tagen hinkriegen.« Ich glaube das nicht, und der Bauer glaubt es anscheinend auch nicht, denn er schielt misstrauisch auf mich herunter, als hätte Vater ihn hereingelegt und wollte ihm etwas andrehen, nur der verzieht keine Miene.

Aber ausgestanden ist das Problem noch lange nicht, und Vater spielt mal wieder »Alles oder nichts«. Er hat dem Bauern, wie ich sehe, nichts von meiner Gehbehinderung erzählt und hofft dennoch, mich bei ihm unterbringen zu können, eine andere Wahl hat er auch nicht. Doch bei all der Anspannung, die jetzt auf diesem Bauernkarren herrscht, habe ich zum ersten Mal das Gefühl, ich muss in der eigenen Sache etwas tun, ich kann nicht alles Vater überlassen, auch wenn der in diesem Fall präsent ist. Ich weiß, ich muss mit dem Bauern die Kommunikation aufnehmen, will ich ihn für mich gewinnen und milde stimmen, denn die Funkstille zwischen ihm und Vater lässt nichts Gutes ahnen. Für mich ist es der Beginn eines Trainings, bei dem Überlebensschläue und Gerissenheit gefragt sind, die unerlässlich sind, um in dieser Welt bestehen zu können.

Zurück im Leben, spreche ich zum ersten Mal überhaupt einen mir unbekannten Menschen an. Ich habe eine Idee, wie ich es anstellen kann, und frage den Bauern, wie das kleinere der beiden Pferde heißt. Die Antwort kommt mürrisch, aber er geht auf die Frage ein: »Das Pferd ist eine Stute und heißt Piurka.« »Warum heißt sie so?«, will ich wissen. »Weil sie einen schönen runden Gang hat, und wenn man sie reitet, schwebt sie dahin wie eine Feder.« Piurka ist die weibliche Form für »Feder«. Die beiden Pferde haben seine Zunge gelöst, und als Nächstes will ich mit ihm über Fritz plaudern. Warum er einen deutschen Namen hat, möchte ich von ihm wissen. »Weil er ein deutsches Pferd ist«, antwortet der Bauer, um dann fast liebevoll aus dem Leben von Fritz zu erzählen.

Fritz war ein deutsches Wehrmachtspferd, das Munition und schweres Gerät an die Front zog, bis ihm ein Splitter das rechte Auge kostete. Da es den Deutschen nichts mehr brachte, hieß es für ihn ab zum Pferdemetzger oder für billiges Geld zum polnischen Bauern, wo es für den Pflug noch gut genug war. Mit Piurka im Gespann zu gehen, daran musste man ihn erst gewöhnen. Zwar deckt sie seine linke Seite ab und ist ihm eine wichtige Stütze, aber nichts kann ihm sein linkes Auge ersetzen, daher seine Unsicherheit. Nun kenne ich die Geschichte von Fritz, dem deutschen Pferd. Mit einem Mal finde ich sie ungemein interessant und vergesse, warum ich damit angefangen habe. Der Bauer redet weiter, ich schau zum Vater rauf, doch der ist eingenickt, und so habe ich die Gewissheit, der Bauer unterhält sich mit mir ganz allein, was mir schmeichelt.

Als Vater aufwacht und mich auffordert, dem Herrn meinen Namen zu nennen, empfinde ich das sogar als störend. Es ist eine sehr holprige Fahrt, und sie wird für alle Beteiligten auch nicht besser, als wir rechts abbiegen auf eine breitere, aber sehr sandige Straße, auf der die eisenbeschlagenen Holzräder des Fuhrwerks tief einsinken und die Pferde sich ins Geschirr legen müssen. Jetzt verstehe ich auch, warum der Bauer den kräftigen Fritz trotz seiner Behinderung brauchen kann. Ich muss den Kopf sehr schräg legen, will ich den Ortsnamen auf dem schief hängenden Ortsschild halbwegs entziffern, gelingen tut es mir nicht, aber Vater nennt ihn mir, ohne hingucken zu müssen.

Das Dorf heißt Czarnuw und besteht vielleicht aus einem halben Dutzend Bauernhöfen, die wie üblich in größerem Abstand zueinander stehen und von denen jeder im Rechteck angelegt ist, also: Bauernhaus, Stall, Scheune, Geräteschuppen und in der Mitte ein Brunnen. Bis auf die Ställe, die ein festes Gemäuer aufweisen und ein Strohdach haben, sind alle anderen Gebäude aus Holz. Einer der Höfe, die ich sehe, ist beträchtlich größer und lässt die anderen ärmlich aussehen.

Ich habe die Decke längst abgestreift, als wir um die Mittagszeit bei gestiegener Temperatur den Hof des Bauern, einen der ärmlicheren, erreichen. Die Pferde steuern wie von selbst den Hof an, der durchaus sauber wirkt, und bleiben vor dem Brunnen stehen. Ein junger Mann kommt aus dem Geräteschuppen, hilft dem Bauern, die Pferde auszuspannen, und tränkt sie. Vater hebt mich vom Fuhrwerk, trägt mich rüber zur Bank neben der Eingangstür, und wir harren der Dinge, die da kommen.

Alles sieht nach einem normalen Bauernalltag aus, als,

wahrscheinlich nach dem Mittagessen, allmählich auch andere auf dem Hof erscheinen und ihrer Arbeit nachgehen. Ich sehe eine ältere und eine jüngere Frau und ein Mädchen in Krisias Alter. Sie scheinen Vater zu kennen, denn sie winken ihm zu, aber der Bauer, auf den es ankommt, ist im Haus verschwunden und lässt sich vorerst nicht mehr blicken. Auch wenn Vater die Zeit zu einem Plausch mit den Frauen nützt, ist damit nichts entschieden in einer sich zuspitzenden Situation, denn der Bauer hat bei der Herfahrt beobachtet, wie Vater mir beim Pinkeln helfen musste. Bis auf das junge Mädchen verschwinden alle wieder im Haus, auch der junge Mann, der die Pferde versorgte.

Sie beraten jetzt, ob sie mich behalten sollen oder nicht, das wissen Vater und ich. Was auch immer Vater ihnen erzählte, sie waren bereit, mich aufzunehmen, sonst wäre ich nicht hier, das steht fest, aber dass sie sich womöglich einen Krüppel eingehandelt haben, davon war nicht die Rede. In der Welt dieser einfachen Leute läuft ein Fohlen nach der Geburt mit der Mutterstute, ein Kalb mit der Kuh, und ein Wurf Welpen ist entweder gesund oder hat hier nichts verloren; eine Wöchnerin steht einen Tag nach der Entbindung wieder auf dem Feld. Ein behindertes Kind ist eine Strafe Gottes, und man hofft, er möge es bald zu sich holen. Was sollen sie also mit mir?

Die Sonne scheint, der angekettete Hofhund bellt, Federvieh bevölkert den Hof, wir sitzen auf der Bank und warten. Vater und ich sind wieder einmal in ernsten Schwierigkeiten, sein Plan steht auf der Kippe. Während ich auf dieser Bank an diesem schönen Tag etwas entrückt dem jungen Mädchen beim Wasserholen aus dem Brunnen zusehe und mich über eine aggressive Henne mit ihrem Küken amüsiere, die die Hofszene beherrscht, nimmt Vater die Haltung ein, die typisch für ihn ist, wenn er in Bedrängnis gerät: zur Seite geneigter Kopf, zusammengepresste Lippen, hochgezogene Schultern, abwesender Blick, nervöses Fingerspiel. Zeugnis einer ungeheuren Anspannung.

»Bitte, Senek, steh jetzt auf!«, sagt er unvermittelt. Ich tue, was er sagt, das ist noch kein Problem, ehe er mich fast drohend auffordert, einen Versuch zu unternehmen, ein paar Schritte in Richtung des kläffenden Kettenhundes zu gehen. Ich kapiere, Vater will mich zum Gehen zwingen, um die Sache hier doch noch zum Guten für uns zu wenden. Ich tue ihm den Gefallen, doch kaum habe ich den kläglichen Versuch unternommen und ein paar Schritte gemacht, führt sich der schwarze Köter an der Kette auf wie ein Verrückter. Wäre ich gesund, würde ich mich etwas näher an ihn heranwagen, um ihn noch ein bisschen zu ärgern und vielleicht etwas nach ihm zu werfen, das wäre ein Spaß. Aber so habe ich nur eine Wut auf ihn und bin froh, mich wieder setzen zu dürfen.

»Sehr geehrter Herr Hauptmann Rurzycki«, eröffnet der Bauer den Dialog, dessen Ausgang für uns nicht absehbar ist. Er führt an, dass Vater ihn nicht habe wissen lassen, dass ich eine Behinderung habe, als er und seine Frau zustimmten, mich aufzunehmen. Da mit den anstehenden Feldarbeiten jedes Familienmitglied gebraucht wird, könne sich niemand um mich kümmern. Ich sei ein netter kleiner Junge und täte ihm leid, aber er könne mich unmöglich den ganzen Tag allein auf dem Hof lassen.

Einmal mehr ist der Verwandlungskünstler in Vater gefragt. Der polnische Offizier, der in der Not Kruzifixe verkauft, hat ausgedient, der Bauer fühlt sich getäuscht und verliert den Respekt vor der Obrigkeit – er mag nicht. Er erwartet, dass Vater mit mir den Hof verlässt, das ist unmissverständlich.

Ich weiß, Vater wird wie so oft auf Zeitgewinn aus sein, um einen Umstand herbeizuführen, der es ihm erlaubt, bei diesen Bauersleuten von Neuem ansetzen zu können. Er muss es versuchen, er hat keine andere Wahl. »Sie waren immer freundlich zu mir. Sie haben sich als echter Patriot erwiesen. Lassen Sie mich mit meinem Jungen wenigstens ein paar Tage hierbleiben, damit er sich erholen kann. Ich werde nach dem Krieg darüber zu berichten wissen.« Für den Moment ist dem Bauern der Wind aus den Segeln genommen, er weiß nicht, was er sagen soll, um dann doch mürrisch hervorzupressen, was Vater hören will. »Gut, Sie können ein paar Tage bleiben und abends mit uns essen, bis der Junge sich ein wenig erholt hat. Weiß Gott, er sieht nicht allzu kräftig aus, aber Sie müssen sich schon selbst um ihn kümmern.«

Das ist ein winziger Hoffnungsschimmer, und ich bin überzeugt, Vater will die ihm zugestandene Zeit auf diesem Hof nützen, um mir mit allen möglichen Tricks das Gehen wieder beizubringen, und er beginnt augenblicklich damit. Er bittet die Bauersleute um etwas zu essen für mich, denn es ist jetzt irgendwann am Nachmittag, und ich habe noch nichts zu mir genommen. Wir bekommen reichlich Brot, dazu eine große Blechtasse Buttermilch und einen Löffel. Vater gibt mir ein Stück vom Brot und flößt mir ein paar Löffel von der Buttermilch ein, dann rutscht er an das andere Ende der Bank und wartet, bis ich den Bissen geschluckt habe. Wenn ich ihm bedeute, dass ich mehr vom Brot und der Milch haben will, zwingt er mich, aufzustehen und ein paar Schritte auf ihn zuzukommen, erst dann gibt es mehr zu essen. Ich merke, ihm ist nicht nach Spielen zumute, es ist der verzweifelte Versuch einer Therapie. Ich habe Hunger, und ich sehe den Ernst meiner Situation, also tue ich, was Vater von mir verlangt. Als Belohnung gibt es ein paar Löffel Buttermilch und ein Stück Brot, und ich muss wieder zurück an das andere Ende der Bank. Unter Schmerzen muss ich wieder lernen, was ich längst konnte – gehen, ein Dressurakt der besonderen Art. Vater lässt mich das ein paar Mal wiederholen, bis Schmerz und Erschöpfung endgültig den Hunger ablösen. Ich quäle mich ein letztes Mal zu ihm hinüber und lasse mich nicht mehr zurückschicken, sondern setze mich neben ihn, lege den Kopf in seinen Schoß und schlafe ein.

Bei der letzten Therapieeinheit an diesem Tag hat Vater dem Hund eine Rolle zugewiesen, der sich an der Kette wie eine Bestie aufführt. Als ich in der Abenddämmerung auf der Bank aufwache, ist es merklich kühler geworden. Ich muss dringend auf die Toilette und bitte Vater, mich zum Plumpsklo hinter der Scheune zu tragen. Er hebt mich hoch, um mich genau zwischen Brunnen und Hund abzusetzen. Der Hund kann mich trotz der langen Kette nicht erreichen, aber Furcht einflößend ist er schon. Und damit hat Vater kalkuliert: Die Angst soll mich dazu bringen, mich aus eigener Kraft von dem Hund zu entfernen. Tatsächlich gerät mein Schmerz in den Hintergrund, und ich schaffe es, auf eigenen Füßen Abstand zu dem Hund zu gewinnen. Vater ist über die paar Schritte mehr als glücklich und voll des Lobs – der Hund als Therapeut, wir dürfen weiter hoffen.

Abends bei Tisch mit den Bauersleuten findet Vater langsam zu seiner alten Form. Der volle Magen – es gibt Kartoffeln und Buttermilch – und meine Gehversuche heben seine Stimmung, er sitzt jetzt aufrecht da und führt das große Wort. Als vermeintlicher Offizier plaudert er von seinem Spezialgebiet, dem Kriegsverlauf, und das macht er wirklich gut. Die einfachen Leute sind beeindruckt, und vor allem bei einem Familienmitglied scheint er zu punkten – der jungen Frau, die ich tagsüber auf dem Hof gesehen habe.

Sie ist die älteste Tochter und verhält sich mir gegenüber nicht so voreingenommen wie die anderen, die mit am Tisch sitzen. Wenn Vater die Stimmung hier zu meinen Gunsten drehen will, muss er diese mollige junge Frau mit dem hübschen Gesicht zu sich ins Boot holen, aber das weiß er selbst am besten. Sie ist nicht nur was das Benehmen betrifft den anderen Familienmitgliedern überlegen, sondern auch in Sachen Redegewandtheit. Der junge Mann zum Beispiel, ihr Bruder, der die Pferde tränkte, bringt kein Wort heraus, sondern bedenkt mich nur hin und wieder mit hasserfüllten Blicken.

Vater hat die Situation auf Anhieb erfasst. Er redet viel, jedoch nicht mehr über mich und meine Behinderung – die Leute sollen sich an mich und meinen Zustand gewöhnen. Er hat mich bewusst zwischen der jungen Frau und ihrer jüngeren Schwester platziert. Die beiden sollen sich meiner annehmen, auch wenn der Bauer das Sagen hier hat, aber die mollige Schöne kann ihn beeinflussen, das weiß Vater, denn er war ja schon ein paar Mal hier.

Das Bauernhaus ist geräumiger als die Höfe, die wir bisher gesehen haben, und verfügt sogar über eine Art Gästezimmer, das in der Ferienzeit wahrscheinlich an ganze Familien vermietet wird. Mit den zwei Betten, der Schlafcouch, der Kommode, dem Tisch und Stühlen kann es mehrere Personen aufnehmen. Eine Schüssel, die auf einem Stuhl in der Ecke steht, dient als Waschgelegenheit. Ich, der unliebsame Gast, werde nach dem Essen vom Vater in dieses Zimmer verfrachtet, ausgezogen, im Schnellverfahren mit einem groben Stück Seife abgeschrubbt, einem Lappen, der als Handtuch dient, abgetrocknet und nackt in eines der Betten gesteckt (ich habe nichts dabei außer dem, was ich am Leib trage). Aus naheliegenden Gründen zieht Vater mich rasch aus dem Verkehr, um dann zu seinem Publikum zurückzukehren, in der Hoffnung, es schließlich doch noch auf seine Seite zu ziehen.

Am nächsten Morgen gewährt er mir einen längeren Erholungsschlaf, um gleich nach dem Frühstück seine eigenwillige und mitunter ruppige Bewegungstherapie fortzusetzen. Und wieder spielt der Hund eine tragende Rolle. Vaters Lob vom Vortag ist schnell vergessen, als ich nicht sofort an die gestrige Leistung anknüpfen kann, aber ich bin willens und besser drauf als am vorigen Tag, außerdem will ich hierbleiben, denn das Landleben scheint mir eine einzige Spielwiese, ein kleines Paradies im Vergleich zu dem Zimmer in Warschau. Erinnerungen an Mutter und die immer mehr im Nebel des Vergessens verschwindende Sonnenblumenwiese hinter unserem Haus werden wieder wach. Mir wird bewusst, was Vater längst weiß – eingebunden in dieses Leben hier, könnte ich nach Herzenslust herumlaufen, sofern mein Bewegungsapparat wieder mitmacht. Auch hungern bräuchte ich nicht mehr, das hat das Frühstück heute früh bewiesen. Milch und Marmeladenbrote, so viel ich wollte, und ein hart gekochtes Ei dazu. Wo bekomme ich das heutzutage unter den gegebenen Umständen? Und dann diese mit allen Gerüchen der Tierhaltung behaftete Luft, die mir von frühester Kindheit an vertraut ist; Großstädter würden wahrscheinlich die Nase rümpfen, für mich ist dieser Geruch der Duft der Freiheit.

Ich wittere die Chance auf ein anderes Leben und bin bereit, mich dafür zu quälen, nur schade, dass die Zeit dafür so knapp bemessen ist und Vaters Ungeduld mir zusetzt. Der Bauer, seine Tochter und sein Sohn samt Fuhrwerk und Pferde sind weg. Auf dem Hof sind um diese Zeit nur die Bäuerin, das junge Mädchen und mein persönlicher Feind, der Hund, zu sehen, der es tatsächlich auf mich abgesehen zu haben scheint. Beim Anblick von Vater hingegen wedelt er nur verhalten mit dem Schwanz, und mir wird klar: Den Hund hat er schon auf seiner Seite.

Ich habe sie muhen hören, aber noch nicht zu Gesicht bekommen, die drei Kühe, die der Bauer sein Eigen nennt. Gelegenheit für Vater, mich zu einem längeren Gang zu bewegen, denn ich will sie sehen, aber dazu muss ich zum Stall gehen. Ich schaffe es unter Tränen und mit seiner Hilfe, es ist die erste Übung an diesem Tag. Dann folgen die qualvollen Übungen auf der Bank und die Therapie mit dem Hund.

Am späten Nachmittag steht der Bauer mit Piurka, Fritz und den Geschwistern wieder auf dem Hof, eine gute Gelegenheit für Vater, ihnen wie nebenbei meine Fortschritte zu demonstrieren. Er führt mich an der Hand Richtung Brunnen, wo die Pferde getränkt werden, um mich nach ein paar Metern allein weitergehen zu lassen. Alle schauen zu, aber nur die mollige Jungbäuerin honoriert mein Bemühen mit Händeklatschen und einem »Sehr schön, Senek, sehr schön«.

Vater scheint eine Wende zu erkennen und will mich nicht nur leiden sehen, sondern mir auch eine Freude bereiten. Also setzt er mich kurzerhand auf das kleinere der beiden Pferde, fordert mich auf, mich am Brustgeschirr festzuhalten, und führt es mit mir im Hof spazieren. Irgendwann vor langer Zeit bin ich gewiss auf einem Pferd geritten, daran kann ich mich blass erinnern, womöglich hatte ich sogar Angst und wollte sogleich wieder runter, doch diesmal ist das nicht der Fall. Ein schönes, erhabenes Gefühl erfasst mich, während ich die Welt um mich herum aus einer erhöhten Position betrachte und mit dem schwankenden Gang des Tieres mitgehe, als würde ich eins mit ihm werden. Ich habe genug Fantasie, mir vorzustellen, wie es wäre, das Pferd ganz allein zu beherrschen und es in die gewünschte Richtung zu lenken.

Diese geballte Kraft unter mir zu kontrollieren, das Pferd in verschiedene Gangarten zu versetzen und mit ihm über Hindernisse zu springen, fasziniert mich heute noch. Womöglich wurde damals meine Pferdevernarrtheit und Reitlust geweckt. Mein Glücksgefühl da oben muss ansteckend sein, denn die Frauen winken mir zu, und der Bauer beobachtet meine Vorstellung mit einem gewissen Wohlwollen, nur sein Sohn verzieht keine Miene.

Die Stimmung beim Abendessen kann man als entspannt bezeichnen, ein Hoffnungsschimmer, dass sich der Wind zu meinen Gunsten dreht. Der Bauer fragt mich überflüssigerweise, ob es mir auf dem Pferd gefallen hat, und ich weiß genau, was er für eine Antwort hören will. Die schöne Mollige tätschelt mir den Kopf und hängt an Vaters Lippen. Ein Tag, der mit Schmerzen begann, geht mit einem guten Gefühl zu Ende. Zum ersten Mal nach langer, langer Zeit empfinde ich das so.

Trotz des Erfolgserlebnisses lässt Vater auch in den nächsten Tagen nicht locker, die quälenden Übungen gehen weiter, denn entschieden ist noch gar nichts, und wir brauchen Resultate. Tatsächlich stellen sich allmählich welche ein, denn jeder Meter, den ich schaffe, macht mich glücklich und verdrängt alles andere. Das Erlebnis mit dem Pferd lässt mich nicht los, und so bedränge ich Vater immer wieder mit der Frage, wann ich mich wieder draufsetzen darf. Und so macht er dem Bauern am Abend den etwas ungewöhnlichen Vorschlag – der einem ehemaligen polnischen Offizier nicht gerade zur Ehre gereicht –, ihm am nächsten Tag beim Pflügen zu helfen, sofern er mich mitnehmen dürfe.

»Machen Sie ihm die Freude«, bittet er den Bauern. »Denn Sie können sehen, er macht täglich Fortschritte, und Ihre Pferde haben es ihm angetan.«

»Wir pflügen morgen nicht, wir gehen Bruchholz am Waldrand holen. Wenn Sie wollen, können Sie mitkommen, und Senek auch, aber es geht sehr früh los.«

Es wird ein guter Tag, ein denkwürdiger Tag. Und sei's nur wegen der Freiheit, auch wenn mein Aktionsradius nach wie vor begrenzt ist. Wie auch immer, Wiesen und Felder haben keine Wände, und der Wald, den wir ansteuern, hat nichts gemein mit dem Schrank in der Gurtschewskastraße. Unbewusst wird diese Fahrt zum Wald für mich zu einer Triumphfahrt. Dass wir den Bauern über unsere wahre Identität täuschen, daran denke ich überhaupt nicht, das gehört zu der Lage, in der wir leben, das empfinde ich fast als normal.

Der Bauer, sein stets mürrisch dreinschauender Sohn, Vater und ich stellen heute die etwas ungewöhnliche Männerriege dar, die das Fuhrwerk am Waldrand parkt. Der Bauer drückt mir die Zügel in die Hand und bedeutet mir, sie zu halten, die Pferde würden sich nicht von der Stelle rühren. Die drei machen sich sofort an die Arbeit, begeben sich mit Säge und Äxten in den Wald, bearbeiten das angefallene Bruchholz und schleppen es wieder in die Nähe des Fuhrwerks, wo sie es zu einem stattlichen Berg häufen. Als die Männer das Holz aufgeladen haben, ist die Fuhre erst halb voll, Vater holt mich vom Bock, setzt mich auf die Piurka und führt das Gespann am Zügel zum nächsten Holzhaufen, den der Bauer und sein Sohn anhäufen. Es ist ein gutes Stück entfernt, und Vater nutzt die Gelegenheit für ein Kurzprogramm aus Reiten und Gehen. Auf halber Strecke holt er mich herunter und lässt die Pferde allein weitergehen, während ich mich im Rahmen meiner Möglichkeiten auf eigenen Füßen weiterbewegen muss. Als ich an meine Grenzen gelange, setzt er mich unsanft wieder aufs Pferd. Sicher, das

Programm hat zwei Gesichter, ein angenehmes und ein unangenehmes, aber es bewirkt etwas, mein Bewegungsapparat kommt langsam in die Gänge, und das sieht auch der Bauer, denn schließlich habe ich keine Lust mehr, immer nur die Zügel zu halten, sondern bemühe mich nach Kräften, allein auf das Fuhrwerk und wieder herunterzusteigen.

Während ich auf der Hinfahrt den uneingeschränkten Blick und eine seit langem nicht mehr gekannte Freiheit genossen habe, genieße ich bei der Heimfahrt das Gefühl, es schaffen zu können, mich in das Leben dieser Bauernfamilie einfügen zu können.

Wir sind jetzt fast eine Woche auf dem Hof, und Vaters Rechnung scheint aufzugehen, die ablehnende Haltung des Bauern bröckelt zusehends. Ich mache in jeder Beziehung Fortschritte: Ich habe meine Sprache wiedergefunden und rede altklug mit den Menschen, versöhne mich mit dem Hofhund, bis ich ihn sogar streicheln darf, und werde zum Liebling der schönen Jungbäuerin. Und ich weiß, was ich all den Leuten auf dem Hof, Vater inbegriffen, schuldig bin. Wenn das Fuhrwerk nicht gerade gebraucht wird und mitten auf dem Hof steht, nutze ich es als ideales Turn- und Spielgerät. Sobald jemand zusieht, überwinde ich meine Schmerzen und steige über die Deichsel oder die Holzspeichen der Räder auf und ab. Jeden Tag geht es besser und schneller. Das Fuhrwerk wird zu meiner Bühne, und unbewusst ziehe ich eine Show ab, als ginge es um Leben und Tod, und so ist es ja auch. Ich weiß, ich muss das Publikum für mich gewinnen, und zwar ohne Vaters Hilfe. Sollten sie mich akzeptieren, werde ich allein hier zurückbleiben, denn Vater muss bald wieder über die Dörfer reisen, um Heiligenbilder und Kruzifixe zu verkaufen.

Rückblickend weiß ich, dass ich damals einen entscheidenden Schritt in meiner psychischen Entwicklung getan habe, entscheidend für meine weitere Odyssee in einer alles andere als »kindgerechten« Welt: Der kleine Bub, zu klein für sein Alter, der kaum schreiben und nur ein wenig lesen kann, der an Konzentrationsschwäche leidet, den lange Geschichten überfordern, der geschlossene Räume nicht ausstehen kann und geradezu bewegungssüchtig ist, beweist trotz seiner stehen gebliebenen Entwicklung eine ausgeprägte Auffassungsgabe und ein Gespür für seine Mitmenschen, die ihm helfen, seine Überlebenschancen zu wahren. Auch wenn er von seinem Vater nicht die Gabe zur Selbstdarstellung geerbt hat, spürt er, dass er mit seinen dunklen Locken und großen, braunen Augen zu gewinnen vermag. Trotz seiner misslichen Lage hat er das Lachen nicht verlernt, sondern entdeckt einen Hang zum Humor, den man durchaus als jüdisch bezeichnen kann.

Die Situation ist getragen von einer eigenartigen Unbeweglichkeit, der Bauer sagt nicht, wir sollen gehen, und Vater fragt nicht, ob wir bleiben dürfen, es ist ein Stillstand eingetreten, und das muss sich ändern. Der Bauer ist schlau, aber Vater der bessere Psychologe. Er kann hier nicht ewig bleiben, er muss etwas für seinen und meinen Lebensunterhalt tun, deshalb muss eine Entscheidung her, aber noch traut sich Vater nicht zu fragen, ob ich endgültig bleiben kann, denn er hat Angst, sich eine Abfuhr einzuhandeln.

Unsere mollige Jungbäuerin, die Vater schöne Augen macht, ist bereits verlobt und soll irgendwann im Spätsommer heiraten. Ich wundere mich, dass sein bäuerlicher Flirt so oft bei uns im Zimmer ist, und von ihrem Verlobten ist weit und breit nichts zu sehen. Manchmal, wenn ich morgens aufwache, ist sie bereits da. Meine Verwirrung ist komplett, wenn ich sehe, dass Vater noch verschlafen und unrasiert neben mir liegt, die Waschschüssel jedoch bereits benutzt wurde. Doch weder Vater noch ich noch unsere schöne Alliierte können trotz aller Mühen den Status quo durchbrechen. Das ändert sich auch dann nicht, als ich mit den Bauersleuten allein aufs Feld fahre und es keinerlei Probleme mit mir gibt. Womöglich rechnet der Bauer damit, dass ich einen Rückfall erleide, wenn Vater nicht mehr da ist, denn er erweist sich nach wie vor als misstrauisch.

Aber die Wende kommt, und zwar in Gestalt einer Person, die sich schon mehrmals als Glücksfall für Vater und mich erwiesen hat: Frau Mikulska, und diesmal fährt sie gar in einer zweispännigen Droschke vor. In ihrer Aufmachung – geblümtes Kleid, weißer Strohhut, dazu passende Tasche – könnte man sie sich ebenso gut vor einem Schloss vorstellen, wo Bedienstete sie untertänig empfangen. Frau Mikulska begrüßt mich Staunenden herzlich, lässt all die Sachen, die sie mitgebracht hat, vom Kutscher in unser Zimmer bringen und schickt ihn wieder fort. Sie bleibt eine Woche und führt währenddessen im Verborgenen Regie. Vom Vater auf den Bauern angesetzt, erweist sie sich als Volltreffer. Die gepflegte und erfahrene Großstadtpflanze wickelt ihn um den Finger, und dazu muss sie sich gar nicht erst verstellen, denn sie spielt ihre Rolle, die der Gemüsegroßhändlerin, vorzüglich. Dazu braucht sie keine falschen Papiere und keine getürkte Vita. Sie ist das Original und entsprechend ihr Auftritt.

Schließlich kommt sie nicht mit leeren Händen und wird später auch das Versprechen einlösen, einen Lastwagen vorbeizuschicken und einen Teil der Kartoffelernte abzukaufen. Was mich betrifft, so ist sie, im Gegensatz zu Vater, für den Bauern eine Rückversicherung, meine Glücksfee, die in den

Köpfen der Bauersleute auch dann präsent sein wird, wenn ich allein mit ihnen zurückbleibe.

Frau Mikulska bringt nicht nur schmerzstillende Pillen für mich mit, die mir das Gehen erleichtern, aber Bauchweh verursachen, sie hat auch die Idee mit dem »Schwimmunterricht« im nahe gelegenen Weiher, den wir gemeinsam bei einem Spaziergang entdecken. Der Hund, der uns begleitet und sich einen Wasservogel schnappen will, bringt sie im Grunde auf die Idee. Doch Frau Mikulska muss mir gut zureden, bis ich bereit bin, nackt ins Wasser zu steigen, mit dem Hund zu spielen und zu versuchen, seine Schwimmbewegungen nachzuahmen. Von nun an sind wir fast täglich mit dem Hund am Weiher, aber von richtigem Schwimmunterricht kann freilich nicht die Rede sein. Ich weiß nicht einmal, ob Frau Mikulska es kann, denn sie steigt selbst nie ins Wasser, sondern gibt lediglich Anweisungen. Wie auch immer, sie weiß um die heilende Wirkung des Wassers in Kombination mit Bewegung, und das Resultat gibt ihr Recht. Es ist besser als die Pillen und Vaters Leibesübungen zusammen. Noch nachdem sie weg ist, laufe ich mit dem Hund immer wieder zum Weiher. Schwimmen lerne ich dort nicht, mich wieder normal und ohne Schmerzen zu bewegen, das schon.

2

Schweinehirt und Schönling

ALS HAUPTMANN RURZYCKI und seine Muse, Frau Mikulska, standesgemäß von der Droschke abgeholt werden, ist das auch ein indirekter Abschied von meiner Kindheit, denn von nun an beginnt mein Überlebenskampf in eigener Regie. Bis zur Befreiung von der Naziherrschaft werde ich keinen Beschützer mehr haben, nicht mehr in der Obhut eines Menschen sein, der sich für mich verantwortlich fühlt.

Noch gibt es hier keine deutsche Uniform weit und breit, zu hungern brauche ich auch nicht, die räumliche Enge ist nicht mehr gegeben, ich kann laufen, so weit mich meine Füße tragen. So gesehen ist dieser Bauernhof ein idealer Übungsplatz für den sich bereits am Horizont abzeichnenden Kampf ums Überleben, den ich allein auf mich gestellt werde ausfechten müssen.

Sobald Vater den Hof verlassen hat, ist Schluss mit dem Abenteuerspielplatz, die Wirklichkeit hier sieht anders aus. Ich werde hart angepackt, zurechtgestutzt und isoliert, auch die schöne Jungbäuerin finde ich nicht mehr auf meiner Seite, seitdem es offensichtlich ist, warum Frau Mikulska immer dann auftaucht, wenn Vater da ist. Dass sie eifersüchtig ist, verstehe ich nicht, schließlich ist sie verlobt. Jedes Mal, wenn ich meine, es in diesem abgekühlten Paradies nicht länger auszuhalten, nehme ich mir vor, Vater bei seinem nächsten Besuch davon zu erzählen, nur um nach einer Weile zu der Erkenntnis zu gelangen: Was wird es bringen? Nichts, im Gegenteil. Dann würde ich Gefahr laufen, Vaters Zorn auf mich zu ziehen. Soll er vielleicht den Bauern und seinen geistig minderbemittelten Sohn – denn dass er das ist, wird mir bald klar – bitten, nett zu mir zu sein? Auch Vater könnte an der täglichen Drangsal und der Gefühlskälte, die mich umgibt, nichts ändern. Die Menschen, bei denen ich wohne, leben am Puls der Natur, ich gehöre eben nicht zu ihrer Brut, und das ist wohl das Entscheidende. Und dennoch: Es wird der Tag kommen, da ich auf die Zeit hier wie auf einen schönen Lebensabschnitt zurückblicken werde.

Die Tatsache, dass ich durch die Rosskur, die mir Vater auferlegt hatte, einigermaßen genesen bin, wird schonungslos ausgenutzt. Ich werde als Arbeitskraft betrachtet, die es zu nützen gilt. Zwischen Aufstehen und Schlafengehen liegt ein Vierzehnstundentag, unterteilt in Abschnitte, die ich leicht bewältige, und solche, die mir schwerfallen, je nachdem, was mir abverlangt wird: Kühe hüten – leicht, aber langweilig; helfen, den Stall auszumisten – hier stoße ich körperlich an meine Grenzen; Kühe melken – mir verhasst, weil ich ungeschickt bin und beim Verschütten der Milch Fußtritte vom Sohn, dem Psychopathen, bekomme; Garten jäten – doof, weil langweilig; Feldarbeit – erträglich, weil die ganze Familie anwesend ist und der Psychopath nicht mit mir machen kann, was er will; gemeinsam mit dem Mädchen Wasser aus dem Brunnen hochholen, kommt drauf an, für welchen Zweck: Wenn das Wasser zum Tränken der Pferde ist, mach ich es gern, wenn ich die Tränkebecken der Kühe auffüllen muss, eher weniger; die zwei Schweine zur Suhle treiben – eine Art Spiel mit Züchtigungsprogramm: Die Schweine halten sich nicht an die Spielregeln und rennen dorthin, wo sie nicht hin sollen, ich bearbeite sie mit einem Stock und lasse meinen Frust an ihnen aus. Ungefähr so sieht mein Tagespensum hier aus, und nach mehr als einem Jahr des lähmenden Nichtstuns in der Gurtschewskastraße fällt es mir umso schwerer.

Einzig die Sonntage bringen eine Atempause. Ich darf eine Stunde länger schlafen, das Frühstück wird zu keiner vorgeschriebenen Zeit eingenommen. Das Melken am Sonntag ist ausschließlich Frauensache, warum, weiß ich nicht. Wenn die Bauersleute ihre Sonntagskleidung anlegen, und sei es nur ein frisches Hemd oder eine Bluse, scheint es, als würde ihre sonstige Aggressivität von ihnen weichen, und so etwas wie Friedfertigkeit macht sich breit. Außerdem verschwindet der geistesgestörte Sohn, vor dem ich Angst habe, in weißem Hemd und Sonntagshose und kommt erst am Abend wieder betrunken heim.

Der Sonntag ist auch Besuchstag, entweder die Bauersleute bekommen Besuch vom Nachbarn oder besuchen andere im Dorf. Ich staune, dass der Besuch genauestens über mich Bescheid weiß. Ob ich keine Schmerzen mehr beim Gehen verspüre, wollen die Leute von mir wissen, jedenfalls sei kaum mehr etwas zu sehen. Aber gleich darauf die Frage: warum ich die Dorfschule nicht besuche. Die erste Frage ist leicht zu beantworten, die zweite bereitet mir Bauchschmerzen, doch ich antworte artig: »Es lohnt sich nicht, mein Herr. Mein Vater wird mich in ein paar Tagen abholen.«

Sonntag ist, jetzt im Sommer, Badetag – für mich mit Freude und Kummer verbunden. Erste Kontakte zu anderen Kindern kommen zustande. Ich laufe mit dem Hund zum Weiher, wo andere Buben bereits planschen. Badehosen kennt hier niemand, nur ich falle aus bekannten Gründen aus dem Rahmen. Meine Unterhose soll meine Beschneidung kaschieren, und ich mache mich zum Gespött der anderen. Am Anfang ist es gar nicht so leicht, mich ihren Versuchen zu erwehren, mich zu entblättern, bis ich schließlich mit dem Hund drohe, dann ist Ruhe. Später dann treffe ich sie am liebsten auf der Dorfstraße, da bin ich wieder, nach sehr langer Zeit, ein normales Kind, eines von ihnen.

Eines Sonntags taucht auch der Verlobte der schönen Jungbäuerin auf. Er bleibt für ein paar Tage, und ich muss mit ihm das Zimmer teilen. Es bleibt nicht aus, dass ich aufwache und wir zu dritt im Raum sind, die Jungbäuerin liegt bei ihm im Bett. Beim Vater hat sie noch darauf geachtet, nicht erwischt zu werden, beim Verlobten macht sie keine Umstände. Er ist ein Großstadtschönling mit dünnem Oberlippenbärtchen und pomadigem Haar. Das Jackett seines gestreiften Anzugs, den er mit weißem Hemd und Krawatte trägt, hat er stets lässig über der Schulter hängen. Er hat sehr gute Manieren und ein einnehmendes Wesen; in seiner ruhigen und verbindlichen Art des Erzählens sticht er Vater glatt aus. Wie so einer zu der Bauerntochter kommt, weiß ich nicht, sie ist ein kleines Miststück, das den Männern den Kopf verdreht.

Die Sonntage, an denen der Verlobte da ist, empfinde ich als angenehm. Da schauen mit Sicherheit die Nachbarn vorbei, um den Exoten aus der Großstadt mitzuerleben. Sie bleiben bis zum Abend und lauschen den Neuigkeiten, die er mitgebracht hat. Das Hauptthema ist der Krieg und die Partisanentätigkeit in den nahe liegenden Wäldern. Im Gegensatz zum Vater, der eine Niederlage Deutschlands voraussagt, klingt seine Einschätzung gar nicht positiv. Ja, die Russen kommen näher, das stimmt, aber über die Weichsel hinaus schaffen sie es nicht, dafür sind die Deutschen zu stark, und, als wollte er seinen enttäuschten Zuhörern auch noch die letzte Hoffnung nehmen, warnt er sie davor, sich mit Partisanen, die sich in der Gegend herumtreiben, einzulassen, das könne böse Folgen haben, nicht zuletzt, weil viele von ihnen Juden seien. Wer er in Wirklichkeit war oder welcher Beschäftigung er nachging, habe ich nie erfahren. Welche Absicht er mit seinen niederschmetternden Analysen des Kriegsfortgangs verfolgt, begreife ich ebenso wenig wie die anderen seiner schlichten Zuhörer. Dennoch lässt er mich an den Sonntagabenden, an denen er da ist, vergessen, dass am nächsten Tag Montag ist, vor dem ich mich fürchte.

Als ich einige Punkte seiner Ausführungen, die ich mir gemerkt habe, bei nächster Gelegenheit Vater erzähle, weiß der ihn auf Anhieb als ernste Gefahr einzustufen, obwohl er ihm noch nie begegnet ist. Er, der Überlebensspezialist, wittert Gefahr, und zwar für uns alle auf diesem Bauernhof. Als Erstes bläut Vater mir in seiner intensiven Art ein, mich dem Verlobten niemals nackt zu zeigen, und ihm alles über den Städter zu berichten, vor allem, was er sagt; auch solle ich ihm schöntun und fragen, wann er das nächste Mal wiederkommt. In diesem Zusammenhang verbietet er mir auch eindringlich, mit den anderen Buben im Weiher zu baden. Ich glaube, Vater hätte mich augenblicklich von diesem Hof geholt, wenn er nur gewusst hätte, wohin mit mir. Damit, dass er in dem Verlobten einen deutschen Spitzel roch, lag er im Nachhinein betrachtet wohl nicht falsch: Mir fielen immer wieder neue Dinge an dem Schönling auf, aber einen eindeutigen Beweis gab es nie.

Ich lerne nicht nur, mit anzupacken, sondern auch, wie ich mich einer erdrückenden Arbeitslast vorübergehend entziehen kann. Ich setze in dem Bereich an, in dem der Chef am empfindlichsten ist: bei seinen Pferden. Bei jeder sich mir bietenden Gelegenheit verdrücke ich mich in den engen Stall, wo die beiden Pferde stehen, und übe mit Hilfe von zwei Melkschemeln, auf Piurkas Rücken zu klettern; bald schaffe ich es mit nur einem Schemel. Werde ich gerufen, wo zum Teufel ich denn stecke, mache ich mich rasch an meine Alibi-Arbeit: Ich putze die Stute. Dabei melde ich mich laut und deutlich, damit der Bauer mich auch findet und meine Arbeit mit einem Lächeln honoriert. Aber manchmal habe ich das Pech, dass der Psychopath mich entdeckt, der diese Art Beschäftigung von mir gar nicht schätzt und mich ziemlich unsanft wieder nach draußen befördert, wo er sofort eine effektivere Arbeit für mich weiß.

Aber all das kann mich nicht daran hindern, dass ich mit der Stute immer besser zurechtkomme. Jedes Mal, wenn der Bauer meint, sein Liebling sei zu lange im engen Stall gestanden, überlässt er sie mir für einen Ritt, dann befestige ich links und rechts an ihrem Stallhalfter je einen Strick als Zügel, führe sie an die Bank vor das Haus und schwinge mich von dort auf ihren Rücken. Sie ist äußerst gutmütig und gehorsam. Wenn ich die Dorfstraße rauf- und im großen Bogen wieder heimreite, bin ich einfach glücklich und erlebe alles wie im Rausch. Der Bauer ist mit mir und meiner Reitkunst zufrieden, und der für ihn so wertvollen Stute tut es gut, wenn ich sie bewege; er weiß, ich bin leicht, brauche keinen Sattel, den er gar nicht besitzt, und benütze keine Sporen. Wie die anderen Kinder im Dorf laufe ich immer barfuß herum, bei jedem Wetter und über jedes gemähte Kornfeld mit seinen messerscharfen Stoppeln, und auch beim Reiten brauche ich keine Schuhe.

Erst nach ein paar Wochen sehe ich Vater wieder. Völlig unerwartet steht er eines Sonntags auf dem Hof. Dass bald darauf auch Frau Mikulska eintrifft, habe ich beinahe erwartet, aber diesmal ist zu meiner großen Freude auch Krisia dabei. Abgerissen und heruntergekommen, wie ich bin, gebe ich nicht gerade eine vorteilhafte Erscheinung ab, das weiß ich, doch in den Gesichtern meiner Besucher kann ich lesen, wie erbärmlich es in Wirklichkeit um mich steht. Vielleicht würde ihr Urteil nicht so schlimm ausfallen, hätten sie mich gleich in der Frühe gesehen, da waren meine Füße noch einigermaßen sauber. Doch das allein ist es nicht. Ich trage eine verschlissene kurze Hose, die an Hosenträgern hängt, die mir viel zu groß sind und daher noch zusätzlich mit einem Strick vorn zusammengehalten werden. Mein Hemd passt sich dem übrigen Aufzug an, das heißt, löchrig und schmutzstarrend wie es ist, ist es kaum als solches zu bezeichnen. Meistens laufe ich ohnehin mit nacktem Oberkörper herum, sodass Schmutz und Bräune stufenlos ineinanderfließen.

Vater und seine Freundin können sehen, dass ich hier hart rangenommen werde, ich mich aber nicht unterkriegen lasse und wieder gesund bin. Aus eigenem Antrieb habe ich mir die überlebensnotwendige Zähigkeit zugelegt. Dass Vater und Frau Mikulska mich so erblicken, ist mir sogar recht, aber vor Krisia hätte ich mich doch gern anders präsentiert, denn ich bin überzeugt, sie sieht in mir den Schweinehirten, über den man die Nase rümpft, aber die Tragik hinter meiner heruntergekommenen Fassade sieht sie nicht. Sie hat Pfingstferien, und ihre Anwesenheit tut mir ausgesprochen gut, ebenso wie die ihrer Mutter, die mir mit einem kleinen Sack Zucker, Seife, Haarwaschmittel eine Auszeit von der täglichen Plackerei und den Übergriffen des Psychopathen verschafft. Vaters Geldbetrag, den sie wahrscheinlich mitfinanziert, tut ein Übriges.

Frau Mikulska ist keineswegs mit meinem Erscheinungsbild einverstanden. Augenblicklich ergreift sie Maßnahmen, die dazu angetan sind, mich wie ein Ferienkind aussehen zu lassen, das mit dem kleinen, schmutzigen Schweinehirten nichts gemein hat. Zumindest solange sie da ist, sorgt sie dafür, dass ich kaum was tun muss, außer Krisia mit meiner Reitkunst zu imponieren und mit ihr gemeinsam, weil sie sich langweilt, Kühe zu hüten. Und es bleibt dabei, weder Vater noch Frau Mikulska beanstanden beim Bauern den Zustand, in dem sie mich vorgefunden haben. Mein Montagsgefühl verschiebt sich für die Dauer ihres Aufenthalts auf den Tag, an dem sie wieder abreisen.

Verunsichert durch meine Erzählung von dem Verlobten, verabschiedet sich Vater als Erster. Ich begleite ihn noch ein ziemliches Stück zu Fuß Richtung Chaussee und habe Gelegenheit, mich über meinen Peiniger, den Psychopaten, bei ihm zu beschweren. Als wäre ich sein Partner und nicht sein Kind, spricht er offen unsere Misere an.

»Tut mir leid, Senek, ich habe nichts anderes für dich. Du musst das hier durchstehen, bis die Russen kommen. Das, was der Verlobte verzapft, ist Scheiße. Die Russen sind nicht aufzuhalten.« So klare und gleichzeitig deftige Worte habe ich aus seinem Munde mir gegenüber noch nicht vernommen. Zwischen den Zeilen fordert er meine Widerstandskraft heraus, die derbe Sprache ist nur Mittel zum Zweck.

Er mahnt mich zum x-ten Mal zur Vorsicht dem Verlobten gegenüber, fordert mich auf, ihm zum Abschied einen Kuss zu geben, und geht dann allein weiter. Ich weiß, die nicht geklärte Situation mit dem geheimnisvollen Verlobten ist eine zusätzliche Belastung für Vater, er hasst es und ist verunsichert, denn diesmal steht der vermeintliche Gegner nicht unmittelbar vor ihm, sondern bleibt ungreifbar. Verunsichert laufe ich zurück in die vorübergehende Obhut von Frau Mikulska und Krisia, in der Gewissheit, die beiden können mir die nächsten Tage über wenigstens den Psychopathen vom Leibe halten.

3

Hochzeit auf dem Land

DER HOCHZEITSLADER IST ein großer, starker Kerl mit grauem Schopf, leicht angetrunken und in bester Stimmung. Er ist der Brautvater, stammt aus dem nächsten Dorf, und der Einspänner, mit dem er unterwegs ist, zeugt von einem gewissen Wohlstand. Er muss glücklich über die bevorstehende Heirat seiner Tochter sein, denn er lässt es sich nicht nehmen, übers Land zu fahren und die Leute persönlich einzuladen. Alle auf dem Hof steckt er mit seiner guten Stimmung an, und der Bauer kann nicht umhin, Gläser aus dem Schrank zu holen, um mit ihm auf das Glück seiner Tochter anzustoßen.

Der Bauer, sehr von Frau Mikulska angetan, sieht wohl eine Gelegenheit, sich bei ihr einzuschmeicheln, jedenfalls klopft er an ihre Tür und lädt sie ein, ein Gläschen mitzutrinken. Beim Anblick der Mikulska steht für den Brautvater fest: Die muss auch zur Hochzeit seiner Tochter kommen. Etwas linkisch, aber durchaus höflich, spricht er die Einladung aus, sie ziert sich noch ein wenig, aber nach dem dritten Gläschen ist es so weit, und der Brautvater dankt ihr für ihre Zusage mit einem Handkuss.

Dass sie die Einladung angenommen hat, wird sich als Glücksfall für unseren Bauern und seine Familie erweisen. Unser Hochzeitsausrichter wird an diesem Tag noch einige Einladungen überbringen, und wenn er überall nach Landessitte mehrere Gläschen gekippt hat, kann er von Glück sagen, dass er mit einem Pferd unterwegs ist, denn diese Tiere finden bekanntlich auch allein den Weg nach Hause.

Die Tage bis zur Hochzeit stehen ganz im Zeichen der Einladung. Krisia, das Bauernmädchen und ihre ältere Schwester sind in ihrem Element. Unser Zimmer verwandelt sich nach der Arbeit in eine Art Modesalon, auch ich profitiere von der allgemeinen Ausbesserungsaktion. Endlich wird meine kurze Sonntagshose am Gesäßteil geflickt, und der Hosenschlitz bekommt die nötigen Knöpfe. Nur Frau Mikulska lässt der ganze Aufwand unbeeindruckt, sie weiß genau, was sie am Hochzeitstag tragen wird, das ist für sie Routine. Den Mädchen steht sie allenfalls beratend zur Seite, an mir hat sie nichts mehr auszusetzen, nur meine Locken lässt sie von Krisia stutzen. Was sie nicht weiß und sich erst am Hochzeitstag als Problem herausstellt: Aufgrund meiner verhornten Fußsohlen passen mir meine Schuhe nicht mehr.

Das Fuhrwerk wird mit Querbrettern als zusätzliche Sitzgelegenheit versehen. Die Pferde werden geputzt und gestriegelt, das Geschirr wird gesäubert und eingefettet. Am nächsten Morgen, einem Sonntag, ist es so weit. Die ganze herausgeputzte Gesellschaft, die Frauen mit Blumensträußen in den Händen, ist abfahrbereit, nur ich sorge für eine Verzögerung, als ich zum Ärger von Frau Mikulska barfuß und mit den Schuhen unterm Arm erscheine. Nach kurzem Hin und Her willigt sie schließlich ein, auf der Hin- und Rückfahrt darf ich barfuß bleiben, auf der Hochzeit selbst muss ich die Schuhe tragen, auch wenn sie noch so drücken. Hochgestimmt und erwartungsvoll geht es los. Meine Laune ist nicht die beste, denn statt des Bauern ist sein irrer Sohn der Fuhrmann, und der kann zum Tierschinder werden, besonders wenn ihm aus unerfindlichen Gründen etwas nicht passt oder er getrunken hat. Ich glaube, in diesem Zustand haben alle auf dem Hof vor ihm Angst, sogar sein eigener Vater, und ich weiß jetzt schon, er wird auf der Rückfahrt, wenn er betrunken ist, die Pferde grundlos schlagen. Im Dorf nehmen wir noch etliche Leute mit, die auch zur Hochzeit wollen, und Piurka und Fritz müssen sich ordentlich ins Zeug legen.

Die Hochzeit beginnt ein wenig verkrampft und endet mit einem Besäufnis. Das unsichtbare Band, das den Gästen anfangs noch Zurückhaltung auferlegt, wird zerrissen mit dem Eintreffen des bereits getrauten Brautpaars. Die nächste Kirche muss recht weit weg in einem größeren Ort stehen, jedenfalls bekomme ich sie während meiner ganzen Anwesenheit nie zu sehen. In einer festlich geschmückten Kutsche und begleitet von einem Ziehharmonikaspieler durchfährt das Paar das Spalier der versammelten Gäste, das sich hinter ihnen schließt.

Bereits am Eingang zum Bauernhaus, der bis jetzt verschlossen war, gerät die Menge außer Rand und Band. Die Gäste wollen sich einen guten Platz an einem der reichlich gedeckten Tische sichern, und bei dem Gedränge drohen wir Kinder niedergetrampelt zu werden. Die Begrüßungsansprache des Brautvaters geht im allgemeinen Tumult unter. Ich weiß nicht, wie es sonst auf polnischen Hochzeiten zugeht, Frau Mikulska schon, und man kann ihr ansehen, dass sie sich deplatziert fühlt. Dieses Fest hier scheint um einiges derber zu sein als die Hochzeiten, die sie aus Warschau kennt. Ich dagegen habe an dem Fest nichts auszusetzen, es gibt in Hülle und Fülle zu essen. Nur bei der sich anschließenden wilden Tanzerei muss ich mich vor den derben Bauernstiefeln in Acht nehmen. Mit meiner Größe werde ich leicht übersehen.

Kaum hat der Brautvater die Gäste aufgefordert, mit ihm

auf das Wohl des Brautpaares anzustoßen, führt der Wodka Regie. Vor allem die Männer tun sich hervor, die so schnell und so viel wie möglich von dem kostbaren Nass in sich hineinkippen. Wahrscheinlich haben sie bei anderen Hochzeiten die Erfahrung gemacht, dass der Wodka bald aus ist oder der Vorrat einfach gestohlen wird, wie ich beobachten kann. Die Doppeltür zum Nebenraum wird geöffnet, der Raum ist leer, die Fenster sind offen. Der Ziehharmonikaspieler bittet zum Tanz, die wilde Hopserei kann beginnen. Er spielt Krakauer und Polkas, wahrscheinlich kann er nichts anderes. Nur einmal, als das Brautpaar den Tanzboden betritt, wagt er sich an den Donauwalzer. Ich höre diese Melodie zum ersten Mal, aber diese langsame und kultiviert klingende Darbietung ist nicht nach dem Geschmack der Gäste, und so beeilt er sich, rasch wieder die gewohnten Rhythmen hervorzubringen. Die meisten Männer sind betrunken, etliche Frauen auch, bald gibt es nur noch zu essen und außer Limonade nichts mehr zu trinken.

Als am späten Nachmittag auch der Ziehharmonikaspieler buchstäblich aus den Latschen kippt – er legt sich einfach mit ein paar anderen zum Schlafen in die Küche –, ist das Hochzeitsfest so abrupt zu Ende, wie es begann. Ich begreife, dass das Fest zu Ende geht, und stopfe mir die Taschen mit Nüssen und Keksen voll. Als Erster sitze ich auf dem Fuhrwerk und bin zur Abreise bereit. Sofort entledige ich mich meiner Schuhe, die mir die ganze Zeit ziemlich zugesetzt haben. Es ist ein kleines Wunder, dass wir uns mit derselben Anzahl von Passagieren, mit der wir hergekommen sind, auf den Weg machen, denn gut die Hälfte von ihnen ist ziemlich bis völlig betrunken, darunter wie befürchtet der Psychopath, unser Fuhrmann.

Die deutschen Soldaten haben versteckt in einem waldigen Abschnitt zu unserer Linken auf uns gewartet. Die schnatternde und lachende Gesellschaft auf dem Fuhrwerk bemerkt sie auch dann nicht, als ein ganzer Zug von ihnen, etwa sechs oder sieben Mann, mit ihren Fahrrädern urplötzlich den Waldrand verlässt und sich auf der Straße postiert. Piurka jedoch hat das Unheil gewittert, als die Soldaten noch gar nicht zu sehen waren. Sie spitzt nervös die Ohren und drängt nach rechts, doch das ist mit dem Psychopathen nicht zu machen, er gibt ihr brutal die Peitsche. Als die Pferde losstürmen, empfinden wir das als eine zusätzliche Gaudi, die schnell in Entsetzen umschlägt, denn die Deutschen glauben, wir würden flüchten. Als wir an ihnen vorbeistürmen, schießt einer in die Luft, ein anderer bedeutet uns anzuhalten. Der Psychopath erkennt nicht den Ernst der Lage. Der Scharfschütze schießt jetzt gezielt und trifft eine Frau am Arm, sie schreit auf, Panik bricht aus. Der Bauer und noch ein Dörfler entreißen dem Psychopathen die Zügel und bringen gemeinsam die Pferde zum Stehen. Keiner traut sich vom Wagen.

Erstarrt warten wir, bis sie uns auf ihren Rädern erreicht haben. Als Erste kümmert sich Frau Mikulska um die Verletzte. Die jammert und blutet, ein Kopftuch wird als behelfsmäßiger Verband benutzt, später ein Fetzen eines Unterrocks. Im Nu sind wir umstellt, der Schütze ist auch der Anführer und spricht perfekt Polnisch. Barsch befiehlt er allen, vom Wagen zu steigen. Die Männer müssen – die Hände über dem Kopf – als Erste runter und werden durchsucht. Dann sind die Frauen dran. Nur einer von ihnen, ein baumlanger Kerl mit einer komischen Brille, der zuerst die Pferde gehalten hat, hilft ihnen, runterzuklettern. Auch die Frauen müssen die Hände hochheben und werden befragt, ob sie Waffen versteckt haben oder Briefe transportieren.

Zum Schluss heben sie die Verletzte herunter und setzen sie in den Straßengraben.

Obwohl man mich zu nichts aufgefordert hat, stehe ich bei den Männern und halte vor Schreck die Hände in die Höhe. Ich weiß, die sind zu allem fähig, zwei Exekutionen habe ich schon erlebt, nur diesmal wirken sie selber ängstlich und nervös, ihre panische Suche nach Waffen beweist es. Dies hier ist ein freies Gelände und kein eingezäuntes Ghetto, wo sie ihre Opfer gefahrlos ergreifen können, hier kann man aus dem Hinterhalt auf sie schießen. Auch eine ausgelassene Hochzeitsgesellschaft birgt eine Gefahr, Partisanen arbeiten mit allen möglichen Tricks; diese Erfahrung haben sie gemacht, und das lässt sie so gefährlich werden. Sie finden nichts, aber sie wollen uns nicht ohne Weiteres laufen lassen. Ihr Polnisch sprechender Anführer nimmt sich den Psychopathen vor und schlägt ihm ein paar Mal kräftig ins Gesicht. Blutend geht dieser zu Boden. Er soll zugeben, dass er Partisan ist und flüchten wollte. Keine Reaktion, der Bauernsohn liegt zusammengeschlagen am Boden.

Frau Mikulska, die Ähnliches wohl schon bei verschiedenen Gelegenheiten an der Ghettomauer erlebt hat, ergreift als Einzige die Initiative. Sie lässt die Hände sinken, stellt ihre elegante Tasche ab und geht auf den Anführer zu. »Hören Sie, das, was Sie da machen, wird nichts bringen. Er ist kein Partisan. Er ist betrunken und nicht richtig im Kopf, verstehen Sie?« Dabei tippt sie sich an die Stirn. »Er ist ein Bauernsohn aus dieser Gegend.« Sie bringt ihn dazu, mit ihr ein paar Schritte zur Seite zu treten, aus unserer Hörweite. Sie redet auf ihn ein, er antwortet mit heftigen Gesten, brüllt jedoch nicht. Kein Zweifel, es ist eine Verhandlung, in deren Verlauf sie es wagt, ihn leicht am Ärmel zu berühren, eine beschwichtigende Geste.

Wir stehen immer noch mit erhobenen Händen da, und die verletzte Frau sitzt im Graben und jammert. Der baumlange Kerl mit der komischen Brille, die ihn von weitem wegen der dicken Gläser unheimlich wirken lässt, schultert sein Gewehr, setzt sich als Einziger in Bewegung und kommt geradewegs auf mich zu. Ein einziger Gedanke schießt mir durch den Kopf: Er weiß, dass ich Jude bin, ich bin verloren. Wie ein Turm steht er über mir und versperrt mir den Blick auf Frau Mikulska, meine einzige Hoffnung. Er drückt mir beide Hände, die ich als Zeichen der Unterwerfung noch krampfhafter nach oben strecke, sachte nach unten und bedeutet mir: Ich kann sie unten lassen. Lächelnd beugt er sich zu mir herab und zupft mich am Ohrläppchen. »Gut, gut«, sagt er abgehackt, so wie Deutsche es heute noch tun, wenn sie mit Menschen sprechen, die ihre Sprache nicht verstehen, und nimmt mir einen großen Teil meiner Angst.

An der Schwelle des Nichtseins schaue ich in das Gesicht dieses Deutschen und kann nichts Bösartiges darin entdecken. Das Unheimliche an ihm, das ich aus der Ferne wahrzunehmen meinte, ist mit dem Absetzen der Brille gewichen. Was ich damals nicht wusste: Es ist eine billige Wehrmachtsbrille für Kurzsichtige, die jeweils mit einem Gummizug um die Ohren befestigt wurde, um sie bei Kampfhandlungen nicht zu verlieren. Wahrscheinlich hat ihm dieser Umstand den Einsatz an der Front erspart, aber er ist tauglich genug, um in der Etappe Partisanen zu jagen. Ich werde ihm nochmals bei einer anderen Gelegenheit begegnen, ich hoch zu Ross, er abgekämpft sein Fahrrad schiebend. Er erkennt mich sofort, ich ihn mit seiner langen Gestalt und unheimlichen Brille sowieso. Wir winken uns freundlich zu, und unsere Begegnung ist endgültig Geschichte. Wie seinerzeit jene Gertrud in Zychlin oder der im Windschatten radelnde Soldat auf unserer Fahrt nach Piontki bekommt dieser Deutsche für mich ein menschliches Gesicht.

Ich sehe, wie Frau Mikulska in ihre weiße Tasche greift und dem Anführer ein ganzes Bündel Geldscheine überreicht. Er holt einen Fetzen Papier aus seiner Uniformtasche und macht Notizen, um das Ganze wie eine Bußgeldprozedur aussehen zu lassen, Ordnung muss sein. Endlich dürfen alle die Arme wieder herunternehmen. Die Soldaten holen ihre Räder aus dem Straßengraben und entfernen sich fast fluchtartig, wie gewöhnliche Straßenräuber.

Nie wieder habe ich eine beschickerte Gesellschaft gesehen, die so schnell nüchtern wurde. Doch keiner fühlt sich bemüßigt zu erwähnen, wem sie es zu verdanken haben, das Dorf halbwegs heil zu erreichen. Auch der Psychopath nicht, der den Zwischenfall womöglich nicht überlebt hätte, wäre die Mikulska nicht für ihn in den Ring gestiegen.

Der Alltag auf dem Hof hat mich wieder. Krisia und ihre Mutter sind abgereist und mit ihnen mein unsichtbarer Schutzschild. Zwar erholt sich der Psychopath nur langsam von seinen Blessuren, sodass ich von dieser Seite Ruhe habe, aber der Druck kommt jetzt aus der anderen Richtung, denn sein Ausfall ist kaum auszugleichen und entsprechend schlecht die Stimmung. Man gibt mir Aufgaben, die für gewöhnlich er erledigt und denen ich nicht gewachsen bin.

Weil ich mit Pferden so gut umgehen kann, meint man, ich wäre auch liebestollen Kühen gewachsen, aber eine hormongesteuerte Kuh hat nichts gemein mit einem dressierten Pferd. Man schickt mich also los, um eine Kuh zum Bullen zu bringen, der auf einem benachbarten Hof steht. Weil sie den Weg zum Bullen bestimmt schon mehrmals gemacht hat, weiß sie, was sie erwartet, und folgt auch einem kleinen

Jungen anstandslos, nur für den Weg nach Hause braucht es einen ganzen Kerl. Der Bulle erledigt seine Aufgabe, ich übergebe seinem Besitzer einen Schein, den man mir für den Deckakt mitgegeben hat, und mache mich mit der Kuh auf den Heimweg. Und da nimmt die Katastrophe ihren Lauf, denn sie ist jetzt ziemlich zickig und will zurück zum Bullen. Selbst als ich meinen Stock zum Einsatz bringe, habe ich gegen ihren Liebesrausch keine Chance. Sie reißt sich los und rennt zum Hof zurück, auf dem der Bulle zu Hause ist, ich hinterher. Ich finde sie geduldig auf Einlass wartend vor dem verschlossenen Tor, hinter dem ihr Herzblatt residiert. Bei meinem Anblick schnappt sie vollkommen über und droht mich auf die Hörner zu nehmen, ich renne um mein Leben und nach Hause. Als Überbringer der Nachricht, dass mir die Kuh abhandengekommen ist, fange ich mir von der molligen Schönen ein paar saftige Ohrfeigen ein. Der Bauer rennt los und alarmiert wie bei einem Großfeuer das ganze Dorf. Die Kuh ist für ihn von unschätzbarem Wert, und nun ist sie spurlos verschwunden. Erst nach vielen bangen Stunden und einer unruhigen Nacht finden wir sie am nächsten Morgen wieder. Sie steht genau dort, wo ich sie das letzte Mal sah, am verschlossenen Tor zu ihrem Liebesparadies. Die Aktion kostet mich zusätzlich zwei Ohrfeigen, diesmal von der Bäuerin. Ich pinkle nach langer Zeit vor Aufregung wieder ins Bett.

Vielleicht wäre das mit der Kuh nicht passiert, wäre der junge Mann mit dem schütteren blonden Haar und den wasserblauen Augen ein paar Tage früher auf dem Hof erschienen. Er muss nachts aufgetaucht sein, denn am Abend zuvor war er noch nicht da. Dass der Mann, der bei mir im Zimmer übernachtet hat, ein außergewöhnlicher Gast ist, merke ich Sekunden nachdem ich die Augen geöffnet habe: Beide

Schwestern stehen gebannt an seinem Bett, als würden sie über seinen Schlaf wachen, von ihm selbst ist nur sein dünnes Haar zu sehen. Die Mollige bedeutet mir, ruhig zu sein, mich anzuziehen und aus dem Zimmer zu verschwinden. Draußen herrscht Stillstand, als würde der Sonntag plötzlich auf einen Mittwoch fallen, die Arbeit ruht. Ich finde den Bauern, die Bäuerin und den Psychopathen in der Küche sitzend, ungewöhnlich für diese Uhrzeit. Ich kapiere, das alles hat mit dem schlafenden Mann in meinem Zimmer zu tun, und alle bis auf mich wissen um sein Geheimnis, und so soll es fürs Erste nach ihrem Willen bleiben.

Als er am späten Nachmittag aufsteht, habe ich Gelegenheit, ihn in Augenschein zu nehmen. Ich lungere vor dem Brunnen herum, wo er vorbeimuss, wenn er das Plumpsklo aufsuchen will. Er ist nicht groß und wirkt abgemagert in seinem blütenweißen Hemd und der gebügelten Hose, als er zielstrebig die Toilette hinter der Scheune ansteuert. Offensichtlich kennt er sich hier aus, und auch Hemd und Hose, die ihm einigermaßen passen, muss er hier aufbewahrt gehabt haben, denn die Sachen, die ich in der Frühe neben dem alten Rucksack auf dem Stuhl liegen sah, waren sehr auffrischungsbedürftig und seine Schuhe ramponiert. Spätestens beim Abendessen wird mir klar, er ist hier zu Hause. Vom Brotmesser bis zum Suppenschöpfer weiß er genau, wo sich welcher Gegenstand befindet. Die Stimmung ist gedrückt, man tut geheimnisvoll, da ist etwas, was ich nicht wissen soll. Ich bin jetzt sehr vorsichtig, der geringste Ausrutscher, und ein Gewitter kann sich über mich entladen. Mit dem jungen Mann ist über Nacht die Angst auf dem Hof eingekehrt.

Doch das Geheimnis um den Mann ist für mich bald keines mehr, mein geschliffenes Gehör und meine wachen Sinne klären mich auf: Er ist der von den Deutschen in die Gefangenschaft verschleppte Hoferbe, von dem ich durch Vater weiß, und alles deutet darauf hin, dass er geflohen ist, denn freiwillig lassen die Nazis keinen laufen. Am Anfang macht er sich rar, er wird geschont. Er hat auch nicht die robuste Natur seines irren Bruders. In manchen Nächten schläft er in der Scheune oder verschwindet für Stunden mit einem Buch unterm Arm in Richtung Wald. Mir gegenüber verhält er sich neutral bis freundlich. Weil er sich so in ein Buch vertiefen kann, wirkt er auf mich sehr klug, aber ich erwische ihn auch dabei, wie er mich über den Buchrand hinweg beobachtet. Hat er womöglich Zweifel an meiner Identität? In diesem Augenblick wünschte ich, Vater wäre hier, um alle Zweifel auszuräumen. Nur, kann Vater auch ihn hinters Licht führen, wie er es mit seinen einfachen Eltern tut?

An jenem sonnigen Sonntag, als sich das Ungewöhnliche zuträgt, das mich heute noch verfolgt und sich unauslöschlich, wie kaum ein anderes Bild jener Tage, in mein Hirn gebrannt hat, brauche ich niemanden zu fragen, ob ich zu den anderen Kindern darf, die mich gerufen haben. Die Sonntagsarbeit ist getan, der verlorene Sohn ist im Wald und der Rest der Familie auf einen Schwatz bei den Nachbarn.

»Senek, komm schnell, wir müssen dir was zeigen.« Das Wort »schnell« macht mir Beine, ich möchte nichts verpassen. Ich denke erst an eine Ziege, die durch streunende Hunde gerissen wurde, oder an ein Liebespaar im Kornfeld, denn auf derlei Attraktionen stoßen wir verrotzten Streuner immer wieder.

»Was gibt's?«

»Der Wojtek hat Juden entdeckt. Die verstecken sich auf der Strohpyramide da drüben. Komm mit, wir heizen denen ein.«

Juden? Hier? Praktisch auf freiem Feld? Es ist jetzt ein Jahr nach dem Untergang des Warschauer Ghettos, und ich lasse in Sekundenschnelle Phasen meines eigenen Schicksals Revue passieren, um zu dem Schluss zu kommen: Der Wojtek ist ein Arschloch. Er muss was anderes gesehen haben. Aber dem ist nicht so, Wojtek hat richtig gesehen, denn der Anblick flüchtender Juden während und nach der Vernichtung des Ghettos in die nahe gelegenen Wälder ist für die Kinder hier nichts Ungewöhnliches.

Über eine kurze, selbst gebastelte Leiter, die die Jungs mitgebracht haben, besteigen wir einer nach dem anderen die Strohpyramide. Es bedarf einer gewissen Fertigkeit, nach oben zu gelangen, denn die Leiter ist ein ziemlich wackliges Ding, und ich bin der Letzte, der hinaufklettert. Haben die anderen Buben Faxen gemacht, Grimassen geschnitten oder einfach »Jude, Jude« geschrien, um das, was sie gesehen haben, zu verhöhnen und zu erniedrigen, bevor sie wieder hinunterrutschten, ist für mich der Anblick, der sich mir bietet, eine Momentaufnahme fürs Leben.

Dieses nie angefertigte Bild werde ich immer bei mir haben, es immer wieder hervorholen. Tatsächlich liegen ein Mann und zwei Kinder erstarrt da, wie auf Geheiß, sich nicht zu bewegen. Nur ihre Augen zeugen von Leben, die der Kinder verweint, weit aufgerissen in einem eingefallenen Gesicht, starrend die des Mannes. Als hätte sie jemand für ein Foto für eine andere Jahreszeit präpariert, tragen sie dunkle Winterkluft. Schirmmütze und langer Mantel der Mann, schmutzige, fast modisch wirkende Mäntel die Kinder, und das mitten im Sommer. Welche Mächte haben sich diese Szene ausgedacht, und wer hat Regie geführt?, frage ich mich, wann immer ich diese Szene vor meinem geistigen Auge betrachte. Das herzzerreißende Standfoto für einen

Film, der niemals sein Publikum erreichen wird. Manchmal wünsche ich mir, alle Augen dieser Welt könnten diese Szene sehen, dann müsste ich mir dieses Bild nicht immer wieder, wie unter Zwang, allein ansehen.

Seit diesem heißen Sommertag im Jahre 1944 ist ein Menschenalter vergangen, und trotzdem erlebe ich diesen Tag immer wieder. Der Anblick des daliegenden Mannes mit seinen zwei Kindern gehört zu den aufwühlendsten Szenen meiner persönlichen Erlebnisse in der Schoah. Manches, was ich erlebte oder sah, war um einiges grausamer, denn immerhin lebten diese Menschen auf der Strohpyramide, als ich sie sah. Doch ihre Blicke erfassten mich, um von ihrem Martyrium zu erzählen. Mit meinen acht Jahren begriff ich: Ich bin auch sie.

Ich weiß nicht mehr, ob mich die polnischen Bauernjungen gerufen haben, weil ich unverhältnismäßig lange oben bleibe und sie endlich in ihrem Programm fortfahren wollen. Ich weiß nur, unten angekommen, muss ich sofort Stellung beziehen, und stoße damit bei Wojtek und den anderen auf völliges Unverständnis. Die wollen den Mann und die Kinder mit Steinwürfen von der Pyramide runtertreiben, um sie übers freie Feld zu jagen. »Nein, nein, es ist genug. Lasst uns jetzt schwimmen gehen«, sage ich, doch mein Einwand geht im allgemeinen Gejohle unter. Die kleinen grausamen Jäger haben ihre Beute gestellt, jetzt wollen sie sie zur Strecke bringen. Ein Hagel von Steinen geht über die Pyramide nieder, und ich schaue machtlos zu. Kein Schreien, Weinen oder Flehen, sie sollen aufhören, kommt von oben, stattdessen eine winzige Kostprobe dessen, warum der Jude es mit den Kindern bis hierher geschafft hat. Wie eine Vogelscheuche auf dem freien Feld steht er mit seiner Mütze und langem Wintermantel da oben, ein paar der Steine, die ihm galten, in den Händen, und wirft aus seiner erhöhten Position gezielt nach uns. Einige von uns werden getroffen, darunter auch ich, er erteilt uns eine schmerzhafte Lektion. Zeit für die Buben, den Schwanz einzuziehen und sich zu trollen.

Obwohl die Szene auf der Strohpyramide in keinem direkten Zusammenhang mit der Heimkehr des verlorenen Sohnes steht, habe ich seit diesem Moment das Gefühl, dass beide Ereignisse ein Fanal für etwas sind, was da kommen wird. Mit Schezphans Anwesenheit, so hieß der Hoferbe, macht sich eine Spannung auf dem Hof breit, die jede Minute des Alltags beherrscht. In meiner Erinnerung nenne ich ihn den »Sonntagsflüchtling«, denn unter der Woche hilft er bei der Feldarbeit, aber am Sonntag verschwindet er mit einem Buch unter dem Arm im Wald und taucht erst am Abend zum Essen wieder auf. Es ist kein Geheimnis, dass die Deutschen ihre Radpatrouillen gern am Sonntag oder an Feiertagen machen, weil sie da die größte Chance haben, diejenigen anzutreffen, die sie suchen. Werktags, draußen auf dem Feld, gestaltet sich die Suche mühsam, um nicht zu sagen ergebnislos, wenn man sie von weitem kommen sieht und der Flüchtende rechtzeitig alarmiert wird.

Der jungen Frau, die jetzt in kurzen Abständen Schezphan, den verlorenen Sohn, besucht, bin ich schon früher auf der Dorfstraße begegnet. Sie fragte mich, auf was für einem Hof ich lebe, ob ich woanders zur Schule ginge und ob ich nur zu Besuch da sei. Ich stellte mich dumm und gab ihr eine ausweichende Antwort. Da sie mit ihrem langen Haar, Brille und engem grauem Kostüm so gar nicht hierher passt, erkundige ich mich bei der nächsten Gelegenheit bei Wojtek & Co., wer denn diese Frau sei. Als ich gestenreich ihren großen Busen beschreibe, wissen sie auf Anhieb, wen ich meine.

Sie ist die Lehrerin der Dorfschule. Mit den geschminkten Lippen und dem gepuderten Gesicht erinnert sie mich an die Damen, die im Ghetto Ecke Nalewki- und Milastraße auf Kundschaft warteten und meiner Fantasie eine Zeit lang Nahrung gaben. Über den Hintergrund ihrer Beziehung zum verlorenen Sohn habe ich bis zu dem Tag keine Ahnung, da die beiden sich, bar jeder Scham, vor meinen Augen in unserem gemeinsamen Zimmer im Bett wälzen. Erst im letzten Augenblick komplimentiert mich Schezphan unter irgendeinem Vorwand aus dem Zimmer. Vage begreife ich die Situation, die ich von anderen Gelegenheiten kenne, und lasse die beiden allein.

Im Übrigen ist diese Bauernkammer, in der ich untergebracht bin, für mich so was wie eine Oase für menschliche Triebe, denen auch die Schrecken des Krieges und der Verfolgung nicht Einhalt bieten können. Ich bin unfreiwilliger Zeuge von jenem Teil des Erwachsenenlebens, der in der körperlichen Vereinigung von Frau und Mann besteht. Ein bunter Reigen von Liebenden defiliert vor meinen Augen vorbei, die öffentlich Unnahbarkeit demonstrieren, aber unbeobachtet und unter der Decke das Gegenteil tun. Da sind Frau Mikulska und Vater, die sich dem Liebesspiel hingeben, Vater und die mollige Jungbäuerin, die Jungbäuerin und ihr Verlobter, Schezphan, der verlorene Sohn, und die Dorflehrerin.

Aber ich bin nicht nur Beobachter dieses Treibens, sondern werde selbst zum Gegenstand der Neugierde zweier heranreifender Mädchen. Während eines Besuchs von Frau Mikulska und Krisia teilt die Jüngere das Bett mit mir und besteht darauf, dass ihre Freundin, das Bauernmädchen, mit von der Partie ist, und die beiden schnattern mich in den Schlaf. Seit einiger Zeit kann ich bei mir eine seltsame Veränderung feststellen: Fast jeden Morgen nach dem Erwachen habe ich eine Erektion, etwas, was ich zu diesem Zeitpunkt noch nicht benennen kann, aber ich ahne, was es bedeutet, und versuche, es schamhaft zu verstecken. Vergeblich indessen, denn den beiden jungen Damen, die das Lager mit mir teilen, bleibt es nicht verborgen, und ich ertappe sie eines Morgens, wie sie kichernd die Decke anheben, um meine entstehende Männlichkeit zu betrachten und zu berühren. Eine Mischung aus negativen Emotionen, allen voran Scham erfasst mich, und ich beschließe, in Zukunft vor ihnen wach zu werden, was mir aber nie gelingt.

Im Gegenzug zu den Patrouillen der Deutschen werde ich an manchen Tagen zu »Patrouillenritten« losgeschickt, um nach Deutschen Ausschau zu halten. Dann reite ich die paar Kilometer bis zur Chaussee, die nach Warschau führt, denn von dort kommen sie, um in die Dörfer einzufallen. Bei einem dieser Ritte begegne ich dem Partisanenjäger mit der Brille, der mir bei dem Vorfall nach der Hochzeit wohlgesinnt war. Immer öfter treffe ich jetzt auf deutsche Jagdkommandos, offensichtlich kommt Bewegung in die Verfolgungsjagd. Die Deutschen bekommen zunehmend Druck von den Partisanen und von der vorrückenden Russenfront, Nervosität macht sich bei den Jägern als auch bei den Gejagten breit. Seltsamerweise habe ich jetzt nicht im Geringsten Angst, denn die täglichen Jagdszenen betreffen nicht mich, sondern andere.

Halbnackt auf Piurka sitzend, durchstreife ich die Gegend. Zu Pferd bin ich in diesem Gelände jedem Verfolger weit überlegen, das weiß ich. Ich gebe mich der naiven Idee hin, ich wäre unbesiegbar, und blende die Tatsache aus, dass die Jäger weit reichende Gewehre haben. Wochen vor meinem tiefen Fall erlebe ich nochmals eine flüchtige Zeit der Illusion, des trügerischen Gefühls der Sicherheit, das mich auf Wolke sieben schweben lässt. In meinem Übermut fange ich an, die Deutschen zu narren. Begegne ich einem Zug Partisanenjäger, die der Reihe nach sichtbar mitgenommen daherkommen, wende ich Piurka zur Mitte der Straße, um salutierend ihre Parade abzunehmen, wobei ich auf polnische Weise salutiere – Zeige- und Mittelfinger an die Schläfe haltend.

Was immer mich dazu bewegt, so ist bedenkenlose Dummheit mit im Spiel, denn sie sind unterwegs, um zu töten, und Provokationen sind das Letzte, was sie brauchen können, auch nicht von Kindern. In gewissem Sinne neige ich noch heute zu dieser Art von Versteckspiel. Wenn ich mit meinem Pferd durch die Wiesen und Wälder meiner oberbayerischen Heimat streife, bleibe ich manchmal auf einen Schwatz mit einem Bauer oder Waldarbeitern stehen, um im tiefsten Bayerisch über dies oder jenes zu plaudern. Dann frage ich mich bisweilen, wie sie reagieren würden, könnten sie mich mit Käppi und Gebetsschal am Jom Kippur in der Synagoge sehen. Innerlich grinse ich dann und denke: Ja, Freunde, manchmal bin ich auch ein anderer.

Trotz dieses Spiels ahne ich, meine Tage in Czarnuw sind gezählt. Es ist, als ob mitten im heißen Sommer ein kühler Wind durch das Dorf fegen würde. Etwas, was ich nicht weiß, veranlasst die Bauern, hektisch zu werden, ihre Ressourcen, die sie zum Überleben brauchen, schneller als sonst einzufahren. Sie bereiten sich auf einen großen Sturm vor. Der Psychopath ist wieder genesen, die Essrationen fallen erheblich kleiner aus, und der rüde Ton mir gegenüber steigert sich bedrohlich. Keine Frage, sie wollen mich loswerden, und sollte Vater in nächster Zeit auftauchen, gut möglich, dass er aufgefordert wird, mich sofort mitzunehmen. Darüber mache ich mir Sorgen und wünsche mir, die Mikulska wäre hier, um mir mit ihrer Autorität beizustehen, denn Beistand habe ich jetzt bitter nötig. Aber lange bevor die beiden kommen, spielt sich vor meinen Augen eine tragische Geschichte von Liebe und Verrat ab.

Eines Sonntags taucht der ominöse Verlobte wieder auf, und an diesem Tag gönnt sich auch der Schezphan eine Auszeit vom Versteckspielen im Wald und bleibt am Hof. Ich werde um die Mittagszeit mit Piurka losgeschickt, um nach Deutschen Ausschau zu halten. Ich bekomme noch mit, wie sich die beiden Männer herzlich begrüßen, und reite los. Wenn ich sonst froh bin, vom Hof wegzukommen, nehme ich es dieses Mal mit der Suche nicht so genau, denn die Mittagshitze setzt mir und dem Pferd zu, und der Stute machen zusätzlich die lästigen Fliegen zu schaffen. Keine gute Voraussetzung für einen schönen Ritt, und so kehre ich nach einer Weile um und melde, alles sei in Ordnung. Ich finde die ganze Familie beim Feiern, und besonders Schezphan und der Verlobte begießen heftig ihr Wiedersehen, sie scheinen ein Herz und eine Seele zu sein und haben sich viel zu erzählen. Es dauert nicht lange und die beiden sind nach guter alter Landessitte am Sonntagnachmittag betrunken. Sich gegenseitig stützend, torkeln sie auf das Zimmer, das ich mit ihnen teile, und legen sich schlafen. Da die anderen Herrschaften auch etwas von dem Feuerwasser abbekommen haben, muss ich mich vor dem Psychopathen in Acht nehmen und mache mich aus dem Staub. Das Wasser, das ich bevorzuge, ist das kühlende Nass des Weihers und dorthin mache ich mich auf den Weg. Dort bleibe ich bis zum Sonnenuntergang, und am liebsten würde ich überhaupt nicht mehr auf den Hof zurückkehren, wäre da nicht der Hunger, der mir keine andere Wahl lässt.

Zurück auf dem Hof, ergattere ich noch ein Stück Brot und eine angebissene Salzgurke, die zwischen Flaschen und Gläsern auf dem Tisch liegen, und gehe in unser Zimmer. Dort finde ich den Verlobten, die schöne Mollige und den verlorenen Sohn vor. Sie feiern noch immer, nur wissen sie nicht, zumindest was zwei von ihnen anbelangt, dass es der Abschied ist.

Ich schaue, dass ich ins Bett komme, und verschwinde unter die Decke. Den Verlobten bekomme ich zum letzten Mal zu Gesicht. Nach Vaters Überzeugung ist er ein gemeingefährlicher Spitzel und Denunziant, und der hat ein gutes Gespür dafür. Trifft das zu, bin ich einer giftigen Schlange entkommen, mit der ich unter einem Dach schlief. Bei anderen biss sie erbarmungslos zu, wie sich herausstellen wird.

Ein paar Tage später erwache ich in der Oase der Liebe und bekomme brutal vor Augen geführt, dass ich vorübergehend vergessen habe, in welcher Zeit wir leben. Diesmal zeigen uns die Nazis, dass sie ihre Jagd sehr variabel gestalten können, nämlich auch außerhalb der Routinezeiten. An einem Wochentag umstellen sie bei Sonnenaufgang den Hof und treiben uns rücksichtslos aus unseren Betten nach draußen. Einschließlich der Dorflehrerin, Schezphans Geliebter, geben wir in unseren weißen Nachthemden das Bild von verängstigten Nachtgespenstern ab. Doch der Sinn für die Situationskomik vergeht mir rasch, da unsere Lage umso bedrohlicher wird, als derjenige, den sie suchen, nicht dabei ist. Schezphan muss, kurz bevor sie in das Haus eingedrungen sind, geflohen sein und versteckt sich irgendwo. Er ist nicht weit gekommen, denn den Hof kann niemand verlassen, er ist umstellt. Die Deutschen wissen genau, was sie in so einem Fall zu tun haben, sie machen sich erst gar nicht die Mühe einer langen Suchaktion, sondern knöpfen sich den Bauern vor und geben ihm genau zehn Minuten, seinen Hof zu retten. Sollte sich der Gesuchte in dieser Zeit nicht stellen, zünden sie als Erstes die Scheune an. Nach langer Zeit muss ich wieder einmal weinen.

Vergebens suche ich mit den Augen unter den Deutschen nach einem Typen mit menschlichen Zügen, wie den mit der merkwürdigen Brille, aber es ist keiner darunter. Schezphan muss unser lautes Flehen und Bitten um Gnade und den verzweifelten Ruf seines Vaters, sein Sohn möge sich doch stellen, gehört haben. Jedenfalls haben ihn die Nazis, als sie wieder abziehen, dabei. Von Kolbenschlägen gezeichnet, stolpert er mit ihnen Richtung Chaussee, und auch Frau Mikulska wusste dreißig Jahre später nicht zu berichten, ob er je wieder zurückkam.

4

Der Ehrenkodex

DAS LETZTE RENDEZVOUS zwischen Frau Mikulska und Vater auf dem Hof ist vergleichsweise kurz und steht ganz im Zeichen des herannahenden Sturms und der dramatischen Ereignisse, die in Bälde ganz Polen, und insbesondere Warschau, erfassen werden. Die beiden wissen nicht nur um die explosive Lage in Warschau, hier stoßen sie auf eine Bauernfamilie, die sich durch die jüngsten Ereignisse nach außen abschottet, sich verraten fühlt, aber nicht weiß, wem sie das Unheil zu verdanken hat. Diese Stimmung erfasst mich jetzt gänzlich, die Bauersleute wollen mich, den Fremden, vom Hof haben. Hauptmann Rurzycki hat hier endgültig ausgedient, und da kann ihm seine Allzweckwaffe, die Frau Mikulska, auch nicht mehr helfen. Er soll seinen Sohn nehmen und hier verschwinden, und zwar möglichst sofort.

Wieder beginnt ein Feilschen um einen lebensrettenden Aufschub für mich. Er sei ja dankbar für all das, was man für mich getan hat, aber man soll ihm bitte die Möglichkeit geben, binnen zehn Tagen eine neue Bleibe für mich zu suchen. Ich weiß nicht, ob man Vater das, was er jetzt vorbringt, glaubt, als er sich die verzweifelte Stimmung der Bauersleute zunutze macht und dick aufträgt. Es gebe da Möglichkeiten, durch die Kirche zu erfahren, wo die Gefangenentransporte hingehen und ob der Schezphan auf einem dieser Transporte war. Ich weiß, Vater zieht neuerdings nicht mehr über die Dörfer, um mit Devotionalien zu hausieren, er hat einen neuen Job – er arbeitet jetzt als Dolmetscher für die Deutschen! Kein Witz, eine von der Mikulska Jahrzehnte später bestätigte Tatsache. Wie es genau dazu kam, weiß ich nicht, aber es hat etwas mit der Kirche zu tun, den Flüchtlingsströmen, die durch Warschau ziehen, und einem deutschen Major, für den er arbeitet. Er ist in seinem Element, er ist wieder der Macher, der das Schicksal herausfordert. Angesichts dieser neuen Perspektive gewähren ihm die Bauersleute den letzten Aufschub, meine letzten Tage in Czarnuw brechen an, ich stehe vor der härtesten Bewährung meines jungen Lebens.

Wehe mir, er wäre diesmal, wie so oft, nicht innerhalb der vereinbarten Zeit gekommen, das mag ich mir gar nicht ausmalen. Aber Vater ist da, und ich werde stadtfein gemacht. Meine Sachen kommen in seinen Rucksack. Was er den Bauersleuten zu erzählen weiß, ist für mich Nebensache. Ich bin zu aufgeregt, er hat eine neue Bleibe für mich, ich will nur noch eins: weg von hier. Ich gehe ein letztes Mal in den Stall, ein kurzer Blick auf die Stute, ein liebevolles Tätscheln, und wir ziehen los.

Nach einem Fußmarsch über die miserable Verbindungsstraße auf der Chaussee angekommen, wenden wir uns nach rechts Richtung Warschau, aber es ist nicht mehr die kaum befahrene, in der Mittagshitze flimmernde Asphaltstraße, auf der ich noch vor Kurzem nach Deutschen Ausschau hielt. Flüchtlingsströme bevölkern jetzt die Straße in entgegengesetzter Richtung. Sich dahinquälende Gestalten mit ihren Habseligkeiten, meist Frauen, Alte und Kinder, die man irgendwohin treibt, dazwischen deutsche Militärfahrzeuge in ihrer beige Tarnfarbe, die kaum vorankommen. Ich sehe den ersten Stau meines Lebens. Immer wieder treibt man die

Menschen in den Straßengraben, damit die Fahrzeuge passieren können.

Jedermann kann sehen, die Deutschen haben ein Problem. Auf jedes intakte Fahrzeug kommen zwei kaputte, sei es defekt oder zerschossen. Kaum ein Fahrzeug fährt allein, die meisten ziehen ein kaputtes hinter sich her. Eine geschlagene Armee auf dem Rückzug. Erstaunlicherweise nimmt Vater die Situation ganz locker. Er hält sicher meine Hand, nicht so wie früher, da seine Anspannung und Angst in kritischen Situationen auf mich übersprangen. Kein Wunder, er hat ein Papier dabei, das ihn als Dolmetscher ausweist, der für die Deutschen arbeitet, das Beste, was man in seiner Situation haben kann. Wir beide marschieren Richtung Warschau und wähnen uns auf der Siegesstraße. Der Flüchtlingsstrom reißt ab, die Militärfahrzeuge werden weniger, die Chaussee liegt frei vor uns, wie ich sie ursprünglich kenne, und bei aller erlangten Robustheit hoffe ich, nicht bis Warschau zu Fuß gehen zu müssen.

Eine Milchkannenstation taucht vor uns auf. Zwischen Milchkannen, Rucksäcken und Koffern eine bunte Menschentraube von Städtern und Bauern, die geduldig auf die Milchlastwagen nach Warschau warten. Vater weiß es, ich nicht: Der Wagen nimmt jeden und alles mit, sofern er Platz hat, ob man was zu entrichten hatte, weiß ich nicht mehr. Als der große Lastwagen mit dem riesigen Tank auf der Ladefläche zum Stehen kommt, geht alles sehr schnell. Die Bauern hieven die Milchkannen hinauf, zwei Männer leeren sie in den Tank. Kaum ist das erledigt, schmeißen die Leute ihre Sachen auf den Lastwagen und versuchen irgendwie hinaufzukommen. Der Laster fährt los, wir stehen zwischen Milchtank und Geländer, uns an dem Handlauf festhaltend. Zurück bleiben die Bauern mit ihren leeren Kannen.

Die Strecke, die wir zurücklegen, kommt mir zum Teil bekannt vor – von der Reise nach Piontki, und am markantesten ist für mich erneut die Überquerung der Weichsel mit dem grandiosen Blick von der Brücke. Ich ahne nicht, dass ich sie für viele Jahrzehnte das letzte Mal intakt sehe. Wir sind jetzt im Vorort Praga und haben noch einen ziemlichen Fußmarsch vor uns, und wahrscheinlich hätte ich schnell gestreikt, wäre das Straßenbild nicht so abwechslungsreich und aufregend. Menschenströme auf dem Gehsteig wie seinerzeit im Ghetto. Nur geben die Passanten hier ein um Klassen besseres Bild ab als damals die todgeweihten Juden. In beiden Richtungen beherrscht deutsches Militärgerät die Straße. Lastwagen, Panzer, Kanonen und dazwischen Pferdegespanne, doch auch hier die gleiche Szene wie vor Czarnuw: kaputt und zerschossen ihre Kolonnen, die sich gegen Westen absetzen. Intakt nur noch die, die sich gegen Osten an die Front bewegen. Beherrschte im Ghetto der Geruch von Chemikalien die Straßen und Höfe, so dominiert jetzt ein Geruchsgemisch aus Pferdeäpfeln und Benzingestank die Luft.

Vater ist dieses Szenario nur recht, ob Polen oder deutsche Soldaten, Gestapohäscher oder Denunzianten, jeder ist jetzt mit sich beschäftigt, das eigene Schicksal vor Augen, was die nächsten Tage oder Wochen bringen werden, und die immerwährende Hoffnung, auch diesmal davonzukommen. Egal, ob Nazimörder oder polnischer Priester, sie harren gemeinsam auf diesem Vulkan aus, der Warschau heißt. Allein die Kräfte, die unter der Oberfläche brodeln, werden entscheiden, was mit ihnen geschieht.

Mit seinem ungebügelten Kragen, dem beigefarbenen Überzieher, der unauffälligen Krawatte und dem Rucksack sieht Vater aus wie einer der unzähligen städtischen Hamsterkäufer, die jetzt unterwegs sind. Kein Mensch kommt auf die Idee, ihn zu kontrollieren, die Einzigen, die kontrollieren, sind deutsche Feldjäger, aber die suchen nach Deserteuren. Wir kommen in eine Vorstadtgegend, in der es ruhiger zugeht, Schienenstränge beherrschen das Bild, die rechter Hand hinter einem unendlich langen und hohen Holzzaun entlangziehen. Auf der anderen Straßenseite eine geschlossene Häuserzeile mit Balkons und Geschäften, unterbrochen von einer einmündenden Seitenstraße. Dieser Straße folgend, biegt Vater nach einer Weile nach rechts ab, dann vielleicht noch hundert Schritte, und wir sind da.

Hier hat die Straße zwei Gesichter: auf der einen Seite die Trostlosigkeit schäbiger Unterkünfte, auf der anderen Seite einzelne Holzhäuser, die in einer Gartenanlage stehen, von einem Zaun umzäunt sind und einen gepflegten Eindruck machen. Wir durchschreiten einen offenen Torbogen, der mit ärmlich wirkenden Kindern bevölkert ist, und benutzen vom Hof aus einen Hauseingang, der mich nichts Gutes ahnen lässt. Er liegt im Halbdunkel und starrt vor Dreck. Vater klopft, eine Tür geht auf, es erscheint eine Frau undefinierbaren Alters. Sie ist klein und zierlich, mit nach hinten gebundenem Kopftuch, verschwitztem Gesicht, ärmelloser Bluse und nasser Schürze. Was mir sogleich auffällt: Sie muss eine schwere Gehbehinderung haben, so schief, wie sie dasteht.

»Ich habe Ihnen doch gesagt, Sie sollen Ihren Sohn erst morgen bringen. Ich habe heute Waschtag«, raunzt sie Vater mit einem verbiesterten Gesicht an, aus dem ihre blauen Augen ziemlich boshaft funkeln. Ich weiß nicht mehr wo, aber so einen Gesichtsausdruck habe ich schon einmal gesehen und bestimmt nicht in einem angenehmen Zusammenhang. Schweigend folgen wir ihr in das dampfige Zimmer, und nun wird das Ausmaß ihrer Gehbehinderung sichtbar. Ihr rechter Fuß ist wesentlich kürzer und schwächer als ihr gesunder linker, daher ihr stark hinkender Gang. Das Zimmer, in dem sie mit ihrer kleinen Tochter lebt, ist eine einzige schweißtreibende Angelegenheit. Mitten im Sommer stehen große Töpfe mit heißem Wasser auf dem Ofen, davor ein großer Bottich mit Waschbrett darin, wo sie große Wäscheteile einweicht und wäscht. Die Menge der Wäsche, die sie bearbeitet, sagt mir, dass sie unmöglich ihre eigene sein kann, sondern dass das Wäschewaschen ihr Gewerbe ist.

Das Zimmer ist ein länglicher Raum zum Fenster hin, das auf die Straße geht. Links an der Wand steht eine Küchenkommode, auf der anderen Seite ein Bett, eine abgewetzte Couch und ein Schrank. In der Mitte zwei klapprige Stühle, aber kein Tisch. Ein unheimliches Gefühl beschleicht mich: Wenn Vater geht, sitze ich hier in der Falle. Diese verbiestert und vergrämt wirkende Frau ist mir von Anfang an ein Graus, und ich ahne schon jetzt, ich bin vom Regen in die Traufe geraten. Als Vater mich ihr vorstellt, werde ich ganz von dem mulmigen Gefühl beherrscht, und ich kann mir ihren Namen nicht merken, vielleicht will ich das auch gar nicht. Fortan nenne ich sie nur Kulawa, »die Hinkende«.

Vater spürt wohl mein Unwohlsein und bleibt vielleicht eine halbe Stunde länger als geplant. Er verspricht mir glaubhaft, mich bald zu besuchen. Indem er mir versichert, ich könne mich hier frei bewegen und brauche mich nicht mehr zu verstecken, spielt er seinen letzten Trumpf aus. Nur solle ich weiterhin für mich behalten, dass ich Jude bin. In diesen Tagen bin ich hellwach und beginne die Zeichen der Zeit zu verstehen. Die Deutschen stehen selbst unter Druck und sind jetzt mit sich beschäftigt, man muss bloß durch die Straßen Warschaus gehen, um sich ein Bild davon zu machen. Er selbst, so meint er, tanze ihnen praktisch auf der Nase herum, indem er für sie dolmetscht, und bestärkt mich somit darin, dass ich mich nicht länger verstecken muss. Sie, die Deutschen, werden nicht mehr nach mir suchen. Vaters letzter Trumpf sticht nicht, er kann mir die Angst nicht nehmen, die mich beschlichen hat. Das Problem ist diese Frau und das, was auf uns zukommt.

Die Marschkolonnen auf der Straße und das Rasseln der Panzerketten, die man bis hierher hören kann, zeugen davon. Ich sehe vieles und ahne das Entscheidende: Der Sturm wird losbrechen, und Vater wird nicht da sein, um mir in meiner Not beizustehen. Als er geht, wird mir meine ganze Schutzlosigkeit bewusst, ich spüre die kalt fixierenden Augen der Kulawa, und wie aus dem Nichts weiß ich, wo ich den Gesichtsausdruck unterbringen muss – er erinnert mich an das Raubvogelgesicht jenes Schlittenkutschers mit den edlen Pferden.

Zugegeben, der Job als Wäscherin verlangt der Kulawa alles ab. Ich sehe, wie sie sich schindet für ihr Geld, und indem sie eingewilligt hat, mich aufzunehmen, hofft sie, ihre Kasse aufzubessern. Ich bin jetzt erfahren genug, um zu wissen, dass mir in diesem Zimmer harte Zeiten bevorstehen, unabhängig davon, was draußen geschieht, denn den Frust über ihre Schinderei werde teilweise ich abbekommen. Nur eines stelle ich mit Genugtuung fest: Im Gegensatz zum Psychopathen vom Bauernhof kann sie aufgrund ihrer Behinderung nicht nach mir treten. Auch schlummert die Hoffnung in mir, sie wird nicht jeden Tag waschen, und wie in Czarnuw wird auch hier der Sonntagseffekt eintreten: Friedfertigkeit dank der ersehnten Ruhepause.

Zwar wird nicht jeden Tag gewaschen, das geht ja auch nicht. Dienstag wird die Wäsche angeliefert, Mittwoch und Donnerstag wird gewaschen, Freitag wird sie im nassen Zustand abgeholt und entlohnt. Diese Plackerei ist nicht täglich zu bewältigen, aber den Sonntagseffekt kann ich vergessen, die Kulawa ist böse, jeden Tag, sieben Tage in der Woche. Mittwoch und Donnerstag hasse ich, da gibt es praktisch nichts zu essen, nur ihre kleine Tochter versorgt sie mit dem Nötigsten. Von Anfang an packt sie mich hart an, wobei ihre tückischste Waffe die karge Essenszuteilung ist: eine Schale Suppe und ein Stück Brot am Tag, später auch das nicht.

Wie versprochen, ist Vater nach einer Woche wieder da, die Lage, in der er mich zurückgelassen hat, war ihm selbst nicht ganz geheuer. Ich bestätige ihm meine Misere und vor allem, dass die Kulawa mich hungern lässt. Ich wage ihn nicht zu bitten, mich wieder mitzunehmen, denn ich weiß, das hier ist das Einzige, was er für mich auftreiben konnte. Er stellt sie wegen der Hungerrationen zur Rede, meint, für das, was sie für mich bekommen hat, müsste es mindestens zwei Mahlzeiten am Tag für mich geben, und wird laut. Sie lässt sich keineswegs einschüchtern und hält den Finger auf seine Schwachstelle: Es ist ihm ja freigestellt, mich wieder mitzunehmen, sie hat keinerlei Verpflichtung unterschrieben. Im Übrigen hat er sie angefleht, mich aufzunehmen, nicht sie ihn, und sie tat ihm den Gefallen. Als er wieder geht, ist er sichtlich angeschlagen. Er sagt noch, er komme in zwei Wochen wieder, aber er wird auch in zwei Monaten nicht kommen und auch nicht in fünf.

Gewiss, ich kann mich hier frei bewegen, wie Vater gesagt hat. Seit Tagen bin ich unter der Kinderschar, die entweder auf der Straße spielt oder vor der Hitze Zuflucht unter dem Torbogen sucht. Hier gibt es keine Gangs mit einem Leutnant an der Spitze, so wie im Ghetto, sondern nur zwei Kategorien von Kindern: die, die zu Hause noch etwas zu essen kriegen, und solche wie ich, die immer Hunger haben und nach Essbarem Ausschau halten müssen, und wenn es sein muss, weit weg. Die Schale Suppe und das Brot bekomme ich irgendwann am späten Vormittag. Nachdem ich den Ofen eingeschürt und das Zimmer ausgekehrt habe, drückt mir die Kulawa eine Stofftasche in die Hand, die sie für Besorgungen benützt, und fordert mich auf, Essbares zu beschaffen, wie, das ist ihr egal.

Die Hungerclique, die für Exkursionen zu haben ist, kristallisiert sich schnell heraus. Ich bin der Jüngste und der Kleinste, die anderen sind im Schnitt zehn, der Älteste ist zwölf Jahre alt. Je nach Verfassung sind wir zwischen sechs und acht Hungergestalten, keine Mädchen, die der Älteste nur »Fotzen« nennt. Niemand ist, wie im Ghetto, tributpflichtig. Jeder ist nur für sich verantwortlich, die Sprache ist rüde bis obszön. Aus geringstem Anlass kommen die Fäuste zum Einsatz, und ich stecke anfangs am meisten ein. Wir haben auch so was wie einen Ehrenkodex: keine deutschen Soldaten um Essen oder Zigaretten anbetteln, nicht zu ihnen ins Fahrzeug steigen. Wer es schafft, sie zu beklauen, ist ein Held, da das absolut lebensgefährlich ist. Zum Schluss wird es unmöglich sein, sich an den Kodex zu halten, ich werde ihn als Erster brechen, nicht zuletzt, weil die meisten von der Hungertruppe nicht mehr leben.

Vorn, auf der Ausfallstraße nach Lublin, wo all das Kriegsgerät rollt, gibt es noch Läden, die alles das verkaufen, von dem wir träumen. Davor stehen auf dem Trottoir vereinzelt Bäuerinnen, die zu einem Wucherpreis Kartoffeln und Speck auf ihren Verkaufstischen anbieten, aber an die kommen wir nicht ran, noch nicht. Auch die nahe gelegenen Gärten, in denen die Leute Gurken und Tomaten anbauen und Obst auf den Bäumen wächst, sind tabu, denn dort beherrschen Hunde die Szene und sorgen dafür, dass alles unerreichbar bleibt.

Aber auch die jungen Männer, die hier in Gruppen herumlungern, Karten spielen und Schnaps trinken, machen uns zu schaffen. Es passiert, dass sie uns das Wenige, das wir ergattert haben, wieder abnehmen. Keine Polizei oder sonst wer traut sich, diesem Treiben ein Ende zu bereiten, denn es ist ein offenes Geheimnis, dass einige von ihnen Waffen besitzen. Und wenn sie betrunken genug sind, prahlen sie auch damit. Um fünf Ecken erfahre ich von den anderen, dass das »A. K.-Männer« sind. Das Kürzel sagt mir zunächst nichts, doch dann werde ich aufgeklärt. Sie gehören einer Untergrundorganisation an, die darauf wartet, gegen die Deutschen loszuschlagen. Unter ihnen ist ein Ziehharmonikaspieler, der immer betrunken, aber auch eine Unterhaltungskanone ist.

Gleich nach Brot kommen Kartoffeln auf unserer Prioritätenliste. Brot kann man kaufen, wenn man noch Geld hat, aber Kartoffeln kann man klauen, wenn man weit genug läuft und sich geschickt anstellt. Reife Tomaten (die essen wir an Ort und Stelle) und Gurken sind in Ordnung, aber nichts kann eine Kartoffelsuppe mit einem sich langsam auflösenden Stück Fett darin und Brot dazu ersetzen. Und wir laufen weit dafür, manchmal zu weit. Am Anfang haben wir bescheidene Erfolge zu verzeichnen, auch die Entfernung zu den Äckern ist noch zu bewältigen. Noch sind nicht alle Bauern entlang dieser wichtigen Ausfallstraße nach Osten vor der heranrückenden Front geflohen oder wurden von den Deutschen vertrieben, um dann ihre Felder zu verminen.

Die Formel ist einfach: Keine Bauern entlang der Strecke – kein sauberes Trinkwasser bei der Hitze, und die Kartoffelmission ist zum Scheitern verurteilt. Behälter, um Wasser mitzuführen, haben wir keine. Es herrscht eine Art Einvernehmen zwischen uns und den Bauern, die uns mit Wasser versorgen. Ihre Felder werden nicht geplündert, umso mehr die anderen, die nicht vermint sind, aber nicht mehr lange, denn die Warnschilder der Deutschen – »Achtung Minen« – werden wir angesichts der Not bald ignorieren. So hat für manchen aus unserer Hungerclique der Kartoffelklau ein jähes Ende, und wir treten ohne ihn den Heimweg an. Aber noch können wir etwas ergattern, um ein paar Tage zu überleben, nur müssen wir immer weiter dafür gehen, denn die Kartoffeln werden immer weniger und die Feldplünderer immer mehr.

Die Kulawa wird immer ruppiger mir gegenüber. Ihre Stimmung ist noch mieser, kein Wunder, denn Vater ist seit Tagen überfällig, und ihr bleibt die Waschkundschaft weg. Es heißt, die Deutschen haben die Brücken über die Weichsel gesperrt, vielleicht nur ein Gerücht wie viele andere auch, aber jedermann ist verunsichert. Es herrscht eine eigenartige Stimmung, wir warten auf etwas und wissen nicht, worauf. Was nach ein paar Wochen auffällt: Die jungen Männer, die hier rumhingen und mit Kartenspiel und Schnaps die Zeit totschlugen, sind samt Ziehharmonikaspieler wie auf Befehl verschwunden.

Die Kulawa duldet mich tagsüber nicht im Zimmer, sie inszeniert meinen Rauswurf auf Raten. Sie schimpft abwechselnd auf mich und auf Vater, der sie hintergangen hat. Nur noch widerwillig gibt sie mir meine tägliche Schale Suppe, oft garniert mit einer saftigen Ohrfeige aus nichtigem Anlass, und wenn es für die Bemerkung ist: Ich esse ihr nichts weg, die Kartoffeln habe ich doch selbst mitgebracht! Einmal in Fahrt, droht sie mir unverblümt mit Rausschmiss, sollte Vater nicht bald auftauchen. Klar habe ich Angst, dass sie das tut, ohne ein Dach über dem Kopf kann ich nicht überleben, der Sommer währt nicht ewig. Im Übrigen, wo soll Vater nach mir suchen, wenn ich nicht mehr hier bin? Denn einer ihrer Vorschläge ist, ich soll mich einem der Flüchtlingstrecks anschließen, irgendjemand wird sich schon um mich kümmern.

Meine steigende Verzweiflung mildert Mietek, der älteste der Hungerclique, mit dem rüden Mundwerk, dem es ähnlich schlecht ergeht wie mir. Er ist Vollwaise, schläft im Zimmer seiner Schwester auf dem Boden und wird von seinem Schwager regelmäßig grün und blau geschlagen. Sein Markenzeichen ist sein immer geschwollenes Gesicht, und die zerfetzten Klamotten, die er am Leib trägt, runden das Bild ab. Mietek und ich sind jetzt oft die Einzigen im Torbogen, denn es fallen vereinzelt Schüsse in der Nähe, und die anderen geben sofort Fersengeld oder trauen sich erst gar nicht raus. Wir beide Verbliebenen haben die Wahl zwischen Pest und Cholera und entscheiden uns für den Torbogen, das kleinere Übel. Mietek scheint die Kulawa gut zu kennen, denn er nennt sie die lahmende Hure, die sein Vater schon gevögelt hat, und er kann es nicht ausschließen, dass ihre kleine Tochter seine Halbschwester ist. Er meint auch, ich soll mich von der Kulawa nicht einschüchtern lassen, sobald ihr Erspartes weg ist, wird sie mich mehr brauchen als ich sie, denn der Winter wird hart, dagegen ist das hier ein Kinderspiel. Er muss es wissen, er ist vier Jahre älter als ich und lebt schon lange hier.

In diesen Tagen, da unser Radius stark eingeschränkt ist, bilden wir ein erfolgreiches Räuberduo. Als Einzige der Torbogenclique trauen wir uns vor bis zu der Ausfallstraße nach Lublin, wo das Militär alles beherrscht. Wir nähern uns einer Gruppe Soldaten, die keine deutsche Uniform tragen und eine andere Sprache sprechen. Sie haben es nicht eilig, tauschen oder kaufen ganz offen bei den wenigen Zivilisten, die noch was zu bieten haben, unter anderem auch Speck von einer Bäuerin. Aber entscheidend für uns beide ist, dass sie mich in ihrer Nähe dulden. Denn Mietek schickt mich immer dann vor, wenn es gilt, das Vertrauen von Menschen zu erschleichen, denn mit seiner verschwollenen Visage und seinen heruntergerissenen Klamotten hat er keine Chance. Er findet auch heraus, dass es sich um ungarische Soldaten handelt, Hitlers Alliierte im Kampf gegen Sowjetrussland. Sie bewachen den Bahndamm und die Gleise und sichern entlang der Schmalspurbahn die Ausfallstraße. Ein ganz anderer Menschentypus, der da auftritt, sie wirken nicht so zackig wie die Deutschen und nehmen es mit dem Bewachen nicht so ernst. Sie liegen hinter den Schmalspurgleisen auf ihren Zeltplanen, rauchen, schwatzen und dösen vor sich hin. Es ist nicht schwer, sie im richtigen Augenblick zu beklauen, Konserven oder Brot liegen achtlos neben ihnen. Sie brauchen ein paar Tage, um zu merken, dass das Kerlchen mit dem Lockenkopf es faustdick hinter den Ohren hat. Er kommt mit einer leeren Stofftasche, und wenn er geht, kann er sie kaum schleppen.

Die anderen im Torbogen möchten auch am Konservensegen teilnehmen, aber da machen die Ungarn nicht mehr mit. Als wir im Dutzend anrücken, zielt einer mit seinem Gewehr auf uns und schießt dann in die Luft. Die ungarischen Schlemmertage sind vorbei, der Hungeralltag hat uns wieder. Den größten Teil meiner Beute liefere ich brav bei der Kulawa ab, um sie milder zu stimmen. Stücke einer Hartwurst und Brot, die ich ergattert habe, esse ich sofort auf.

An einem der folgenden Tage wird der Ziehharmonikaspieler erschossen, der Sturm bricht los. Den Torbogen übernimmt jetzt ein Teil jener Männer, die vor Tagen noch hier rumlungerten und soffen. Gesoffen wird jetzt auch, nur tragen die Untergrundkämpfer ihre Waffen, meistens Pistolen, ganz offen zur Schau und geben sich kämpferisch. Aber was sie am meisten bekämpfen, ist ihre eigene Angst. Mietek meint, einer von ihnen sei sein Schwager. Im Torbogen haben wir nichts mehr verloren, denn die Schießerei nimmt an Heftigkeit zu, sogar ein Maschinengewehr rattert in unserer Nähe. Wir verziehen uns zu Mieteks Schwester, die im zweiten Stock über der Kulawa in einem verwahrlosten Zimmer wohnt. Von hier aus wagen wir abwechselnd einen Blick aus dem Fenster. Vor uns die Gartenanlage mit den Holzhäusern, dahinter in der Ferne die Silhouette Warschaus, die sich durch Rauchentwicklung allmählich unseren Blicken entzieht. Von nun an wird sich für Monate der Rauch über Warschau festsetzen, und kein Wind wird ihn vertreiben können. Darunter spielt sich hunderttausendfaches Leid ab, das diese Stadt in kurzer Zeit zum wiederholten Male heimsucht. Im Grunde widerfährt dem polnischen Aufstand dasselbe wie dem Aufstand im Ghetto, als seine Führung den Juden in ihrer Verzweiflung Hilfe und Waffen verweigerte.

Das Fenster ist ein perfekter Beobachtungsposten auf das freie Feld hinter der Straße. Und hier werden Mietek und ich Zeugen einer heftigen Schießerei, als ein deutscher Mannschaftswagen plötzlich das Maschinengewehrfeuer auf eine Gruppe A. K.-Männer eröffnet. Gerade rechtzeitig ziehen wir die Köpfe ein und legen uns flach auf den Boden. Es ist das einzig Richtige, denn Glassplitter im Zimmer und ein zerfetzter Fensterrahmen zeugen davon – die Deutschen haben auch auf die umliegenden Fenster geschossen. Als alles wieder ruhig ist und wir nach Stunden wieder aus dem Fenster schauen, sind die deutschen Mannschaftswagen wieder weg, aber auf dem freien Feld liegt ein halbes Dutzend Leichen, beklagt von weinenden Frauen.

Vom Fenster aus beobachten wir das brennende Warschau und zwei deutsche Sturzkampfbomber, die sich abwechselnd auf die Stadt stürzen, Tag für Tag. Wir wundern uns, was der Wind über die Weichsel hinweg so alles an verkohlten Gegenständen zu uns rüberweht. Darunter hauchdünne Damenunterwäsche und angesengte Geldscheine. Ich denke an Vater, der in der Feuerhölle jenseits der Weichsel festsitzt, und die beklemmende Angst steigt in mir auf, dass er nicht wiederkommen wird.

Obwohl die Kulawa und ihre Tochter jetzt von den Konserven leben, die ich gestohlen habe, gibt sie mir kaum was davon ab. Weil der Druck auf mich zunimmt, befällt mich wieder das alte Übel des Bettnässens, in diesem Fall ist die Couch betroffen, ein Grund mehr für sie, auszurasten. Ich baue ab, aber Mietek blüht auf, obwohl er genauso hungert wie ich. Seine Gesichtsschwellung geht zurück, und allmählich kann ich erkennen, wie er wirklich aussieht. Das Geheimnis seiner Genesung: Er bezieht keine Prügel mehr, denn sein Schwager ist bei dem heroischen Angriff auf die deutschen Mannschaftswagen gefallen. Diesen Verlust trägt seine Witwe, Mieteks Schwester, mit Fassung, denn sie hatte an der Seite dieses üblen Schlägers nichts zu lachen. Sie ist es auch, die mir jetzt zusätzlich einen Schlag Suppe oder ein Stück Brot zukommen lässt, um mich vor dem Verhungern zu bewahren. Es gibt nichts mehr zu klauen, die Ungarn sind weg, unser letzter Coup liegt schon länger zurück, als wir einer Bäuerin mit einem geschickten Manöver ein Stück Speck abluchsten. In unseren Köpfen verfestigt sich die Vorstellung: Wenn jetzt die Russen kommen, ändert sich alles schlagartig zum Besseren, vor allem der Hunger. Dass das nicht ohne Kampf geschehen kann und die Russen nichts Essbares bringen, sondern erst einmal Bomben, das blendet unsere Fantasie aus.

5

Wiedersehen in Piontki

TROTZ DER SCHÖNEN Sommertage liegt etwas Trauriges über Praga, als hätte sich eine unsichtbare Kluft zwischen Mensch und Natur geschoben, die Sonne möchte uns verwöhnen, aber wir verweigern uns ihr. In unserem Inneren herrscht statt der schönen Jahreszeit ein kalter, trostloser Winter. Die Menschen des Stadtteils Praga hungern und haben Angst, wir warten auf die Schlacht, die uns nicht verschonen wird. Ich streune zwischen den parkenden Kolonnen der Deutschen herum und hoffe, dass sie etwas Essbares fallen lassen, die Hand zum Betteln auszustrecken traue ich mich noch nicht. Ich spüre ihre gedrückte Stimmung. Obwohl die meisten von ihnen jung sind, lacht keiner, wenn sie in Gruppen herumstehen, wo doch unter jungen Leuten normalerweise geflachst wird. Auffallend viele nützen die Pause zum Schreiben oder Lesen von Briefen. Einen kann ich beobachten, wie er, zurückgezogen zwischen zwei Fahrzeugen, liest und weint. Und noch etwas kann ich sehen – fast alle rauchen.

Mietek und ich unternehmen den letzten verzweifelten Versuch, an Kartoffeln zu kommen. Wir wissen, dass es in der Nähe keine mehr gibt, da die Felder geplündert sind, und müssen uns auf einen langen Marsch einstellen. Wir wollen auch niemanden dabeihaben, um eine karge Ausbeute mit niemandem teilen zu müssen. Notfalls werden wir irgendwo übernachten, sollten wir es bis zur Ausgangssperre nicht mehr schaffen. Mietek meint: »Das ist überhaupt kein Problem. Wir können in verlassenen Wehrmachts- oder ausgehobenen Panzerunterständen schlafen. Manche sind sogar mit Stroh ausgelegt.« Ich erzähle der Kulawa nichts von unserem Vorhaben, ihr ist es sowieso egal, wo ich mich rumtreibe und wie lange ich wegbleibe, Hauptsache, ich bringe was Essbares mit. Doch inzwischen verfolge ich meine eigene Strategie. Was ich nicht sofort essen kann und was erst zubereitet werden muss, überlasse ich nur zum Teil der Kulawa, den Rest kriegt Mieteks Schwester. Ansonsten wäre ich womöglich schon verhungert.

Wir brechen früh am Morgen auf, laufen entlang der Schmalspurbahn, bis der hohe Holzzaun zu Ende ist, überqueren ein wild wucherndes Gelände und erreichen einen Bahndamm, dessen Gleisen wir auf einem ausgetretenen Pfad nach Osten folgen. Der Asphalt hat sich für uns Barfußläufer als äußerst unangenehm erwiesen. Für den Hinweg haben wir eine Flasche Wasser dabei, die ich in meiner Stofftasche verwahre, und wir nehmen uns vor, sparsam damit umzugehen. Auch für den Fall einer reichen Beute haben wir vorgesorgt: Mietek hat einen großen Sack dabei. Unsere Zuversicht trägt uns weit, aber das Konzept scheint nicht aufzugehen, der Trampelpfad verliert sich im Wald, der sich immer näher an den Bahndamm drängt. Voller Sorge frage ich Mietek, ob er schon mal hier war. Nein, so weit ist er nicht gekommen, doch er läuft einfach weiter. Er versteift sich auf ein wenig aussichtsreiches Unterfangen, die Strecke überfordert uns in unserem Zustand bei weitem. Unser Wasser geht zur Neige. Der Wald und die Schienen wollen nicht aufhören – wären da nicht die Güterzüge, die in langen Abständen an uns vorbeidonnern, hätte ich das Gefühl, wir bewegen uns im Kreis.

Dazwischen diese unheimliche Stille, als wären wir auf einem längst verfallenen Friedhof, und dieses Gefühl kommt nicht von ungefähr, denn was wir alle paar hundert Meter sehen, lässt uns ahnen, dass wir in eine ausgewiesene Todeszone geraten sind. Die in Deutsch und Polnisch beschrifteten Schilder mögen uns nichts Eindeutiges sagen, aber der draufgemalte Totenkopf schon.

Kurz nach Praga, noch im offenen Gelände, sind wir auf dem Trampelpfad einer deutschen Streife begegnet, die uns im Bellton von den Schienen weg trieb, aber nur für kurze Zeit, bis sie verschwunden war. Jetzt sitzen wir in der Klemme und haben panische Angst. Könnte ich klar denken, würde mir das Schicksal Janeks einfallen, jenes Jungen aus Piontki mit dem Bauchschuss, dem die Schienen zum Verhängnis wurden. Der Hunger, der uns hierhertrieb, nimmt sich eine Auszeit. Unsere ausgemergelten Körper beherrschen andere Dämonen. Wir wissen nicht einmal, vor welcher Art von Tod uns der Totenkopf warnt. Kann man auf uns schießen, weil der Bahndamm Sperrgebiet ist, oder ist das Gelände rechts und links davon vermint? Um dieser Gefahr zu entgehen, bewegen wir uns zwischen den Gleisen auf den scharfkantigen Schottersteinen des Bahndamms vorwärts.

Irgendwann stoßen wir wieder auf eines dieser Schilder, die uns die aufgerissenen Fußsohlen vergessen lassen, doch diesmal steht es vor einer Waldschneise mit sichtbarem Pfad, ein Hoffnungsschimmer, von diesen unseligen Gleisen wegzukommen. Wir teilen den letzten Schluck Wasser, ehe wir diesen Weg einschlagen. Er muss uns irgendwohin führen, wo es Menschen gibt, etwas anderes wagen wir uns nicht vorzustellen. Von dem Albtraum Schienen sind wir jetzt weg, nun gilt es, den Wald zu überwinden, der ausgetreten wirkende Pfad beflügelt uns. Es ist, als würde er zu uns sprechen und uns anspornen. Auf diesem Weg kommen Menschen, und sei es nur zum Pilzesammeln, und in das Dorf, aus dem sie stammen, wollen wir auch. Dass darunter auch die sein könnten, die die Totenkopfschilder aufgestellt haben, kommt uns nicht in den Sinn.

Erleichtert erreichen wir eine Waldlichtung. Doch überschäumende Freude will dennoch nicht aufkommen. Wir können zwar in der Ferne Häuser ausmachen, aber dazwischen wieder diese Felder mit den verdammten Schildern in deutscher und polnischer Sprache. Einzig eine von Alleebäumen flankierte Straße in der Ferne macht uns wieder Hoffnung. Von dort hallt Motorengeräusch herüber, und Staub steigt auf. Motorengeräusch bedeutet Deutsche, aber wir haben keine Wahl, wir müssen dorthin. Dicht am Waldrand schleichen wir auf die Chaussee zu, und je näher wir kommen, ist mir, als wäre ich schon mal da gewesen. Wären da nicht die Kradfahrer, die zwischen den Bäumen hin und her flitzen und eine Staubwand aufbauen, könnte ich schwören, wir sind in Piontki. »Senek, du Arschloch, hör auf rumzuglotzen, sonst mach ich dir Beine«, raunzt Mietek mich an. Als wüsste ich nicht selbst, wie es um uns bestellt ist, legt er noch einen drauf: »Wir müssen an Wasser und Brot kommen, sonst sind wir erledigt.«

Es gibt keinen Zweifel mehr, auf dieser Straße bin ich Vater entgegengestürmt, als er uns in Piontki besuchte. Umständlich und mit trockenem Mund versuche ich Mietek zu erklären, dass ich schon mal hier war. Er guckt mich verdutzt an, als würde er die ersten Symptome einer Verwirrung an mir entdecken. »Wenn das so ist, dann wirst du wohl auch jemanden hier kennen, den wir um Wasser und Brot anhauen können«, meint er. Ich sage nur: »Vielleicht«, gehe voraus und bin froh, dass er keine weiteren Fragen stellt.

Das Dorf, in dem wir durch einen unglaublichen Zufall gelandet sind, ist Piontki, nur, es ist nicht mehr dasselbe. Schützengräben, wohin man schaut, eingegrabene Geschütze, Panzersperren, verminte Felder und überall deutsche Soldaten. Unsere Hoffnung, hier in der Gegend auf Kartoffelfelder zu stoßen, entpuppt sich als ein lebensgefährlicher Irrweg. Jetzt heißt es nur noch an Wasser zu kommen, etwas Essbares zu ergattern, die Nacht irgendwo zu verbringen und morgen mit letzter Kraft nach Hause zurückzukehren. Dass wir mit unserer Kraft am Ende sind, ist gewiss, alles andere ist ein Fragezeichen.

Ich weiß, wo ich bin, und ich weiß, wohin ich gehen muss. Am Ende der Alleestraße muss Lewandowskis Kolonialladen auftauchen, auf der anderen Seite ihr Haus. Zuerst ein erfreulicher Anblick, als beide Gebäude in Sichtweite kommen, dann die tiefe Enttäuschung, als ich sehe, dass nichts mehr so ist, wie es war. Das Haus ist zugeparkt mit Kradmaschinen aller Art, zwei Kübelwagen und einem Sanitätsauto. Der Gartenzaun ist niedergewalzt, darin ein mit Zweigen getarnter Schützenpanzer mit vielen Antennen. Der Laden, den die Reklameschilder einst so lebendig erscheinen ließen, ist jetzt eine triste Holzhütte und anscheinend geschlossen. Der Soldat, der vor dem Haus Wache schiebt, bedeutet uns, hier zu verschwinden. Das Dorf Piontki besteht noch, aber es hat sein Leben ausgehaucht. Die Angst vor dem deutschen Posten ist größer als der Durst, der uns plagt. Wir wagen es nicht, ihn um Wasser zu bitten, ihn nach den Lewandowskis zu fragen kommt mir erst gar nicht in den Sinn.

Die Frau, die wir in der Ferne ausmachen, schleppt an einem Holzbügel über der Schulter zwei volle Eimer Wasser. Wir gehen schnell auf sie zu, der Durst treibt uns förmlich zum Wasser. Sie muss uns was davon abgeben, ist unser einziger Gedanke. Noch bevor wir sie erreichen, geht sie in die Hocke und stellt die Eimer ab, sie weiß, was wir wollen. Sie richtet sich auf und wirkt mit einem Mal sehr groß. »Großer Gott, Senus, wo kommst du denn her?«, sagt die Wasserträgerin zu mir. Sie bemerkt meine Verwirrung. »Ich bin es, die Frau Lewandowski. Erkennst du mich nicht mehr?« Nein, ich erkenne sie tatsächlich nicht wieder, tue aber unbewusst das Richtige – ich strecke ihr die Hände entgegen, sie beugt sich zu mir, ich umarme sie und gebe ihr einen Kuss. Sie war freundlich zu mir, als ich im vergangenen Sommer hier war, aber ein wenig distanziert. Damals gab es keinen Grund, sie zu umarmen und zu küssen, heute ist es was anderes. Währenddessen nutzt Mietek die Gunst der Stunde. Ohne zu fragen füllt er die Flasche mit Wasser auf.

Gelegenheit für mich, meinem Gedächtnis auf die Sprünge zu helfen und hinter ihre bäuerliche Verkleidung zu blicken – damals war sie eher wie eine Dame gekleidet. Ich schaue in ein vergrämtes und zerfurchtes Gesicht und erkenne im Ansatz Frau Lewandowski wieder, aber erst ihre Stimme und ihr Tonfall geben mir Gewissheit. Sie fragt nach niemandem, sie erwähnt auch ihren Mann nicht, sondern erklärt nur knapp, dass die Deutschen sie aus ihrem Haus vertrieben und es in eine Art Hauptquartier umfunktioniert haben. Sie rügt unseren Leichtsinn, als wären wir aus purem Übermut hierhergelaufen. »Kinder, geht doch wieder nach Hause. Hier ist doch alles vermint und lebensgefährlich. Ihr dürft auf keinen Fall auf den Schienen nach Warschau gehen. Ich erkläre euch einen anderen Weg.«

Egal, welchen Weg sie auch vorschlagen wird, wir werden es nicht schaffen, wenn wir nicht endlich etwas essen, und das müsste sie zumindest ahnen. Wir sind barfuß und zerlumpt, jeder kann sehen, wie es um uns steht, die nächste

Frage müsste lauten: »Habt ihr Hunger?« Ohne von ihr dazu aufgefordert zu sein, begleiten wir sie zur Holzhütte, in der früher ihr Laden war. Davor bleibt sie stehen und stellt die Eimer ab, öffnet die Tür und sagt nur: »Ich lebe jetzt hier.« Mietek ahnt als Erster, dass sie uns nicht hereinbitten wird, und der erfahrene Straßenjunge weiß, sie will uns loswerden. Er ist jetzt die Liebenswürdigkeit selbst und bittet sie, uns den vermeintlich sicheren Weg nach Warschau zu erklären. Ich kann nur hoffen, er kann sich die Beschreibung merken, denn ich verliere rasch den Faden. Er ist es auch, der sie zum Schluss mit der entscheidenden und erstaunlich wohl formulierten Bitte konfrontiert. »Gnädige Frau, könnten Sie uns etwas zum Essen mit auf den Weg geben? Denn es wird ein langer Marsch, der Herrgott wird es Ihnen vergelten.« Sie verschwindet in der Hütte, kommt mit zwei Scheiben Brot und vier Tomaten wieder raus. »Das ist alles, was ich entbehren kann«, meint sie mit tränenerstickter Stimme. »Auf Wiedersehen, ihr beiden, ich hoffe, ihr habt woanders mehr Glück«, sagt sie zum Abschied und verschwindet in der Hütte.

Ja, das hoffen wir auch, denn mit zwei Scheiben Brot und vier Tomaten kommen wir nicht weit. Die Angst, verhungern zu müssen, treibt uns um. Mietek schlägt vor, wir könnten für die Nacht hier in der Nähe bleiben und die Alte morgen nochmals um Essen anhauen. Sie hat mehr, als sie rausrücken will, meint er. Er erwägt sogar, ihr gewaltsam was abzunehmen. Das ist der Unterschied zwischen uns. Ich bin ein kleiner Mundraubspezialist, ein gemeiner Räuber bin ich noch nicht. Sein Vorschlag führt zu Streit, ich lehne ihn ab. »Ich haue lieber deutsche Soldaten an. Du wirst sehen, ich krieg was.« »Du mit deinem speichelleckerischen Getue, das zieht bei den Deutschen nicht. Das sind keine Ungarn, von denen kriegst du einen Spitz in den Arsch.« Wäre unsere Lage nicht so prekär, wir hätten uns längst geprügelt, wie ein paar Mal zuvor.

Wir vertragen uns wieder, weil wir einander brauchen. Ich, weil ich hoffe, er kennt den Weg nach Hause. Er, weil er nicht weiß, ob er mich Speichellecker nicht doch bei nächster Gelegenheit einsetzen kann. Wir zwei halbverhungerten und demoralisierten Gestalten treten den Rückweg nach Warschau an. Bis zur Dämmerung schaffen wir ein paar Kilometer, als wir, wie Mietek vorausgesagt hat, nahe der Straße, die eher ein breiter Feldweg ist, einen Unterstand mit Stroh finden. Wir sind froh, nicht weitergehen zu müssen. Und wären da nicht die entzündeten Fußsohlen und unsere knurrenden Mägen, würde vielleicht ein Hauch Pfadfinderromantik aufkommen. Erstaunlich ruhig liegen wir im Stroh. Horchen auf die Geräusche, die die unbekannte Umgebung produziert, und sind kurz vor dem Einschlafen. Ein Klang-Mix aus Krieg und Frieden liegt in der Luft: Aus weiter Ferne das Spiel einer Ziehharmonika und, noch weiter weg, das Grollen der Geschütze, das verhindert, dass wir sofort einschlafen.

Mit dem ersten Sonnenstrahl sind wir wach. Die Realität, die wir mit der Abendstimmung verdrängt haben, ist urplötzlich da. Wir wissen, uns steht ein harter Gang bevor. Mietek macht sich keine Hoffnung mehr, Kartoffeln aufzutreiben, je näher wir an Warschau kommen, stattdessen füllt er den Sack mit Stroh, um, wie er meint, zu Hause »seinem Hintern den Luxus einer Matratze vorzugaukeln«. Wir nützen die Kühle des Morgens, denn Schatten spendende Bäume gibt es nicht mehr. In den ersten Stunden des Tages wird sich entscheiden, wie weit wir kommen, und so viel wissen wir: Hitze und Hunger – das kann nicht gut gehen. War der Hinweg auf den Gleisen inmitten einer verminten Umgebung äußerst gefährlich, hat es der von Frau Lewandowski beschriebene Heimweg auf eine andere Weise in sich, ist er doch wesentlich länger, und in der Endabrechnung könnte jeder Kilometer an diesem Tag einer zu viel sein. Daher ist die Flasche Wasser, die ich in der Stofftasche mit mir trage, so ziemlich das Kostbarste, was ich je im Leben transportiert habe, auch wenn die Flasche mir beim Gehen immer wieder gegen die Hüfte schlägt und mich behindert.

Als würde mich das Schicksal täuschen wollen, kommt das Unglück gemächlich, ja fast schläfrig in der aufsteigenden Vormittagshitze daher. Eine mit Pferden bespannte deutsche Versorgungseinheit, bestehend aus mehreren Fuhrwerken, eigentlich ein vertrautes Bild in den letzten Wochen, kommt uns entgegen. Die Pferde abgekämpft, nicht gut im Futter stehend, ziehen nur mit Mühe die beladenen Wagen auf der mit Schlaglöchern übersäten Straße. Diesmal bin ich fest entschlossen, die uniformierten Wagenlenker um Essen anzubetteln, egal, wie Mietek dazu steht, denn die Voraussetzung dafür ist gut, sie sind langsam, ich könnte eine Weile mit ihnen mitgehen, die Hand ausstrecken und ihnen bedeuten, dass ich Hunger habe. Einer wird sich erweichen lassen, so hoffe ich, und mir ein Stück Kommissbrot zuwerfen.

Als ich zum letzten Mal in Mieteks Gesicht schaue, meine ich darin zu lesen, dass er das von mir erwartet. Der deutsche Versorgungstrupp konnte das, was jetzt über uns hereinbricht, vielleicht erwarten, möglich, dass einige von ihnen so was erlebt und überlebt haben, denn der Krieg dauert jetzt Jahre. Ich, der ich trotz meines zarten Alters auch schon Jahre dabei bin und mich der manischen Verfolgung meiner Mitmenschen erwehren und halb wahnsinnig vor Angst die Bombennächte meiner Befreier überstehen musste, werde nun von einem Horror der ganz anderen Art überrascht, während ich gerade dabei bin, ein Stück Brot zu erbetteln, um dem Hungertod zu entgehen. Ich weiß nicht, wer das Unheil, das sich vom Himmel auf uns stürzt, Feuer und Verderben speit, als Erster wahrnimmt. Waren es die deutschen Soldaten oder ihre Pferde? Das große Los, dieser Hölle zu entkommen, ziehen auf dieser Landstraße an diesem Vormittag nur wenige.

Die russischen Jagdflugzeuge greifen in klassischer Manier an – mit der Sonne im Rücken. Man hört ein undefinierbares Geräusch aus Wind und Motorenlärm und wähnt es noch weit weg. Ihr Vorteil in dieser Phase: Keiner kann sie ausmachen, bis sie mit Höllengetöse auch schon über ihrem Ziel sind. Dann eröffnen sie das Feuer mit allem, was sie haben. In der Regel vier schwere und zwei leichte Maschinengewehre pro Maschine. Sie hinterlassen eine Schneise des Verderbens, wenn man Glück hat, kommen sie nur ein weiteres Mal, denn sie müssen Sprit sparen, um nach Hause zu gelangen. In unserem Fall ist schon beim ersten Mal die Wirkung verheerend. Die Kombination aus Fuhrwerk und einem Pferd ist ein dankbares Ziel, weil langsam, habe ich mir sagen lassen. Den zweiten Angriff hätten sich die Flieger sparen können, die zerborstene Masse aus Material Mensch und Tier liegt deformiert, brennend oder in ihrem Blut am Boden. Die Verletzten flehen um Hilfe, die wenigen, die noch am Leben sind, so wie ich, ringen nach Luft oder irren rußgeschwärzt herum. Die noch lebenden Pferde ergeben sich nicht so einfach ihrem Schicksal, sie schlagen aus und versuchen mit aller Kraft, mit ihrer Last, an die man sie gebunden hat, zu entkommen. Dabei schleifen sie auch ihre toten Artgenossen mit.

Ich verstehe nicht so recht, was da geschieht, das Ganze galt doch den bösen Deutschen, und trotzdem bin ich mittendrin. Eine Unzahl von stechenden Staubpartikeln, die mich getroffen hat, und ein unheimlicher Luftzug haben mich zu Boden geschleudert. Als ich wieder stehe, sehe ich nur meine schwarzen Hände und ringe nach Luft. Ich atme etwas Kaltes und Öliges ein. Mein Hirn kann den Irrsinn kaum bewältigen, alles Mögliche spukt mir jetzt im Kopf herum, Wirres und Vernünftiges lösen sich im Sekundentakt ab: Ich werde mich bei den Russen, sollten sie demnächst kommen, darüber beschweren, was man mir angetan hat, wo ich doch selbst ein Opfer der Deutschen bin. Ich muss hier schleunigst weg, man könnte mich mit ihnen identifizieren. Aber vorher muss ich noch jemanden suchen, mit dem ich hier bin, aber dessen Name mir entfallen ist.

Als ich die Tasche mit der Flasche Wasser an meiner Seite bemerke, bekommt die Vernunft wieder die Oberhand, die ganz normale Angst kehrt zurück. Ich muss weg aus dieser Hölle, und zwar sofort. Mietek, der Hurensohn, hat sich ohne mich aus dem Staub gemacht. Ich muss ihn schleunigst einholen, denn er kennt den Weg. Aber andererseits habe ich das Wasser. Wieso ist er nicht bei mir geblieben? Meine Vernunft lässt die Erwägung noch nicht zu, dass Mietek mit großer Wahrscheinlichkeit nicht mehr lebt, sondern zerfetzt draußen auf dem Feld liegt. In meinem Kopf hat Mieteks Tod einfach keinen Platz, er lebt weiter und läuft in Panik nach Hause. Mir bleibt nichts anderes übrig, als mit letzter Kraft hinterherzueilen. Von Panik getrieben, renne ich los, in der irren Hoffnung, ihn einzuholen.

Die Straße, auf der ich ihm jetzt nachhaste, ist ziemlich gerade und lädt dazu ein, an sein Ziel zu kommen. Andererseits ist sie unendlich lang, und wäre da nicht meine fixe Idee, garniert mit einer Portion Wut auf den Schweinehund Mietek, der mich im Stich gelassen hat, würde ich sie in meinem

Zustand nicht schaffen. Im Nachhinein muss ich mich bei ihm entschuldigen, er hat mich doch nicht im Stich gelassen, sondern sorgt dafür, dass ich mein Ziel erreichen werde. Ich weiß nicht, wie lange ich laufe, jedenfalls macht die Straße irgendwann einen langen Bogen nach links, und in der Ferne taucht der Bahndamm auf. Eine Zentnerlast, die meinen geschundenen Körper zu erdrücken droht, fällt von mir. Ich weiß, wo ich bin, von nun an sollte es kein Problem sein, nach Praga zu gelangen.

Ich gönne mir eine Pause und setze mich in den Straßengraben, trinke den letzten Schluck Wasser, betrachte meine blutverschmierten Fußsohlen und verspüre keine Schmerzen. Der Hunger, der mich im Griff hat und mit dem Tod bedroht, ist seit Stunden verflogen. Meine rußverschmierten Hände, für die man sich eigentlich schämen müsste, sind mir egal. Ich bin bar jeder Pein, die mir sonst zusetzt, und bin doch nicht glücklich darüber. Etwas Tückisches, das ich nicht deuten kann, schwebt über mir. Der Bahndamm, den ich sehen kann und der mich vor Minuten noch euphorisch stimmte, scheint mir unerreichbar. Ich bin unglaublich müde und will nichts als schlafen, und auch wenn ich davor Angst habe, lasse ich mich für ein paar Minuten vom Schlaf überwältigen. Obwohl ich keinen Hunger habe, spüre ich, dass mein ganzer Zustand gerade damit zu tun hat. Die Droge Mietek mit ihrer Wechselwirkung müsste jetzt von einem Stück Brot abgelöst werden, aber das weiß ich nicht. Immer mehr drückt mich die Entkräftung zu Boden. In Panik versuche ich aufzustehen, schaffe es jedoch nicht. Ich will es nicht wahrhaben, denn vor geraumer Zeit war ich noch gut drauf.

Im Kampf gegen den Schlaf, der keiner mehr ist, höre ich Stimmen, die mich rufen, aber wenn ich den Kopf anhebe, grüßt mich nur die Trostlosigkeit meiner Umgebung. Ich produziere Gedanken und sehe Bilder, die mit meiner Situation nichts zu tun haben. Im Zeitraffer tauchen Menschen und Stationen auf, die in meinem kurzen Leben eine Rolle spielten. Für Sekunden gelingt es mir, sie alle auf der Wiese mit dem Sonnenblumenfeld zu vereinen.

Manche der Szenen, die mir in jenen Momenten durch den Kopf geisterten, tauchen heute noch auf, begleiten mich eine Weile, machen mich betroffen und traurig, lassen mich wieder los und gestehen mir zu, wieder am Leben teilzunehmen. Meine sterbende Mutter, die Vater legitimiert, die Chance aufs Leben mit mir wahrzunehmen, Vaters gespielte Leichtigkeit, um in das Gerichtsgebäude zu gelangen, oder die gebündelte Tragik von uns Juden im Gesicht des Mannes mit den zwei Kindern auf der Strohpyramide. Szenen auf dem Pfad der Fügung, die ich im Geiste immer wieder durchwandere, um am Schluss das Resümee zu ziehen: Ich hatte sagenhaftes Glück, und ich bin dankbar dafür. Eine Art Auserwählter, der bis heute nicht weiß, warum. Die Szenen des nächsten halben Jahres, die Schlacht um den Stadtteil Praga, der tägliche Granatenhagel, Hunger und Kälte liegen an jenem Nachmittag im Straßengraben noch vor mir.

Dort, in Sichtweite des Bahndamms, scheint mir das Glück die Partnerschaft zu kündigen, scheint mein unweigerliches Ende bevorzustehen. Und doch gibt es eine Errettung, die ich mit dem, was hinter mir liegt, nicht vergleichen kann. Eine persönliche Erfahrung jenseits der Schwelle des puren Glücks, der etwas Mystisches, ja Wundersames anhaftet, das mir bis heute zu denken gibt. Die Frau, die mich im letzten Augenblick vor dem Hungertod rettet, ist mit Sicherheit nicht vom Himmel gefallen, aber der Himmel hat sie im wahrsten Sinne des Wortes geschickt. Als ich die mit einem Kopftuch verhüllte Bäuerin in der Ferne erblicke, weiß ich zuerst nicht, welcher der beiden Welten ich sie zuordnen soll. Erst als die sich langsam nähernde Gestalt klare Konturen annimmt, weckt sie in mir die letzten Lebensgeister, bin ich zuversichtlich, dass der Film, der das Leben bedeutet, nicht reißt und sie sich nicht in Luft auflöst wie die Figuren auf der Wiese. Als sie vor mir steht, weiß ich für Sekunden nicht, wie ich diesen Hauch einer Chance nutzen soll. Soll ich ihren Rock berühren oder sie um etwas Essbares bitten?

Ich strecke ihr die Hand entgegen, in der unmissverständlichen Pose eines Bettlers, und formuliere einen einzigen Satz: »Gelobt sei Jesus Christus, hätten Sie ein Stück Brot für mich?« Vielleicht tausendfach an diesem Tag in Polen vorgebracht, von mir das erste und das einzige Mal. Sie lässt das Kopftuch sinken, holt aus ihrer Stofftasche, ähnlich der meinen, erst einen Apfel, dann ein größeres Stück Brot hervor. Ich greife nach beidem, aber sie hebt warnend den Finger und ermahnt mich: Erst den Apfel, dann das Brot. Ein paar Minuten bleibt sie ruhig bei mir stehen, als wolle sie darauf achten, dass ich schön brav alles aufesse, und belohnt mich nochmals mit einem Stück Brot und einem Apfel. Auch diesmal schaut sie zu, wie ich das Brot verschlinge, und fordert mich auf, den Apfel für den Heimweg aufzubewahren. Eine letzte Mahnung zum Abschied: »Bleib ruhig hier sitzen, bis du zu Kräften kommst, lauf nicht gleich los, sonst schaffst du es nicht.« Alles, was sie hervorbringt, klingt logisch und weise – hätte sie mich aufgefordert, mit ihr zu gehen, ich wäre ihr bedingungslos gefolgt, selbst den ganzen Weg zurück nach Piontki.

6

Himmelfahrtskommando

ALS WÄRE ICH auf der Blumenwiese, wohl behütet von meiner Mutter, und nicht in einem Straßengraben, entschlummere ich diesmal für Stunden, ohne dass mich irgendwelche Bilder daran hindern. Als ich die Augen wieder öffne und meine Umgebung wahrnehme, erscheint mir alles versöhnlich und wirklich – eine Realität, der ich mich stellen muss und kann, wie zigmal zuvor. Der zweite Apfel, den die Bäuerin mir für den Heimweg überließ, ist in diesen Minuten für mich Zeuge und Vermächtnis zugleich – alles hat sich so zugetragen, ich brauche bloß aufzustehen und den Bahndamm entlang nach Praga zu gehen. Das mache ich, und der Apfel hilft mir dabei, er ist es auch, der mich halbwegs in der Spur hält, als ich wie auf heißen Kohlen Praga erreiche.

Beim Anblick der vertrauten Umgebung kommt es mir vor, als wäre ich eine Ewigkeit weg gewesen, und der Gedanke fängt an mich zu plagen: Vater könnte in der Zwischenzeit gekommen sein, um nach mir zu schauen, aber ich war nicht da, und so ist er wieder gegangen. Ein entsetzlicher Gedanke, zumal Mietek und ich durch die Hölle gingen und nichts vorzuweisen haben. Letzteres bringt mich schnell in die Gegenwart zurück, und ich stelle mir vor, mit leeren Händen vor der Kulawa zu stehen, noch dazu in diesem Zustand. Ich weiß nicht, warum, je näher ich an das unselige

Haus in der Swjentojaskastraße komme, spüre ich, dass mit meiner Annahme, Mietek sei vorausgelaufen, etwas nicht stimmt. Spätestens jetzt, da ich um die Ecke biege und das Haus ansteuere, hätte er mit den anderen auf mich gewartet, denen er gewiss verkündet hätte: »Wir haben einen Fliegerangriff überlebt.« Nichts, kein Mensch zu dieser späten Stunde auf der Straße, der Torbogen verwaist. Zum ersten Mal habe ich das beklemmende Gefühl, der Mietek ist gar nicht angekommen. Zum ersten Mal stelle ich eine Analyse der Ereignisse an, mit der Erkenntnis, dass ich Mietek nicht habe wegrennen sehen.

Nur Minuten später, in der Wohnung der Kulawa angekommen, gerate ich in Erklärungsnot. Ausnahmsweise vereint, haben die beiden Frauen auf Mieteks und meine Heimkehr gewartet, und die Kulawa spielt die Rolle der Bekümmerten, Mieteks Schwester ist es. Auf die Kulawa schielend, versuche ich stockend zu erklären, was passiert ist; ich hoffe auf Milde, wenn Mieteks Schwester gegangen ist, zumindest die Stofftasche und die Flasche habe ich retten können. Ich komme immer mehr in Fahrt mit meiner Erzählung und muss selbst darüber weinen. Im entsetzten Gesicht der Schwester erkenne ich die Wahrheit: Mietek wird nicht zurückkehren. Sie spürt meine Unsicherheit, als ich stur bei der Schockversion »Ich habe Mietek wegrennen sehen« bleibe, warum, weiß ich auch nicht. Sie kann sehen, dass ich verwirrt bin, und trotzdem schluckt sie meine Behauptung, denn die Hoffnung stirbt zuletzt. Ich ahne, das Wort Fliegerangriff sagt im Grunde alles, und erwähne mit keinem Wort meine wundersame Errettung durch die alte Bäuerin. Erst Jahrzehnte später werde ich meiner Frau davon erzählen, als ich sie bei einem Besuch in Polen an die Stelle hinter dem Bahndamm führe, wo es geschah.

Die ersten Tage bis feststeht, dass Mietek nicht mehr kommen wird, versorgt mich seine Schwester fast täglich mit einem Stück Brot, dazu von der Kulawa eine Schale Suppe, die immer dünner wird. Sie schimpft, aber sie schlägt mich nicht, und befiehlt mir, auf dem Boden liegen zu bleiben, um meine Füße zu schonen. Immer wieder inspiziert sie meine Fußsohlen. Einmal wäscht sie mir sogar die Füße und betupft die Wunden mit Alkohol, was höllisch brennt, doch angesichts meines schmerzverzerrten Gesichts meint sie nur grinsend, das werde die Heilung beschleunigen. Es ist das erste Mal, dass ich sie lächeln sehe, aber im Kern bleibt sie unbarmherzig. Meine Hoffnung, meine ramponierten Füße könnten sie dazu bewegen, mich wieder auf der Couch schlafen zu lassen, ist vergeblich. Seit meinem Missgeschick auf derselben schlafe ich auf dem Boden, eingerollt in eine alte löchrige Decke.

Mieteks Prophezeiung, eines Tages wird sie mich mehr brauchen als ich sie, nimmt in diesen Tagen Gestalt an. Kulawas Vorräte gehen zur Neige, wie auch die der anderen leidgeprüften Menschen in Praga. Ein öffentliches Leben gibt es praktisch nicht mehr, jeder verkriecht sich in seinen vier Wänden und zehrt von dem, was er hat. Warschau brennt, und auf Pragas Straßen herrscht das deutsche Militär. Kulawas tägliche Kontrollen meiner Fußsohlen dienen dem einzigen Zweck: Ich muss so schnell wie möglich wieder auf den Füßen stehen, um betteln und stehlen zu können. Nur wird das immer schwieriger, wenn nicht unmöglich, und Letzteres ist lebensgefährlich. Die Einzigen, die offensichtlich über Essbares verfügen, sind die Deutschen, aber an die muss man erst rankommen. Während meiner Fußsohlenkur sterben immer wieder welche aus unserer Torbogen-Hungerclique, die es nochmals in den verminten Kartoffelfeldern versuchten. Mietek, der ebenfalls für ein paar Kartoffeln starb, und die anderen sind mir eine Mahnung. Mir bleibt jetzt gar nichts anderes übrig, als mich an die deutschen Soldaten ranzumachen.

Mein toter Freund Mietek hat auch diesmal recht: Die Deutschen sind nicht wie die Ungarn, und ich brauche Tage, um mich an sie ranzuwagen. Anders als die Ungarn sind sie kantig, kühl, fast unnahbar; bei ihnen liegt nichts herum, das man klauen kann, und sie sind, wie wir alle, in einem Ausnahmezustand. Die Masche, sie mit ein paar treuherzigen Blicken für mich zu gewinnen, zieht nicht, ich muss mir was anderes einfallen lassen. Die Ungarn haben uns in ihrer Nähe geduldet, bis ihnen der Kragen platzte, die Deutschen lassen es erst gar nicht so weit kommen. Ich schleiche, in gehörigem Abstand, um sie herum, höre sie reden, muss mir die Worte »Du weg, weg« anhören, was ich verstehe, die Handbewegung dazu sowieso.

Ich erinnere mich an meine erste Begegnung mit Deutschen, damals in Zychlin, als ich mit jener Frau namens Gertrud und den Buben Schlitten fahren durfte. Damals half mir mein Jiddisch, die Distanz zu überwinden. Sicher, das ist lange her, und seither rede ich fast nur noch Polnisch, aber vielleicht sind mir die paar Brocken Jiddisch nützlich, an die ich mich noch erinnern kann. Ich habe die Erfahrung gemacht, am Anfang sind sie alle schroff und abweisend und bellen einen an, aber die mit den Versorgungsfahrzeugen, die nicht sofort zur Front weiterrollen, sondern ein, zwei Tage bei uns hängen bleiben, gewöhnen sich an einen, und das ist meine Chance.

Der Ehrenkodex, das war gestern, als die Ungarn noch da waren und wir zu futtern hatten, heute muss man sich was anderes einfallen lassen, und die Nahrungsbeschaffung birgt ein tödliches Risiko. Die deutschen Laster stehen dicht an der Häusermauer oder am Zaun der Gartenanlage. Ich brauche nicht weit zu gehen, sie sind überall, auch liegen gebliebene Kettenfahrzeuge sind dabei, deren Besatzungen ziemlich genervt und mit Hochdruck versuchen, das Laufwerk auszuwechseln, eine Knochenarbeit. Ihre Nähe meide ich tunlichst, die sind nicht ansprechbar, von ihnen kommt nicht nur »Du weg, weg«, sondern ein viel aggressiveres »Hau bloß ab, du«. Die nächste Stufe wäre dann ein Tritt mit einem Wehrmachtsstiefel in den Hintern, so wie Mietek es vorausgesagt hat. Ich lungere bei den Soldaten herum, die in kleinen Gruppen oder zu zweit um ihre Fahrzeuge stehen oder im Führerhaus dösen, aber am liebsten sind mir die, die allein sind; sind es mehrere, herrscht eine differenzierte Einstellung zu meiner Bettelei, meistens gewinnt das schroffe »Nein« – wahrscheinlich obsiegt der Gruppenzwang, kein Mitleid aufkommen zu lassen. Beim Einzelnen gibt es ein »Nein« oder aber ein »Vielleicht«, das spüre ich, und diese Chance will ich nutzen. Bei einem möglicherweise Willigen bleibe ich eine Weile stehen, schau ihn nur an und versuche ein Lächeln, keine plumpe Überrumpelung, ich stelle mich sozusagen vor, es fehlt nur der Händedruck. Manchmal tummle ich mich auch wieder, je nach Einschätzung der Situation, um bald darauf wiederzukommen, bis der Funken überspringt. Mein späteres Geschäftsleben wird nach ähnlichen Regeln ablaufen – man kann sagen, ich bin bei mir selbst in die Lehre gegangen.

Ich bettele auf hohem Niveau. »Efsche hot ihr a Schtikl Broit for mir.« Mit diesen oder ähnlichen Worten überrasche ich mein uniformiertes Gegenüber; manchmal ersetze ich das »Schtikl Broit« durch »epys ziessn«, dabei achte ich darauf, dass kein Pole in meiner Nähe ist, wenn ich diesen Satz vortrage. Die Deutschen haben keine Ahnung, dass es Jiddisch ist, bei den Polen muss man vorsichtig sein, für Jüdisch haben sie ein Ohr, und davor habe ich Angst. Wenn ich ein erstauntes »Sprichst du Deutsch?« höre, weiß ich, ich habe gepunktet, und antworte: »Jech, verstei etwas«, wobei ich das Wort »etwas« noch aus Gertruds Zeiten behalten habe. Zu dem, was jetzt kommt, nicke ich nur, denn das meiste verstehe ich nicht. Einer wimmelt mich mit einer Kleinigkeit ab, ein anderer gibt mehr, kaum einer schickt mich weg. Meist überreichen sie die milden Gaben im Führerhaus oder hinter der offenen Tür ihres Lastwagens, um die mildtätige Geste vor den Kameraden zu verbergen. Ich habe immer die Stofftasche dabei und darin ein Stück Papier. Es kommt vor, dass mir die Soldaten etwas Fett oder Margarine aufs Brot schmieren, das wickle ich in das Papier und bringe es der Kulawa. Im Schnitt schaffe ich zwei Soldaten am Tag. Einen für mich und einen für die Kulawa, manchmal auch gar keinen, dann kriege ich Druck von zwei Seiten: von meinem knurrenden Magen und von der Kulawa.

Tage bevor die ersten Artilleriegranaten einschlagen, verwandelt sich das fast ausgestorbene Praga in ein Tollhaus. Die Deutschen haben auf der Hauptstraße und bei der Bahndammunterführung Lautsprecher aufgestellt und locken die Leute mit Marschmusik und einer wichtigen Ankündigung aus den Häusern. Als gebe es Brot für alle, strömen Hunderte zu den Lautsprechern, nach Tagen der Lähmung herrscht eine erwartungsvolle Rummelplatzstimmung. Natürlich sind wir Kinder mit von der Partie. Die Lautsprecher plärren in Polnisch etliche Verhaltensregeln bei Beschuss und verkünden, mit welchen überlegenen Waffen die Deutschen antworten werden, dazwischen Marschmusik, und dann das Entscheidende: Alle Männer zwischen fünfzehn und fünfzig – das genaue Alter weiß ich nicht mehr genau – haben sich sofort an einer bestimmten Stelle zu melden; diejenigen dieser Altersgruppe unter den Anwesenden müssen gleich dableiben, die anderen können nach Hause gehen. Verwirrung, Tumult, die Menge versucht auseinanderzupreschen, aber es geht nichts voran. Wir treten uns nur gegenseitig nieder, wie von einem Gatter eingeschlossen, sitzen wir in einer Falle. Ein Kordon Soldaten hat uns umstellt, wer raus darf, bestimmen ein paar Offiziere, das Ganze untermalt mit Schüssen über unsere Köpfe hinweg. Zum Schluss haben sie die, die sie haben wollen, ausgesiebt. Die Aktion ist damit nicht beendet, bis weit in die Nacht werden die Häuser durchsucht, entsprechende Männer mitgenommen. Was die Deutschen mit ihnen anfangen wollten, weiß ich bis heute nicht genau; Arbeitskräfte, um Panzergräben auszuheben oder nach Deutschland zu schicken, so kurz vor der entscheidenden Schlacht? Eher unwahrscheinlich, dann hätten sie auch die jungen Frauen mitgenommen, und die Panzergräben waren längst ausgehoben, weit vor Warschau. Möglich, dass sie den vorrückenden russisch-polnischen Einheiten Rekrutierungspotenzial entziehen wollten, aber keiner wusste damals, was in den Köpfen der Deutschen vorging.

Dass sich die Menschen an Explosionen und Detonationen gewöhnen, besorgen auch die Deutschen; selbst Tage bevor die ersten Granaten und Flugzeugbomben auf Praga niedergehen, sprengen sie so ziemlich alles in die Luft, was dem Feind bei seinem Vormarsch nützen könnte, etwa Lagerhallen und Fabriken, eine Zerstörungsorgie, die dem Verlust des Ostufers der Weichsel, und damit Pragas, vorausgeht. In Minuten ist das dem Erdboden gleichgemacht, wofür man Jahre gebraucht hat, um es aufzubauen. Es gibt keine Gruppe, die diese Zerstörung intensiver erlebt als wir Kinder. Die Erwachsenen trauen sich nicht auf die Straße, um nicht Opfer der Deutschen zu werden, und die meisten sind froh, wenn sich ihre hungernden Kinder für Stunden draußen mit sich selbst beschäftigen. Irgendeiner weiß, wo eine Sprengung vorbereitet wird, wir laufen hin und bleiben, in gehörigem Abstand, hinter dem Sprengkommando stehen. Wir ahnen, dass das Wegpusten des jeweiligen Objekts zu unserer Misere beitragen wird, dem entziehen können wir uns nicht, vom großen Knall selbst geht eine schauerliche Faszination aus. Es ist wie bei einer öffentlichen Hinrichtung – die meisten sind entsetzt, aber hinschauen tun sie doch.

Und wir Kinder ahmen die Erwachsenenwelt nach. Bei all dem Elend kommen wir noch zum Spielen. Wir spielen Krieg. In einem Sandhaufen bauen wir eine Burg mit Wachtürmen und Schießscharten, davor Schützengräben. Überall platzieren wir Zinnsoldaten, die einige aus der Clique besitzen. Wir kommen immer wieder zu unserem Projekt und bauen es Stunde um Stunde auf. Wenn es fertig ist, spielen wir Angriff und zerstören es binnen Minuten durch Steinwürfe. Den wirklichen Krieg können wir noch nicht sehen, aber umso mehr spüren.

Ausnahmsweise befolgen wir diesmal willig die Anweisungen der Deutschen, bei Beschuss die Keller aufzusuchen. Nur weiß ich bis heute nicht, was besser gewesen wäre: schutzlos die Hölle draußen bei frischer Luft zu erleben und zu hoffen, dass es einen nicht erwischt, oder in der absoluten Dunkelheit des muffigen Kellers einen möglichen Volltreffer abzubekommen, dessen Druckwelle zum Erstickungstod führt. Niemand entscheidet sich für die erste Option, die frische Luft, sondern erlebt lieber das kollektive Grauen dicht zusammengedrängt im dunklen Keller. Zusammengepfercht sitzen wir da, denn einige wie die Gartenhausbesitzer, die nur zu Besuch hier sind, haben gar keinen Keller. Anfangs sind sie keineswegs willkommen, denn zuvor drohten sie mit den Hunden, wenn wir ihren Obstbäumen zu nahe kamen. Inzwischen sind sie die »lieben Nachbarn in Not«, weil sie den ganzen Keller mit Obst versorgen. Auch einen Eimer Kartoffeln stellen sie täglich zur Verfügung, die in der Bombenpause bei der Kulawa oder anderen Hausbewohnern zur Suppe verkocht werden. Hier unten im Keller kann jeden Augenblick Schluss sein, aber Hunger leiden wir nicht.

Im Keller sind Frauen und Männer versammelt, Kinder und Greise, Mutige und Hysterische, Dauerbeter und welche, die keinen Satz rausbringen, ohne zu fluchen, kriegsanalysierende Wichtigtuer und Verfeindete, die eine Gemeinsamkeit haben: Uns alle hat die lähmende Dunkelheit im Griff, die dem Einzelnen erst erlaubt, seinen individuellen Schatten zu werfen, wenn oben das Pfeifen, Zischen und Explodieren eine Auszeit nimmt und der Schein einer Karbidlampe die Dunkelheit für eine Weile verdrängt.

Bei Artilleriebeschuss weiß man nie, wann es wieder losgeht, auch die »Experten« unter den Männern nicht. Für Flugzeuge und ihre Bomben braucht man keine Experten, man hört sie kommen, auch da unten. Sie werfen ihre Bomben, die steil und pfeifend auf ihr Ziel zuschießen. Diese Sekunden sind so ziemlich das Schlimmste, was ein Mensch ertragen kann. Schwangere erleiden eine Fehlgeburt, andere Frauen menstruieren außerhalb der Regel, und Männer machen sich in die Hosen, auch die Experten. Wenn die Zahl der Frauen im Keller überhandnimmt, besonders die des älteren Jahrgangs, und die Hölle wieder über uns losgeht, kreischen sie hysterisch oder beten ununterbrochen, dann versuche ich in der Dunkelheit, zu den Männern hinüberzukriechen. Ihre nie verlöschenden Zigaretten weisen mir den Weg.

Wenn man wieder oben ist, ist alles immer wieder aufs

Neue auf erschreckende Weise gewöhnungsbedürftig, das Bild, das sich einem gestern noch bot, ist heute ein anderes. Irgendetwas fehlt im Ensemble, bis man verinnerlicht, dass das eine oder andere Haus nicht mehr steht, nur Straße und Trottoir wahren ihr Gesicht, sind ohnehin aufgerissen und mit Steinen übersät, ein Granattrichter mehr fällt einem gar nicht erst auf. Auch die oberen Stockwerke in unserem Haus haben was abbekommen, und Mieteks Schwester wird im Winter nicht in ihrem Zimmer bleiben können. Ich sehe nun, was zu der plötzlichen Großzügigkeit der Gartenbesitzer beigetragen hat. Die Zäune sind nicht mehr existent, von den Hunden keine Spur, jeder, der sich auf die Straße traut, kann sich bei ihnen bedienen. Deutsche Soldaten erblicke ich zu diesem Zeitpunkt nicht mehr, nur ein paar ausgebrannte Lastwagen und ein Schützenpanzer, den sie zurückgelassen haben. Vorn auf der Ausfallstraße nach Lublin soll es noch viel schlimmer aussehen, hat jemand im Keller gesagt, mit toten Soldaten auf der Straße, aber da traue ich mich nicht hin. Ich könnte es beim nächsten Granathagel nicht mehr in den Keller schaffen.

Im Keller kündigt sich ein neues Ungemach an. In der Nacht haben wir einen Wassereinbruch, obwohl es keinen Tropfen regnet. Die Bemühungen einiger, mit der Karbidlampe und Taschenlampen die undichte Stelle zu finden, schlagen fehl. Die braune, stinkige Brühe steigt unaufhörlich, und wir können nichts dagegen tun. In der Frühe stehen wir knöcheltief im Wasser und müssen den Keller aufgeben, eine Katastrophe, vor allem für die Alten. Wieder im Zimmer, rafft die Kulawa die kargen Vorräte zusammen, die sie an Lebensmitteln noch hat, packt sie in die Stofftasche und erklärt mir, sie gehe jetzt mit ihrer Tochter zu ihrer Schwester, die ungefähr einen Kilometer hinter der Gartenanlage in einem allein stehenden Haus wohnt. Ich könne nicht mitkommen, denn das würden ihre Schwester und ihr Mann nicht erlauben; ich solle mir einen Unterschlupf im Keller eines der Nachbarhäuser suchen. Sie sperrt das Zimmer ab und entfernt sich hinkend samt Tochter und Stofftasche.

Mit der Gewissheit, dass ich jetzt im Torbogen und den Gärten mein Leben fristen kann, bleibe ich zurück. Und mit dem Funken Hoffnung, dass das Höllenfeuer bald erlischt und die Kulawa wieder zurückkehrt. Dass sie wiederkommt, da bin ich mir ziemlich sicher, nur wann, das ist die Frage. Um einen Kellerplatz ist mir nicht bang, einen Wasserbeschaffer, der sich nach draußen traut, kann man immer brauchen: Inzwischen habe ich begonnen, ein paar der Frauen mit Wasser zu versorgen, das ich in den Feuerpausen aus einem Gartenbrunnen hole, weil es in den Wohnungen keines mehr gibt. Aber der Kellerschutz ist mir nicht ganz geheuer, ja fast unheimlich. Ich sehe ja, was ein Volltreffer anrichtet – das Haus bricht in sich zusammen oder brennt, diejenigen, die im Keller Schutz gesucht haben, sind erledigt, und wir haben ein Objekt mehr in Praga, von dem Verwesungsgeruch aufsteigt. Im Grunde bietet der Keller keine Schutzfunktion, die meisten wurden nicht dafür gebaut; er gibt den Menschen lediglich das Gefühl, sich kollektiv vor einer tödlichen Bedrohung verstecken zu können, der man sonst nichts entgegenzusetzen hat. Und da ist noch das Solidaritätsgefühl, das da unten herrscht, eine erstaunliche Bereitschaft zu teilen und zu helfen, die ich oben nur selten beobachten kann. Diese Ausnahmesituation bringt die zwei Gesichter der Menschen zutage, ein Umstand, der mich verwirrt und den ich erst noch verinnerlichen muss.

Unterschlupf in einem neuen Keller zu finden, habe ich mir leichter vorgestellt; zwar brauche ich kaum Platz und husche im letzten Augenblick mit hinein, aber neue Besucher sind keineswegs willkommen, und das kann ich durchaus nachvollziehen, denn der Keller, den ich für mich entdeckt habe, ist recht klein und bietet nicht einmal genügend Platz für die Hausbewohner.

Bei all dem Elend leide ich am meisten darunter, dass Mieteks Schwester mich nicht mehr beachtet, hatte ich doch gehofft, dass sie mir in ihrem Zimmer Obdach gewährt, bis die Kulawa wieder auftaucht. Auch wenn der Raum keine Fenster und Türen mehr hat und die Treppe nur noch zum Teil existiert, bemühe ich mich um ihre Zustimmung, mich dort aufhalten zu dürfen, aber sie lässt mich links liegen. Selbst als ich auch für sie Wasser hole, ändert sich das nicht. Ich begreife, dass ihre Abneigung mir gegenüber damit zusammenhängt, dass ich zurückgekommen bin und ihr Bruder nicht, aber dennoch setzt mir ihr Verhalten ziemlich zu, kann ich ihre seelische Verfassung nicht so recht deuten. Heute weiß ich: Da ich im Schockzustand darauf beharrte, Mietek sei noch am Leben, musste sie im Nachhinein annehmen, dass ich log, doch das kommt mir damals nicht in den Sinn.

Die Stimmung im neuen Keller ist noch bedrückender, denn die wenigsten Gesichter kenne ich. Ein anderes Licht beleuchtet die Szenerie – die Karbidlampe wird durch eine Öllampe ersetzt, deren mattes Licht lange, unheimliche Schatten wirft, wie damals in den Scheunen und Bauernstuben auf unserer Flucht von Zychlin nach Warschau. Die Explosionsorgie von oben kommt jetzt von verschiedenen Kalibern. Der Kriegsgott hat eine Schippe draufgelegt und droht uns zu ersticken. Kein Mensch kann mehr sagen, wie lange das schon so geht, ob es Tag oder Nacht ist, und in letzter Konsequenz ist es uns egal, wer oben die Oberhand haben wird, Hauptsache, das Martyrium hört auf.

Wenn die Intensität nachlässt und schließlich die Öllampe angeht, erschrecken wir voreinander. Als hätte sich jemand einen Scherz mit uns erlaubt und uns in eine Mehlkiste gesteckt, wirken wir aufeinander wie fremde Wesen, die einer Gruselgeschichte entstiegen sind. Der Putz von der Decke und der nachfolgende Staub erzeugen diesen Effekt, der mit Husten und Atemnot einhergeht. Wir brauchen Wasser, das ist klar, und zwar dringend, nur diesmal will keiner rauf, auch ich nicht, denn das Geschehen da oben trägt eine neue Handschrift. Zu den explodierenden Artilleriegranaten gesellt sich jetzt Infanteriefeuer, über uns hält der Tod reiche Ernte, das ist uns allen klar. Als das Wort Wasser fällt, bringt jemand meinen Namen ins Spiel. »Der Senek soll Wasser holen.« Ich sage kein Wort, schrumpfe förmlich zusammen. Die fiese Stimme wiederholt ihre Forderung, mein Name steht im Raum, sie haben einen Kandidaten für das Himmelfahrtskommando. Man kann doch den Jungen nicht nach oben schicken – niemand erhebt die Stimme für mich. Kein Vater und keine Mutter sind da, um mich davor zu bewahren, ich habe keinen Protegé wie die anderen Kinder im Keller, ich bin mit Abstand das schwächste Glied in diesem morbiden Gefüge zombiehafter Wesen, ein Waisenkind in einer Welt, die aus den Fugen geraten ist und kein Mitgefühl kennt. Ich gehe nicht, bis mich eine vertraute Stimme aus einer Ecke anfaucht, Wasser zu holen; es ist Mieteks Schwester. Mit einem Schlag bin ich kein Kind mehr. Etwa dreißig Leute wollen etwas von mir, und plötzlich fange ich an zu denken, wie Mietek gedacht hätte. Das Bewusstsein und Gedankengut eines Straßenjungen, der um sein Überleben kämpft, verfestigt sich in mir: Diese Fotze (fester Bestandteil von Mieteks Wortschatz) hat noch eine Rechnung mit mir offen, und sie will, dass ich ihrem Bruder ins Jenseits folge. In diesen Mi-

nuten ist mir vollkommen bewusst, sie werden mich hinaus-
prügeln, wenn es sein muss, und Mieteks Schwester ist die
Wortführerin.

Eimer stehen genügend zur Verfügung, aber ich kann nur
einen tragen, und der darf nicht ganz voll sein, aber einer wird
nicht genügen. Sollte ich den ersten heil anschleppen, werden sie mich überschwänglich loben und nach einem zweiten schicken, vielleicht auch noch nach einem dritten. Ich beschließe: Ein Eimer muss genügen, ich bin nicht unsterblich,
ansonsten können sie mich am Arsch lecken, ich werde einfach oben bleiben. Trotz meiner gedanklichen Forschheit bin
ich zutiefst verunsichert und fühle mich schutz- und recht-
los. Dennoch beschließe ich: Lieber dem hier entkommen
und meine Chance oben im Kugelhagel suchen. Mit einer
Mischung aus Wut und Angst schnappe ich einen Eimer und
renne über die mit Fäkalien und Urinlachen verschmutzte
Treppe nach oben. Ein Bild der Verwüstung bietet sich mir,
schlimmer als je zuvor: Zerschlagene und angesengte Mö-
belteile liegen neben abgesprengten Panzerplatten auf der
Straße. Weiter vorn sehe ich das passende Chassis dazu. Auf
den Panzerturm mit zwei Leichen darin stoße ich ein wenig
später im Garten auf der Suche nach dem Brunnen. Bei all
meiner Angst beschäftigt mich der alberne Gedanke: Wie
kommen die Möbel auf die Straße, und wie wurde der Panzer
zerfetzt? Ich sehe niemanden weit und breit, aber ich weiß,
die Verursacher dieses Desasters sind in der Nähe und schießen aufeinander.

Nicht mehr die heranpfeifenden Artilleriegeschosse bestimmen das Geschehen, und auch Flugzeuge sind keine mehr
am Himmel, sondern die Infanterie macht es untereinander
aus. Jahre später habe ich mir sagen lassen: Versprengte deutsche Einheiten, die es nicht mehr über die Weichsel geschafft

haben, saßen in der Falle und fochten ihr letztes Gefecht. Die Maschinengewehre und Maschinenpistolen beherrschen jetzt die Bühne, begleitet von dem in Abständen ertönenden Sound, der die heulenden deutschen Stukas in den Schatten stellt. Ein durch Mark und Bein gehendes Brüllen lässt alles erzittern, als würden Tausende wild gewordener Kühe gleichzeitig loslegen und nicht mehr aufhören. Als ich dieses Heulen und Pfeifen an diesem Tag zum ersten Mal höre, kann ich das Wasser nicht halten und weiß vor Schreck nicht, wohin mit mir. Es ist das aus zig gebündelten Rohren bestehende raketenspeiende Ungeheuer, von den Russen »Katjuschas«, von den Deutschen »Stalinorgel« genannt. Meistens auf Lastwagen montiert, ist diese Waffe unglaublich mobil und aufgrund seiner Feuerkraft der Schrecken der Wehrmacht. Ich habe mich an die Feuerstöße der Maschinengewehre, das Fauchen der Artilleriegeschosse und den Anblick von zerfetzten Leibern der gefallenen Soldaten gewöhnt, an das Gebrüll der Katjuschas aber gewöhne ich mich nie.

Ich flüchte mich wieder in den Torbogen, wo meine Augen mir bestätigen, was meine Ohren bereits wahrgenommen haben: Aus der Gartenanlage wird geschossen. Ich weiß, ich darf nicht ohne Wasser in den Keller zurückkommen, das wäre ein Fiasko für mich. Nur, im Garten haben sich deutsche Soldaten eingegraben. Wie soll ich da an die noch einzig intakte Pumpe der ganzen Anlage kommen? Wie werden sie reagieren, wenn sie mich entdecken, einen Buben mit einem Eimer, der auf sie zukommt oder an ihnen vorbei will? Für diesen versprengten Haufen in der Gartenanlage geht es um alles oder nichts. Bis jetzt hat mir ein Deutscher in Uniform allein durch seine Anwesenheit Angst eingejagt, jetzt müssen sie sich selbst aus Angst eingraben und ducken, wenn sie überleben wollen. Ich habe gegenüber den Nazis schwer aufgeholt, klar, ich bin nur eine kleine elende Figur mit einem Eimer in der Hand, mitten in einer umgepflügten Steinwüste. Plötzlich kommt es mir vor, als wäre ich der einzig verbliebene Mensch in Praga und das Gefühl des Verlassenseins sei hier erfunden worden. Wenn ich zu den Verzweifelten zurück in den Keller will, muss ich versuchen, Wasser zu holen, auch wenn die Deutschen mir im Weg sind. Als würden die da unten mir ein zweites Mal Beine machen, vertreibt der Gedanke an sie mich aus dem Torbogen.

Den Eimer halte ich wie eine weiße Fahne in die Höhe und renne in der Hoffnung los, dass keiner auf mich schießt. Ich sehe das erste Holzhaus, das mir signalisiert, dass die Wasserpumpe auch nicht mehr weit ist, aber nach ein paar Metern tritt das ein, womit ich rechnen musste, deutsche Soldaten versperren mir den Weg. Vielleicht ein Dutzend von ihnen liegt oder kniet hinter Bäumen oder in ausgegrabenen Mulden, der sprichwörtlich »verlorene Haufen« liegt vor mir. Zum ersten Mal sehe ich deutsche Soldaten verdreckt, bandagiert und blutverschmiert in einer Unordnung aus aufgerissenen Munitionskästen, Verbandszeug und leeren Konservendosen. Klar, sie sind bewaffnet und nach wie vor gefährlich, aber ein Hauch von Elend geht von ihnen aus. In diesen Tagen und Stunden bin ich dem Jenseits näher als je zuvor, aber bei ihrem Anblick spüre ich instinktiv, wenn mich das Glück nicht verlässt, habe ich eine vage Chance, davonzukommen. Diese Männer vor mir, in ihren dreckigen, blutverschmierten Uniformen, sind hingegen chancenlos.

Der Erste, der mich entdeckt, schaut so ungläubig, als wäre mit mir die potenzielle Bedrohung in ihrem Rücken aufgetaucht — eine kritische Situation für mich. Den Eimer nach wie vor in die Höhe haltend, schreie ich: »Wasser, Wasser!« Jetzt schauen die meisten her, ich bin ein ungewöhnlicher Anblick in ihrer Situation. Ich deute auf den Eimer und schreie nochmals: »Wasser!« Das haben sie längst verstanden, aber jetzt erst antwortet der, der mich entdeckte, mit einem warnenden, fast listigen Tonfall: »Wasser dort« und weist mir die Richtung. »Aber wenn du Wasser, du kaputt!« Die Warnung verstehe ich, nur frage ich mich: Will er mich kaputt machen, wenn ich Wasser hole, oder sonst jemand? Erst Tage später, als der deutsche Albtraum vorbei ist und ich wieder in die Gartenanlage eile, um Wasser zu holen, kann ich seine Worte deuten. Um die Wasserpumpe liegen zwei tote deutsche Soldaten, höchstwahrscheinlich von russischen Scharfschützen erledigt. Egal wie, ich weiß, an das kostbare Nass werde ich jetzt nicht mehr kommen, der Höllenlauf bis hierher war vergebens, doch sollte ich es zurück in den Keller schaffen, ist mir statt der erträumten Belobigung die Anfeindung der Gemeinschaft gewiss. Aber wohin mit mir? Von den Deutschen hier muss ich weg, die ziehen das Unheil an, ähnlich der Situation, als sich die Russenflieger auf die deutsche Versorgungseinheit stürzten und ich nur knapp mit dem Leben davonkam.

Ich weiß nicht mehr, wie lange ich unschlüssig in der Nähe der deutschen Soldaten stand, jedenfalls habe ich mich rechtzeitig von ihnen abgesetzt, denn mit einem Mal beginnt eine Schießerei, und Kugeln rasieren die Äste ab, die mir um die Ohren fliegen. Währenddessen schlagen irgendwo in Praga Granaten ein, dazwischen Sekunden der unerträglichen Anspannung und Hoffnung. Dann eine weitere Salve. Diesmal muss es in der Nähe eingeschlagen haben, denn es kracht fürchterlich, und Teile eines Daches fliegen durch die Luft, bald darauf steht eine dichte Staubwolke über der Gartenanlage. Es macht keinen Sinn, jetzt loszurennen, um in den Keller zu kommen, denn für absehbare Zeit wird der Staub zu einer undurchdringlichen Wand mitten am helllichten Tag. Doch inzwischen bin ich ein kleiner abgebrühter Kerl, der gelernt hat, auch mit so einer Situation umzugehen. Wie ein erfahrener Frontsoldat wandele ich hart am nervlichen Limit, ohne durchzuknallen. Der Tod greift nach mir, aber auf eine rätselhafte Weise habe ich gelernt, damit umzugehen. In späteren Jahren, als freier Mann bei guter Gesundheit und im Zenit meines Lebens, habe ich mich oft gefragt: Müsste ich das alles jetzt durchmachen, würde ich da nicht vor die Hunde gehen? Und musste mir eingestehen, ich hätte es als Erwachsener wahrscheinlich nicht geschafft.

Bis sich der Staub halbwegs gelegt hat, kommt es mir wie eine Ewigkeit vor, doch es sind nur Minuten vergangen, als ich trotz schlechter Sicht zurückrenne, denn ich habe Panik vor der nächsten Granatensalve. Einen Augenblick lang glaube ich mich verlaufen zu haben, denn ich stehe vor einem in Staub und Rauch gehüllten Trümmerhaufen, bis ich begreife, dass das mein Zuhause der letzten Tage und Nächte war. Ich weiß nicht mehr, welche Gefühle ich bei diesem Anblick hatte. Aber ich weiß, dass ich damals im Keller wieder einmal Glück hatte, denn indem mich die Erwachsenen ins vermeintliche Verderben schickten, haben sie für mich die richtige Entscheidung getroffen und bewahrten mich unwissentlich vor dem kollektiven Untergang im Keller. Vor dem Schicksal, mit Mieteks Schwester und all den anderen unter dem Trümmerhaufen zu liegen.

Ich stehe nicht unter Schock oder bin wirr im Kopf, wie nach dem Fliegerangriff, bei dem Mietek starb, aber im Torbogen kommt das Entsetzen hoch, als ich mir vorstelle, wie es wäre, selbst da unten zu liegen. Meine Gedanken beziehen sich jedoch auf mich selbst, denn die letzten Wochen haben mich so abgestumpft, dass ich zu einem Mitgefühl für andere nicht mehr in der Lage bin. Jetzt wird es ernst für mich, das weiß ich. Gegen den Beschuss und das Sterben kann man nichts machen, man hat Glück oder nicht, aber nun bin ich wirklich allein. Das unbarmherzige Gefühl, von allen verlassen zu sein, steigt in mir hoch. Keine Soldaten, die ich anbetteln kann, keine Möglichkeit, an Wasser zu kommen, kein Mitmensch auf der Straße. Wenn nur Vater mich einen Augenblick sehen könnte, wie es um mich steht, kommt mir in den Sinn. Komisch, auch wenn die Zahl der Opfer in diesen Tagen in Warschau in die Hunderttausende geht und ich seit Wochen nichts von ihm gehört habe, verliere ich keinen Gedanken daran, dass ihm etwas zugestoßen sein könnte, für mich ist Vater unsterblich.

Ich weiß nur, ein paar hundert Meter von hier sitzen meine Befreier, dort drüben quer über das Feld, auf dem Mieteks Schwager fiel, in den eingestürzten Häusern, von denen Leichengeruch aufsteigt, der vom Wind herübergeweht wird. Nur ein paar hundert lausige Meter trennen mich von einem ganz anderen Leben, das ich mir gar nicht mehr vorstellen kann, das mir aber unglaublich erstrebenswert scheint. Sollte ich die nächsten Stunden überstehen, habe ich eine Art Sieg über Nazideutschland errungen, der mich fürchterliche Opfer gekostet hat. Dann wird es ihnen nicht gelungen sein, mich, den Juden, mit Stumpf und Stiel auszurotten. Egal, ob ich nach der Befreiung nur noch Stunden zu leben habe, weil ich auf eine Mine getreten bin, mich eine Krankheit dahinrafft, oder ob ich im nächsten Winter erfriere – ich habe gewonnen. Es ist der Beginn einer Zeit, da die Nazis mir nicht mehr bedrohlich werden können, sind sie doch jetzt selbst in der Defensive. Von jetzt an bin ich ein ganz normaler Winzling wie Tausende andere auch, die zwischen die Fronten geraten sind.

7

Die Befreier kommen

ICH HABE NICHTS zu essen und nichts zu trinken, das letzte Stück Brot habe ich in der Nacht im Keller verputzt. Ich beschließe, mich aus dem Verkehr zu ziehen, um mir selbst nicht im Weg zu sein mit all den plagenden Anforderungen, die mein Körper an mich stellt. Ja, ich will mein Martyrium schlafend beenden, wie in anderen kritischen Situationen auch, als alles um mich herum untragbar schien. Aber wo? Jedenfalls nicht in einem der Keller, in denen die meisten Menschen in Praga jetzt Zuflucht suchen, davon habe ich genug. In unserem Haus ist kein Fenster mehr heil, auch das von der Kulawa nicht. Schade, dass das Hochparterre für mich zu hoch ist, ich könnte sonst durch das Fenster in das Zimmer gelangen, um mich dort schlafen zu legen. Aus irgendeinem Grund scheint mir das Zimmer von Mieteks Schwester dafür geeignet, auch wenn die oberen Stockwerke ziemlich zerschossen sind und die demolierte Treppe kaum dazu angetan ist, auf ihr nach oben zu gelangen, aber meine Sehnsucht nach Schlaf lässt sie mich trotzdem überwinden.

Das Zimmer ist verwüstet, hat keine Türen und keine Fenster mehr und ist im Vergleich zum Keller dennoch eine perfekte Bleibe. Jedenfalls scheint es mir so, denn wie würde ich sonst die Mühe aufbringen, das Geröll am Boden zur Seite zu schaffen, einen herumliegenden Textilfetzen auszubreiten, um mich hinzulegen und zu schlafen, einfach so. Wenn ich noch einen Wunsch im Leben hätte, wäre es der, noch einmal Mutter auf der Sonnenblumenwiese zu begegnen. Mit diesem Gedanken schlafe ich ein. Als ich wieder aufwache, hat sich meine Welt um 180 Grad gedreht, eine vollkommene Ruhe ängstigt mich einen Augenblick lang, nur unterbrochen von einem spezifischen Motorenklang, den ich noch nie gehört habe. Ich spüre sofort, etwas Ungewöhnliches hat sich vollzogen, während ich geschlafen habe. Die alte Angst, ans Fenster zu treten, ist immer noch da, aber nichts kann mich daran hindern, einen kurzen Blick nach draußen zu wagen. Zwei Panzer unbekannten Typs und ungewohnten Anstrichs stehen in gehörigem Abstand zueinander vor der Gartenanlage. Ein paar Männer in fremden Uniformen und mit merkwürdiger Kopfbedeckung haben sich um den einen versammelt, unterhalten sich und rauchen, wie die Deutschen, die ich vor ein paar Tagen noch anbettelte. Die da unten sehen aus, als hätten sie ihren Job gemacht und legten jetzt eine Pause ein. Als wären ihnen die Feinde ausgegangen und wäre der Krieg vorbei.

Das Grollen der Geschütze in der Ferne, das Jaulen und Muhen der Katjuschas sprechen eine andere Sprache. Sie verbreiten woanders Elend, Praga bleibt für den Moment verschont. Nachdem ich mich mit dem Eimer in der Hand die lebensgefährliche Treppe nach unten gehangelt habe, um meine Befreiung zu erleben, begegne ich meinen ersten russischen Soldaten. Von wegen Marschmusik und Blumen, wie wir uns die Befreiung in Praga erträumten! Die beiden würdigen mich keines Blicks, sondern gehen konzentriert und hastig ihrer Aufgabe nach. Sie verlegen Drähte, die sie von einer Rolle spulen. Sofort denke ich an eine Sprengung, dass es eine Feldtelefonleitung ist, weiß ich zu diesem Zeitpunkt noch nicht. Ich ahne, dass es Russen sind, aber sicher bin ich mir nicht. Ihre Uniformen ähneln irgendwie denen der Ungarn, nur ihre Schiffchenmützen und ihre Bewaffnung ist anders, es wird noch eine Weile dauern, bis ich endgültig weiß, dass sie die Richtigen sind. Die ersten zwei Worte, die ich auf Russisch höre, lauten ungefähr »Paschol adschiuda!« und klingen unfreundlich. Ich weiß noch nicht, was sie bedeuten – »Hau ab!« –, und rühre mich nicht vom Fleck, sondern schaue ihnen gebannt zu. Der zweite Soldat unterstreicht die Aufforderung mit einer entsprechenden Geste, als er bemerkt, dass ich ihn mit aufgerissenen Augen anstarre. Mein ungläubiges Gaffen nachäffend, sagt er: »Da, da, ruski saldat.« Worte, die unmissverständlich sind und die Freiheit für mich bedeuten. Ich habe eine Ewigkeit auf diese Soldaten gewartet und gelitten, theoretisch kann ich jetzt hinausschreien: »Ich bin Jude«, ohne dass ich in der Gaskammer ende. Nur, wäre ich glücklich dabei? Wohl kaum, denn es ist niemand da, um mit mir mein Glück zu teilen.

Ich weiß, etwas Entscheidendes ist jetzt eingetreten, die Weichen sind gestellt für ein Leben ohne Ausgrenzung und unmittelbare Bedrohung. Die Zeiten des Käfigaufenthalts wie in der Gurtschewskastraße sind vorbei, vorbei die ständige Angst vor dem Sich-Verplappern. Diese Erkenntnis ist eine enorme seelische Befreiung, unbedingt. Freudensprünge, wie ich mir das vielleicht vorgestellt habe, mache ich deswegen nicht, die allgemeine und meine persönliche Situation sind dafür nicht angetan. Alles um mich ist trostlos. Ich, das befreite Opfer, stehe mit dem Eimer in der Hand mutterseelenallein auf der Straße und weiß nicht, was mit mir anfangen. Nur gut, dass die Ereignisse der letzten Stunden meinen Hunger und Durst betäuben. Allmählich dämmert es mir, der Krieg ist noch lange nicht zu Ende, an meiner persönlichen Misere wird sich so schnell nichts ändern, solange Vater nicht da ist. Ja, ich bin auf der Seite der Sieger, und die Deutschen können mir nichts mehr anhaben, doch diese Befreiung hat ihren Preis. So wie es hier aussieht, wird das Hungern weitergehen, und meine Bettel- und Klaukünste werden nach wie vor gefragt sein, nur unter einer anderen Voraussetzung. Die Ankunft der Russen in Praga sieht wahrlich nicht nach einer freudigen Begrüßung aus, aber ich bin mit Sicherheit einer der Ersten, der sich auf die Straße wagt, um meine Befreier in Augenschein zu nehmen, denn mehr ist es nicht. Wenn ich mir heute die alten Wochenschaubilder von der Befreiung Roms oder Paris ansehe, überkommt mich beinahe so etwas wie Neid angesichts dieser Freudenorgien – die »Befreiung« Pragas von den Nazis war nicht im Entferntesten damit vergleichbar.

Was ich damals noch nicht wusste: Der Stadtteil Praga wurde als Erstes befreit, ein halbes Jahr später dann Warschau. In dieser Zeit wütete der Warschauer Aufstand weiter, die Erhebung der Heimatarmee gegen die deutsche Besatzung, wobei Erstere schließlich angesichts der militärischen Übermacht kapitulierte. Währenddessen ließ Stalin die Rote Armee tatenlos zuschauen, wie geschätzte zweihunderttausend starben und die Stadt dem Erdboden gleichgemacht wurde, und verfolgte damit seine eigene Taktik. Eine der unbegreiflichsten und überflüssigsten Tragödien des ganzen Krieges.

Ich muss was trinken, aber in die Gartenanlage traue ich mich nicht, auch von dort weht jetzt Verwesungsgeruch herüber. Vielleicht sind die Panzerfahrer eine Lösung, die nach wie vor da sind und in der Zwischenzeit Besuch von einem Tankwagen hatten. Auch ein Begrüßungskomitee in Gestalt einiger gaffender Figuren steht jetzt um sie herum. Die Gaffer bedeuten mir, wo es Wasser gibt. Etwas weiter weg, hinter einem zerschossenen Haus, steht ein Laster mit einem Wassertank, und dort kann man sich bedienen. Sofern es einem gelingt, an den Wasserhahn zu kommen. Noch vor wenigen Minuten glaubte ich, allein auf der Welt zu sein, und nun herrscht das blanke Chaos. Ich habe keine Ahnung, wo all die Menschen plötzlich herkommen, die sich um das Wasser prügeln, und ich habe keine Chance. Die beiden Rotarmisten, die das Geschehen kontrollieren sollen, sind restlos überfordert. Einer schreit und schießt mit seiner Pistole in die Luft. Er droht in holprigem Polnisch, samt Wasseranhänger wieder abzufahren, sollte die Menge sich nicht anständig anstellen, und vor allem: eine Person – ein Behälter Wasser. Genau das ist die Ursache des ganzen Übels, ganze Familienklans mit unzähligen Eimern bevölkern den Wasserhahn.

Das Schießen und die Drohung scheinen zu wirken, es kommt eine gewisse Ordnung in die Wasserszene, aber ich habe nach wie vor einen schweren Stand und werde immer wieder abgedrängt, denn um ein Anstellen wie an der Opernkasse handelt es sich nicht. Es geht um Wasser, das jeden Augenblick zu Ende sein kann, und um Menschen, die sehr viel Durst haben, so wie ich. Ich habe das Glück, neben einer Frau zu stehen, die das große Wort führt und auch mit Kraftausdrücken nicht spart, wenn ihr etwas nicht passt. Sie sieht mich in Schwierigkeiten und fragt, ob ich allein hier sei. Ich wittere meine Chance und ziehe eine ähnliche Nummer ab, wie Mietek es mit der Lewandowski in Piontki getan hat. »Ja, gnädige Frau, ich bin ganz alleine hier. Uns ist das Wasser ausgegangen, das heißt meiner Schwester und mir, und meine Tante liegt im Sterben.« Sie nimmt mich an die Hand und umgeht den Knäuel von Menschen, und wo das Gedränge am größten ist, vor dem Zapfhahn, fängt sie an zu kreischen und zu schubsen. »Gebt dem Jungen Wasser. Seine Mutter liegt im Sterben!« Es wirkt, sie führt mich zum Wassertank, wo ich einen halben Eimer Wasser ergattern kann. Das mit der Tante hat sie richtig gehört, nur fiel ihr noch eine bessere Variante ein, um ans Wasser zu kommen.

So oder ähnlich wird von nun an mein Tagesablauf für das nächste halbe Jahr sein. Eine immerwährende Auseinandersetzung um Wasser und etwas Essbares, denn die Versorgungslage ist dramatisch, und auch unsere russisch-polnischen Befreier kriegen sie nicht in den Griff. Schon morgens beginnt für mich der Kampf um ein Stück Brot, dabei laufe ich Gefahr, erdrückt oder niedergetrampelt zu werden. Mir bleibt nichts anderes übrig, als erneut zu klauen und zu betteln, nur diesmal gibt meine Kundschaft noch weniger her, sie geht selbst am Stock.

Ich trinke, so viel ich kann, und versuche mit dem Rest Wasser in den Keller zu kommen, um es zu verstecken. Dabei begegne ich Menschen, die sich erstmals auf die Straße trauen und mich fragen, wo ich das Wasser herhabe. Darunter auch eine Alte, die ich beim ersten Kelleraufenthalt mit Wasser versorgt habe. »Kannst du mir einen Eimer Wasser besorgen? Ich gebe dir Brot dafür.« »Ja klar, kein Problem«, nur ich möchte das Brot vorher haben, denn das mit dem Wasser kann eine Weile dauern, und ich habe Hunger. Sie akzeptiert meinen Vorschlag, schleppt sich in eines der unzerstörten Häuser und bringt mir ein paar Scheiben Brot. Ich habe aber nicht vor, mich heute noch einmal um Wasser anzustellen, ich kassiere das Brot und laufe dorthin, wo die meisten hinrennen: zu der Ausfallstraße nach Lublin, woher in großer Zahl all die russischen Panzer rollen. Dass ich zu betrügen anfange, um an Essbares zu gelangen, kommt mir nicht in den Sinn. Ich habe Brot und Wasser und bin von den

Russenpanzern fasziniert. Einige preschen mit aufheulenden Motoren hin und her. Als gelte es, jemanden einzuschüchtern, rotieren sie auf der Stelle und reißen den Asphalt auf.

Das Gros der Panzerkolonne verschwindet durch den Bahndammtunnel Richtung Weichsel, einige weichen in die Seitenstraßen aus und fahren in eine andere Richtung, ich bin beeindruckt. Aber damit ist die Machtdemonstration nicht zu Ende. Tankwagen und Lastwagen kommen nach einer Weile nach und mit ihnen die Attraktion dieses denkwürdigen Tages, weibliche Soldaten. Sie springen von einem Lastwagen, schwärmen aus und fangen an, in jeder Hand ein buntes Fähnchen, militärisch zackig den ins Stocken geratenen Verkehr zu regulieren. Die meisten Soldatinnen sind klein und stämmig und mit großer Oberweite, jedenfalls kommt es mir so vor, denn die hellbraunen Blusen über dem schwarzen Rock werden in der Taille von einem breiten Ledergürtel zusammengehalten, und auf ihrem Kopf sitzt keck ein dunkelblaues Barett. Ausnahmslos sind sie mit einer Maschinenpistole oder einem Gewehr bewaffnet. Die Russen haben starke Frauen mitgebracht, von einer wird noch die Rede sein. Unter den Soldaten sind auch Typen, die ich noch nie gesehen habe und vor denen ich am Anfang mächtig Bammel habe, es sind Mongolen.

Der Stadtteil Praga, der Rückraum der Russen, wird jetzt stündlich mit Truppen aufgefüllt. Ich kenne ungefähr die militärische Lage: Die Rote Armee steht an der Weichsel, die ganze Umgebung ist über Nacht ein einziges Heereslager geworden. In den Straßen Lastwagen, Panzer und eine Unzahl an Panjewagen, Holzwagen mit ihren abgemagerten Pferdchen. Nur gut, dass sie ihre Artillerie und Katjuschawerfer außerhalb in unbewohntem Gebiet platziert haben und ihre Fernduelle mit den Deutschen nicht bei uns austragen. Lutek sollte im Übrigen recht behalten, als er bei einer seiner Kriegsanalysen meinte, die Russen werden eines Tages an der Weichsel stehen, nur sie zu überqueren wird lange dauern und unzählige Opfer kosten.

Eine Einheit polnischer Soldaten liegt jetzt bei uns im Hof und im Torbogen. Nachts schlafen sie oben in den zerschossenen Zimmern, die sie mühelos mit einer großen Leiter erreichen, mein Ausweichquartier ist auch dabei. Ich weiß nicht, wie groß der Anteil der Polen in dieser Streitmacht ist, jedenfalls ist die anfängliche Euphorie schnell verflogen, als die Leute merken, dass die wenigsten von denen, die in polnischen Uniformen stecken, Polnisch sprechen. Wo es geht, stellen sie Zelte auf, requirieren öffentliche Gebäude, Schulen und Hallen, aber die einfachen Soldaten sind nicht wählerisch und richten sich zwischen den Ruinen ein. Ganze Einheiten werden alle paar Tage abgezogen oder rücken nach, die Einzigen, die immer da sind, sind die jungen Frauen mit ihren bunten Fähnchen, die den Verkehr regeln. Offiziere, meist zu Pferd, tauchen auf, schreien herum und verschwinden wieder. Es kommen auch hohe Tiere mit goldenen Schulterklappen und vielen Sternen drauf, darunter auch eine zierliche Frau, und halten Ansprachen. Von den Polen bis zu den Mongolen steht jetzt alles in Reih und Glied und lauscht, ausnahmsweise ruhig und diszipliniert, was die hohen Offiziere zu verkünden haben.

Derweil stehen wir Schaulustigen um die ungewöhnlichen Fahrzeuge, mit denen sie gekommen sind – rechteckig wirkende und spartanisch ausgerüstete Geländewagen mit offenem Verdeck. Die Frontscheibe ist aufklappbar, die Fahrzeuge haben keine Türen und sind nach allen Seiten offen. Bei ihrem Anblick muss man befürchten, die Passagiere könnten während der Fahrt hinausfallen. Unsere Vorstellung von einem Fahrzeug ist auf den Kopf gestellt. Die Fahrer beäugen uns misstrauisch und lassen niemanden an die Wagen ran. Einer der Umstehenden meint, es sind amerikanische Armeeautos mit Allradantrieb. Zum ersten Mal sehe ich den legendären Jeep. Amerika, amerikanisch, das ist von nun an das Zauberwort. Hat nicht Vater einen Onkel dort, der sehr reich ist und im Überfluss lebt, und den er nach dem Krieg mit mir besuchen will? Hat Vater nicht von den paradiesischen Zuständen geschwärmt, die dort herrschen sollen? Was für ein mächtiges Land muss dieses Amerika sein, wenn es seine Autos für den Krieg an andere abgeben kann. Der Jeep ist von nun an eine heilige Kuh für mich, und das Land Amerika spukt mir im Kopf herum.

Einen Tag nach der Befreiung ist die Kulawa wieder da. Sie kann kaum glauben und bringt es auch zum Ausdruck, dass es mich noch gibt. Scheinheilig meint sie, ich könne bei ihr bleiben, bis Vater kommt, müsse aber für mich allein sorgen. Im Grunde ist ihre Lage mindestens so trostlos wie die meine, und sie ist froh, dass ihr kleiner Dieb und Bettler wieder für sie aktiv wird; mit ihrer Behinderung ist die Welt da draußen für sie noch gnadenloser, aber in ihren vier Wänden kann sie weiterhin despotisch Druck ausüben.

Gerade mal zwei Tage währt der Versuch unserer Befreier, die Bewohner Pragas mit Wasser und Brot zu versorgen, dann geben sie es auf. Entweder weil die Verteilung aus dem Ruder läuft oder weil es nichts mehr zu verteilen gibt. Das Letztere scheint mir eher der Fall, da ich hautnah die schlechte Verpflegung der Soldaten erlebe. Einmal am Tag, zwischen sieben und acht Uhr in der Frühe, kommt eine Feldküche auf Rädern vorbei, gezogen von einem klapprigen Pferd, das durch das Gewicht des riesigen Suppenkessels Gefahr läuft, jeden Augenblick in die Luft gehoben zu werden. Die Soldaten kommen aus ihren Löchern, stellen sich geduldig an und empfangen vom Küchenchef, einem bulligen Soldaten, der mit einem Schöpflöffel über dem dampfenden Kessel thront, einen Schlag Suppe in ihr Feldgeschirr. Der Assistent des Küchenchefs, der unten steht, gibt noch zwei Scheiben Brot dazu, und das muss für den ganzen Tag reichen. Klar, dass es das nicht tut. So wie sich die Soldaten Wodka und Mahorka – Tabak, den sie in Zeitungspapier eingewickelt rauchen – aus undefinierbaren Quellen besorgen, ist es auch mit der Ergänzung ihres Speiseplans. Obwohl ich von ihnen abhängig bin, gelingt es mir nicht herauszufinden, wie sie das anstellen. Jedenfalls kriegen sie nicht das, was ihnen zusteht, sie müssen sich selbst ein Minimum an Verpflegung besorgen, eine siegreiche Armee in Not.

Bevor es mir ein wenig besser geht, geht es mir erst mal sehr schlecht. Wasser ist das Einzige, was wieder reichlich zur Verfügung steht, und ich aktiviere einige Kontakte aus der alten Wasserkundschaft und mache auf Wasserträger. Das tue ich im Austausch gegen Brot oder ein paar Kartoffeln, aber auch für das Versprechen, mich ein anderes Mal zu entlohnen, was nie geschieht.

Meine Hauptnahrungsquelle für die nächsten Tage ist jedoch die Feldküche mit dem klapprigen Gaul. Nicht dass ich willkommen wäre bei dem Bullen auf dem Küchenwagen, denn in der Zwischenzeit bin ich nicht der einzige Bedürftige, der um einen Schlag Suppe bettelt, und deshalb muss er fürchten, dass es für seine Soldaten nicht reicht. Manchmal ist er schroff und abweisend, dann hilft auch das Bitten der Soldaten nicht, uns von der Suppe was abzugeben. Im Gegenteil, je mehr er bedrängt wird, desto rabiater wird er. An schlechten Tagen erteilt er seinem Assistenten Order, uns mit Fußtritten zu verjagen. Trotzdem schaffe ich es immer irgendwie, einen kleinen Topf Suppe nach Hause zu bringen. Wenn es nichts von der Feldküche gibt, kann ich mit einigen der Rotarmisten rechnen, die mir etwas von ihrer Ration überlassen.

Ohne diese einfachen Soldaten und deren natürliche Bereitschaft, zu teilen und zu helfen, erginge es uns Kindern sehr schlecht in diesen Tagen. Ihre Schlichtheit und Genügsamkeit wirken beruhigend und ansteckend zugleich. Ich kann stundenlang neben ihnen sitzen, als würde ich dazugehören. Es kommt mir auch nicht in den Sinn, ihnen etwas wegzunehmen oder sie zu beklauen. Ich übe mich ausnahmsweise in Geduld und warte, bis sie mir etwas geben. In solchen Momenten bedauere ich zutiefst, nicht schon fünfzehn, sechzehn oder siebzehn zu sein, um mit ihnen in den Krieg zu ziehen, obwohl ich eine genaue Vorstellung davon habe, was sie erwartet: mit hoher Wahrscheinlichkeit der Tod. Doch auch diese Aussicht würde mich kaum schrecken, mein immerwährender Kampf ums Überleben der letzten Jahre zeigt Wirkung. An der Seite meiner Befreier verspüre ich so was wie eine Todessehnsucht, ohne Vater erscheint mir manchmal alles hoffnungslos und unerträglich.

Sie zeigen mir bereitwillig ihre Waffen. Ich lerne, einen Revolver von einer Pistole zu unterscheiden und wie die schnelle Schussfolge einer Maschinenpistole oder eines Maschinengewehrs funktioniert. Dagegen ist ein normales Infanteriegewehr eine langweilige Angelegenheit. Die Wirkung dieser Waffen kenne ich genau, oft genug habe ich die Wunden gesehen, die sie reißen, und trotzdem üben sie eine seltene Faszination auf mich aus. Nur Handgranaten sind abschreckend für mich, ich empfinde sie als tückisch, vielleicht weil ich noch nicht in der Lage bin, sie weit genug zu werfen, und sie mir selbst zur Gefahr werden könnten. In meiner Anwesenheit werden Schießübungen veranstaltet. Einer hängt ein Hitlerbild an einer Ruinenmauer auf, und einige meiner neuen Freunde halten mit ihren Waffen drauf. Dies ist reiner Zeitvertreib, denn bis auf Waffenputzen haben sie nicht viel zu tun. Erst in ein paar Monaten werden sie mich für würdig halten, ein Gewehr abzufeuern, eine denkwürdige Erfahrung.

In der Trostlosigkeit meines Daseins lassen derlei Erlebnisse immer wieder einen Hoffnungsschimmer aufscheinen. Auch die Gerüchte und Spekulationen tragen dazu bei, die täglich die Runde machen, allen voran, dass die Russen bald eine Offensive starten werden, um Warschau zu befreien. Je mehr Tage vergehen und dieses Ereignis nicht eintrifft, werden englische und amerikanische Luftlandetruppen bemüht, auf deren Hilfe die Rote Armee und vor allem der polnische Aufstand wartet, denn um den steht es gar nicht gut. Dass die Deutschen wiederkommen könnten, ängstigt niemanden. Für uns sind sie erledigt, und die bunten Bilder tun ihr Übriges, die jetzt überall hängen und Hitler als einen Wurm zeigen, abwechselnd aufgespießt von einem polnischen oder russischen Bajonett. Und nicht zuletzt die zierliche Frau im Offiziersrang, die zu Anfang mit anderen hohen russischen Offizieren die Truppe instruierte. Diesmal ist sie allein und hält in perfektem Polnisch vom Dach eines Sanitätsautos eine Ansprache an eine große Menge Zivilisten, in der sie die Deutschen verteufelt und versichert, sie werden nie wiederkommen. Außerdem warnt sie vor Spionen und wilden Gerüchten, denen sie einen erbarmungslosen Kampf ansagt. Zuletzt verspricht sie, in Zusammenarbeit mit einer Wohltätigkeitsorganisation eine Suppenküche einzurichten, um die größte Not zu lindern.

Dass es Spione geben soll, wird zur Hysterie in Praga und

ist in aller Munde, denn die Deutschen schießen zwar höchstens zweimal am Tag ein paar Artillerieschüsse zu uns herüber, treffen aber fast immer. Da die Trefferquote unheimlich hoch und verlustreich ist, vermutet man Spione, die über Funk das deutsche Feuer leiten. Einmal fliegt ein Treibstofflager in die Luft, dann wird ein polnisches Rekrutierungsbüro getroffen, aber die größten Verluste an Mensch und Material erleiden die russischen Pioniere, die am Bahndamm arbeiten, um die Schienen von der jetzigen Spurnorm auf russische Breite zu erweitern. Die Verluste sind so hoch, dass nicht weit vom Bahndamm ein Friedhof für gefallene Rotarmisten angelegt wird. Weiter vorn, nicht weit von der Unterführung, gibt es bereits einen Friedhof für gefallene polnische Soldaten. Die Polen bekommen ein Kreuz aufs Grab, die Russen einen roten Stern. Meines Wissens wurde nie ein deutscher Spion in Praga geschnappt, es war eher so, dass die Deutschen genaues Kartenmaterial besaßen, das ihnen den präzisen Beschuss ermöglichte, auch ihre Ferngläser und anderen optischen Geräte gehörten zu dem Besten, was es gab.

Das Kommen und Gehen einzelner Einheiten findet jetzt kaum mehr statt, und ich kenne bereits seit Wochen eine Vielzahl an Soldaten und auch einige ihrer Gewohnheiten. Wenn sie sich außer der Reihe am offenen Feuer was kochen, findet es am späten Nachmittag statt, haben sie was zu trinken, dann ist jede Tageszeit recht. Meistens reicht der Wodka nur, um ihre Probleme zu verdrängen, aber wenn sie so viel trinken könnten, wie sie wollten, muss man nicht unbedingt in ihrer Nähe sein. Einmal in der Woche waschen sie sich gründlich, und zwar am Sonntag; sie waschen auch ihre persönlichen Sachen, etwa die Lumpen, die sie statt Socken an den Füßen tragen, und hängen sie zum Trocknen in die Sonne.

Es kommt vor, und das ist gewöhnungsbedürftig, dass sie dann nackt zwischen den Ruinen sitzen, Mahorka rauchen und ihrer Wäsche beim Trocknen zuschauen. Der gewöhnliche russische Soldat hat im Krieg keinen Satz Unterwäsche zum Wechseln und trägt keine Socken. Er läuft mit in Lumpen gewickelten Füßen, die im Sommer in Lederstiefeln und im Winter in Walenki stecken, von Sibirien bis nach Berlin und gewinnt in dieser ureigenen russischen Ausrüstung den Krieg.

Ich bin kein Soldat und gehe die meiste Zeit barfuß, und die Sachen, die ich am Körper trage, sind ebenfalls nur noch Lumpen. Ich habe keine Vorstellung, wie ich aussehe, denn die Kulawa besitzt keinen Spiegel mehr. Mein persönlicher Spiegel sind die Gesichter der Menschen, denen ich begegne, und darin lese ich Mitleid und Entsetzen. Ich muss sie, was den körperlichen Zustand anbelangt, noch um einiges überbieten, denn sie sind selbst von Entbehrung gezeichnet. Ob ich mich in dieser Zeit überhaupt gewaschen habe, weiß ich nicht mehr, der Kulawa ist es egal. Das ändert sich schlagartig, als ihre Tochter und ich von Juckreiz befallen werden, was auf Läuse schließen lässt. Als sich das bestätigt, bin ich der alleinige Sündenbock, obwohl auch andere Quellen in Frage kommen, zum Beispiel polnische Soldaten, die mit einem Fläschchen bei ihr vorbeischauen – dann kann sie es gar nicht erwarten, bis ich verschwunden bin. Kriegszeit ist auch Läusezeit, sie ist eine Erscheinung wie die schnelle Liebe, die mit den Soldaten kommt und geht und bei der auch die Kulawas zum Zuge kommen. Die Kulawa schert mich wie ein Schaf, wäscht mich und überhäuft mich dabei mit Obszönitäten. Sich selbst und ihrer Tochter wäscht sie das Haar, kocht die in Frage kommenden Kleidungsstücke und Bettwäsche in einem ihrer riesigen Töpfe. Sie muss damit Erfahrung haben, denn sie holt eine Art Puderzerstäuber hervor, stäubt mir ein übel riechendes Zeug auf den Kopf, sich selber unter die Achseln und auf den Schambereich. Die Laus bleibt freilich nur so lange weg, bis die Kulawa wieder Lust auf einen Soldaten mit einem Fläschchen bekommt.

In Praga macht sich Routine breit, die Front steht seit Wochen, es gibt keine auffälligen Bewegungen. Die Weichsel erweist sich als Schicksalsfluss, wer auf unserer Seite ist, hat gute Chancen davonzukommen, auf der anderen Seite, wo Vater ist, geht es rund. Wir können es sehen, hören und riechen, die Tragödie da drüben bedient unser aller Sinnesorgane. Von einer erhöhten Position aus, etwa einem Baum, beobachten wir Kinder, wie sich nach wie vor deutsche Stukas auf ihre Ziele stürzen und große Objekte in die Luft fliegen. Mittlerweile ist unser Gehör so geschult, dass wir zwischen einer Bombe und einer Sprengung unterscheiden können. Der beißende Rauch ist sowieso immer da, denn es liegen nur drei bis vier Kilometer dazwischen. Inzwischen machen Gerüchte die Runde, die Aufständischen auf der anderen Seite würden immer wieder verzweifelt Funksprüche absetzen und England und Amerika um Hilfe bitten. Was in Praga zur Vermutung führt, dass die Überlebenschancen dort drüben zusehends schwinden.

Panik erfasst mich angesichts der grausamen Realität, die sich jetzt täglich vor meinen Augen abspielt. Meine unerschütterliche Zuversicht, dass Vater lebt, bekommt erste Risse. Ich bin befreit, und niemand trachtet mir nach dem Leben, aber nach wie vor gilt der Umstand, dass ich ohne Vater auf Dauer keine Chance habe. Ich weiß, bei dieser Versorgungslage komme ich nicht über den Winter. Die Straße lenkt mich wenigstens ab, sie ermöglicht mir so was wie eine bescheidene Karriere: Ich habe mir einen Namen als unerschrockener Wasserträger gemacht, habe ein paar Brocken Russisch aufgeschnappt und mache das Beste draus. Wegen meiner Art, mit Soldaten umzugehen, scharen sich andere Kinder um mich, auch wenn ich von der Gestalt her keine Führungsfigur bin, wie Mietek sie war. Jetzt ist nicht mehr nur raue Kraft gefragt, sondern auch Flexibilität, um ans Ziel zu kommen, und das ist hart genug. Wenn es sein muss, schlage ich auch zu und bin am Anfang erstaunt darüber, dass es Wirkung zeigt.

Ich habe nichts zu verschenken, es gibt kaum was zu teilen, aber ich spüre Lücken in diesem trostlosen Entbehrungssystem auf und führe meine Truppe an sie heran. Ich erzähle niemandem, dass ich Jude bin, dieses eingebläute Versteckspiel überwindet man nicht über Nacht, aber die Tatsache, dass mir aus dieser Richtung nichts mehr passieren kann, beflügelt mich ungemein. Wie ein Schauspieler, der seine Rolle spielt, ziehe ich meine Nummer ab, um an Essbares zu gelangen und wieder einen Tag hinter mich zu bringen. Aber die Wirklichkeit holt mich immer wieder ein und nagt ungemein an mir. Was ist, wenn Vater nicht mehr kommt? Ich weiß, so wie sie eine Suppenküche einrichten wollen, um dem Hunger in Praga zu begegnen, ist die Rede davon, elternlose Straßenkinder in ein Heim zu stecken. Dass ich ein Kandidat dafür bin, liegt auf der Hand und gibt mir den Rest. Wenn mir mal wieder der Gedanke daran durch den Kopf spukt, bin ich einen Tick aggressiver; beim Stehlen, Betteln und sonstigen Aktivitäten laufe ich zur Hochform auf und ziehe die anderen mit.

Die Weichselfront ist erstarrt, doch der Stadtteil Praga erwacht zum Leben, sehr bescheiden, aber immerhin. Ein Tauschmarkt entsteht, zum Teil mit Gegenständen, die man sich beim Militär besorgt, und das im großen Stil. Die Züge mit Nachschub rollen auf der neu verbreiterten Spur nach Praga herein, und das Entscheidende dabei: Beim Entladen fallen »Spezialisten«, mit dem Wohlwollen russischer Offiziere, Gegenstände in die Hände, die sie gegen Goldschmuck, vornehmlich Eheringe oder Uhren, tauschen. Später sind auch amerikanische Dollar im Spiel. Von dem großen Dreh, der sich vor unseren Augen abspielt, haben wir Straßenkinder nichts, oder das Allerwenigste. Wir sind mit Abstand das schwächste Glied in der illegalen Beschaffungsaktivität, die sich in Praga breitmacht, haben andererseits das geringere Risiko, denn ungefährlich ist die Sache nicht. Nach wie vor bin ich angewiesen auf einen ordentlichen Schlag Suppe, den mir meine russischen Soldatenfreunde täglich spendieren. Andererseits schaue ich zu, was ich für sie tun kann, und sei es nur, dass ich altes Zeitungspapier besorge, das sie dringend für ihre Mahorka-Zigaretten brauchen. Wie ein braver Angestellter geselle ich mich frühmorgens zu ihnen und warte geduldig auf den klapprigen Gaul mit der Gulaschkanone. Von der Suppe genehmige ich mir das meiste selbst und bringe den Rest der Kulawa.

8

General Winter

DIE ERSTEN VORBOTEN einer anderen Jahreszeit lassen uns ahnen, was uns bevorsteht, wenn sich General Winter und Väterchen Frost zu der allgemeinen Elendslage dazugesellen. Die kühlen Nächte sind ein Vorgeschmack darauf, denn kaum ein Fenster ist heil geblieben. Die Lösung des Problems: Die Fenster werden provisorisch mit Brettern zugenagelt. Die Kulawa beauftragt mich, Bretter zu besorgen, der Beginn einer bescheidenen Einnahmequelle für die nächste Zeit. Die Bretter reiße ich mit meiner Truppe von den ohnehin demolierten Zäunen, oder wir klauen sie von den Pioniertruppen vorn am Bahndamm, lagern sie im Keller und bieten sie in der Nachbarschaft als Fensterersatz für den nächsten Winter an, natürlich gegen entsprechende Entlohnung. Bei mir geht es jetzt rund, täglich bin ich an der Bahnstation, merke mir die Gesichter der »Spezialisten« und der alles überwachenden russischen Offiziere und hoffe auf eine Chance, dass etwas Größeres auch für mich abfällt. Das ist aber so gut wie nie der Fall, denn bis auf ein paar Taschenlampen aus einem geplatzten Karton und etliche Stücke Seife bekomme ich nichts ab. Bis zum Ende meiner Zeit in Praga werde ich mehr oder weniger der kleine Mundraubspezialist bleiben.

Dazwischen gibt es auch eine Phase, in der ich mir ehrlich

ein Stück Brot und ein paar Konservendosen verdiene: Ich werde Zeitungsausträger, besser gesagt Verteiler eines Propagandapamphlets der neuen polnischen Armee. Angelockt von bunten Bildern eines neu eingerichteten Rekrutierungsbüros, fragt mich eines Tages ein Uniformierter, ob ich auf der Straße Zeitungen verteilen will, er bietet mir wahlweise ein halbes Brot oder eine Konservendose Fett dafür. Ich bin sofort einverstanden, denn es ist ein gefragter Job. Das Büro selbst ist ein umfunktionierter Laden, bevölkert von wichtigtuerischen Militärs, frequentiert von nervös wirkenden Zivilisten jüngeren Jahrgangs. Die bunten Bilder der mit Bajonett angreifenden Soldaten, die mich angelockt haben, hängen auch hier überall an den Wänden und geben mir das Gefühl, zum ersten Mal etwas tun zu können, das sich unmittelbar gegen die Deutschen richtet. Der Uniformierte drückt mir einen Stapel einer zweiseitigen Zeitung in die Hände und ermahnt mich, ihn laut schreiend auf der Straße unter die Leute zu bringen. Er sagt mir auch, was ich zu schreien habe, und wehe mir, wenn es mir zu blöd wird und ich den Zeitungsstoß einfach wegwerfe.

Am Anfang zögerlich und verklemmt, bringe ich nur ein paar Piepser heraus, wahrscheinlich hemmt mich noch immer die Angst, laut auf der Straße gegen Hitler und die Deutschen zu agieren. Die »Polska Gazeta«, so heißt das Blatt, gibt es umsonst, und die Kundschaft auf der Straße lockt mich wie von selbst aus der piepsenden Reserve, bis ich den Slogan, der sich auf Polnisch reimt und bedeutet, dass Hitler »alle viere von sich streckt«, laut und vernehmlich von mir gebe. Ich weiß nicht, ob der Inhalt der »Polska Gazeta« etwas mit dem reißerischen Reim zu tun hat, aber das ist unerheblich. Die Tatsache, dass ich durch Pragas Straßen laufen und Hitlers Ende verkünden kann, ist eine nachträgliche Befreiungsfeier und eine persönliche Genugtuung, die nichts damit zu tun hat, ob die Leute die »Polska Gazeta« lesen wollen oder nicht. Letzteres ist übrigens der Fall, denn ich kann schreien, so viel ich will, kein Mensch will sie haben. Ich schenke einen Teil meinen russischen Freunden für ihre Mahorka-Zigaretten, den Rest schmeiße ich tatsächlich weg und lasse mich im Rekrutierungsbüro nicht mehr blicken.

Mit dem Wechsel der Jahreszeiten wird auch unsere polnische Einheit im Hof und im Haus von Russen abgelöst. Das ist für mich insofern bemerkenswert, als ich beim üblichen Annäherungsprozess feststelle, dass etliche der Rotarmisten Juden sind. Das wäre mir nicht weiter aufgefallen, denn sie sprechen alle Russisch, bis einer der Soldaten, den meine Nähe und Neugierde offensichtlich nerven, zu seinen Kameraden auf Jiddisch sagt: »Pass of, der Kleine is a Ganev« – der Kleine ist ein Dieb. Ich lass die beiden und ein paar andere nicht aus den Augen, denn die jüdische Fraktion der Roten Armee spricht tatsächlich Jiddisch, wenn sie etwas sagen will, was nicht für fremde Ohren bestimmt ist. Das bestätigt sich auch, als jene zierliche Frau im Offiziersrang, die die Ansprachen gehalten und die Suppenküche versprochen hat, bei uns vorbeikommt, um die Rotarmisten zu inspizieren. »Vorbeikommen« ist nicht das richtige Wort – wenn sie plötzlich zu Pferd mit ihrem Adjutanten die Bühne betritt, ihre Bühne, und alles vor ihr zittert, auch die jüdische Fraktion. Hinter vorgehaltener Hand nennen sie sie »die jüdische Mame«, und ich frage mich, woher der Kosename für diese knüppelharte Genossin rührt. Die jüdische Mame ist im Rang eines Oberstleutnants, aber das ist nebensächlich, denn ihre Machtfülle geht weit darüber hinaus. Sie ist die eigentliche Regentin in Praga, vor der auch die Generäle kuschen.

Ihre wahre Funktion ist die einer Politruk, einer Polit-offizierin. Sie ist eine Angehörige jener »jüdisch-bolschewistischen« Kaste, die Hitler sogleich zu erledigen versuchte, als er die Sowjetunion überfiel, was ihm zum Teil gelang, aber eben nur zum Teil. Denn die, die davonkamen, darunter die jüdische Mame, hielten die auseinanderbrechende Russenfront vor Moskau und an der Wolga zusammen. Mit allen Mitteln und um jeden Preis, auf Kosten unzähliger Opfer. In diesem Herbst 1944 in Praga scheint sich der Krieg auf die Konstellation die jüdische Mame gegen Adolf Hitler zu reduzieren. Ein eisiger Wind eilt ihr voraus. Sie trägt ein Barett, ähnlich dem der Verkehrsmilizionärinnen, eine oliv-grüne Bluse mit zu groß wirkenden Schulterklappen und eine schwarze Reithose. Im Sattel wirkt sie eher unsicher, wie ein junges Mädchen, das noch ungeübt im Reiten ist. Mit dem Pferd kommt sie überall hin, in jeden Hinterhof und jede Ruine, wo sie Soldaten vermutet. Wenn sie Soldaten entdeckt, aber keiner Meldung macht, lässt sie ihren Adjutanten absitzen. Dann folgt das, wofür sie von uns Kindern einen polnischen Spitznamen verpasst bekam: »Okropna Mamusia« − »die schreckliche Mutter«, und den hat sie verdient, denn ihr Adjutant ist nicht zimperlich im Umgang mit Untergebenen, die Reitpeitsche in seiner Hand ist nicht nur für sein Pferd da. Sie selbst spuckt Gift und Galle und droht mit drakonischen Strafen. Es war ein weiter Weg von der Wolga bis an die Weichsel, und mit Disziplinlosigkeit hätte sie es nicht mit so einem mächtigen und erbarmungslosen Feind wie Nazideutschland aufnehmen können. Jetzt heißt es, den Schlendrian zu bekämpfen, denn mit einem desolaten Haufen wird sie die andere Seite der Weichsel nicht erreichen. Es ist kein Zufall, dass in der Zeit ihrer Regentschaft die »Spezialisten« von der provisorischen Bahnstation verschwunden sind und in Praga niemand mehr mit den korrupten russischen Offizieren Tauschhandel betreiben will.

Ich weiß nicht, ob die »jüdische Mame« es geschafft hat, über die Weichsel zu gelangen. Ich sehe sie noch ein paar Mal mit ihrem Adjutanten, aber nicht mehr zu Pferd, sondern im Jeep. Statt ihres Baretts trägt sie einen dicken Verband um den Kopf, und welche Verletzungen sie außerdem davontrug, ist nicht zu erkennen, jedenfalls kann sie den Jeep ohne Hilfe nicht mehr verlassen. Zur Suppenkücheneröffnung ist sie da, bekommt Applaus, hält aber keine Rede mehr. Seither hat man sie in Praga nie wieder gesehen. Eigentlich schade, denn mit ihrer Abwesenheit sinkt die Qualität der Suppenverpflegung dramatisch, »Spezialisten« haben auch diese Einrichtung unterwandert, die eine elementare Stütze im Kampf gegen den Hunger sein sollte. Die »schreckliche Mutter« hätte da nicht tatenlos zugeschaut, sie hätte diesen Verbrechern das Handwerk gelegt.

Währenddessen spukt in unseren Köpfen die englisch-amerikanische Luftlandearmada herum, von der wir den endgültigen Befreiungsschlag erhoffen. Doch der besteht gerade mal aus drei zweimotorigen Maschinen, donnert an einem sonnigen Herbstnachmittag über unsere Köpfe hinweg in Richtung Weichsel und dem Stadtzentrum Warschaus. Wir stehen im Hof und schreien euphorisch: »Die Amerikaner sind da«, was keineswegs zutrifft, es ist eine rein englische Aktion. Sie kommen noch einmal, weil sie ihre Abwurfstelle verfehlen, nur diesmal sind es nur noch zwei von drei Maschinen, die andere ging im deutschen Abwehrfeuer verloren. Die verbliebenen beiden kommen jetzt noch tiefer daher, für Sekunden erkennen wir in einer der Maschinen klar den Lademeister in der geöffneten Ladeluke. Er trägt eine Sturmkappe sowie eine überdimensionale Sturmbrille, und einige meinen hinterher, er hätte uns sogar zugewinkt. Was für ein heroischer Anblick, was für ein sinnloser Tod. Nur eine Maschine entkommt, die ganze Ladung, die für die Aufständischen bestimmt war, fällt den Deutschen in die Hände.

Die angloamerikanische Luftoperation, die keine war, dauert keine halbe Stunde, sollte wohl eher ein symbolischer Akt der Engländer gegenüber dem Warschauer Aufstand sein. Sie kommt viel zu spät, endet in einem Fiasko und läutet das endgültige Aus für die polnischen Warschaubefreier ein und bei uns ein Gefühl der Ohnmacht und Enttäuschung. Ein Krieg wird zum Teil durch Irrungen und Wirrungen bestimmt und den Gegensatz von Heldenpathos und mörderischer Realität. Diese sinnlose Aktion ist ein Beispiel dafür und kostet ein paar schneidigen Männern das Leben. Die nationale Erhebung der Polen bricht in Warschau endgültig zusammen, die Überlebenden ergeben sich und gehen in die Gefangenschaft, auf Befehl Hitlers wird die Stadt niedergebrannt und zerstört.

Vor dem Hintergrund dieser intensiven Geschehnisse treibt mich die Frage um, wie ich den nächsten Tag überleben soll, und die geht zwangsläufig mit dem Gedanken einher: Werden die Russen das andere Seeufer der Weichsel erreichen oder nicht? Das Westufer der Weichsel wird für mich zum Sinnbild der erhofften Rettung, denn dort ist Vater, sollte er die Hölle überlebt haben. Mit meinem kindlichen Bewusstsein versuche ich mir auszumalen, wie eine solche Aktion vonstattengehen soll. Ich setze mich unter Druck, denn ich kann mir nicht vorstellen, wie man so eine Streitmacht, mit Panzern und so, über die bald zugefrorene Weichsel bringen kann. Die Brücken sind keine Lösung, die kann man sprengen, was längst geschehen ist, wie ich später erfahre. In meinen Gedanken ist es ein Wettlauf mit der Zeit, denn ich sehe im nahenden Winter eine realistische Bedrohung, und das zu Recht, ich habe kaum was zum Anziehen, und wie soll ich ihn ohne Wintersachen überstehen? Ich besitze weder Mantel noch eine warme Joppe, dafür aber etwas anderes Überlebenswichtiges, nämlich ein Paar Schnürstiefel, die mir Vater beim letzten Besuch mitbrachte, mein ganzer Stolz. Doch als ich nach ihnen sehe, sind sie weg, gestohlen. Ich weiß, was der Verlust bedeutet, denn ich habe jetzt nur noch ein Paar ungefütterte Gummistiefel, die erste Risse aufweisen.

Die Kulawa ist sich des Ausmaßes dieses Verlusts wohl bewusst, denn davon ist auch sie betroffen. Auch weiß sie, genau wie ich, wie der Diebstahl passierte. Einer ihrer uniformierten Liebhaber war es, denn sonst war niemand im Zimmer, und Kinderschuhe sind wie eine kostbare Währung. Wahrscheinlich hat der Dieb sie als Liebeslohn bei seiner nächsten Partnerin eingesetzt, vielleicht nur ein paar Häuser weiter. Ich bin untröstlich und außer mir vor Zorn, und selbst auf die Gefahr hin, dass sie mich erschlägt, kommt mein Gassenjargon voll zum Einsatz. Ich nenne sie eine alte Hure, deren Vögelei ich den Verlust der Stiefel zu verdanken habe. Was im Winter passiert, hat sie zu verantworten. Die Kulawa weiß, dass die Gasse meine Schule ist, aber der Grad meiner Verrohung überrascht sie dennoch. Keine Schläge, keine Widerrede, sie kann sich das nicht mehr leisten, wenn sie will, dass ich noch funktioniere. Sie selbst schafft es nicht einmal bis zur Suppenküche, die ungefähr einen Kilometer weit weg ist.

Diese Periode fordert mich ungemein und gesteht mir nur phasenweise zu, Kind zu sein. In der Suppenküche besorge ich ein Blatt Papier und einen Stift und bringe meine Wunschgedanken zu Papier. Ich zeichne Flüsse und Boote, so gut ich kann, und in meiner persönlichen Invasion ist die Weichsel nicht zugefroren. Auf den Flößen die Panzer, und zwar nur der Typ T-34, der hat es mir besonders angetan. Auf den Booten die Infanterie, die aus allen Rohren feuert. Andere Truppenteile wie Artillerie, Lastwagen oder die langweiligen Panjewagen spielen bei meiner Invasion keine Rolle.

Später kommen im Tiefflug angreifende Flugzeuge hinzu, aber da zeichne ich die Realität nach, denn nach dem Zusammenbruch des polnischen Aufstands greifen die Russen alle paar Tage aus der Luft die deutschen Stellungen am anderen Ufer an. Ein elektrisierendes Schauspiel auf Leben und Tod, das kein Kinofilm nachzuempfinden vermag. Die Russen greifen mit zweimotorigen Maschinen aus großer Höhe an und immer bei gutem Wetter. Wir, das Publikum von des Teufels Flugveranstaltung, können alles wunderbar verfolgen, und da wir keinen Augenblick selbst gefährdet sind, kommentieren wir entsprechend großspurig das, was sich am Himmel abspielt. Es sind immer wieder ungewöhnliche, spannende Momente, als sich die Russenflieger durch die schwarzen Wölkchen des deutschen Abwehrfeuers auf unsere Feinde stürzen, dann das Entsetzen, als eine der Maschinen Feuer fängt. Wenn keine weißen Punkte am Himmel zu sehen sind, bevor die Maschine trudelnd zu Boden stürzt, bedeutet das, die Besatzung konnte sich nicht mit dem Fallschirm retten und ist verloren. Weiße Punkte am blauen Himmel markieren das Gegenteil, die Piloten leben und schweben zur Erde, und jetzt beginnt das eigentliche Drama: Wohin treibt sie der Wind? Zu den deutschen Linien, oder landen sie auf unserer Seite? Je nach Wetter gibt es diese Todesperformance ein- bis zweimal in der Woche am Himmel. Wie wir sehen können, verlieren die Russen zwei bis drei Maschinen pro Einsatz. Über den Verlust an Menschenleben bei den Fliegern haben wir nur eine vage Vorstellung, welche Verluste sich die Deutschen einhandeln, wissen wir nicht. Die deutsche Luftwaffe, für die der Stadtteil Praga ein lohnendes militärisches Ziel wäre, ist in diesen Wochen und Monaten so gut wie nicht präsent. Sie scheint im wahrsten Sinne des Wortes am Boden zu sein. Ein paar Luftkämpfe mit russischen Jägern, das war's. Ihr Chef, der aufgeblasene Popanz Hermann Göring, hat ausgespielt.

Die Regelmäßigkeit der entbehrungsreichen Abläufe wird entscheidend vom Wetter bestimmt, es wird immer kälter, der Winter naht, ich fange an zu frieren, bei Tag und Nacht. Bereits am frühen Morgen, wenn ich bei den Rotarmisten um einen Schlag Suppe bettle, bin ich durchgefroren. Sie tragen inzwischen ihre grau-braunen Mäntel. Manche Infanterieeinheiten, die frisch herangeführt werden, haben wattierte Jacken an, allerdings kampieren sie unter freiem Himmel. Den Soldaten muss ich halb nackt vorkommen. Ich trage bereits die Sachen, mit denen ich über den Winter kommen soll: die halbwegs gestopfte Strumpfhose vom letzten Jahr, kurze Hose und die porösen Gummistiefel. Trotz der Strumpfhose und des Unterhemds, die ich Tag und Nacht anhabe, friere ich auch nachts, denn aus den bekannten Gründen lässt die Kulawa mich schon seit langem nicht mehr auf der Couch schlafen und entzieht mir das Bettzeug, um sich mit ihrer Tochter im kalten Zimmer unter einer doppelten Schicht Decken zu verkriechen. Sie gesteht mir eine alte muffige Wolldecke zu, unter der ich auf einem Strohsack zwischen Couch und Schrank auf dem Boden schlafe. Ich bin ihr nicht einmal böse deswegen, denn wenn ich den Strohsack nässe, was ab und zu geschieht, habe ich nicht so ein schlechtes Gewissen, als wenn es auf der Couch passierte. In manchen Nächten friere ich auf meinem Nachtlager erbärmlich, und das ist erst der Anfang des Winters. Erst um die Mittagszeit kann ich mich auf der Sonnenseite der breiten Ausfallstraße nach Lublin ein wenig aufwärmen, und das nur an sonnigen Tagen. Dann sitze ich mit den anderen Kindern dicht an dicht auf der Bordsteinkante, sehe dem geschäftigen Treiben der Militärs zu und hoffe auf die Unachtsamkeit eines der Soldaten, um mir etwas Ess- oder Tauschbares unter den Nagel zu reißen. Mahorka zum Beispiel ist so ein begehrtes Tauschobjekt. Wir haben unsere Kochtöpfe oder Kannen dabei, und wenn die Sonne uns nicht mehr wärmt, ziehen wir weiter zu der Suppenküche, um uns etwas von der ungenießbaren, schleimigen Brühe abzuholen. Die Suppe aus der Gulaschkanone der Rotarmisten ist unvergleichlich besser, beinhaltet auch kleine Fleischstücke und ist geschmacklich ein Genuss, jedenfalls kommt es mir so vor. Was Wunder, sie ist das Grundnahrungsmittel, das mich am Leben erhält, nur schade, dass ich nicht genug davon kriege. Ich glaube, noch heute würde ich ihr den Vorzug geben vor einem Essen in einem piekfeinen Restaurant.

Die Suppenausgabe wird von den Ärmsten der Armen frequentiert, die buchstäblich nichts mehr zu essen haben. Die meisten derer, die in einer langen Schlange warten, sind Kinder und Alte. Kinder werden vorgeschoben, weil die Eltern sich schämen, sich um diesen Fraß anstellen zu müssen, und die Alten müssten sonst verhungern, was manchen auch widerfährt. Die Dame, die für den Betrieb zuständig ist, kommt grundsätzlich sehr spät, ist für diese Zeiten ungewöhnlich aufgetakelt und rümpft die Nase, wenn sie an uns vorbeimuss, eine einzige Provokation. Sie ist für uns das geschminkte und parfümierte Sinnbild für Korruption, der wir diese »Suppe« zu verdanken haben, entsprechend ist die Begrüßung. Sämtliche Obszönitäten, die die polnische Sprache beinhaltet, werden ihr an den Kopf geworfen, auch von mir. Sie beantwortet es mit einem überheblichen Grinsen, das sie sich leisten kann, sitzt sie doch an der Quelle.

Die schwappende Suppe im Topf nach Hause zu schaffen ist eine Kunst für sich. Selten bringe ich den ganzen Inhalt heil heim zur Kulawa, manchmal auch gar nicht, nämlich dann, wenn der glitschige und durchweichte Strick, den ich der Stabilität wegen kunstvoll um die Henkel gebunden habe, reißt oder meinen klammen Fingern entgleitet. In den kommenden Wintertagen wird das zu einem äußerst schmerzhaften Procedere.

Die ersten Schneeflocken reißen mich aus all meinen vorgezogenen Invasionsträumen und heldenhaften Weichselüberquerungen, sie schlagen mir praktisch den Stift aus der Hand, mit dem ich mir mein Leiden verkürzen wollte. Der erste Schnee ist nicht mehr das freudige Ereignis wie damals im Zychliner Ghetto oder auch in meinem Käfig in der Gurtschewskastraße, wo ich sehnsüchtig aus dem Fenster blickte und der Garten einem bizarren Wintermärchen glich. Ich weiß, was diese weiße Pracht, die so unschuldig vom Himmel fällt, für mich bedeutet.

Wie die Tiere draußen in der Natur, wo sich der Winter jene Angehörige jeder Spezies holt, die alt, krank oder am Verhungern sind, bin auch ich von ihm bedroht. Im Gegensatz zu den Nazis kann man sich nicht vor ihm verstecken oder ihn mit einem falschen Ausweis übertölpeln. Von den Nazis bestens präpariert, bin ich ein Todeskandidat für General Winter: keine wärmenden Kleider, die mich vor der Kälte schützen, und der immerwährende Hunger. Wie ein Wolf, der tagelang seine Beute verfolgt, ist er auf mich angesetzt. Mit dem Unterschied, dass er nicht sichtbar ist, dabei aber stets hautnah präsent. Er legt sich mit auf das immer feuchte Strohlager, lässt mich nicht schlafen, um dann in der Frühe mit mir aufzustehen. Ich darf mir jetzt keinen Ausrutscher leisten, wie einen Schwächeanfall, eine Verletzung oder Krankheit, sonst ist er zur Stelle. Man kann sich heutzutage, in diesen Breitengraden mit Fernwärmeheizung, modernen Heizöfen und Steppjacken, kaum vorstellen, was ein strenger Winter im Ausnahmezustand wie Krieg bedeuten kann.

Aber nach einer eisigen Nacht, in der ich von skurrilen Träumen gebeutelt werde, bin ich zu kaum etwas in der Lage, es ist nur eine Frage der Zeit, bis ich den Gaul mit der Gulaschkanone morgens nicht mehr erreiche. Die Tortur zur Suppenküche und zurück schaffe ich nur noch alle paar Tage, und dann die Frage: Können meine klammen Finger den Topf halten oder nicht? Will ich den Hauch einer Chance wahren, Vater wiederzusehen und damit zu überleben, brauche ich zumindest eine warme Jacke oder Ähnliches, und ich weiß, wo ich so was finden könnte, denn nach wie vor gibt es, in geschrumpfter Form, einen Tauschmarkt gleich hinter der Bahnunterführung.

Ich versuche, an einen »Spezialisten« ranzukommen, der getragene Kindersachen hat, aber der ist vor mir auf der Hut, er weiß, ich habe nichts zu tauschen, ich will nur klauen. Als ich ihn frage, was er denn für eine Jacke oder einen Mantel will, lässt er mich nicht aus den Augen. »Wenn du mir ein Fernglas bringst, am liebsten ein deutsches, habe ich was Passendes für dich.« Er weiß genau, wo immer ich übernachte, hungere und friere ich. Und er weiß, wie ein Kind ohne Obhut, wie ich, den eisigen Tag überleben kann. Mehr denn je bin ich gezwungen, die Nähe von Soldaten zu suchen, und er hat recht. Die Feuer, die die Soldaten jetzt im Freien anzünden, sind für ein paar Stunden eine Überlebensgarantie, vergleichbar mit einem Schlag Suppe oder einem Stück Brot in der Frühe. Ihren wärmenden Radius mit leerem Magen und ohne entsprechende Kleidung für längere Zeit zu verlassen ist eine tödliche Gefahr, aber gerade diese Gefahr beschwöre ich herauf, wenn ich ihnen ein Fernglas stehle. Wie für eine Waffe ist der Besitzer dafür verantwortlich. Anders als bei einem Stück harten Brot, einem Päckchen Mahorka oder wenn es ganz gut kommt einer Konservendose, ist ein Fernglas eine große Nummer für mich und eine gefährliche dazu. »Tu das nicht, Senek. Sie schneiden dir die Eier ab, wenn sie dich erwischen«, lautet der Rat eines Straßenkumpels, den ich aus Angst vor der eigenen Courage in mein Vorhaben einweihe, aber wo ich eine Winterjoppe herkriegen kann, weiß er auch nicht. Um den letzten Schritt nicht tun zu müssen, befrage ich aus Verzweiflung die Leute in der Nachbarschaft, ob sie ein entsprechendes Kleidungsstück für mich haben im Tausch gegen Sachen, die ich gar nicht besitze. Vergeblich.

Der Feldstecher, den ich klaue, stammt von einem Jeep, der zufällig des Weges kommt. Seine durchgefrorene Besatzung, ein Offizier und sein Fahrer, halten an, um sich ein paar Meter weiter am wärmenden Feuer eine Zigarette anzuzünden. Ob Panjewagen, Panzer oder Lastwagen, aus purer Gewohnheit überprüfe ich das Fahrzeug und suche nach Verwertbarem. Unter dem Vorwand, nur spielen zu wollen, klettere ich rauf und bin erstaunt, dass man mich gewähren lässt. Den Feldstecher entdecke ich auf dem Boden liegend im hinteren Teil des Jeeps, zwischen einem Koffer, Rucksack und einem Gewehr – die Chance. Blitzschnell klettere ich hinein, schmeiße das begehrte Stück auf der anderen Seite hinaus, steige wieder vom Jeep und sondiere die Situation. Keine Reaktion. Die beiden stehen immer noch am wärmenden Feuer, rauchen und schwatzen mit den anderen Rotarmisten, der Rest ist ein Kinderspiel. Der Feldstecher steckt in einem abgewetzten Futteral. Obwohl ich mich damit nicht auskenne, wirkt er auf mich eher russisch als deutsch, aber was soll's, ich habe etwas in der Hand zum Tauschen, und das wird schwer genug. Mein gefährliches Beutestück verstecke ich unter dem stets feuchten Strohsack und verkrieche mich, mit Hoffen und Bangen, unter der muffigen Decke. Das mit dem Jeep ist ein glücklicher Umstand. Mit großer Wahrscheinlichkeit wird der Diebstahl erst Stunden später und Kilometer weiter entdeckt, trotzdem erscheine ich an diesem Morgen mit einer Mischung aus Angst und schlechtem Gewissen bei den Soldaten, um mir meine Suppe zu schnorren. Ich friere einen Tick mehr und finde alles zum Kotzen, nie war mir mein Elend bewusster als an diesem Morgen, obwohl niemand in mir den Feldstecherdieb vermutet.

Mit der Kälte hat sich meine Clique praktisch aufgelöst. Nur ab und zu treffe ich vor dem Suppenküchengang ein paar frierende und hungernde Figuren im Torbogen, wo wir uns in einer Art stummer Verzweiflung austauschen, und sei es nur, um eine Zeit lang zusammenzuhocken und uns gegenseitig zu wärmen. In diesem verlorenen Häufchen gebe ich keine Führerfigur mehr ab, ich wüsste auch nicht, wohin ich sie führen sollte.

Zum »Spezialisten« mit den Kinderklamotten will ich nicht allein gehen, ich weiß, er wird versuchen, mich über den Tisch zu ziehen. Früher hätte mich die ganze Bande begleitet, diesmal kann ich gerade mal einen dazu überreden. Wie erwartet, macht der Typ Probleme. Um den Tausch mit gestohlenem Armeegut vor neugierigen Blicken zu bewahren, zieht er mich dicht heran und begutachtet den Feldstecher, qualifiziert ihn als billiges russisches Zeug ab und bietet mir eine geflickte Wollweste dafür, die man zur Not unter einer Joppe oder einem Mantel tragen kann, allein über den

Winter kommt man damit nicht. Ich habe keine Erfahrung im Tauschgeschäft, habe aber die rauen Methoden beobachtet. Ich entreiße ihm das Ding wieder, habe keine Probleme damit, dass alle den Feldstecher sehen, und werde laut und eindeutig. Er hat die Ware bei mir bestellt, und nun will er mich betrügen, also gut, wenn er es so will, komme ich morgen mit meinem großen Bruder. Er ist eine solche Show vielleicht gewöhnt, aber nicht von einem halb verhungerten kreischenden Fratz, der die Umstehenden mit seinem augenscheinlichen Elend auf seine Seite zieht. Er braucht keinen Ärger, er will seinen Tauschplatz nicht verlieren, und ich habe bewiesen, dass ich auf Bestellung was besorgen kann, kein Grund, die Geschäftsbeziehung zu mir abzubrechen. Ich soll doch morgen kommen, dann habe er was Passendes für mich.

Den Mantel, den er mir am nächsten Tag anbietet, mag früher einmal diese Bezeichnung verdient haben, aber er wird nichts anderes beschaffen können, denn ein Kinderladen wie in Friedenszeiten ist er nicht. Die Zeit drängt, ich friere erbärmlich, ich muss in den Tausch einwilligen. Der Mantel stammt aus einer brennenden Ruine, ist mir zu groß, an Ärmel und Kragen versengt, hat keine Knöpfe mehr. Aber gut möglich, dass er mir das Leben gerettet hat. Mit einem Strick um die Taille zusammengebunden, wird er zu meiner Allzweckwaffe gegen die Kälte, auch nachts, da ich immer öfter von fiebrigen Träumen gebeutelt werde. Dann erscheint Vater in der Uniform eines polnischen Hauptmanns und verdrängt immer mehr Mutter von der Sonnenblumenwiese, auf der er früher in meinen Träumen erstaunlicherweise nie eine Rolle gespielt hat. Eine Art persönlicher Kriegsgott, greift er in das Geschehen ein und führt die Parade der Superwaffen, wie der Katjuschas oder dem T-34, auf der Wiese an. Alles um mich herum ist jetzt Gewalt. Das Fieber sorgt dafür, dass sie auch nachts auf dem durchnässten Strohsack immer präsent ist. Die Waffen nehmen eine mystische Gestalt an, von denen eine unvergleichliche Faszination ausgeht, sie allein werden die Deutschen zur Hölle schicken und mir Vater unwiderruflich zurückbringen, denn er allein kann meinem Verfall Einhalt gebieten und mir mein Leben, das ich langsam aushauche, wiederbringen. Ich bin verrotzt, huste ununterbrochen, bin immer fiebrig und habe Blut im Stuhl. Die Symptome meiner Krankheit kenne ich, aber es ist kein Arzt da, um eine Diagnose zu stellen. Die Kulawa sieht meine Misere, aber ich muss funktionieren, schon um ihrer selbst willen, und sei es nur für die nächsten paar Wochen. Dann sieht man weiter, denn von der Befreiung Warschaus verspricht man sich wahre Wunder, vor allem von der erhofften großzügigen Hilfe aus dem wunderbaren Amerika.

Die polnischen Soldaten, Kulawas Saufkumpane und Freier, sind weg, und die Russen vermag sie nicht in ihr Bett zu locken. Wir drei in diesem Elendszimmer sind jetzt ausschließlich auf meine Suppengänge angewiesen und das bisschen Brennholz, das ich bei den Pionieren beschaffe. Die Kulawa meint den Grund meiner Erkrankung zu kennen und versucht, Abhilfe zu schaffen. Sie wickelt meine Füße in Zeitungspapier, eine Art Walenki für den Ausnahmezustand, und umständlich hilft sie mir, in die porösen Gummistiefel zu kommen. Meine immerzu gefrorenen Füße mögen die Quelle meiner Erkrankung sein, doch jetzt kommt die Maßnahme zu spät, sie dient allein dem Zweck, mich einigermaßen mobil zu halten. In diesem Zustand loszuziehen ist ein Sterben auf Raten, ich ermüde sehr schnell und habe Mühe, mich aufrecht zu halten. Die vertraute Umgebung kommt mir unwirklich vor, ich werde von einer Gleichgültigkeit beherrscht, die an Selbstaufgabe grenzt.

Aber in Momenten, in denen meine Augen den fiebrigen Schleier durchbrechen, nehme ich etwas wahr, was ich erst auf meinem feuchten Krankenlager gedanklich zu fassen bekomme und mir für Minuten einen Bruchteil meines Lebenswillens zurückgibt. Es ist ein ungekanntes Bild, das sich einem jetzt in Pragas Straßen bietet. Ein Gerät wird mit Lastwagen rangekarrt, das ich in meinen Zeichnungen und Wunschvorstellungen zu Wasser ließ, ohne zu bedenken, dass man es zuvor umständlich an Land transportieren und in großer Zahl bereitstellen muss. Die Boote, für ein Übersetzen der Infanterie gedacht, sind noch keineswegs einsatzfähig und werden zur Tarnung in Hinterhöfe gebracht, wo sie einen wasserdichten Teeranstrich bekommen. Mit dem Gammeldienst ist jetzt Schluss, Offiziere, die ich nie zuvor sah, sind vor Ort und treiben die trägen Haufen, die seit Monaten die Zeit mit Kartenspielen totgeschlagen haben, aus ihren Löchern und zur Arbeit an den Booten an. Bei uns im Hof werden täglich Boote bearbeitet und auf Lastwagen gehievt. Dem letzten Rotarmisten ist jetzt klar, was das bedeutet, in ein paar Tagen steht der lang erwartete Angriff bevor. Er wird noch irgendwo eine Übung absolvieren, und dann ist sein Leben nur noch fünfzig Prozent wert, das ist nämlich seine Chance, in ein paar Monaten Berlin zu erreichen.

Ich weiß nicht, ob die Boote je zum Einsatz kamen, denn die Weichsel war zugefroren, aber sie brachten Bewegung in die erstarrte Militärszene und den leidgeprüften Menschen Pragas neue Hoffnung. Doch was für eine Hoffnung habe ich selbst? Ich taumle immer mehr, krankheitsbedingt, zwischen der fiktiven Welt des Hauptmanns Rurzycki und der begrenzten Wahrnehmung meiner Umwelt. Etwa der Angst der Soldaten vor der bevorstehenden Schlacht, die ich mit den Händen greifen kann. Einigen bin ich freundschaftlich verbunden, und wahrscheinlich verdanke ich ihnen, dass ich noch existiere. Jetzt, kurz vor ihrem Abzug, erhalten sie täglich eine doppelte Ration Suppe und Brot, so viel sie wollen. Das letzte Mal, als ich sie sehe, sind die meisten hochoffiziell angetrunken; bevor sie endgültig die Feuer ausmachen und sich sammeln, bekommt jeder noch eine Ration Schnaps. Ihre Angst ist für mich so was wie Hoffnung. Was für eine frustrierende Situation. Ein paar küssen mich zum Abschied und stecken mir Brot zu. Sie marschieren zur Weichsel und müssen auf Befehl singen. Ich schleppe mich nach Hause, liefere mein Brot ab und lege mich hin – dieser Krieg praktiziert verschiedene Arten zu sterben.

Während ich auf meinem Lager liege, hat in meinem Kopf die Überlegung »Jetzt muss etwas geschehen, sonst gibt es keinen nächsten Morgen« keinen Platz, dazu bin ich nicht mehr in der Lage. Der Strohsack ist mir wichtiger als alles andere. Über Nacht ist mit dem steigenden Fieber jener schicksalhafte Bruch eingetreten, der mich von allem trennt, was mich auf wundersame Weise bis hierher gelangen ließ. Dass ich doch irgendwann aufstehe, weil die Kulawa damit droht, ansonsten die Ausgabe der Suppe zu verpassen, hat mit meinem eigenen Trieb, den Hunger zu stillen, nichts mehr zu tun. Es ist wohl der letzte Funke Angst, der einen bis zum Schluss begleitet und Vorgänge einleitet, die man eigentlich nicht mehr wahrnimmt. Wäre es mir bestimmt gewesen, in diesem Augenblick zu sterben – ich hätte es wohl als einen wunderbaren Gnadenakt empfunden. Ich weiß nicht, wie oft mich die Kulawa an den Haaren vom Strohsack zerrt, in den Mantel zwingt und zur Suppenküche schickt. Jedenfalls muss ich an jenem Tag dort gewesen sein, wie sonst wäre ich in den Torbogen gelangt?

9

Vater

DIE STIMME, DIE mich elektrisiert, gehört eindeutig Vater, das weiß ich, nur nicht, welcher Welt ich sie zuordnen soll. Sie gehört Hauptmann Rurzycki und Vater zugleich. Erreicht sie mich tatsächlich im Torbogen, oder ist sie ein Traumgespinst der letzten Nacht, da sie meinen verzweifelten Wunsch nährte, mich nicht zur Suppenküche quälen zu müssen? Vaters Stimme kommt näher und hat einen Tonfall, den ich noch nie gehört habe, sie bettelt förmlich um Antwort. Die Stimme will mich unter den Dutzend zusammengekauerten Kindergestalten orten. »Senek? Ist der Senek da?« Und plötzlich nimmt sie Gestalt an, baut sich vor mir auf, und als Erstes sehe ich die dazugehörenden Stiefel. Behandschuhte Hände heben meinen Kopf, um mich zu identifizieren, denn das ist anscheinend notwendig. Jahre später meinte Vater, ich hätte wie ein geschrumpfter Greis ausgesehen.

Mein Vater scheint dagegen aus einer anderen Welt zu kommen, mit der meine nichts gemein hat. Wie Phönix aus der Asche ist er dem brennenden Warschau entstiegen, ist wohlgenährt, trägt elegante Stiefel, gut sitzende Reithosen, eine figurbetonte dreiviertellange Winterjoppe und einen weißen Wollschal dazu. Noch bin ich nicht in der Lage, zu fragen, wie er an all die feinen Sachen gekommen ist. Es wird eine Weile dauern, ehe ich mich wieder an Vater und das

Leben mit ihm gewöhne. Wie seinerzeit an der Ghettomauer scheint er sich auch diesmal eine Position erkämpft zu haben, die ihm einen solchen Auftritt ermöglicht.

Als er mich an diesem Nachmittag im Torbogen entdeckt, könnten unsere Gefühle nicht unterschiedlicher sein. Er weint vor Freude und überhäuft mich mit Küssen, als könnte er mir auf diese Weise neues Leben einhauchen, aber er kann sehen, dass bei mir jetzt jede Minute zählt. Sein erneuter Kampf, mich dem Tod zu entreißen, beginnt. Ob ich zu Gefühlsausbrüchen in der Lage war, ist kaum anzunehmen, aber zumindest muss ich den Anflug von Freude empfunden haben, weil ich mich nicht mehr zur Suppenküche schleppen musste.

Die Kulawa hat wohl kaum gewagt, sich in ihren eigenen vier Wänden Vaters Anordnung zu widersetzen. Warum sollte sie auch? Von seiner Anwesenheit konnte sie nur profitieren. Jedenfalls muss sie die kräftige Brühe gekocht haben, die Vater mir einflößt, als ich aufwache, und davon bekommen sie und ihre Tochter was ab. Nahrung und Heizmaterial sind von nun an kein Problem mehr, das besorgt Vater mit links, denn er zahlt vorn am Tauschmarkt mit amerikanischen Dollars. Gott, was wäre das für eine Freude, wenn ich jetzt mit ihm all die Stationen meiner Via Dolorosa in Praga nochmals abschreiten könnte und er mir mit seinen Dollars all das kaufen könnte, was ich so dringend brauche! Derlei Gedanken gehen mir durch den Kopf, wenn ich zwischen den Fieberschüben kurz aufwache, ehe ich wieder wegtauche.

Mein Zustand ist kritisch, ein Arzt kommt und untersucht mich, ein russischer Offizier, den Vater aufgetrieben hat. Ich erinnere mich noch gut an seine riesige Glatze und die goldenen Schulterklappen, identisch mit denen der jüdischen Mame. Als er mich auf Jiddisch oder Deutsch fragt, wie ich heiße und wie alt ich bin, suche ich verwirrt Hilfe bei Vater. Ich verstehe nur einen Bruchteil, und Vater muss übersetzen. Mit Mühe sage ich meinen polnischen Namen und dass ich acht Jahre alt bin. »Nein, Senus, du bist jetzt neun, ein großer Junge, und ich schulde dir ein Geburtstagsgeschenk.« Für den Arzt ist dieses eine Jahr unerheblich, für mich ist es eine schockierende Information. Die Zeit, die keine war, hat mich sogar um meinen Geburtstag betrogen.

Ich liege längst nicht mehr auf dem feuchten Strohsack, damit war sofort Schluss, als Vater kam, sondern im Trockenen und mit sauberem Bettzeug auf der Couch. Später, als meine Genesung noch immer keine Fortschritte macht, liege ich sogar in Kulawas Bett, denn mein Vater meint, dort sei es noch wärmer und weicher.

Als der Arzt geht, werden Sofortmaßnahmen ergriffen, die er angeordnet hat: Meine Füße werden in feuchte und mit Essig getränkte Lappen gewickelt, um das Fieber zu senken, und Vater reibt mir die Brust mit einem seltsam riechenden Zeug aus einer Flasche ein. Davor halten die Kulawa und er mich minutenlang über einen dampfenden Nachttopf, bis ich nicht mehr kann. Das Erste, was diese Maßnahmen bewirken: Ich pinkle nicht mehr ins Bett. Mein Zustand ist nach wie vor ernst, denn Vater bemüht den Arzt noch ein paar Mal, ein Luxus, den sich kaum einer leisten kann, zumal es sich um ein hohes Tier im Offiziersrang handelt – er ist russischer Stabsarzt. Die Frage, wie und wo er den Mann auftrieb, gehört zu jenen Mysterien, über die Vater später nie gesprochen hat. Nur einmal, Monate später, ließ er kurz durchblicken, dass meine Behandlung seine Dollarreserven erheblich schrumpfen ließ.

Eine Zeit lang bin ich mit der Kulawa wieder allein, ein oder zwei Tage, ich weiß es nicht mehr, aber sie behandelt mich wie ein rohes Ei. Auch wenn Vater nicht da ist, ist er dennoch präsent; sie beruhigt mich sogar, als ich besorgt nach ihm frage, wo er denn bleibt – meine ersten Schritte zurück ins Leben.

Als er wieder auftaucht, ist er nicht allein, in seiner Begleitung ist eine junge Frau, die Autorität ausstrahlt. Nach einer Weile bekomme ich mit, dass sich auch Vater ihr unterordnet, und das nicht nur, weil sie ihn um eine halbe Kopfgröße überragt. Sie muss seine neue Flamme sein, denn sie nennen sich »Kätzchen« und »Schätzchen« und tun recht süß miteinander. Sie hat ein strenges Gesicht, über das kaum ein Lächeln huscht, aber wenn es einmal geschieht, empfinde ich es als Anerkennung und bin irgendwie glücklich darüber. Es dauert nicht lang, und sie übernimmt das Kommando in diesem Zimmer, und das mit dem Wohlwollen Vaters und keineswegs zu meinem Nachteil, ganz im Gegenteil. Die neue Chefin bleibt über Nacht, schläft auf der Couch, degradiert die Kulawa zum Dienstmädchen und kümmert sich ausschließlich um mich.

Die Enge des Zimmers erträgt Vater nicht lang, er nimmt jede Gelegenheit wahr, um, wie es heißt, etwas zu erledigen. Manchmal bleibt er auch über Nacht weg. Er ist sozusagen im Außendienst und schafft die Sachen ran, die wir dringend brauchen, unter anderem zwei Nachthemden für mich. Oberbekleidung ist erst im Gespräch, als sich bei mir deutlich Zeichen einer Besserung einstellen, und das habe ich in erster Linie Vaters kühler Muse zu verdanken. Von ihrer distanzierten Art geht eine Überlegenheit aus, als könnte sie nie etwas falsch machen. Als sie mir mit ihrer melodischen Stimme aus einem Märchenbuch vorliest, das sie mitgebracht hat, entführt sie mich in eine Traumwelt, ohne dass diesmal Fieber dafür verantwortlich wäre. Sie ist für mich Medizin und Pflege zugleich und vermittelt mir Geborgenheit, ohne dass sie mich verhätschelt oder in die Arme nimmt.

Vaters Hang zu starken Frauen erfährt mit ihr einen Höhepunkt, eine Zeit lang ist er ihr verfallen, ähnlich wie ich, seit sie angefangen hat, mir aus dem Märchenbuch vorzulesen. Noch Jahre später schwärmt er von ihr als einer einmaligen Trophäe, die ihm abhandengekommen ist. Mit ihr, einer gebildeten Professorentochter, ist er in Sphären vorgedrungen, die ihm normalerweise verschlossen blieben. Sie wird uns beide noch eine Weile begleiten, indem sie uns an verschiedene Orte nachreist, wo wir uns für eine gewisse Zeit aufhalten, denn unsere Reise ist noch lange nicht zu Ende.

Zweimal auf dieser Reise werde ich ihr noch begegnen, das letzte Mal in der Stadt Kutno, in der Vater und ich nach einer langen Odyssee landen. Sie bleibt ein paar Wochen und ist für mich abermals von unschätzbarem Wert, wenn es diesmal auch nicht mehr um Leben und Tod gehen wird. Vaters Versuch, mir eine dringend gebotene Normalität zu verschaffen, indem er mich zur Schule schickt, droht zu scheitern. Noch tauge ich nicht für die Schule, und die Schule ist nichts für mich, denn ich erlebe, dass der Wahnsinn des Antisemitismus weitergeht, als rauskommt, dass ich Jude bin, der einzige von vormals mehreren Dutzend an dieser Schule. Nur, diesmal schlägt der Jude zurück. Ich mische die halbe Klasse auf, mir droht der Rausschmiss. Da wird Vaters Freundin beim Schuldirektor und der Lehrerin vorstellig und beeindruckt beide ungemein. Sie verspricht eine Besserung meinerseits, verlangt aber ultimativ, dass die antisemitische Hänselei aufhört, und droht mit irgendeiner Behörde in Warschau, für die sie arbeitet. Von nun an widmet sie sich nicht nur Vater, sondern auch mir, ich darf mich nicht mehr auf der Straße herumtreiben, sondern muss mit ihr Schulaufgaben machen, und sie lässt mir nichts durchgehen. Sie stabilisiert mich insofern, dass ich in der Schule halbwegs mitkomme und den Ruf eines Fäuste schwingenden Dummkopfs verliere.

Als Vater mir nach mehreren Wochen Wintersachen besorgt, bin ich endgültig über den Berg. Er lässt meine alten Lumpen allesamt von der Kulawa verbrennen. Als sie ihn bittet, die porösen Gummistiefel behalten zu dürfen, faucht er sie an: »Alles wird verbrannt.« Man sieht es ihm an, er will etwas Unseliges endgültig abschütteln, allein gelingen wird es ihm nie.

In Kulawas Zimmer herrscht jetzt Aufbruchstimmung, nur sie selbst ist davon nicht begeistert, denn meine Anwesenheit unter Vaters Ägide ist ihr mehr als willkommen und von großem Vorteil. Auch wenn Vater beim Abschied dafür Sorge trägt, dass sie die nächste Zeit nicht hungern muss, stehen ihr und ihrer Tochter harte Zeiten bevor, ich bin weg, die Soldaten sind weg, und das mit der Waschkundschaft war einmal. Geblieben sind ihr als einziges Kapital die riesigen Töpfe, in denen sie die Wäsche kochte, und die kann sie vorn am Tauschmarkt verhökern.

Für kurze Zeit verschwindet Vater ein letztes Mal, und als er wieder im Zimmer der Kulawa auftaucht, sieht er aus wie früher, als er über die Dörfer zog und mit Devotionalien hausierte. Der abgewetzte Anzug und die schäbige Winterjoppe, die er wieder trägt, signalisieren: Er ist in eine neue Rolle geschlüpft, die das Gegenteil von seiner eleganten Kluft bewirken soll, nämlich auf keinen Fall auffallen, ja vielleicht eher Mitleid erwecken. Das elegante Outfit hat Vater bei seiner Freundin gelassen, es kommt später in Lodsch und in Kutno wieder zum Einsatz. Der alte Rucksack und der Holzkoffer, den

er dabeihat, bedeuten, er bringt mich hier weg, wir beschließen das unselige Kapitel in Praga und treten eine neue Etappe
unserer beschwerlichen Reise an. Nur wohin, das sagt er mir
erst später, aber wie die Beförderung aussehen wird, kann ich
mir denken. Wie alle anderen Entwurzelten auch werden wir
am Straßenrand stehen und hoffen, dass uns ein Panjewagen
oder ein Militärlaster mitnimmt. Ich sehe Kulawas verbieste-
tes Gesicht zum letzten Mal und bin froh, dass sie aus meinem
Leben verschwindet, auch wenn sie zum Abschied freundlich
tut, ihren wahren Charakter habe ich zur Genüge erlebt. Bei
ihr bin ich in eine harte Lehre gegangen. Typen wie sie waren eine Randerscheinung der Schoah, man hat sie gebraucht,
und sie wussten es unbarmherzig zu nutzen.

Vater und ich marschieren wieder in die Richtung, aus der
wir vor langer Zeit gekommen sind. Wir unterscheiden uns
in nichts von den ärmlichen Gestalten, die die Straße bevölkern und nach Warschau wollen oder von dort kommen. Ich
bin das glücklichste Kind weit und breit. Mein Vater ist an
meiner Seite, ich brauche mich nicht mehr um den nächsten
Bissen zu sorgen. Die Anspannung, die bis vor wenigen Wochen mein ständiger Begleiter auf dieser Straße war, ist weg,
als hätte es sie nie gegeben. Mein Nochkindsein hat jetzt den
unschätzbaren Vorteil, dass ich vieles verdrängen und Neues
gierig aufsaugen kann. Mein Judesein, auf dem Weg hierher noch ein tödlicher Umstand, weicht der gewonnenen Erkenntnis, dass die Urheber dieser Angst jetzt selber Parias
auf der Flucht sind, verfolgt von der jüdisch-bolschewistischen Fraktion, und wer weiß, vielleicht auch noch von der
jüdischen Mame. Was Vater bewogen hat, praktisch hinter
der Front herzulaufen, weiß ich nicht. Von seinen Unterhal-
tungen mit Kätzchen weiß ich nur, er erwartet eine lange und
beschwerliche Reise. Von versprengten deutschen Soldaten

ist die Rede und von Menschen aus den eigenen Reihen, die Reisende ausrauben, nicht zuletzt deshalb macht sein drastischer Kostümwechsel Sinn.

Als wir an diesem Tag der Weichsel zustreben, denke ich keinen Augenblick an derlei Erwägungen, ich sehe die Welt um mich herum in den hellsten Farben. Es sind die glücklichsten Stunden seit langem, als wollte meine unterdrückte Entwicklung und geknechtete Seele im Zeitraffer all das nachholen, was mir entgangen ist. Für mich ist das alles ein einziges großes Abenteuer, auch die nach wie vor verwüstete Umgebung kann daran nichts ändern, sie ist längst ein Teil von mir geworden. Ob ich jetzt Rurzycki oder Rosenblum heiße, ist völlig egal, ich kann mich verplappern, wie ich will, es wird keine Folgen haben. Wir beide können jetzt nach einer Straße fragen oder eine Karre besteigen, ohne die Angst im Gepäck, einem Denunzianten in die Arme zu laufen. Ich bin wieder hundertprozentig ein kleiner Junge, der seine Sorgen und Wünsche nur seinem Vater mitzuteilen braucht. Für mich ist er der Übermensch, der alles richtet, was kann mir schon an seiner Seite passieren. An diesem wolkenverhangenen und kalten Tag wandle ich auf der Sonnenseite des Lebens.

So wie ich sieht Vater unsere Situation gewiss nicht. Zum Abheben hat er keinen Grund, er versucht ganz einfach, die Realität zu meistern, und das ist schwer genug, auch wenn unter gänzlich anderen Vorzeichen. Mein Hoch kriegt einen vorübergehenden Dämpfer, als wir die Weichsel erreichen und die breite asphaltierte Straße genau vor der Brückenauffahrt aufhört zu existieren. Wollen wir auf die andere Seite, müssen wir, wie Hunderte andere auch, eine vereiste Böschung runter, um auf den zugefrorenen Fluss zu gelangen. Am Anfang ein Mordsspaß, wird es zur mittleren Katastrophe, denn jeder purzelt unkontrolliert die Böschung hinab, zur großen Belustigung der in Sichtweite stationierten russischen Flagstellung. Besonders Frauen haben einen großen Unterhaltungswert, wenn ihnen die Röcke über die Köpfe rutschen. Die schöne Brücke, die ich einst bestaunt und befahren habe, sehe ich jetzt von einer ungewohnten Perspektive, nämlich von unten. Am Anfang kann man aufgrund der Breite des Flusses kaum sehen, dass sie etwa in der Mitte abgebrochen ist. Wie ein überdimensionaler eckig wirkender Wurm mit zertretenem Kopf hängt sie über dem Fluss.

Einer nach dem anderen, dessen Knochen heil geblieben sind, wagt sich jetzt auf das Eis. Mit gehörigem Abstand zum Vordermann schlittern wir mehr, als dass wir gehen, unterhalb der zerstörten Brücke dem anderen Ufer entgegen. Für mich kein Problem, aber Vater hat mit seinem Rucksack und dem Koffer so seine Schwierigkeiten, auf den Beinen zu bleiben. Neidisch schauen wir auf ein brückenähnliches Holzgebilde zu unserer Linken, auf dem laufend Militärgut und Soldaten auf die andere Seite wechseln. Für uns ist die Hilfsbrücke tabu, keine Zivilisten dürfen sie benützen, dabei hätten wir es bitter nötig. Vor uns tut sich ein Hindernis auf, das ein Weiterkommen regelrecht gefährlich macht: eine ziemlich schnell fließende Wasserrinne von etlichen Metern Breite zwischen Eisfläche und Ufer. Um doch auf die andere Seite zu gelangen, muss man sein Herz in beide Hände nehmen und zwei zusammengenagelte, schwankende Bretter besteigen, die die Rinne überspannen, viel Geschick beweisen und hoffen, dass es gutgeht. Wer da reinfällt, ist so gut wie verloren, Kinder haben keine Chance. Zwei junge Männer machen aus der Not eine Tugend und bringen, geschickt wie Seiltänzer, die völlig Mutlosen auf die andere

Seite, die Entlohnung sind meistens Zigaretten. Auch ich und Vaters Koffer werden auf diese Weise ans Ufer geschafft. Vater atmet sichtlich auf, als er wieder festen Boden unter den Füßen hat.

Im Gegensatz zum anderen Ufer führt hier eine halbwegs intakte Betontreppe die Böschung empor, aber oben bietet sich uns ein niederschmetternder Anblick: nichts außer ausgebrannten Ruinen so weit das Auge reicht. Die sich zwischen den skelettierten Gemäuern bewegenden Militärlaster, Soldaten und Panjewagen zeugen von Leben, das so unwirklich ist wie die ganze Umgebung, in der sie sich entlangschlängeln. Von Praga bin ich was gewöhnt, aber für Minuten begreife ich nicht, wie eine Zerstörung wie diese machbar ist. Es ist die Handschrift eines Irren mit diabolischen Kräften. Wer immer ihn erschaffen hat, er ist ihm total aus dem Ruder gelaufen.

Ich beginne, an Vater zu zweifeln, weil er mich hierhergebracht hat. Wieso müssen wir hier durch, wo der Tag doch so schön begonnen hat? Fürs Erste denke ich, wir kommen hier nie raus. Für mich ergibt das, was ich sehe, keinen Sinn. Verbogene Straßenbahngleise, die in den Himmel ragen, umgestürzte Straßenbahnwaggons. Angesichts dieser Verwüstung versucht mein Hirn meinen angeborenen bildlichen Orientierungssinn zu bemühen, vergeblich. Allein Vater weiß, wo wir sind und was zu tun ist. Das Inferno ist ihm vertraut, er war schon ein paar Mal hier. Mir bleibt nur die Erkenntnis: Ich bin wieder vollkommen auf ihn angewiesen. Den anderen folgend, bleiben wir auf der breiten Straße, die von und zu der Brücke führt, nunmehr eine Sackgasse ohne Bedeutung. Bedeutung hat für Vater jetzt eine andere Straße, die er zielstrebig ansteuert und auf der die Panjewagen vorbeiziehen und die Lastwagen rollen.

Vor allem das Bild der gesprengten Brücke und des in sich zusammengestürzten und im Boden verschwundenen Bahnhofs, vor dem wir jetzt stehen, bleibt mir von der völlig zerstörten Stadt in Erinnerung. Eine gewaltige Explosion muss das längliche Objekt in die Luft gehoben haben und in seinem eigenen Fundament wie in einem Sarg verschwinden haben lassen. Ich sitze auf dem Koffer, esse ein Stück Brot und brauche mich um nichts zu kümmern, alles liegt jetzt in Vaters Hand. Der taxiert die vorüberziehende Kriegskarawane, als würde er nach etwas Bestimmtem suchen, und wird fündig: ein Panjewagen mit zwei abgemagerten Pferdchen, auf dem ein einzelner Soldat in polnischer Uniform sitzt – ein kalkulierbarer Partner fürs Weiterkommen.

Vater zaubert eine halbe Flasche Wodka aus seiner Joppe und eilt dem Gespann entgegen. Er zeigt dem Soldaten sein kostbares Gut, und ein schnelles Einvernehmen ist hergestellt. Der Soldat, der uns mitnimmt, ist nicht mehr jung, steckt in einem viel zu großen Militärmantel und spricht ein unverständliches Polnisch. Vater fällt es gar nicht ein, ihm die halbe Pulle ganz zu überlassen, denn möglicherweise braucht er sie nach ein paar Kilometern wieder, und wenn es nur ein Schluck ist. Der Soldat darf zwei kräftige Schlucke tun, dann nimmt er ihm die Flasche wieder ab. Ich bin froh, nicht mehr gehen zu müssen, und sitze eingekeilt und müde zwischen Vater und dem alten Soldaten.

Wären wir auf einer Landstraße, ich wäre längst entschlummert, denn diese Art des Weiterkommens ist mir vertraut, die Szenerie, die wir durchfahren, jedoch nicht. Sie fordert meine ganze Aufmerksamkeit und lässt mich nicht los, denn hier waren die apokalyptischen Reiter, und ihre Hinterlassenschaft kommt in einer neuen Variante des Grauens zum Tragen: Die steif gefrorenen Leichen gefallener deutscher

Soldaten, die man längst hätte begraben müssen, dienen als Wegmarkierung. Sie liegen links und rechts der Straße; bis auf ihre langen grauen Unterhosen entblößt, halten sie den Verkehr in der Spur. Auf einer Straßenkreuzung weiter vorn hat man eine Soldatenleiche an einen Straßenpfahl gebunden. Die ausgestreckte rechte Hand markiert die Richtung, die der Verkehr nehmen soll. Die Aufschrift des Schilds lautet »Richtung Berlin«. Begreifen kann ich das Ganze nicht, aber langsam dämmert mir, dieser Krieg dauert über den Tod hinaus.

Ich weiß nicht, wo wir sind, auch nicht, wohin wir wollen. Als ich Vater frage, ob er mit mir wieder nach Zychlin zurückfährt, antwortet er: »Nein, Senek, wir müssen erst schauen, dass wir nach Radom kommen.«

»Radom?« Nie gehört. »Und was machen wir da?«, will ich wissen.

»Onkel Felek hat überlebt. Ihm soll es nicht besonders gut gehen. Wir holen ihn ab.«

Vater hat keinen Schluck aus der Wodkaflasche getrunken, was er da sagt, ist sein absoluter Ernst. Er unterstreicht es mit heftigem Kopfnicken, als müsste er sich selbst überzeugen. »Er wird sich riesig freuen, dich zu sehen.« Ich bin verwirrt und sprachlos. Was soll ich dazu sagen? Ich frage nicht einmal, wie er ihn gefunden hat, das erscheint mir zweitrangig. Also habe ich mich in meiner Annahme, dass die ganze Familie tot ist, geirrt.

Onkel Felek lebt! Meine fiebrigen Gedanken, die mich beinahe das Leben gekostet hätten, tauchen wieder vor mir auf, die fiktive Welt hat mich wieder, obwohl ich nicht mehr krank bin. Für Sekunden schiebt sich eine Art Schablone zwischen das Grauen, das ich sehe, und die Welt, wie ich sie mir wünsche. Als ich zu Vater aufschaue, muss mein Gesicht eine einzige Frage sein, denn er weiß sofort die Antwort: »Nein, Senek, alle anderen leben nicht mehr.«

Trotz dieser unwiderruflichen Bestätigung bleibt mir meine Wunschwelt noch für eine Weile erhalten, ich versammle alle zum letzten Mal auf der Sonnenblumenwiese. Wohl ahnend, dass dieses traumhafte Gebilde bald in sich zusammenfallen wird wie so oft zuvor.

Was aus uns geworden ist

IN RADOM STIESSEN wir tatsächlich auf Onkel Felek, und wie immer war es für mich ein Rätsel, wie Vater es geschafft hatte, in den Kriegswirren Kontakt zu ihm zu halten. Die große Überraschung: Onkel Felek war nicht allein, sondern hatte eine junge Frau an seiner Seite, die halb so alt war wie er, und obendrein ein kleines Baby.

Vater heiratete auch wieder, zu meinem Leidwesen jedoch nicht das »Kätzchen«, die ich sehr mochte, sondern eine Bekannte aus Zychlin. Vaters großer Traum, nach Amerika auszuwandern, wo er auf die Hilfe von Onkel Charles hoffte, war nur zu verwirklichen, wenn wir in die amerikanische Besatzungszone gelangten. Im Dezember 1945 erreichten wir das Ziel unserer vermeintlichen Teiletappe, das jedoch zur letzten Station unserer Odyssee werden sollte: München, die einstige »Hauptstadt der Bewegung«. Zu fünft lebten wir in einem Kellerzimmer, und so trieb ich mich den ganzen Tag draußen herum.

Das zerbombte München wurde zu meinem Abenteuerspielplatz. Auf dem menschenleeren Prinzregentenplatz, unterhalb von Adolf Hitlers ehemaliger Wohnung, spielte ich mit einheimischen Jungen Fußball, das zu meiner großen Leidenschaft werden sollte. Unter den Augen von GIs, die die Gebäude bewachten, in denen noch einige Nazibonzen wohnten.

Onkel Felek, dem man sein Landgut in Polen enteignet hatte, wanderte mit Frau und Kind nach Mexiko aus, wo er ein einfacher Farmer wurde.

Vater sollte Amerika nur als Tourist besuchen, Jahre später.

Doch ich machte mir meinen Traum von Amerika wahr: 1955 ging ich nach New York, um zwei Jahre später als GI nach Deutschland zurückzukehren. Doch das ist eine andere Geschichte.

Und auch die sollte eine Etappe bleiben. München, der Ort meiner wiedergefundenen Kindheit und Jugend, hatte es mir angetan, und so wurde es schließlich zu meiner zweiten Heimat.

INHALT

ZWEITER TEIL

DRITTER TEIL